土木工程专业课程设计指南系列丛书

交通土建课程设计指南

丛书主编　周绪红　朱彦鹏
本书主编　李　萍

中国建筑工业出版社

图书在版编目(CIP)数据

交通土建课程设计指南/李萍主编. —北京：中国建筑工业出版社，2010.5
（土木工程专业课程设计指南系列丛书）
ISBN 978-7-112-12073-4

Ⅰ.交… Ⅱ.①李… Ⅲ.道路工程：土木工程-课程设计-高等学校-教学参考资料 Ⅳ.U41

中国版本图书馆 CIP 数据核字(2010)第 077021 号

本书是高等院校"土木工程专业课程设计指南系列丛书"之一。书中首先简单介绍道路勘测设计、路基路面工程、桥梁工程和隧道工程的基础知识，详细阐述了道路勘测、路基路面、桥梁与隧道工程方面的设计方法、设计内容、注意事项及基本要求。为帮助学生巩固理论基础知识，加强理论与实践课程的学习，提高教师在课程设计方面的实践教学效果，本书重点列举了道路勘测设计、路基路面工程、桥梁与隧道工程方面的设计实例，可以供广大教师在理论教学与实践教学中使用。

本书可供高等院校土木工程专业交通土建方向师生作为课程设计的教学辅导与参考书。

* * *

责任编辑：咸大庆　李天虹
责任设计：张　虹
责任校对：赵　颖

土木工程专业课程设计指南系列丛书
交通土建课程设计指南
丛书主编　周绪红　朱彦鹏
本书主编　李　萍

*

中国建筑工业出版社出版、发行（北京西郊百万庄）
各地新华书店、建筑书店经销
北京天成排版公司制版
廊坊市海涛印刷有限公司印刷

*

开本：787×1092 毫米　1/16　印张：21½　插页：5　字数：536 千字
2010 年 7 月第一版　2017 年 8 月第三次印刷
定价：**46.00** 元
ISBN 978-7-112-12073-4
(19345)

版权所有　翻印必究
如有印装质量问题，可寄本社退换
（邮政编码　100037）

土木工程专业课程设计指南系列丛书
编 委 会

主 任：周绪红

副主任：朱彦鹏　王秀丽

委 员（以姓氏笔画为序）：

马天忠	马　珂	王　钢	王文达	王亚军
王秀丽	王春青	朱彦鹏	孙路倩	乔　雄
刘汉青	刘占科	毕晓莉	李天虹	李振泉
李强年	李辉山	李　萍	李喜梅	杨林峰
来春景	陈伟东	陈　谦	张兆宁	张顺尧
张贵文	张敬书	张豫川	郑海晨	周　勇
周绪红	金少蓉	洪　光	咸大庆	郝　虎
郭永强	徐　亮	秦　爽	贾　亮	崔　宏
焦贵德	焦保平	董建华		

丛 书 前 言

土木工程专业是实践性很强的技术类专业，要办好土木工程专业必须加强专业的实践性环节教育。土木工程专业的实践性环节一般包括课程设计、毕业设计、实验和实习，而课程设计所占实践环节的比重较大，直接影响学生毕业后的专业工作能力。因此，搞好课程设计是培养土木工程专业学生最重要的环节之一。但是，由于辅导环节很难跟上大规模的土木工程专业学生的需求，加之辅导老师的教学水平参差不齐，使课程设计很难达到教学计划提出的要求，为此，我们编写了这套"土木工程专业课程设计指南系列丛书"，希望为辅导老师的教学工作提供方便，从而进一步提高课程设计的辅导效率和质量。

根据土木工程专业建筑工程和交通土建知识模块中涉及的课程设计内容，"土木工程专业课程设计指南系列丛书"分为《房屋建筑学课程设计指南》、《钢筋混凝土结构课程设计指南》、《钢结构课程设计指南》、《交通土建课程设计指南》和《土木工程施工组织与概预算课程设计指南》五本书，对各课程设计中遇到的知识点、计算条件、设计计算步骤针对性地进行论述，并给出了设计计算实例，可供学生做课程设计时参考。另外，还按照组合法，给出了35人左右的设计题目，可做到一人一题，解决了老师命题难的问题。

"土木工程专业课程设计指南系列丛书"按照我国现行规范编写，并尽量介绍最新理论和技术，设计计算知识点论述完整，设计实例计算步骤翔实，便于学生自学，也方便辅导老师使用。

"土木工程专业课程设计指南系列丛书"除了能满足教学要求外，还可作为土木工程专业工程技术人员的工具书，在设计、施工和注册考试当中使用。

由于编写时间仓促，加之编者水平有限，疏漏之处在所难免，敬请读者批评指正。

土木工程专业课程设计指南系列丛书　编委会
2010 年 2 月 22 日

本 书 前 言

《交通土建课程设计指南》一书是高等院校土木工程专业交通土建方向课程设计教学辅导与参考书。全书系统介绍了道路勘测设计、路基路面工程、桥梁工程及隧道工程四门课程设计中的基本理论知识、设计方法、设计内容及设计实例。道路勘测设计部分，包括道路选线、平面设计、纵断面设计、横断面设计、路基加宽与超高及土石方计算；路基路面工程设计，包括一般路基、特殊路基、软土路基处理方法，路基支挡与防护工程的设计，新建沥青路面、改建沥青路面及新建水泥混凝土路面的设计；桥梁工程设计，包括钢筋混凝土简支梁桥、预应力混凝土简支梁桥、连续梁桥和预应力混凝土T形刚构桥设计；隧道工程设计，包括公路隧道的选址、隧道的平面设计、横断面设计、纵断面设计、曲墙式衬砌结构设计与计算。本书可以供教师和学生在课程设计中使用。

《交通土建课程设计指南》作为一本教学辅导与参考书，要求学生在了解与掌握《道路勘测设计》、《路基路面工程》、《桥梁工程》和《隧道工程》理论的基础上，有机地将理论知识与工程设计任务紧密联系起来，从本书中查阅相关设计方法、设计内容、基本要求及设计实例，发挥其主观能动性，完成各项设计任务。另外，本书也可以为道路规划、设计、科研、监理和管理工作者在进行相关设计、管理及科研工作中提供参考。

本书内容按照我国工程建设的最新标准规范编写，可以为高等院校的师生及相关技术与管理人员在使用时提供便利。

本书第1章由兰州理工大学李萍编写；第2章由兰州理工大学刘汉青编写；第3章的基础知识、一般路基设计、路基支挡与防护工程设计、沥青路面设计由兰州理工大学贾亮编写，特殊路基、水泥混凝土路面设计由兰州理工大学李萍编写；第4章的基础知识、设计方法与注意事项由兰州理工大学李喜梅和兰州大学王亚军共同编写，钢筋混凝土简支梁桥和预应力钢筋混凝土简支梁桥设计实例分别由兰州大学郭永强和王亚军编写，移动支架逐孔现浇施工连续梁设计实例由西北民族大学徐亮编写，预应力混凝土T形刚构结构设计实例由兰州理工大学洪光编写；第5章中基础知识部分由兰州理工大学张兆宁编写，其余内容由兰州理工大学乔雄编写。

本书由兰州理工大学朱彦鹏教授审核，李萍统稿。硕士研究生吴贵贤同学绘制了大量的插图，为本书付出的辛勤工作，在此编者表示衷心的感谢。

由于编写时间仓促，加之编者水平有限，疏漏之处在所难免，敬请读者批评指正。

目 录

第1章 课程设计的目的及基本要求

1.1 《道路勘测设计》课程设计 ·· 1
    1.1.1 课程设计的目的 ··· 1
    1.1.2 课程设计的基本要求 ·· 1
1.2 《路基路面工程》课程设计 ·· 2
    1.2.1 课程设计的目的 ··· 2
    1.2.2 课程设计的基本要求 ·· 2
1.3 《桥梁工程》课程设计 ·· 2
    1.3.1 课程设计的目的 ··· 2
    1.3.2 课程设计的基本要求 ·· 2
1.4 《隧道工程》课程设计 ·· 3
    1.4.1 课程设计的目的 ··· 3
    1.4.2 课程设计的基本要求 ·· 3

第2章 道路勘测设计

2.1 基本知识 ··· 4
    2.1.1 道路的分类及分级 ··· 4
    2.1.2 道路类别与等级的选用 ··· 4
    2.1.3 课程设计的主要工作内容 ··· 5
2.2 设计方法及注意事项 ·· 5
    2.2.1 公路设计方法及注意事项 ··· 5
    2.2.2 城市道路设计方法与注意事项 ···································· 24
2.3 计算书及施工图要求 ·· 28
    2.3.1 公路设计 ·· 28
    2.3.2 城市道路设计 ·· 29
2.4 设计实例 ·· 30
    2.4.1 三级公路路线设计 ·· 30
    2.4.2 城市道路设计 ·· 55
2.5 习题 ··· 72
    2.5.1 课程设计题目 ·· 72
    2.5.2 思考题与习题 ·· 75
附：参考资料 ·· 76

第3章 路基路面工程设计

3.1 基本知识 ·· 78

3.1.1	路基路面设计基础资料	78
3.1.2	路基设计内容	82
3.1.3	特殊土路基	83
3.1.4	软土地区路基	87
3.1.5	路基支挡工程	87
3.1.6	路面设计内容	89
3.2	设计方法及注意事项	89
3.2.1	一般路基设计	89
3.2.2	路基路面排水设计	92
3.2.3	特殊土路基设计	97
3.2.4	软土路基设计	106
3.2.5	路基防护设计	110
3.2.6	挡土墙设计	121
3.2.7	新建沥青路面设计	126
3.2.8	改建沥青路面设计	129
3.2.9	新建水泥路面设计	131
3.3	计算书及施工图要求	138
3.3.1	重力式挡土墙设计	138
3.3.2	新建或改建沥青路面设计	139
3.3.3	水泥混凝土路面设计	139
3.4	设计实例	139
3.4.1	重力式挡土墙设计实例	139
3.4.2	新建沥青路面设计实例	143
3.4.3	改建沥青路面设计实例	147
3.4.4	新建水泥混凝土路面设计实例	150
3.5	习题	156
3.5.1	课程设计题目	156
3.5.2	思考题与习题	158
附:参考资料		159

第4章 桥梁工程设计

4.1	基础知识	160
4.1.1	混凝土简支梁桥简介	160
4.1.2	混凝土连续梁桥简介	163
4.1.3	预应力混凝土T形刚构桥简介	166
4.2	设计方法及注意事项	167
4.2.1	设计方法	167
4.2.2	注意事项	167
4.3	计算书及施工图要求	168
4.3.1	计算书要求	168
4.3.2	施工图要求	168
4.4	设计实例	169

4.4.1 钢筋混凝土简支梁桥设计实例一 ································· 169
4.4.2 预应力混凝土简支梁桥设计实例二 ······························ 197
4.4.3 移动支架逐孔现浇施工连续梁设计实例 ························· 227
4.4.4 预应力混凝土T形刚构设计实例 ································ 256
4.5 习题 ··· 280
4.5.1 课程设计题目 ··· 280
4.5.2 思考题与习题 ··· 283
附：参考资料 ··· 283

第5章 隧道工程课程设计

5.1 基本知识 ·· 285
5.1.1 隧道的分类及其作用 ·· 285
5.1.2 隧道勘察 ··· 285
5.1.3 隧道总体设计 ··· 286
5.1.4 隧道荷载 ··· 289
5.1.5 洞口及洞门 ··· 290
5.1.6 衬砌结构设计 ··· 290
5.1.7 衬砌结构计算 ··· 292
5.1.8 防水与排水 ··· 294
5.2 设计方法及注意事项 ··· 294
5.2.1 公路隧道的选址 ··· 294
5.2.2 公路隧道衬砌受力计算 ·· 296
5.3 计算书及施工图要求 ··· 302
5.3.1 计算书要求 ··· 302
5.3.2 施工图要求 ··· 302
5.4 设计实例 ·· 302
5.4.1 设计依据 ··· 302
5.4.2 设计原始资料 ··· 302
5.4.3 设计步骤及过程 ··· 303
5.4.4 二次衬砌结构计算 ··· 322
5.5 习题 ··· 332
5.5.1 课程设计题目 ··· 332
5.5.2 思考题与习题 ··· 333
附：参考资料 ··· 333

第 1 章　课程设计的目的及基本要求

我国公路交通运输事业在改革 30 多年以来取得了巨大的发展成就，前后发生了历史性的巨变，这种变化表现在高速公路从无到有的快速增长，运输主通道基本形成，国道主干线提前 13 年在 2007 年底实现基本贯通。然而，相对我国交通运输业的快速发展，我国公路交通行业工程技术人员还相对不足。同时，随着我国市场经济的迅速发展，公路交通业正从劳动密集型向技术密集型转化，先进技术和工艺设备将被大量采用，许多岗位的专业程度越来越高，技术含量高的岗位也不断涌现，公路交通行业在生产与管理工作第一线需要大量的既受过高等教育，又能从事技术与管理工作的实用型人才。

针对上述我国公路建设人才的需求特点，我们在培养学生过程中，应注重理论学习与实践课程的结合。为了帮助学生巩固与加深对理论课程的学习，加强理论联系实际，锻炼学生的计算与绘图能力，完成相应的课程设计是非常关键的教学环节。本课程设计指导书包括道路勘测设计、路基路面工程、桥梁工程和隧道工程四部分课程设计内容。各部分课程设计的目的及基本要求如下：

1.1　《道路勘测设计》课程设计

1.1.1　课程设计的目的

该课程设计是教学计划中的一个重要的教学环节。通过课程设计，使学生逐步掌握公路设计的基本概念、基本原理、基本方法和基本技能；培养学生遵守并运用技术标准、技术规范的能力；培养学生查阅标准图和相关技术资料以及对资料灵活、合理运用的能力；为后续从事道路设计或施工工作做准备。

1.1.2　课程设计的基本要求

（1）根据设计公路的交通量及其使用任务和性质，确定公路等级。在此基础上，再结合沿线地形及自然条件与主要技术指标的应用，进行路线方案论证与比选，确定合理的设计方案。

（2）根据选定路线方案，完成路线平面、纵断面、横断面设计与计算方法，掌握路线土石方数量计算与调配方法。

（3）设计过程中正确运用标准和规范中有关的原则和要求。

（4）较好地完成任务书中所要求的内容。设计计算书内容完整，计算准确，图纸和图表正确、整洁，格式和内容符合道路设计相关文件规定。

（5）设计中要反映计算机应用能力。计算书和表格采用计算机打印，图纸可以采用 A3 图幅打印或手工绘制。

1.2 《路基路面工程》课程设计

1.2.1 课程设计的目的

课程设计是对路基路面工程课堂教学的必要补充和深化，通过设计使学生可以更加切合实际、灵活地掌握路基路面的基本理论，设计理论体系，加深对路基路面设计方法和设计内容的理解，进而提高和培养学生分析、解决工程实际问题的能力。

1.2.2 课程设计的基本要求

（1）根据公路建设的需要及交通量调查资料，确定公路等级。

（2）根据路基纵断面设计、工程地质与水文地质资料，进行路基设计。包括路基稳定性验算、路基标准横断面、一般路基、特殊路基、路基支挡设计等内容。

（3）根据筑路材料资料进行沥青路面或水泥混凝土路面设计，包括路面结构层的组合设计、结构层力学验算及路面设计方案比选等内容。

（4）设计过程中，要求查阅教材与相应的规范，按要求完成设计任务书中所要求的内容。计算书内容完整，计算准确，图纸和图表正确、整洁，格式和内容符合道路设计相关文件规定。

（5）设计中要求反映计算机应用能力。计算书中路基稳定性、路基支挡及路面验算部分可以采用手算与计算机程序验算相结合的方法。计算书采用计算机打印，图纸采用A3图幅手工绘制和计算机打印相结合。

1.3 《桥梁工程》课程设计

1.3.1 课程设计的目的

学生在学完《桥梁工程》课程后，在教师的指导下，综合运用基础理论、专业知识与技能，独立地较系统而又全面地完成一般复杂程度的设计内容。通过课程设计，使学生基本掌握设计计算的基本过程，进一步巩固已学过的课程与专业知识，进一步掌握和理解标准、规划、手册，培养学生考虑问题、分析问题与解决问题的能力，为今后独立完成桥梁工程设计打下初步基础。

1.3.2 课程设计的基本要求

（1）根据教师给定的各项基本资料，在充分考虑设计时间与设计难易程度的基础上，初步进行桥型方案比选，确定桥型方案，完成桥梁工程的平面、立面布置。

（2）根据标准图、技术规范与经验公式，正确拟定上部结构的各部结构尺寸，合理选择材料、强度等级(标号)。

（3）计算各部分结构在各种荷载与其他因素共同作用下的内力计算与组合，进行配筋设计与强度、稳定性、刚度的校核。

（4）正确理解有关公路桥涵设计相关规范的条文，并在设计中合理运用。

（5）加强计算、绘图、文件编制、查阅有关技术文献等基本技能的训练，要求熟悉和应用AutoCAD制图，了解与掌握相关程序以进行桥梁内力计算，完成相应图纸绘制及计算书的编写工作。

1.4 《隧道工程》课程设计

1.4.1 课程设计的目的

学生完成《隧道工程》课程学习后,通过本课程设计使学生掌握隧道工程的规划、设计、施工的基本理论与基本方法。该课程设计一方面为学生学习相关课程及进一步扩大知识面奠定必要的基础,培养学生将所学的知识和理论融会贯通,提高学生进行系统分析、工程设计以及解决实际问题的能力,另一方面,培养学生正确的设计思想与方法,严谨的科学态度和良好的工作作风,树立自信心,巩固、深化和扩展学生的理论知识与初步的专业技术技能,为毕业设计和将来学生跨入工作岗位从事专业工作打好基础。

1.4.2 课程设计的基本要求

(1)在学生了解和掌握隧道工程规划及设计方法的基础上,要求学生根据教师给定的工程地质与水文地质条件、地形地貌条件、气象条件、工程难易程度等基础资料,进行隧道工程选址方案比选,确定隧道位置。

(2)在初步掌握隧道工程设计方法、围岩分级与应用、隧道工程施工过程及各种施工方法等知识的基础上,学生完成隧道工程纵断面及横断面的设计、支护结构的构造型式设计等工作。

(3)通过实际分析、计算与设计,学生应能独立思考,深入研究,掌握隧道设计的基本方法和技巧,提高分析问题、解决问题的能力。

(4)加强计算、绘图、文件编制、查阅有关技术文献等基本技能的训练,按要求编写课程设计说明书,能正确阐述设计结果,正确绘制相关图纸。

第2章 道路勘测设计

2.1 基本知识

2.1.1 道路的分类及分级

2.1.1.1 道路的分类

道路是供各种车辆(无轨)和行人等通行的工程设施。按其使用特点分为公路、城市道路、厂矿道路、林区道路和乡村道路等。

《道路勘测课程设计》题目选择主要围绕两大类道路：公路和城市道路。

2.1.1.2 道路的分级

1. 公路分级

由交通部2004年颁布的《公路工程技术标准》(JTG B01—2003)(下面简称《标准》)，根据功能和适应交通量分为五个等级：高速公路、一级公路、二级公路、三级公路、四级公路。

2. 城市道路的分类及分级

(1) 城市道路的分类

按照道路在城市道路网中的地位、交通功能以及对沿线建筑物及车辆和行人进出的服务功能，城市道路分为四类：快速路、主干路、次干路、支路。

(2) 城市道路的分级

除快速路外，各类道路按照所在城市的规模、设计交通量、地形等分为Ⅰ、Ⅱ、Ⅲ级。大城市应采用各类道路中的Ⅰ级标准；中等城市应采用Ⅱ级标准；小城市应采用Ⅲ级标准。有特殊情况需变更级别时，应做技术经济论证，报规划审批部门批准。

2.1.2 道路类别与等级的选用

2.1.2.1 道路设计类别的选用

本课程设计主要围绕两大类道路进行设计：公路和城市道路。

在公路和城市道路设计中，考虑到它们的使用特点和功用不同，在设计原则特别是设计重点上有较大的差异，因此可以根据它们各自的设计特点，从对学生锻炼不同设计能力的角度去选择不同的道路类别。

2.1.2.2 道路等级的选用

道路技术等级的选用应根据公路网的规划，综合考虑工程所在地区的政治、经济、军事、文化及自然条件等因素，从全局出发，适当考虑远景发展的交通量，按《标准》(JTG B01—2003)确定公路等级，城市道路按《城市道路设计规范》(CJJ 37—90)执行。

在道路等级的选用中，要选择内容相对完整、难度适宜、工作量饱满的级别，让学生能够充分接触到课程中所学的知识。建议公路选择二级或三级公路，城市道路选择Ⅲ级城市主干路。

2.1.2.3 道路设计阶段的选择

本课程设计可以利用实际的生产单位测设资料做一阶段施工图设计，也可以做二阶段设计中的初步设计或施工图设计。

2.1.3 课程设计的主要工作内容

设计阶段是课程设计的主体，本阶段的任务就是在教师的指导下独立完成某个工程的设计工作，具体内容包括资料整理与分析、方案比选、平面设计、纵断面设计、横断面设计、排水设计、交叉设计、设计文件编制和图纸绘制。

(1) 资料整理与分析

设计资料是设计的客观依据，必须认真客观地进行分析。首先要对设计任务书中提供的各种资料加以理解和必要的记忆，明确它们对设计的影响，在头脑中对工程要求、自然条件、材料供应情况和施工条件等构成一幅明晰的画面；其次要对资料进行分析、概括和系统地整理，从中抽取、确定有关设计数据。

地形资料是课程设计的主要基础资料，在分析时要与工程各种建筑物的平面布置结合起来，找出地形条件对工程的有利因素和不利因素，以便在路线方案选择中能充分利用有利地形，达到节约工程投资的目的。

建筑物的结构形式常常取决于工程地质情况，在分析地质资料时，应根据设计任务书提供的地质钻探资料绘制纵向和横向的地质剖面图，了解工程建设区域内土层变化情况及各土层的土质情况，确定工程建筑物的结构形式。

水文资料主要包括水位、水流和波浪。水位变幅会对工程的使用、建筑物的结构形式、工程的施工等有影响。

气象资料包括风、雨、雾和气温。在分析时，首先要确定强风向和常风向，它们对工程平面布置影响较大。

(2) 路线方案选择

本阶段工作要达到初步设计的深度要求，在对地形、地物、水文、地质等资料分析的基础上，拟定2～3个可行的方案，列出各方案在工程难易、营运、施工、养护管理以及对环境的影响等方面的优缺点和工程造价进行全面的技术经济论证，择优选用。

(3) 路线平面、纵断面及路基设计

该阶段内容为本次课程设计的重点内容和主要完成部分，具体要求见本章后续内容。

(4) 设计说明书

说明书交代设计内容、设计意图、设计中的具体计算方法和过程，编写要力求简明扼要、条理清楚，并附有必要的图表。

(5) 设计图纸

鉴于课程设计的时间限制，结合本专业的特点，一般只要求绘制路线平面图、纵断面图、路基标准横断面图、横断面设计图等主要图纸，并编制直线、曲线及转角表、逐桩坐标表、路基设计表、路基土石方数量计算表等表格，其中有一部分图纸可用计算机绘图。

2.2 设计方法及注意事项

2.2.1 公路设计方法及注意事项

2.2.1.1 设计交通量的确定

设计交通量有设计年平均日交通量和设计小时交通量。

(1) 设计年平均日交通量。预测年限所能达到的年平均日交通量是根据历年交通观测资料预测所得，目前多按年平均增长率计算确定，公式参考教材所列。

(2) 设计小时交通量。目前，包括我国在内的世界许多国家都采用第30位小时交通量作为设计的依据。

(3) 标准车型与车辆换算系数。根据《标准》规定，将涵盖小客车与小型货车的"小客车"定为各级公路设计交通量换算的标准车型。具体要求见《标准》2.0.2条。

2.2.1.2 公路等级及技术标准的确定

(1) 公路等级的确定

在本课程设计中，由于只选用某条道路某段1～2km范围进行路线设计，故在公路的等级选用时可只考虑规划交通量对道路等级选用的影响，关于公路的功能、项目所在地区的综合运输体系、远景发展、路网规划等影响因素暂不考虑（指导教师可以提供这方面资料）。

在求出设计年平均日交通量 N_d 后，根据《标准》1.0.3条确定公路设计等级。

(2) 公路技术标准的确定

各级公路的具体标准是由各项技术指标体现的，见表2-1。

设计速度是技术标准中最重要的指标，它对公路的几何形状、工程费用和运输效率影响最大。路线的设计速度是在综合考虑规划路线的使用功能、性质、规划交通量及所处环境等因素的基础上，根据国家的技术政策确定的。具体取值见《标准》2.0.5条。

(3) 车道数的确定

高速公路或一级公路的车道数应根据规划交通量进行计算。可以按下式确定：

$$N = \frac{AADT \times K \times D}{C_D} \qquad (2-1)$$

式中　N——单向车道数；

$AADT$——远景年限（或规划年限）的设计年平均日交通量(pcu/d)；

C_D——单车道设计通行能力 [pcu/(h·ln)]；

D——方向分布系数，根据公路所在位置和功能，取值范围为0.4～0.6，亦可根据当地的交通量观测资料作适当调整；

K——设计小时交通量系数，根据公路所在位置、地区经济、气候特点等确定取值范围，近郊公路取0.085～0.11，公路取0.12～0.15，亦可根据当地交通量观测资料确定。

在公式(2-1)中有关道路基本通行能力、设计通行能力及服务水平的内容参看《标准》条文说明1.0.3条。

2.2.1.3 道路选线

选线是在规划道路的起终点之间选定一条技术上可行、经济上合理、又能符合使用要求的道路中心线的工作。它是道路建设的基础工作，面对的是一个十分复杂的自然环境和社会经济条件，需要综合考虑多方面因素。

选线的任务就是在多个方案中选出一条符合设计要求、既经济又合理的最优方案。最有效的作法是通过分阶段，由粗到细，反复比选来得到最佳方案。步骤为：

(1) 全面布局——路线方案选择（在小比例尺图上确定大控制点）

全面布局，就是确定起、终点间路线的基本走向。在地形图范围内初步选定大的控制点，定出路线的大致走向。

（2）逐段安排——路线带选择（在大比例尺图上确定小控制点）

在前面定出的路线大致走向的基础上，在所划分的段落内选定出一些细部控制点，连接这些控制点即构成路线带，这样就构成了路线的雏形。

（3）方案比选

公路技术指标表　　　　表 2-1

公路等级	高速公路			一级公路			二级公路		三级公路		四级公路
设计速度(km/h)	120	100	80	100	80	60	80	60	40	30	20
车道数(条)	8、6、4	8、6、4	6、4	6、4	6、4	4	2	2	2	2	2或1
车道宽度(m)	3.75	3.75	3.75	3.75	3.75	3.50	3.75	3.50	3.50	3.25	3.00
路基宽度(m)（一般值）	42.00 34.50 28.00	41.00 33.50 26.00	32.00 24.50	33.5 26.00	32.00 24.50	23.00	12.00	10.00	8.50	7.50	6.50 (4.50)
路基宽度(m)（最小值）	40.00 — 25.00	38.50 — 23.50	21.50	23.50	21.50	20.00	10.00	8.50	—	—	—
圆曲线半径(m) 一般值	1000	700	400	700	400	200	400	200	100	65	30
圆曲线半径(m) 极限值	650	400	250	400	250	125	250	125	60	30	15
停车视距(m)	210	160	110	160	110	75	110	75	40	30	20
最大纵坡(%)	3	4	5	4	5	6	5	6	7	8	9
最小坡长(m)	300	250	200	250	200	150		150	120	100	60
汽车荷载等级	公路—Ⅰ级			公路—Ⅰ级			公路—Ⅱ级		公路—Ⅱ级		公路—Ⅱ级

在前面各项工作的基础上，顺着等高线（初定的路线尽量少地切割等高线），把各个控制点连接起来，定出路线的走向。考虑到路线在各控制点间的不同连接方式，初步定出几个路线方案。分别对各路线方案作进一步的研究，得出各个方案的主要技术经济指标，进行方案比选。

（4）具体定线（在小控制点之间进行综合设计）

在完成路线方案的比选后，对推荐方案进行具体定线。对路线进行平、纵、横三方面综合设计，具体定出道路中线的确切位置。详细内容参考教材有关"选线"的章节。

2.2.1.4 纸上定线

公路定线是公路选线的第三个步骤，是在选线布局的基础上具体定出道路中线位置的作业过程。对不同的地形定线中有不同的侧重点，比如平原、微丘区地形平易，路线一般不受高程限制，定线中主要是正确绕避平面上的障碍，力争控制点间路线短捷顺直；而山岭、重丘区地形复杂，横坡陡峻，定线时要利用有利地形，避让艰巨工程、不良地质地段或地物等，都涉及调整纵坡问题，且山区纵坡又限制较严，因此山岭重丘区安排好纵坡就成为关键问题。要综合考虑道路平、纵、横三面的合理安排，定出道路中线的确切位置。

纸上定线包括确定交点和曲线定线两项工作。关于纸上定线的工作步骤及操作方法可以参考相关教材。

定线中若干具体问题的处理方法如下：

1. 在地形图上采集数据

量算高程：纸上定线过程中，点绘纵断面和横断面地面线需要从地形图上量取高程。若待求点恰好位于某一等高线上，则该条等高线的高程就是待求点的高程。若待求点位于某两条等高线之间的任一位置，则应利用该两条等高线内插求解其高程。

2. 路线中桥涵的布置要求

(1) 桥梁的布置

桥梁的布置主要是解决好桥位选择与引线设计两个问题。

桥位选择的主要要求，可归纳为水文、地貌条件有利，工程地质条件较好以及满足定线的一般要求。

① 水文和地貌条件有利

桥位尽可能选在河床稳定、河道顺直和水流顺畅的河段；桥位最好选在河床较窄的河段；桥位避免设在较大支流汇合处；桥梁尽可能与河槽、河谷正交，必须斜交时，应尽量减小斜交角（桥梁中心线的法线与水流方向的夹角），以利于排洪和缩短桥长。

② 工程地质条件较好

桥位应尽量选在基岩埋藏浅，岩性坚硬、整体性好、倾斜度不大的地段。如基础不能置于基岩时，则应选在土质均匀、容许承载力高、抗冲性强的河段，应尽量避免断层、岩溶、滑坡等不良地质条件。

③ 桥头引线的设计要求

公路走线的一般要求，原则上也适用于桥头引线。就桥址定线而言，应注意以下三点：路线较顺直，桥梁及其引线运营条件较好，桥梁及引线总的工程投资较省；引线的工程地质条件较好，并尽量减少拆迁及占用农田；有些桥位应配合当地城市规划、水利建设和国民经济其他部门的要求。

④ 淹没范围内的引线要求

洪水淹没线（泛滥线）范围内，路线最好设计为直线；如必须设计为曲线，则曲线半径不宜小于桥上所采用的半径，且宜使曲线内侧迎向水流，以免在桥头产生三角回流形成水袋从而威胁公路安全。如图 2-1 所示。

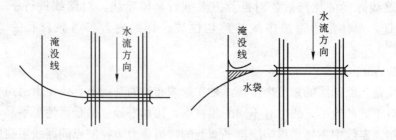

图 2-1 桥位及桥头引线图

(2) 涵洞的布置

涵洞是位于路堤填土内，孔径不大（多孔长度小于 8m，单孔跨径小于 5m），用于排洪、灌溉等的构筑物。涵洞的数量很多，每公里 2~4 座。涵洞是否能正常工作，对公路的安全、养护作业，以及对当地的排灌都有一定的影响。在定线中，要解决好涵洞的分布、类型选择和路堤高度问题。

① 涵洞的分布

涵洞的分布设计是利用平面图和纵断面图进行的，如有大比例尺航摄像片供参考，效果更佳。凡路线跨越的水沟，一般都应设置涵洞或小桥。分布桥涵不能只凭借纵断面图，还应在平面图上研究沟渠的特征，并在外业进行现场核对，才能最后确定其位置。

天然沟谷的平面和纵坡一般不宜轻易改动，原则上应一沟(渠)一涵(桥)。只有当沟谷洪水流量较小，改沟工程量不大，且不致产生淤塞时，才允许将水流引向邻近的桥涵排出。

在平坦地区沿设计线很长的地段没有明显河沟时，可考虑在有利于排洪的地点设置涵洞、使桥涵的距离保持适当，排洪通畅，确保路基安全。

② 涵洞类型选择

公路常用的涵洞可分类如下：

按洞身的形状分类：有圆管涵、拱涵、盖板涵和箱涵；

按建筑材料分类：有钢筋混凝土涵洞、混凝土涵洞和石砌涵洞；

按水力特征分类：有无压涵洞、半有压涵洞、有压涵洞；

按孔数分类：有单孔、双孔和多孔涵洞。

2.2.1.5 平面线形设计

1. 确定平面设计所需数据

纸上定线交汇出交点后，在推荐半径以前需要知道交点间的距离和偏角。一种方法可采用直尺直接量取交点间距，用正切法量算偏角，这种方法简单易行；另一种方法是量取交点的坐标，通过坐标反算角度及距离，这种方法精度更高。如地形图上有坐标网格，建议采用后一种方法。

(1) 正切法

可用直尺直接在图上量测交点间距，量得的数字乘以该幅图的比例尺分母，即得给定两点在实地上的水平距离。

交点位置已定，偏角 α 按正切法量算出，如图 2-2 所示。取交点后一边延长线作为横坐标，从交点向延长线方向量取距离 x，垂直于 x 处作纵坐标与交点前进边相交，量取纵坐标高度 y，用纵向高度 y 除以 x，所得的值即为偏角的正切值，知正切值可用式(2-2)反推出偏角 α。可多算几次偏角求平均值。在地形图上，从起点由左向右编写转角号，即 $JD1$、$JD2$、$JD3$……。确定路线交点转角不得用量角器直接量取。

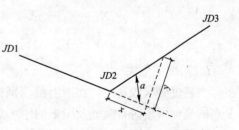

图 2-2 正切法求偏角示意图

$$\arctan \frac{y}{x} = a \tag{2-2}$$

(2) 坐标法

① 确定交点坐标

交点坐标的采集方法有两种。

a. 直接采集法

当交点前后直线方向和位置限制不严，或对精度要求不高时，可按此方法进行。

如图 2-3 所示，过待求点 N 作纵、横坐标线的平行线，可得到这两条直线与纵、横坐标线的交点 e、f 和 g、h。

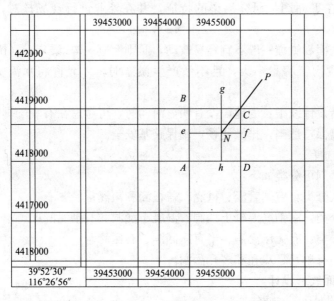

图 2-3　坐标量计算

利用图廓内纵、横坐标格网坐标注记，在图上直接读出待求点 N 所在的坐标方格左下角 A 点的坐标，如：$X_A=39455$km、$Y_A=4418$km。

用直尺量出 Ae 及 Ah 的长度，乘以该幅地形图的比例尺分母，得 N 点相对于 A 点的坐标增量 $\Delta X_{NA}=Ah\times 10000=68.2\times 10000=682$m，$\Delta Y_{NA}=Ae\times 10000=55.6\times 10000=556$m。

当地形图图廓外绘有直线比例尺时，则可用两脚规在图上分别量出 Ae 及 Ah 的长度。在直线比例尺上直接读出 N 点相对于 A 点的坐标增量。

利用下式计算 N 点的坐标：

$$X_N=X_A+\Delta X_{NA}=39455000+682=39455682\text{m}$$

$$Y_N=Y_A+\Delta Y_{NA}=4418000+556=4418556\text{m}$$

b. 精细采集法

当精度要求较高时，在图上量算坐标的步骤依然如上所述。只是在量算 N 点相对于 A 点的坐标增量时，应顾及图纸的伸缩变形。

先量出 Ah 及 AD 的长度，再量出 Ae 和 AB 的长度，然后依下式计算 N 点相对于 A 的坐标增量：

$$\Delta X_{AN}=\frac{Ah}{AD}\times(X_D-X_A)=\frac{68.2}{100.4}\times 10000=679\text{m}$$

$$\Delta Y_{AN} = \frac{Ae}{AB} \times (Y_D - Y_A) = \frac{55.6}{99.8} \times 10000 = 559 \text{m}$$

待求点 N 的坐标为：

$$X_N = X_A + \Delta X_{NA} = 39455000 + 679 = 39455679$$

$$Y_N = Y_A + \Delta Y_{NA} = 4418000 + 559 = 4418559 \text{m}$$

② 交点间距、坐标方位角及转角值的计算

设起点坐标为 $JD_0(X_0, Y_0)$，第 i 个交点坐标为 $JD_i(X_i, Y_i)$，$i=1, 2, 3, \cdots, n$，则：

坐标增量：
$$\left.\begin{array}{l}\Delta X = X_i - X_{i-1}\\ \Delta Y = Y_i - Y_{i-1}\end{array}\right\} \tag{2-3}$$

交点间距：
$$L = \sqrt{(\Delta X)^2 + (\Delta Y)^2} \tag{2-4}$$

象限角：
$$\theta = \arctan\left|\frac{\Delta Y}{\Delta X}\right| \tag{2-5}$$

计算方位角：
$$\left.\begin{array}{l}\text{当}\ \Delta X>0, \Delta Y>0\ \text{时}: A=\theta\\ \text{当}\ \Delta X<0, \Delta Y>0\ \text{时}: A=180-\theta\\ \text{当}\ \Delta X<0, \Delta Y<0\ \text{时}: A=180+\theta\\ \text{当}\ \Delta X>0, \Delta Y<0\ \text{时}: A=360-\theta\end{array}\right\} \tag{2-6}$$

转角：
$$\alpha_i = A_i - A_{i-1} \tag{2-7}$$

当 α_i 为"+"时，路线右偏；当 α_i 为"-"时，路线左偏。

2. 初定布线类型

根据技术标准和交点间距，初步确定布线类型，如单曲线、同向曲线或同向复曲线、反向曲线或反向复曲线等。在确定路线线形时，必须考虑以下技术指标的要求。

(1) 直线

直线长度是指前一曲线的终点(缓直 HZ 或圆直 YZ)到后一曲线起点(直缓 ZH 或直圆 ZY)之间的长度。

① 直线的最大长度

直线的最大长度，在城镇附近或其他景色有变化的地点大于 $20V$ 是可以接受的，在景色单调的地点最好控制在 $20V$ 以内。而在特殊的地理条件下可放宽限制。

② 直线的最小长度

A. 同向曲线间尽量避免插入短直线，必须插入时，其最小长度以不小于 $6V$ 为宜 ($V \geqslant 60 \text{km/h}$)。

B. 反向曲线间最小直线长度以不小于 $2V$ 为宜 ($V \geqslant 60 \text{km/h}$)。

C. $V \leqslant 40 \text{km/h}$ 时，可参照上述两条规定。

(2) 曲线

各级公路不论转角大小，均应设置曲线(包括圆曲线和缓和曲线)。

① 圆曲线

A. 圆曲线的半径

各级公路的圆曲线半径应尽量采用较大的半径，在一般情况下，宜选用大于《标准》所规定的该级一般最小半径。只有当地形、地物或其他条件限制时，方可采用小于一般最小半径，不要轻易采用极限最小半径。

圆曲线半径的选定，除要与弯道本身所在位置的地形、地物条件相适应，使曲线沿理想的位置通过外，还要考虑与弯道前后的线形标准相协调。

圆曲线半径过大也失去意义，因此最大半径不宜超过 10000m，以利于设计与施工。

B. 圆曲线的最小长度

在平曲线设计时，圆曲线的最小长度一般要有 3s 行程。

② 缓和曲线设计

A. 回旋线的设置

直线同半径小于不设超高最小半径的圆曲线径相连接处，应设置缓和曲线。四级公路可将直线与圆曲线相连接，用超高、加宽缓和段代替缓和曲线。

半径不同的同向圆曲线径相连接处，应设置缓和曲线，但符合条件时可不设缓和曲线。

B. 回旋线的长度

现行《公路路线设计规范》规定的缓和曲线的最小长度是根据行驶时间 3s 计算的，在有些情况下，按 3s 行程计算的缓和曲线长度并不满足超高渐变率的要求。如平原微丘区二级公路，计算行车速度为 80km/h，《公路路线设计规范》规定的最小缓和曲线长度为 80m，但在半径为 400m 时，绕边轴旋转时，按超高渐变率计算的缓和曲线的长度为 95m。因此，在确定缓和曲线最小长度时，应从超高渐变率适中的角度进行验算。

《标准》、《公路路线设计规范》规定的缓和曲线长度，是在长度受限制时的最小长度。在一般情况下，特别是圆曲线半径较大、车速较高时，应该使用更长的缓和曲线。

C. 回旋线参数

在进行公路平面线形设计时，不仅可以拟定缓和曲线长度，同样也可以采用选定缓和曲线参数 A 值的办法来决定公路平面线形。

回旋线参数满足式(2-8)的要求。

$$\frac{R}{3} \leqslant A \leqslant R \tag{2-8}$$

③ 平曲线应有足够的长度

公路弯道在一般情况下由两段缓和曲线(或超高、加宽缓和段)和一段圆曲线组成。缓和曲线(一般采用回旋线)的长度不能小于该级公路对其最小长度的规定；中间圆曲线的长度也宜有大于 3s 的行程，当条件受限时，可将缓和曲线在曲率相等处直接连接，此时的圆曲线长度等于 0。

$\theta \leqslant 7°$ 的小转角弯道处的平曲线长度应作特殊考虑。

3. 曲线要素计算

已知偏角 α、交点间距离，结合交点处地形情况，确定合适的曲线半径 R 和回旋线长度 L_s 或回旋线参数 A，计算曲线要素：切线长 T_H、曲线长 L_H、外距 E、切曲差 D，并推算主点桩号。

沿着已经布好的公路中线，从路线起点开始，按"整桩号"法排桩，将起点桩号（K0+000）、百米桩、公里桩、曲线主点桩、终点桩及各相应整桩号桩布设，标定在公路中线上。

4. 平面线形设计

平面线形由直线、圆曲线、缓和曲线等三个几何要素组成，三个线形要素可以组合成不同的组合线形。

(1) 基本型曲线的设计与计算

① 对称型曲线计算（计算图式如图 2-4 所示）

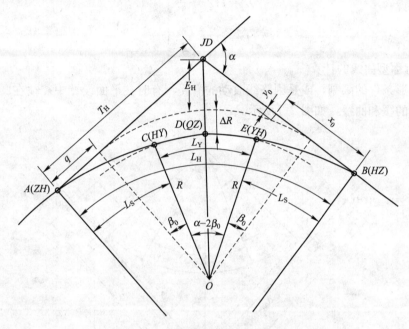

图 2-4 对称基本型曲线计算图示

A. 曲线几何元素的计算

内移值：
$$\Delta R = \frac{L_S^2}{24R} - \frac{L_S^4}{2384R^3} \tag{2-9}$$

切线增长值：
$$q = \frac{L_S}{2} - \frac{L_S^3}{240R^2} \tag{2-10}$$

缓和曲线角：
$$\beta_0 = \frac{90°}{\pi R} L_S \quad (°) \tag{2-11}$$

切线长：
$$T_H = (R + \Delta R) \tan\frac{\alpha}{2} + q \tag{2-12}$$

曲线长：
$$L_H = R \frac{\pi}{180°}\alpha + L_S = R\frac{\pi}{180°}(\alpha - 2\beta_0) + 2L_S \tag{2-13}$$

圆曲线长：
$$L_Y = L - 2L_H = R\frac{\pi}{180}(\alpha - 2\beta_0) \tag{2-14}$$

外距：
$$E_H = (R + \Delta R)\sec\frac{\alpha}{2} - R = (R + p)\frac{1}{\cos\frac{\alpha}{2}} - R \tag{2-15}$$

切曲差：
$$D_H = 2T_H - L_H \tag{2-16}$$

B. 曲线主点里程计算

$$\left.\begin{aligned}
\text{直缓点：} \quad & ZH = JD - T_H \\
\text{缓圆点：} \quad & HY = ZH + L_S \\
\text{圆缓点：} \quad & YH = HY + L_Y \\
\text{缓直点：} \quad & HZ = YH + L_S \\
\text{曲中点：} \quad & QZ = HZ - \frac{L_H}{2} \\
\text{交点：} \quad & JD = QZ + \frac{D_H}{2}
\end{aligned}\right\} \quad (2\text{-}17)$$

② 非对称型曲线的计算

由于地形条件的限制，或是因路线改动的需要，有时在平面设计中往往在圆曲线两端设置不等长的缓和曲线，如图 2-5 所示。

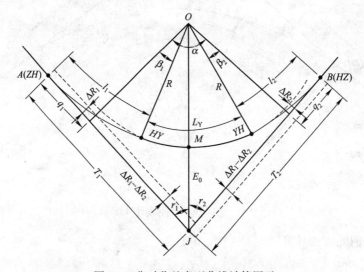

图 2-5 非对称基本型曲线计算图示

设圆曲线始端缓和曲线长 l_1，终端长 l_2，圆曲线半径为 R，交点位于 J，则：

$$\left.\begin{aligned}
T_1 &= (R + \Delta R_1)\tan\frac{\alpha}{2} + q_1 - \frac{\Delta R_1 - \Delta R_2}{\sin\alpha} \\
T_2 &= (R + \Delta R_2)\tan\frac{\alpha}{2} + q_2 + \frac{\Delta R_1 - \Delta R_2}{\sin\alpha} \\
L &= \frac{\alpha\pi R}{180} + \frac{l_1 + l_2}{2}
\end{aligned}\right\} \quad (2\text{-}18)$$

由于两边切线不等长，故曲线中点可取圆曲线中点或全曲线中点。为了计算和测设方便，可取交点与圆心的连线与圆曲线的交点 M 作为曲线中点（QZ）。其要素按下式计算：

$$\left.\begin{aligned}
\gamma_1 &= \arctan\frac{R + \Delta R_1}{T_1 - q_1} \\
\gamma_1 &= \arctan\frac{R + \Delta R_2}{T_2 - q_2} \\
E_0 &= JM = \frac{R + \Delta R_1}{\sin\gamma_1} - R
\end{aligned}\right\} \quad (2\text{-}19)$$

曲线要素计算出来后,主点的里程计算与对称型曲线的计算并无区别。
③ 基本型单曲线半径和缓和曲线的推荐方法
A. 前后交点间距足够长,弯道内侧控制不严格时

这种情况下,可以直接给定半径值和缓和曲线长度。为了做出线形美观的曲线,其半径值为极限最小半径的4~8倍;缓和曲线长度考虑超高和线形美观需要取值不宜过大(不大于400m)。推荐完毕后,应注意验算曲线间的直线长度是否满足《公路路线设计规范》要求。

B. 切线长受限制时

当前后交点间距不长时,可以先假定曲线起终点位置,量取切线长 T 反算半径 R。根据转角和缓和曲线的要求试定 L_s,假定 $\Delta R \approx \frac{L_s^2}{24R}$、$q \approx \frac{L_s}{2}$ 等,用式(2-20)或式(2-21)解算半径 R。选定 T 值,由切线长反算半径,当精度要求不高时,

$$R = \frac{-B + \sqrt{B^2 - 4AC}}{2A} \tag{2-20}$$

式中
$$A = \tan \frac{\alpha}{2}$$
$$B = \frac{L_s}{2} - T$$
$$C = \tan \frac{\alpha}{2} \cdot \frac{L_s^2}{24}$$

精度要求较高时,通过下式迭代而得:

$$R = \frac{T - \frac{L_s}{2} + \frac{L_s^3}{240 R_0^2}}{\tan \frac{\alpha}{2}} - \frac{L_s^2}{24 R_0} \tag{2-21}$$

式中 R_0 为近似解,可由式(2-20)解得。将 R_0 与解得的 R 比较,若二者差值满足精度要求,则认为 R 为所求的解。否则,将新解当作 R_0 代入式(2-21),反复迭代,直至精度满足要求。

对于试定的 L_s,当半径解算出来后,要对 L_s 进行验算,看是否满足对缓和曲线长度的相关规定,如不满足,调整 L_s,重新计算半径。

C. 弯道内侧外距受限制时

根据转角 α、控制外距 E 和试定的 L_s,取 $p = \frac{L_s^2}{24R}$,用式(2-22)解算半径 R。

$$\left(\sec \frac{\alpha}{2} - 1\right) R^2 - E \cdot R + \frac{L_s^2}{24} \sec \frac{\alpha}{2} = 0 \tag{2-22}$$

同理,仿照由 T 反算 R 的思路,对由 E 反算出的 R 取整或精确计算。

S形曲线、C形曲线可分解为两个独立的基本型单曲线来计算,只是其中之一按切线长来控制而已;凸型曲线是非对称基本型曲线中因曲线长为零的特例。

(2) 复曲线的计算

复曲线有两圆曲线间直接衔接和用缓和曲线段衔接两种情况,其中后者计算复杂,道路路线中使用不多。下面以直接衔接为例介绍曲线设置方法。

曲线两端分别设有缓和曲线L_{S1}和L_{S2}，为使两圆曲线R_1和R_2在公切点(GQ)直接衔接，两缓和曲线的内移值必须相等，即$p_1=p_2=p$，则有式(2-23)成立：

$$\frac{L_{S1}^2}{R_1}=\frac{L_{S2}^2}{R_2} \tag{2-23}$$

若$R_2>R_1$，一般应先选定L_{S2}和R_2，则

$$R_1=\frac{AB-TB}{\tan\frac{\alpha_1}{2}}-p_1=\frac{AB-\left(R_2+\frac{L_{S2}^2}{24R_2}\right)}{\tan\frac{\alpha_1}{2}}-\frac{L_{S2}^2}{24R_2} \tag{2-24}$$

$$L_{S1}=L_{S2}\sqrt{\frac{R_1}{R_2}} \tag{2-25}$$

按此推算出的R_1和L_{S1}不能取整，检查R_1、R_2、L_{S1}、L_{S2}的规定及其他曲线要素，若不满足时应重新选定并试算，必要时应调整路线导线。

(3) 回头曲线的计算

回头曲线当转角小于180°时，可按单曲线计算；当转角等于180°时，可按双交点单曲线计算，此时$T=R+q$；当转角大于180°时，按转角大小不同，详述如下：

① 转角大于180°小于360°时，如图2-6(a)、(b)，有

$$T=(R+p)\tan\left(\frac{360°+\alpha}{2}\right)-q \tag{2-26}$$

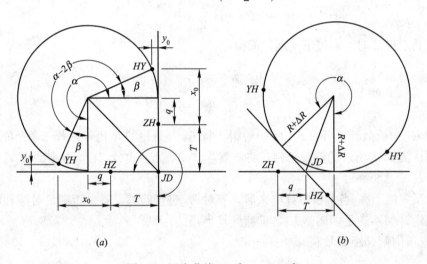

图2-6 回头曲线(180°<α<360°)

当T为正值时，交点位于直线范围内，如图2-6(a)；当T为负值时，交点位于切线范围内如图2-6(b)。

② 当转角等于360°时(如图2-7)，有

$$T=q \tag{2-27}$$

③ 当转角大于360°小于540°时(如图2-8)，有

$$T=(R+p)\tan\left(\frac{\alpha-360°}{2}\right)-q \tag{2-28}$$

不论α为何角度，回头曲线的总长为

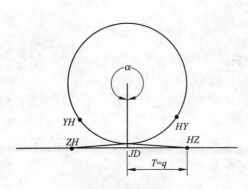
图 2-7 回头曲线($\alpha=360°$)
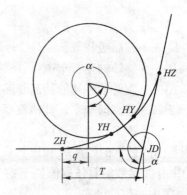
图 2-8 回头曲线($360°<\alpha<540°$)

$$L=\frac{\pi}{180°}\alpha R+2L_S \tag{2-29}$$

5. 平曲线加宽超高设计

(1) 平曲线加宽设计

① 确定各交点处圆曲线上的全加宽值

按《公路路线设计规范》7.6规定，根据公路等级确定加宽类型，由各交点处的圆曲线半径确定各弯道的行车道加宽值，行车道加宽后路基也应相应加宽。行车道的加宽一般在路线内侧。

② 加宽过渡段长度的确定

在加宽缓和段上，行车道具有逐渐变化的宽度。

本设计所采用的加宽过渡方法为按比例过渡的方法。按此方法在加宽缓和段上任意点的加宽值为：

$$b_x=\frac{L_x}{L}b \tag{2-30}$$

式中　b——圆曲线上全加宽值(m)；
　　　L_x——任意点到加宽缓和段起点的距离(m)；
　　　L——加宽缓和段长(m)。

③ 加宽缓和段的长度

对于设有缓和曲线的平曲线，加宽缓和段采用与缓和曲线相同的长度，即$L_x=L_S$。

(2) 超高设计与计算

① 超高横坡度的计算

按《公路路线设计规范》要求，超高的横坡度应按照教材中的超高率计算公式，根据设计速度、圆曲线半径、路面类型、自然条件和车辆组成等情况确定，必要时应按运行速度予以验算。

② 超高过渡方式的确定

按公路路基类型、建设要求确定超高的过渡方式。

③ 超高缓和段长度的确定

A. 超高缓和段长度计算

超高缓和段的长度按下式计算：

$$L_C=\frac{B'\Delta i}{P} \tag{2-31}$$

式中　L_C——超高缓和段长度(m)；
　　　B'——旋转轴至行车道(设路缘带时为路缘带)外侧边缘的宽度(m)；
　　　Δi——旋转轴外侧的超高与路拱坡度的代数差；
　　　P——超高渐变率，其值根据计算行车速度和超高过渡方式《公路路线设计规范》表7.5.4中查取。

根据上式计算的超高缓和段长度应取成5m的整倍数，并不小于10m的长度。公式(2-31)中有关参数的具体取值如下：

a. 无中间带的公路

绕行车道中心旋转：
$$B'=\frac{B}{2}, \quad \Delta i=i_y+i_z \tag{2-32}$$

绕边线旋转：
$$B'=B, \quad \Delta i=i_y \tag{2-33}$$

式中　B——行车道宽度(m)；
　　　i_y——超高横坡度；
　　　i_z——路拱横坡度。

b. 有中间带的公路

绕中央分隔带边缘旋转：
$$B'=b_1+B+b_2, \quad \Delta i=i_y+i_z \tag{2-34}$$

绕各自行车道中心旋转：
$$B'=\frac{B}{2}+b_2, \quad \Delta i=i_y+i_z \tag{2-35}$$

式中　B——半幅行车道宽度(m)；
　　　b_1——左侧路缘带宽度(m)；
　　　b_2——右侧路缘带宽度(m)；
　　　i_y——超高横坡度；
　　　i_z——路拱横坡度。

B. 超高缓和段的确定

超高缓和段长度主要从两个方面来考虑：一是从行车舒适性来考虑，缓和段长度越长越好；二是从横向排水来考虑，缓和段长度短些好，特别是路线纵坡较小时，更应注意排水的要求。

确定缓和段长度时应考虑以下几点：

a. 一般情况下，取$L_C=L_S$(缓和曲线长度)，即超高过渡在缓和曲线全长范围内进行。

b. 若$L_C>L_S$，但只要横坡从路拱坡度(-2%)过渡到超高横坡(2%)时，仍取$L_C=L_S$。否则，有两种处理方法：

在缓和曲线部分范围内超高。根据不设超高圆曲线半径和式(2-31)分别计算出超高缓和段长度，然后取两者中的较大值，作为超高过渡段长度，并验算横坡从路拱坡度(-2%)过渡到超高横坡(2%)时，超高渐变率是否满足$P\geqslant 1/330$，如果不满足，则需采用分段超高的方法。

分段超高。超高过渡在缓和曲线全长范围内按两种超高渐变率分段进行，第一段从双向路拱坡度i_y过渡到单向超高横坡i_z时的长度为$L_{C1}=660 B'_{iz}$(B'_1为外侧行车道宽度，包括路缘带)，第二段的长度为$L_{C1}=L_S-L_{C2}$。

c. 若$L_C<L_S$，此时应修改平面线形，增加L_S的长度。平面线形无法修改时，宜按实

际计算的长度取 L_C，超高起点应从 ZH(或 HZ 点)后退(或前进)$(L_{C1}-L_S)$长度。

d. 不设缓和曲线时，应先计算出 L_C，然后按下面的情况确定缓和段的位置：

直线与圆曲线相连时，宜按图 2-9(a)确定；

复曲线，宜按图 2-9(b)确定。

(3) 超高值的计算

① 无中间带的公路

无中间带的公路的超高方式有三种，常用的只有两种：绕行车道中心旋转(简称绕中线旋转)，绕未加宽、未超高的内侧路面边缘旋转(简称边线旋转)。前者一般适用于旧路改建，后者适用于新建公路。其超高值计算均为与设计高之高差，设计高的位置为路基外侧边缘。计算公式参考《道路勘测设计》教材。

② 有中间带的公路

有中间带的公路的超高方式有三种：绕中央分隔带边缘旋转、绕各自行车道中心旋转、绕中间带中心旋转。第一种方法适用于各种宽度的有中间带的公路，第二种方法适用于车道数大于 4 的公路或分离式断面的公路，第三种方法适用于中间带宽度小于等于 4.5m 的公路。在实际设计中应用较多的是第一种和第二种方法。计算公式参考《道路勘测设计》教材。

③ S形曲线间的超高过渡

对于两个反向的曲线，并且曲线间的直线距离很小或为零时的超高过渡与单曲线的超高不同。由一个曲线的全超高过渡到另一个曲线的方向全超高，中间的过渡应是面到面的过渡，在过渡中只出现一次零坡断面，并且在整个过渡过程中，横断面始终是单坡断面，也没有固定旋转轴。

当超高渐变率 P_1(或 P_2)$\geqslant \frac{1}{330}$ 时，反向曲线间的超高过渡采用如图 2-10(b)所示的超高过渡方式；当超高渐变率 P_1(或 P_2)$< \frac{1}{330}$ 时，采用如图 2-10(c)所示的超高过渡方式，即采用不同的渐变率分段超高，其中零坡断面附近的超高渐变率为 $\frac{1}{330}$。L_L 的长度根据超高缓和段长度计算公式计算，其中超高渐变率取 $\frac{1}{330}$。下面介绍第一种情况下的超高计算。

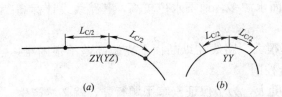

图 2-9 无缓和曲线时超高过渡段的确定

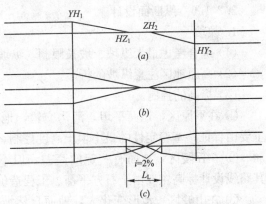

图 2-10 S形曲线超高过渡方式

(a)平曲线；(b)渐变率≥1/330；(c)渐变率<1/330

A. 超高渐变率

$$P_1 = \frac{|h''_{c1}| + h_{c2}}{L_C} \tag{2-36}$$

$$P_2 = \frac{|h''_{c2}| + h_{c1}}{L_C} \tag{2-37}$$

式中 h_{c1}——曲线 1 路面外缘最大抬高值(m);

h''_{c1}——曲线 1 路面内缘最大降低值(m);

h_{c2}——曲线 2 路面外缘最大抬高值(m);

h''_{c2}——曲线 2 路面外缘最大降低值(m);

L_C——超高过渡段长度(m),$L_C = L_{S1} + L_{S2} + L_Z$;

L_Z——反向平曲线间的直线长度;

P_1——曲线 1 内侧(曲线 2 外侧)的超高渐变率;

P_2——曲线 2 内侧(曲线 1 外侧)的超高渐变率。

B. 零坡断面位置计算

$$x_0 = \frac{h_{c1} - h''_{c1}}{P_1 + P_2} \tag{2-38}$$

式中 x_0——零坡断面距曲线 1 的 YH 点的距离(m);

其余符号同前。

C. 任意点超高值计算(表 2-2)

S 形曲线超高过渡超高值计算公式 表 2-2

超高位置	计算公式		行车道横坡(i_x)	备 注
	$x \leq x_0$	$x > x_0$		
内侧($\Delta h''$)	$h''_{c1} + P_1 x$	$h''_{c2} + P_2 x'$	$\dfrac{\Delta h - \Delta h''}{B'}$	1. $B' = B + w$,w 为 x 处的加宽值; 2. x 为距曲线 YH 点的距离; 3. B 为未加宽前的路面宽度; 4. 计算结果为与设计高之差; 5. $x' = L_C - x$
中线($\Delta h'$)	$\Delta h - \dfrac{B}{2} i_x$			
外侧(Δh)	$h_{c1} - P_2 x$	$h_{c2} - P_1 x'$		

2.2.1.6 纵断面设计

1. 拉坡

(1) 综合考虑最大纵坡、坡长限制、纵坡折减、合成坡度等。

(2) 高原地区注意纵坡的折减。

(3) 标高的控制。

① 在平原区,地面平坦,河沟交错,地面水源多,地下水位较高,其路线设计标高主要由保证路基稳定性的最小填土高度控制。

② 在丘陵区,地面有一定的高差,但不很大,路线在纵断面上克服高差不很困难,其路线设计标高主要由土石方平衡、工程造价控制。

③ 在山岭区,地形变化大,地面自然坡度大,为了保证汽车平顺行驶,就必然产生高填、深挖的现象,其路线设计标高主要由纵坡度和坡长控制,同时要从土石方尽量平衡和路基附属工程合理等方面来适当考虑。

④ 在沿河及受水浸淹的路段,为保证路基稳定性,路基一般应高出《标准》规定洪水频率计算水位 0.5m 以上。

(4) 拉坡的操作方法

具体拉坡方法见教材相应章节。若将试定纵坡线、调整纵坡线和确定纵坡线合并,可采用两块三角板推出坡度的方法。若同时考虑"根据横断面图进行核对纵坡线",需事先绘出各桩横断面地面线(见横断面设计)。

(5) 变坡点位置的确定

① 充分考虑纵面线形和平面线形的相互搭配;
② 桩号应设在 10m 的整数倍处;
③ 变坡点的选择应尽量使工程量最小;
④ 变坡点的选择应做到位线形最好;
⑤ 变坡点高程精确到小数点后三位(0.000),中桩精度为小数点后两位(0.00),坡度值精度为 0.00%。

2. 竖曲线设计

(1) 变坡点高程的确定

$$h_x = h_{x-1} + S \cdot I \tag{2-39}$$

式中　h_x——欲求变坡点设计标高;
　　　h_{x-1}——欲求变坡点前一变坡点(或起点)设计标高;
　　　S——前一变坡点到待求变坡点间水平距离;
　　　I——前一变坡点与欲求变坡点间坡段的设计坡度,上坡取正值,下坡取负值,以小数计。

注意:当纵坡以百分数表示时,其分子精确到 0.01;变坡点标高和纵坡大小在相互反算时要吻合。

(2) 竖曲线半径的确定

先根据《公路路线设计规范》知凸形、凹形竖曲线小半径(根据不同路线等级确定停车视距),再根据竖曲线设计原则选择各变坡点竖曲线半径。竖曲线半径的确定,在不过分增加工程数量的情况下,宜选用较大的半径,使视觉上感到舒适畅顺。当竖曲线的起终点位置受到诸如平纵配合中平曲线的位置、大中桥位等因素影响时,其竖曲线半径可以根据限制的曲线或切线长来确定。

(3) 竖曲线要素的计算

《公路路线设计规范》规定采用二次抛物线作为竖曲线的线形。竖曲线的要素主要包括竖曲线长度 L、切线长度 T 和外距 E。由于在纵断面上只计水平距离和竖直高度,斜线不计角度而计坡度,因此,竖曲线的切线长与曲线长是其在水平面上的投影,切线支距是竖直的高程差,相邻两坡度线的交角用坡度差来表示,如图 2-11 所示,竖曲线要素示意图见图 2-12。

竖曲线诸要素计算公式如下:

变坡角:
$$\omega = |i_2 - i_1| \tag{2-40}$$

竖曲线长度 L 或竖曲线半径 R:
$$L = R\omega \tag{2-41}$$

因为 $T = T_1 = T_2$,竖曲线切线长 T 有

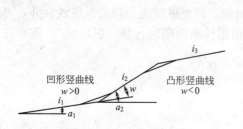 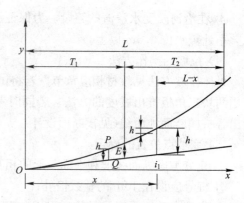

图 2-11 竖曲线示意图　　　　图 2-12 竖曲线要素示意图

$$T=\frac{L}{2}=\frac{R\omega}{2} \tag{2-42}$$

竖曲线外距 E：
$$E=\frac{T^2}{2R}, \quad E=\frac{L\omega}{8}=\frac{T\omega}{4} \tag{2-43}$$

式中　L——竖曲线长度；
　　　R——指竖曲线顶（底）部的曲率半径；
　　　ω——变坡点前后坡段纵坡值代数差；
　　　T——竖曲线切线长度；
　　　E——竖曲线外距。

竖曲线上任一点竖距 h：
$$h=PQ=y_P-y_Q=\frac{x^2}{2R}+i_1x-i_1x=\frac{x^2}{2R} \tag{2-44}$$

下半支曲线在竖曲线终点的切线上的竖距 h' 为：
$$h'=\frac{(L-x)^2}{2R} \tag{2-45}$$

为简单起见，将两式合并写成下式：
$$h=\frac{x^2}{2R} \tag{2-46}$$

式中　x——竖曲线上任意点与竖曲线始点或终点的水平距离；
　　　h——竖曲线上任意点到切线的纵距，即竖曲线上任意点与坡线的高差。

对于凸形竖曲线，设计标高＝切线高程－h；对于凹形竖曲线，设计标高＝切线高程＋h。

(4) 竖曲线与直坡段

同向竖曲线与反向竖曲线间的直线段长度应满足《公路路线设计规范》要求。

路基、桥涵及特殊地质条件下对路线纵断面的要求，可以参考相关教材和《公路路线设计规范》。

3. 平纵面组合设计

当计算行车速度大于或等于 60km/h 时，必须注重平、纵的合理组合；而当计算行车速度小于或等于 40km/h 时，首先应在保证行驶安全的前提下，正确地运用线形要素规定值（最大、最小值），在条件允许情况下力求做到各种线形要素的合理组合，并尽量避免和减轻不利组合。

(1) 组合原则

① 应能在视觉上自然地诱导驾驶员的视线，并保持线形的连续性；

② 平面与纵断面线形的技术指标应大小均衡，使线形在视觉上、心理上保持协调；

③ 选择组合得当的合成坡度，以利于路面排水和安全行车。

(2) 平竖组合

① 平曲线(包括圆曲线和缓和曲线)与竖曲线两者应相互重合，这是平、纵最好的组合，且平曲线应比竖曲线长(俗称"平包竖")。

② 计算行车速度≥40km 的公路，凸形竖曲线的顶部和凹曲线的底部，不得插入小半径平曲线；凸形竖曲线的顶部或凹形竖曲线的底部，不得与反向平曲线的拐点重合。

③ 平曲线与竖曲线的半径大小应选用适当，使其组合达到视觉上的良好效果。

④ 平面与纵坡组合时，应注意长坡下端避免设置小半径平曲线，较长的平面直线上也不宜设大坡，并应选择能够得到适当合成坡度的线形组合。一般最大合成坡度不宜大于8%，最小合成坡度不小于0.5%。应避免急弯与陡坡相重合的线形，平、纵面线形的组合必须是在与路线所经地区的环境充分配合的基础上进行的，否则即使线形符合组合的有关规定，亦不是良好的设计。所以时时处处都应注意与公路周围环境的配合与协调。

2.2.1.7 横断面设计

1. 准备工作

(1) 确定路基标准横断面

① 根据公路等级确定的路幅横断面各组成部分(行车道、硬路肩、土路肩等)的宽度及横坡度。

② 根据技术标准确定边沟的形式及尺寸。

③ 根据路线所处地区的地质情况确定填方路堤和挖方路堑的边坡值。

(2) 资料收集

① 平曲线起、终点桩号，平曲线半径和转角在平面设计中读取。

② 每个中桩的填挖高度在纵断面设计中读取。

③ 在路线平面图上的各中桩横断面范围内并向外延伸一定距离选取若干点，量取各点的地面标高。注意用内插值法补全曲线主点里程桩号的横断面地面线资料。地面标高的绘制方法见相关教材，本处不再赘述。

2. 点绘横断面地面线

(1) 将水平距离与高差(以路中线为准)按 1∶200 比例尺点绘在米厘方格纸上，各点边线即为横断面地面线。

(2) 若采用 A3 厘米方格纸，以 42cm 边为水平方向绘制横截面地面线。水平方向可在 10cm、20cm、30cm 安排 3 列，其中地面线相互有干扰，对设计影响不大，竖直方向每隔 5cm 绘一图，即将地面线中心线置于 5cm、10cm、15cm……处，图纸上、下各留 5cm 空余。

(3) 绘制横断面地面线时，从图纸左侧 10cm 竖直行开始，由下向上排列桩号，第二行亦从下向上排列桩号。

3. 设计横断面设计线(戴帽子)

(1) 根据横断面测量资料按 1∶200 的比例绘制横断面地面线；

(2) 根据路基设计表中的有关数据,绘制路幅的位置和宽度;

(3) 参照路基标准横断面图绘制路基边坡线和地面线相交,并在需要设置支挡防护处绘制支挡结构物的断面图;

(4) 检查弯道路段横断面内侧的视距是否满足要求,是否需要清除障碍及设置视距台;

(5) 根据综合排水设计,绘制路基边沟、排水沟、截水沟等在横断面图上的位置;

(6) 在中桩横断面图绘制出来后,标出该桩的桩号、左右路基宽、中桩填挖高和填挖面积;

(7) 挖方路段一般采用土质挖方,亦可选择某段挖方,拟定土石方分界线。

4. 土石方计算与调配

路基土石方数量的计算和调配是在路基横断面设计完成,并在路基横断面图绘制完后进行的。首先计算横断面的面积,然后计算体积,即获得土石方数量,最后进行土石方调配。

(1) 横断面面积计算

路基横断面的面积是指横断面图中,地面线与路基设计线所包围的面积。横断面面积包括填方面积(A_T)和挖方面积(A_W),两者应分别计算。根据已经设计好的横断面图,用积距法、几何图形法、混合法和求积仪法计算出每一横断面上的路基填方或挖方的土石方面积。

(2) 土石方数量计算

路基土石方填挖数量,根据公式 $V=\dfrac{(A_1+A_2)}{2} \cdot L$ 分别进行计算,挖方按天然密实体积计算,填方按压实后的体积计算。

土方、石方应分别计算,挖方、填方应分别计算。土石方体积采用整方数,绝不能用小数。

(3) 路基土石方调配

① 首先进行横向调配,满足本桩号利用方的需要,然后计算挖余和填缺的数量。

② 在进行纵向调配前,先利用相应公式计算经济运距和选择运输工具。在计算经济运距时,借方单价(即挖方单价)D、超运运费单价 T 可采用"预算定额"中相应的工日数,也可采用当地的单价或老师指定。结合目前路基施工条件情况,路基土石施工工具可采用手推车或人工挑,或老师指定。

③ 经济运距确定后,即可按教材"远运利用纵向调配示意"和"土石方调配的一般要求"、"调配方法"进行土石方调配。注意要利用相应的校核公式校核。

④ 纵向调配完成后,将借方、废方和总动量填入"路基土石方数量计算表"相应栏中。

⑤ 在进行调配时,要注意天然密实方(挖方)与路基压实方(填方)之间的调整系数,按有关规定的松方系数考虑,如填方中需要 100m³ 的普通土,松方系数为 1.16(三、四级公路),则实际需要利用挖方 116m³。

⑥ 计算计价土石方数量。

2.2.2 城市道路设计方法与注意事项

一般情况下,城市道路的平面定线受到路网的布局、道路规划红线宽度和沿街已有建筑物位置等因素的约束,平面定线的自由度要比公路小得多。在城市道路设计中一般先进行横断面设计,然后再做平面和纵断面设计。城市道路的设计方法与公路基本相同,现只对城市道路设计中的不同之处进行重点介绍。

2.2.2.1 城市道路横断面的综合布置

城市道路具有不同功能的各组成部分，如车行道、人行道、绿化、地上杆线和地下管线等，彼此均有一定的联系和相互影响，其位置和宽度均要在横断面上给予合理安排，并进行一定的艺术处理，这就是城市道路横断面综合布置。

城市道路交通主要由行人交通和车辆交通两部分组成，在设计中必须合理解决行人与车辆、机动车与非机动车之间的交通矛盾。对于前者，通常的做法是利用路缘石和绿化带把人行道和车行道布置在不同的位置和高度上，以分隔行人和车辆。但机动车和非机动车是分隔还是混行，则应根据道路和交通的具体情况而定。不同的交通组织，其机动车道和非机动车道在横断面上的布置形式也不同。城市道路横断面的布置根据道路的规划和等级进行确定。

2.2.2.2 横断面设计

城市道路横断面设计的主要内容是机动车道设计、非机动车道设计、人行道设计和管线布置等。这些设计均应按照城市道路的交通性质、地形条件以及近期与远期相结合的原则来确定。

1. 机动车道设计

（1）路段上机动车道通行能力的计算

路段上一条车道的通行能力采用下式计算：

$$N_{路段} = N \cdot \alpha_{条} \cdot \alpha_{交} \cdot \alpha_{人} \cdot \alpha_{车道} \tag{2-47}$$

式中 $N_{路段}$——路段上一条车道的通行能力（辆/h）；

N——按车头间距或车头时距计算的通行能力（辆/h）；

$\alpha_{条}$——车道折减系数，自路中线起第 1 条车道的折减系数假设为 1.00，其余车道的折减系数依次为 0.80～0.89、0.65～0.78、0.50～0.65、0.40～052；

$\alpha_{交}$——交叉口折减系数，一般取 0.73～0.77；

$\alpha_{人}$——行人过街的影响系数，一般取 0.63；

$\alpha_{车道}$——当车道宽度大于或等于 3.5m 时，取 1.00，等于 3.25m 时取 0.94，3.00m 时取 0.85，2.75m 时取 0.77。

（2）机动车道宽度确定

城市道路一条车道宽度一般取 3.50m。而作为主干路且路幅宽度为 4.2m 的道路，其一条机动车道宽度取 3.75m。公共汽车停靠站的车道宽度为 3.00m。整个机动车道的宽度可以按下式计算：

$$机动车道宽度 = \frac{单向高峰小时交通量}{一条车道的可能通行能力} \times 2 \times 一条车道宽度 \tag{2-48}$$

确定机动车道宽度还应该考虑城市交通的发展、城市建设和规划的要求，为城市发展预留宽度。

2. 非机动车道设计

非机动车道主要是专供自行车、平板车和三轮车等非机动车行驶。对非机动车道的设计，应给予足够的重视。在具备条件的大城市，宜考虑规划设计专用的非机动车道路系统，交通组织和横断面布置应尽可能和机动车分流行驶。

一般一条自行车道的宽度为 1.5m（其中两侧各有 0.25m 的侧向安全距离），两条自行车道的宽度为 2.5m，三条自行车车道的宽度为 3.5m，依此类推。对于各类非机动车混合行驶的非机动车道，应该根据车辆横向布置的不同排列组合要求来确定，其宽度必须保证最宽车辆有超车或并行的可能。根据各城市对非机动车道宽度的设计和使用经验，其基本宽度推荐采用 5.0m（或 4.5m）、6.5m（或 6.0m）、8.0m（或 7.5m）。

3. 人行道设计

城市交通主要是由车辆和行人交通两部分组成，人行道是城市道路上的重要组成部分。人行道的首要功能是供行人步行交通之用，其次可供植树、立杆、布置阅报栏等，它下面的空间还可用来埋设地下管线。

(1) 人行道和横坡度的确定

根据人行道的功能，人行道的总宽度应由行人步行道宽度和种植绿化、布设地面杆柱、设置橱窗报栏、沿街房屋散水宽度等组成。此外，还应考虑在人行道底下埋设地下管线所需要的宽度。沿街房屋散水宽度一般为 0.5m，一般道路人行道侧石内缘 1.5m 或 1.0m 宽度范围内种植行道树。人行道最小宽度及设施带宽度见《城市道路设计规范》表 4.5.2。

为保证交通安全，人、车互不干扰，人行道一般应高出车行道 0.15m 左右，其横坡一般都采用直线形向侧石方向倾斜。为提高排水效果，人行道横坡宜采用 2%。

(2) 横断面上的布置

人行道在道路横断面上的设置一般都对称布置在街道的两侧，但在受到地形、地物限制或有其他特殊情况时，也可作不等宽布置。

4. 车行道路拱、横坡度和分车带

(1) 车行道路拱形式

车行道路拱的形状，一般多采用双向坡面，由路中央向两边倾斜，形成路拱。路拱的基本形式有抛物线形、屋顶线形和折线形；柔性路面通常采用改进的二次抛物线路拱和折线形路拱。对于路幅宽度在 20m 以下（包括 20m）的道路采用改进后的二次抛物线路拱，而对于路幅宽度在 20m 以上的道路，采用折线形路拱。

在设计城市道路横断面时，应根据车行道宽度、横坡度、路面结构类型、排水和交通等要求来选择路拱。

(2) 车行道路拱的横坡度

为了排水的需要，车行道的路拱应有一定的横坡度。路拱坡度的确定，应以有利于路面排水顺畅和保证行车安全、平稳为原则。在确定路拱横坡度时，应考虑横向排水、道路纵坡、行车道宽度和车速等因素，路幅宽度小于等于 24m 的道路，其路拱横坡度选择 2%；路幅宽度在 24m 以上的道路，其中间两条车道横坡度为 1%，两侧车行道横坡度为 1.5%。

(3) 分车带

分车带按其在横断面上不同的位置与功能分为中间带以及两侧带。分车带由分隔带和两侧路线带组成，其最小宽度见现行《城市道路设计规范》表 4.6.1。

分隔带用缘石围砌，高出路面 10～20cm，在人行横道及停靠站处应该铺装。分隔带宽度除了满足最小宽度要求外，在积雪地区，还应该满足堆雪的要求。

5. 沿城市道路的管线布置

城市道路横断面的设计包括地上和地下管线的布置。城市道路和管线工程应本着"统一规划、综合设计、联合施工"的原则，对于一条街道的管线布置，应处理好管线之间、管线与沿街建筑和绿化的关系，进行横向和纵向的综合设计，并在路面铺筑之前埋好各种管线，尽可能使各种管线进行联合施工。

6. 标准横断面图的绘制

绘制各个阶段上的远期规划横断面图和近期设计横断面图，即远期和近期的标准横断面。一般采用1：100或1：200的比例绘制。在标准横断面图上应绘出红线宽度、车行道、人行道、绿化带、照明、新建或改建的地下管道等各组成部分的位置和宽度以及排水方向、横坡等。

2.2.2.3 平面、纵断面设计

1. 平面设计

城市道路的平面设计，就是要把道路的走向及其位置确定下来。由于城市道路在设计中会涉及城市交通、建筑、地上或地下管线、绿化、照明以及各种构造物的影响，因此，设计时必须综合分析各种因素，合理设计平面。平面设计的主要内容包括：平曲线半径的选定和曲线与直线的衔接，导线要素计算，行车视距计算及弯道内侧障碍物的清除，沿线桥梁、道口、交叉口和广场的平面布置，道路绿化和照明布置，停车场（站）和汽车加油站等公用设施的布置。最后将上述设计内容，绘制成一定比例的平面设计图。

在实际工作中，因为平、纵、横三者的设计内容相互联系、相互制约，故往往需要结合在一起考虑，在设计工作中可能需要反复修改。在技术设计时，比例尺一般采用1：500～1：1000。平面设计图上应标明的主要内容有：

(1) 沿线的里程桩号、平曲线的各项要素；

(2) 路中心线，远、近期的规划红线，车行道线，人行道线，人行横道线；

(3) 停车场、绿化带、分隔带（墩）、行道树、各种交通岛；

(4) 各种地上、地下管线的走向和位置；

(5) 沿街建筑及出入口的位置，雨水进水口，井等；

(6) 交叉口处交叉路的交角以及交叉口缘石转弯半径等；

(7) 绘出指北针，并附图例和比例尺；

(8) 在图中的适当位置作一些简要的工程说明，如工程范围、起讫点、采用的坐标体系，设计标高和水准点的依据以及某些重要建筑物出入口的处理等情况。

制图的范围，一般视道路等级而定，道路等级高范围大一些，等级低的可小些，通常在道路两侧红线以外各20～50m或中心线两侧各50～150m。当绘有两张以上的图纸时，绘图时应注意拼图的准确性，同时应绘上拼图线和图号。一张完整的平面设计图，除了清楚而正确地表达上述内容外，对于部分细部内容也可增绘大比例尺的大样图（比例尺1：50～1：100或视具体内容而定）。

2. 纵断面设计

城市道路纵断面设计的主要内容和纵断面图的绘制基本与公路相似，所不同的主要是：

(1) 在设计纵断面时，需要考虑的控制点较多，主要包括：城市桥梁标高、跨越铁路的跨线桥标高、交叉口标高、铁路道口标高、沿街永久建筑物的地坪标高、最高洪水位等；

(2) 应与相交道路、街坊、广场和沿街永久建筑物的出入口有平顺的衔接。

(3) 设计的最大纵坡不得超过规定值。考虑非机动车的爬坡能力，机动车和非机动车混合行驶或非机动车道的最大纵坡应不大于3%；最小纵坡应满足排水要求，一般不小于

0.3%~0.6%，否则，应作特殊排水设计。

（4）在非机动车较多的干道上设置跨河或跨线桥，应充分考虑非机动车的爬坡能力，桥上纵坡与桥头引道纵坡不宜大于3%，用较大的纵坡，其坡长也宜短些。在桥头两端，最好布置有一定长度的缓坡段。

（5）道路纵断面的设计标高应保证管线的最小覆土深度，管顶最小覆土深度一般不小于0.7m；对于旧路改建，如必须降低原标高，则设计标高不宜定得太低，以防损坏路下的各种管线。

（6）在水文条件不良或地下水位很高的路段，应根据当地气候、土质、水文和路面结构等状况，考虑适当的路基高度；滨河路及受水浸淹的路基，一般应高出按一定洪水频率的计算水位0.5m以上。

（7）确定路中心线设计标高，必须考虑沿线两侧街坊的地坪标高。为保证道路及两侧街坊地面水的顺利排除，一般应使缘石顶面标高低于两侧街坊或建筑物的地坪标高。

（8）当设计纵坡小于最小纵坡时，在道路两侧应作街沟设计，并在图上绘制街沟纵断面图和雨水进出口的布置。

（9）在设计线上，必须标出两侧永久建筑物的地坪标高，它必须高于相应的路面设计标高。

2.2.2.4 施工横断面图的绘制

（1）绘制各个中桩处的现状横断面图

图中包括横向地形、地物、中桩地面高程、路基路面、横坡、车行道、人行道、边沟等。一般采用1：100或1：200的比例，横距表示水平距离，纵距表示高程。纵、横坐标通常都采用相同的比例。但在某些情况下，例如横断面很宽、地面又较平坦时，若水平距离和高程仍采用相同的比例尺，则显示不出地形的变化，此时应根据高程变化的程度，横断面图的纵、横坐标可以选用不同的比例尺，以能显示地形的起伏变化为原则。先在图上定出中心线的位置，然后将中心桩的地面高程和中心桩左、右各地形点的高程点出来，连接各点即得现状横断面的地面线，标注上桩号和高程。在一张图幅中可以绘制若干个断面，一般是依桩号为序自下而上和自左而右地布置。

（2）施工横断面图的绘制

在绘出的各个桩号的现状横断面图上，根据已设计的纵断面，点出中心线的设计标高，以相同的比例尺，把设计横断面图（即标准横断面图）画上去。土石方工程量的计算和施工放样，就是以此为依据。

2.3 计算书及施工图要求

2.3.1 公路设计

2.3.1.1 计算书内容

（1）根据道路交通现状、自然地理概况及道路位置等设计资料，确定公路建设等级，并进行路线选线、方案布置及比选论证和最佳方案确定。

（2）道路平面定线，包括道路平面线形组合设计、平曲线计算。

（3）道路纵断面设计，包括道路纵断面线形设计、竖曲线计算和道路平纵组合设计。

（4）道路横断面设计，包括路基横断面的布置、路基挖填方高度、路基加宽、超高方式及设计计算、路基防护工程方案及路基土石方计算与调配。

(5) 路基、路面排水设计方案说明等。

2.3.1.2 施工图要求(均采用 A3 图)

(1) 平面设计图(比例 1:1000 或 1:2000);

(2) 直线、曲线及转角表;

(3) 纵断面设计图(A3 坐标纸绘);

(4) 纵坡、竖曲线表;

(5) 路基设计表;

(6) 路基标准横断面图(比例 1:100 或 1:200);

(7) 路基一般设计图(比例 1:100 或 1:200);

(8) 横断面设计图(比例 1:100);

(9) 超高方式图(比例 1:100 或 1:200);

(10) 路基土石方数量计算表;

(11) 交叉口设计图(选作内容)。

2.3.2 城市道路设计

2.3.2.1 计算书内容

(1) 道路规划情况;

(2) 技术标准与设计技术指标;

(3) 平、纵、横断面设计原则及内容;设计横断面与地上干线、地下管线详细配合情况以及局部地段横断面设计、路基边坡(边沟)特殊设计;

(4) 设计方案比选及近远期结合和近期实施方案;

(5) 纵、横设计方案比选;

(6) 沿线交叉设置方式方案比选,主要交叉口交通流量、流向的分析、交通组织的内容及交通工程的设计原则及设计内容;

(7) 路基、路面结构设计方案比选,实施方案确定的原则及内容;

(8) 道路排水方式选择的依据及设计内容,雨水口布置原则及解决局部地区积水措施。(选作内容)

2.3.2.2 施工图要求(均采用 A3 图)

(1) 地理位置图(比例 1:1000 或 1:2000);

(2) 平面总体设计图(比例 1:500 或 1:1000);

(3) 平面(地形)设计图(比例 1:500 或 1:1000);

(4) 逐桩坐标表;

(5) 纵断面设计图(纵向比例 1:500、横向 1:100);

(6) 典型横断面设计图(比例 1:100 或 1:200);

(7) 横断面设计图(比例 1:100 或 1:200);

(8) 路基设计表;

(9) 路基土石方数量表;

(10) 广场及交叉口设计大样图(比例 1:100);

(11) 路面结构设计图;

(12) 附属构筑物的平、立、剖面结构详图。

2.4 设计实例

2.4.1 三级公路路线设计

2.4.1.1 基本资料

1. 道路沿线自然地理概况

工程位于甘肃省陇南市文县桥头镇洋汤村，是为了改善文县天池的旅游公路而建。文县地处西秦岭山脉，南秦岭山带，地质构造复杂，地表起伏大，岩石裸露，沟壑发育，为中高山地和河川谷地地貌类型。

文县境内平均气温14.9℃，最热7月，平均气温14.8℃，最冷1月，平均气温3.6℃。无霜期短，地面不易积雪，河流不封冻，最大冻土深度为0.4m以上。全县平均降水量450～850mm之间，其东南部降水量最多，为适宜农作物生长的温暖湿润区。

根据《中国地震动参数区划图》（GB 18306—2001）及《建筑抗震设计规范》（GB 50011—2001），本区设计基本地震动峰值加速度为0.02g，抗震设防烈度为7度。

2. 交通量资料（见表2-3）

交通量调查表　　　　　　　　　　　　　　　　表2-3

路段	起始年交通组成及交通量调查(辆/日)							
	小货	中货	大货	小客	大中客	拖拉机	预测年平均增长率(%)	预测年
新建公路	220	100	60	90	35	140	9.2	10

3. 路线所经地区地形图一张（比例1:2000），路段起点K0+000为所给地形图坐标（$N=20008.408$，$E=10003.667$），终点为所给地形图坐标（$N=19448.009$，$E=10898.614$）。

2.4.1.2 公路建设等级与设计标准

根据《标准》表2.0.2"各汽车代表车型与车辆折算系数"确定现有交通量的折算数，以小客车为标准进行交通量预测：

$$N_0 = N_{小货} \times 1.0 + N_{中货} \times 1.5 + N_{大货} \times 2.0 + N_{小客} \times 1.0 + N_{大中客} \times 1.5 + N_{拖拉机} \times 4$$
$$= 220 \times 1.0 + 100 \times 1.5 + 60 \times 2.0 + 90 \times 1.0 + 35 \times 2.0 + 140 \times 4 = 1210 \text{pcu/d}$$
$$N_d = N_0(1+0.092)^{n-1} = 1210(1+0.092)^9 = 2671 \text{pcu/d}$$

根据本公路预测年末平均交通量为2671辆，查《标准》中公路的分级标准，确定此公路为三级公路，并确定此公路设计速度为30km/h，路基宽采7.5m，路面宽采用6.5m，两侧采用土路肩，其宽度为0.5m。

2.4.1.3 路线平面设计

1. 公路选线

（1）路线方案选择（全面布局）

路线方案图见图2-13。该公路为一条旅游路，起点连接现有公路，终点位于天池山脚下，与上山小路相连。按照道路指定的起终点，路线有两个方案供选择：沿洋汤河南岸布线、沿洋汤河北岸布线。

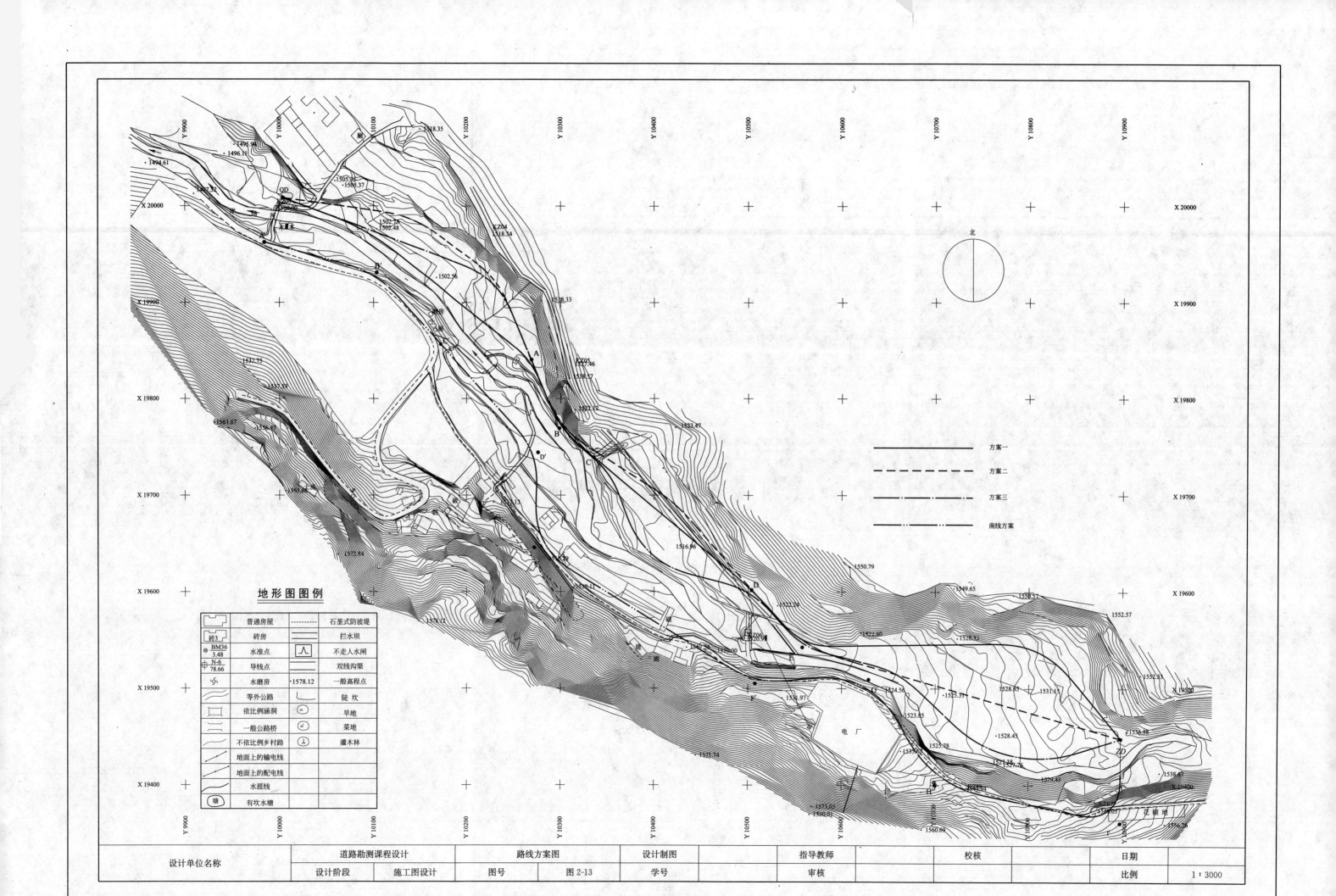

① 南线方案

路线起点与现有公路直接相连，位于 A' 点处。路线沿村庄外侧现有公路布线，到达 C' 点，在该处旧路进入村庄。由于村庄内旧路狭窄弯曲，无法满足新路技术指标的要求，故新路线只能绕避村庄沿河岸布线，从水车房南侧通过，跨水渠，到达 D' 点后，路线跨过一条水渠与旧路在 E' 点相接；后新路线沿原有旧路裁弯取直、绕避电厂，分别经过 F'、G'、H' 点到达 I' 点，新建一座跨河桥梁后，路线从 I' 点直接到达终点。

该路线优点为：可以利用部分原有旧路，也可服务现有村庄。缺点为：旧路线形指标较差，新路线无法完全利用，征地拆迁量大；电厂的水车、沟渠、厂房对路线布设影响较大；路线平面指标差，曲线段多，里程较长；沿山脚或山坡布线，填挖方大；还需要新建一座桥梁。

② 北线方案

洋汤河北岸为较开阔的平整台地，现为农田，有两处突出的山嘴离河岸较近，可沿山嘴自然地形绕行。其余地段布线较为灵活，可沿河岸布线，可直穿田间，也可靠山脚布线。

该路线优点为：路线可利用旧桥，将起点选在旧桥北岸与现有公路相接，终点仍然在河北岸，路线短截直达、布线灵活，线形指标较高；拆迁量小，填挖方小，土石工程量少；受地物影响较少；道路建好后，两侧地块可以进行利用开发，发展当地旅游经济。缺点为：路线受到水车、沟渠、水塘的制约。

综合比较后，由于北线方案优点多，路线经济、顺畅，未来的服务储备较高，推荐采用北线方案。

(2) 路线带选择（逐段安排）

洋汤河北岸为较开阔河谷，有两处突出的山嘴（B 点、E 点）离河岸较近，路线在这两地点沿山嘴自然地形绕行。其他地段为沿河岸的平整台地，要逐段分析、逐段落实，主要有三种走法：

走法一：沿河岸。坡度均匀、平缓，线形质量高，但临河一侧受洪水威胁，防护工程较多。

走法二：靠山脚。路线略有增长，纵面有起伏，但可不占或少占良田，是常采用的一种布线方案。

走法三：直穿田间。线形标准高，但占田最多，在稻田地区，为使路基稳定，有时还需换土，除高速公路和一级公路外，一般不宜采用。

① QD 点～B 点路段

在 QD 点～B 点之间有一处水车房，路线从该水车房南侧通过就必须多次跨过沟渠，并且离河岸非常近，路线受水车、水渠和山嘴影响，线形指标差。因此，沿河岸、靠山脚、直穿田间三种走法都必须绕避水车房，穿过 A 点到达 B 点。

该段沿河岸布线线形指标较好，原有河堤可保证道路不受洪水威胁；靠山脚布线公路不受洪水威胁，但路线增长，会有故意绕远的感觉；直穿田间布线指标较高，但占用大量良田，将地块划为两块三角地带，不利于将来土地的开发利用。经过实地踏勘比较后，认为 QD 点～B 点路段采用沿河岸布线比另外两种走法更经济、更符合实际需要，故推荐采用沿河布线。

② B 点～E 点路段

在此路段有两处地点必须关注和考虑：C 点为一个较宽的冲沟，此处必须修建涵洞，涵洞位置要保证洪水的顺利排泄；D点附近有一处水闸和一个较大的池塘，必须绕避，因此路线只能通过D点，沿水渠到达E点。

沿河岸布线开始可顺河岸走，但最后必须从河岸到达山脚处的D点，路线有较大曲折，里程增长；靠山脚布线时，由于山脚处有一条水渠，路线受水渠干扰，只能靠近山坡，填挖方较大，也不利于将来的改扩建；直穿田间布线指标较高，受水渠影响较小，为推荐方案。

③ E点~ZD点路段

本段路线之间，地形条件良好，无地物干扰，三种路线方案都有可取之处：沿河岸布线可筑路为堤，保护农田；靠山脚布线，少占良田，农田完整，利于将来的土地开发；直穿田间布线指标较高，路线短捷。最终，为了将来旅游的需要，此段推荐山脚线。

④ 方案比选

根据对QD点~B点路段、B点~E点路段、E点~ZD点路段的分析研究，考虑到路线在各控制点间的不同连接方式，分别按沿河岸布线、靠山脚布线和直穿田间布线确定了三个路线方案。

方案一：从QD点沿河岸到达A点，再顺山脚到B点，由B点过C点直穿田间到达D点，然后依地形到E点，从E点靠山脚布线绕到ZD。此路线共设交点6处，全长1112.080m，是本次设计推荐的路线方案。

方案二：从QD点靠山脚到达A点，再顺山脚到B点，由B点靠山脚到达D点，然后依地形到E点，最后从E点直穿田间到达ZD。此路线共设交点5处，全长1113.463m，为本次设计的比较方案。

方案三：从QD点直穿田间到达A点，再顺山脚到B点，由B点先沿河岸后直穿田间到达D点，然后依地形到E点，最后，从E点沿河岸到达ZD。此路线共设交点8处，全长1140.275m，为本次设计的比较方案。

分别对方案一、方案二、方案三路线方案作进一步的研究，得出各个方案的主要技术经济指标，见表2-4所示。

各路线方案主要技术经济指标比较表　　　　表2-4

指标	单位	方案一	方案二	方案三
路线总长	m	1112.080	1113.463	1140.275
通过村庄	个	0	0	0
平均每公里交点数	个	5.45	4.55	7.27
平曲线最小半径	m/个	59.305	100	80
平曲线长占路线总长	（%）	49.160	39.69	66.14
转角总和		181°43′15″	143°12′51″	305°59′56″
转角平均值		30°17′13″	28°38′34″	39°30′0″
线形		中	好	差
土石方量		少	较多	多
挡土墙		中	少	多
总造价		较低	较高	高
比较结果		推荐		

2. 定线

(1) 交点间距、坐标方位角及转角值的计算

交点间距、坐标方位角及转角可按前述坐标法进行计算。也可采用正切法求出各转角点处的转角值，按地形图比例用直尺测量计算出交点的间距。

(2) 平面线形要素组合及计算

① 基本型曲线

A. 计算曲线要素

$JD1$ 偏角 $\alpha_{右}=17°41'22''=17.689444°$；拟定 $R=250$m，$L_S=40$m，交点桩号为 K0+095.562。求曲线要素如下：

圆曲线的内移值：

$$\Delta R = \frac{L_S^2}{24R} - \frac{L_S^4}{2384R^3} = \frac{40^2}{24\times 250} - \frac{40^4}{2384\times 250^3} = 0.267\text{m}$$

缓和曲线角：

$$\beta_0 = \frac{90}{\pi R}L_S = 28.6479\frac{L_S}{R} = 28.6479\times\frac{40}{250} = 4.583664° = 4°35'1.19''$$

切线增长值：

$$q = \frac{L_S}{2} - \frac{L_S^3}{240R^2} = \frac{40}{2} - \frac{40^3}{240\times 250^2} = 19.996\text{m}$$

切线长：

$$T = (R+\Delta R)\tan\frac{\alpha}{2} + q = (250+0.267)\tan\frac{17°41'22''}{2} + 19.996 = 58.939\text{m}$$

圆曲线长：

$$L = R\frac{\pi}{180}(\alpha-2\beta_0) + 2L_S = 250\frac{\pi}{180}(17°41'22'' - 2\times 4°35'1.19'') + 80 = 117.185\text{m}$$

外距：

$$E = (R+\Delta R)\sec\frac{\alpha}{2} - R = (R+\Delta R)\frac{1}{\cos\frac{\alpha}{2}} - R = (250+0.267)\times\frac{1}{\cos\frac{17°41'22''}{2}} - 250$$

$$=3.278\text{m}$$

切曲差：

$$D = 2T - L = 2\times 58.939 - 117.185 = 0.693\text{m}$$

B. 计算曲线基本桩桩号

JD	K0+095.562
$-T$	58.939
ZH	K0+036.623
$+L_S$	40
HY	K0+076.623
$+L_y$	37.185
YH	K0+113.808

$+L_s$		40
HZ		K0+153.808
$-\dfrac{L}{2}$		58.592
QZ		K0+095.216
$+\dfrac{D}{2}$		0.346
JD		K0+095.562

此计算交点桩号与 JD6 已知桩号相同，说明计算无误。

② S 形曲线

JD2 与 JD3 构成"S"形曲线，故先计算 JD2 的曲线要素，然后根据 JD2 的曲线要素(参考式(2-20)和式(2-21))反推 JD3 的半径，确定 JD3 的曲线要素。JD2 平曲线计算和曲线基本桩桩号的计算方法参见上述 JD1 的计算，本处不再重复计算过程。JD1～JD7 曲线要素计算见图 2-14。

交点号	交点位置	偏角	曲线要素值(m)				曲线总长	外距	校正值
			切线长度	半径	回旋线参数	曲线长度			
			T1	R1	A1	Ls1			
				Ry		Ly			
			T2	R2	A2	Ls2			
JD0	K0+000.000	右 0°0′0″							
JD1	K0+095.562	右 17°41′22″	58.939	250.000	100.000	40.000	117.184	3.278	0.693
						37.184			
			58.939		100.000	40.000			
JD2	K0+316.563	右 29°43′9″	36.448	90.000	47.434	25.000	71.683	3.413	1.213
						21.683			
			36.448		47.434	25.000			
JD3	K0+392.321	左 28°18′12″	40.523	110.928	52.661	25.000	79.797	3.714	1.250
						29.797			
			40.523		52.661	25.000			
JD4	K0+655.765	右 7°46′50″	42.207	400.000	109.545	30.000	84.319	1.018	0.095
						24.319			
			42.207		109.545	30.000			
JD5	K0+736.798	左 47°44′42″	38.921	59.305	38.505	25.000	74.419	6.028	3.424
						24.419			
			38.922		38.505	25.000			
JD6	K0+988.007	右 50°29′0″	62.746	90.000	60.000	40.000	119.299	10.318	6.194
						39.299			
			62.746		60.000	40.000			
JD7	K1+112.080	右 50°29′0″							

图 2-14 曲线要素计算

(3) 平曲线细部点坐标确定(采用切线支距法)

① 采用公式

缓和曲线部分：

$$x=l-\frac{l^5}{40C^2}, \quad y=\frac{l^3}{6C}-\frac{l^7}{336C^3}, \quad C=RL_s$$

圆曲线部分：

$$x=q+R\sin\varphi_m$$
$$y=\Delta R+R(1-\cos\varphi_m)$$
$$\varphi_m=\frac{180(l_m-L_s)}{R\pi}+\beta_0=28.6479\left(\frac{2l_m+L_s}{R}\right)$$

② JD1处各桩点的坐标计算

交点桩号：K0+095.562；偏角：右17°41′22″；圆曲线半径：250.000m；第一回旋线长度：40.000m；第二回旋线长度：40.000m。

$E=3.278$m；$T_1=58.939$m；$T_2=58.939$m；$L_y=37.184$m；$L=117.184$m；$\Delta R=0.267$m；$q=19.996$m；$C=RL_s=250\times 40=10000$

以 ZH 点作为立镜点时，

在K0+060.000处，$l=23.377$m，

$$x=l-\frac{l^5}{40C^2}=23.377-\frac{23.377^5}{40\times 10000^2}=23.375\text{m}$$

$$y=\frac{l^3}{6C}-\frac{l^7}{336C^3}=\frac{23.377^3}{6\times 10000}-\frac{23.377^7}{336\times 10000^3}=0.213\text{m}$$

在K0+095.216处，$l=18.593$m，

$$\varphi_m=28.6479\left(\frac{2l_m+L_s}{R}\right)=28.6479\left(\frac{2\times 18.593+40}{250}\right)=8.844867°=8°50′41.52″$$

$$x=q+R\sin\varphi_m=19.996+250\times\sin 8°50′41.52″=58.435\text{m}$$

$$y=\Delta R+R(1-\cos\varphi_m)=0.267+250\times(1-\cos 8°50′41.52″)=3.239\text{m}$$

各桩点坐标计算结果见表2-5。

桩点坐标表（切线支距法） 表2-5

立镜点	桩号	$l(l_m)$	φ_m	x(m)	y(m)
以 ZH 点作为立镜点	K0+036.623(ZH)	0		0	0
	K0+040.000	3.377		3.377	0.001
	K0+060.000	23.377		23.375	0.213
	K0+076.623(HY)	40.000		39.974	1.066
	K0+080.000	3.377(l_m)	5°21′27.42″	43.338	1.359
	K0+095.216(QZ)	18.593(l_m)	8°50′41.52″	58.435	3.239
以 HZ 点作为立镜点	K0+095.216(QZ)	18.592(l_m)	8°50′41.52″	58.435	3.239
	K0+100.000	13.808(l_m)	7°44′53.61″	53.700	2.549
	K0+113.808(YH)	40.000		39.974	1.066
	K0+120.000	33.808		33.797	0.644
	K0+140.000	13.808		13.807	0.044
	K0+153.808(HZ)	0		0.000	0.000

3. 路线平面设计成果

(1) 平曲线检查

① 平曲线半径检查：交点 $JD5$ 处（$K0+722.877 \sim K0+747.296$）的圆曲线半径（59.305m）小于规范中规定的一般最小半径（65m），特殊情况下，大于极限最小半径即可。

② 平曲线缓和曲线长检查：平曲线缓和曲线长符合规范要求。

③ 曲线间直线长检查：交点 $JD1$ 与交点 $JD2$ 间（$K0+153.808 \sim K0+280.115$）的直线长（126.307m）小于规范中规定的最小直线长（180m），设计速度 30km/h 时，可参照《标准》规定执行。

④ 平曲线曲线长度检查：平曲线曲线长度符合规范要求。

(2) 绘制平面图

根据《直线、曲线及转角表》和《逐桩坐标表》在地形图绘制线路平面图，具体见图 2-15(a)、(b)。

(3) 编制相关表格

① 根据计算所得结果绘制直线、曲线及转角表，见图 2-16。

② 根据计算结果绘制逐桩坐标表，见图 2-17。

2.4.1.4 道路纵断面设计

1. 准备工作

(1) 确定纵断面地面高程

在线路平面图上依次截取各中桩桩号点，并内插地形图得到对应的地面标高，纵断面地面高程见图 2-18。

(2) 点绘纵断面地面线

① 按 A3 号图纸尺寸，在图纸下方，自下而上绘出超高、直线与曲线、里程桩号、坡度与坡长、地面高程、设计高程、填挖高度和地质状况；

② 填绘直线与平曲线栏、里程桩号栏；

③ 在图纸左侧绘制相应高程标尺；

④ 接高程 1∶200，水平 1∶2000 的比例，点绘地面线。

(3) 标出控制点

本设计中路线起、终点的设计标高的高程不可变，为标高控制点。由于该路线是沿溪线，河流的设计洪水位高度也是纵断面的标高控制点，本设计中以高出河岸 1m 为洪水位控制标高。

本路线多次跨过水电站的水渠，此处必须设计涵洞，涵洞顶面高度不得低于渠顶高。例如：在 $K0+590$ 处，涵洞顶面高程为 1519m，道路设计高程在此处不得低于 1519.00m。

2. 纵坡设计（拉坡）

根据控制点的情况，在经过试坡、调整并核对后，进行定坡。在图上把各段直线坡的坡度值、坡长、变坡点的桩号、标高确定下来，见图 2-18(a)、(b)。

本设计的纵断面拉坡时，重点考虑了纵断面设计中的平纵组合问题，即当竖曲线和平曲线重合时，应设法使竖曲线的起、终点分别放在平曲线的两个缓和曲线内，其中任一点都不要放在缓和曲线以外的直线上，也不要放在圆弧段之内。变坡点 1 竖曲线起终点位于 $JD1$ 的两段缓和曲线内，变坡点 2 竖曲线起终点位于 $JD2$ 的两段缓和曲线内，变坡点 4 竖

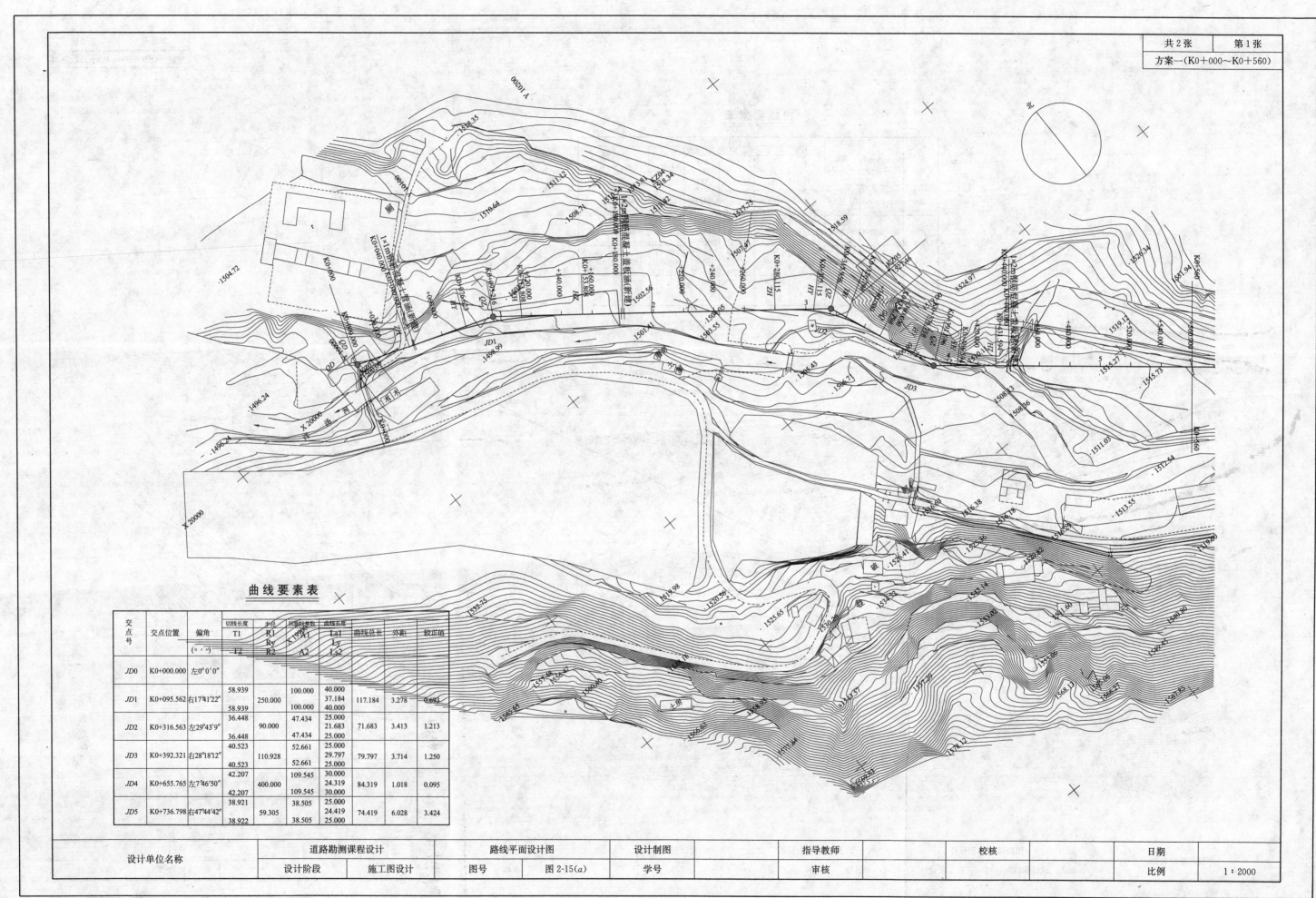

图 2-15 路线平面设计图(一)

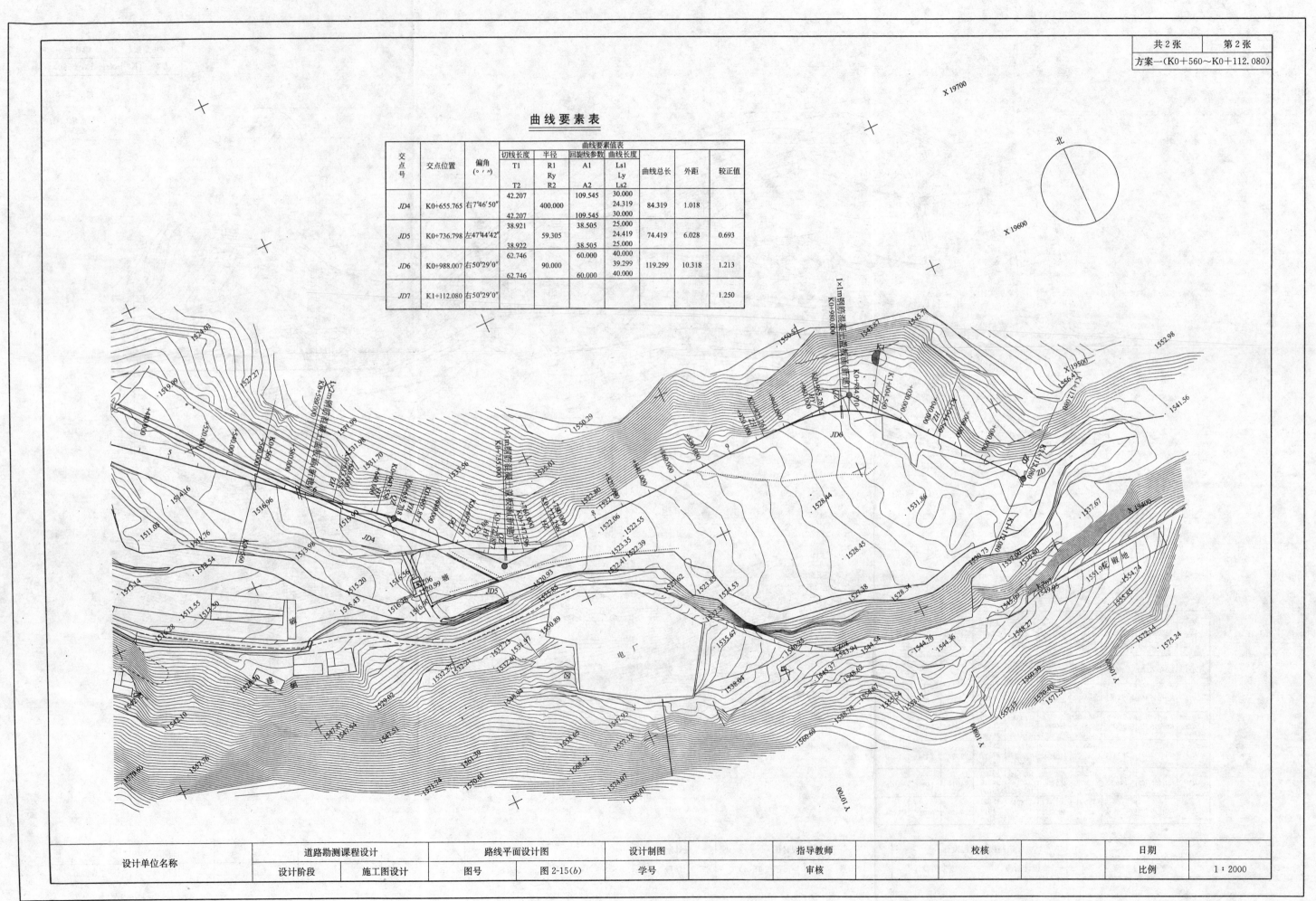

图 2-15 路线平面设计图(二)

道路勘测课程设计

直线、曲线及转角表

第 1 页 共 1 页

交点号	交点位置	交点间距(m)	计算方位角(°′″)	曲线间直线长(m)	转角(°′″)	切线长度 T1/T2	圆曲线半径 Ry	回旋线半径 R1/R2	回旋线参数 A1/A2	圆曲线长度 Ly	回旋线长度 Ls1/Ls2	曲线总长	外距	校正值	第一回旋线起点	第一回旋线终点或曲线起点	圆曲线中点	圆曲线终点或第二回旋线起点	第二回旋线终点	备注
JD0	K0+000.000	95.562	109°58′7″	36.623																起点坐标: N=2008.408 E=10003.667
JD1	K0+095.562	221.694	127°39′29″	126.307	右17°41′22″	58.939/58.939	250.000		100.000/100.000	37.184	40.000/40.000	117.184	3.278	0.693	K0+036.623	K0+076.623	K0+095.216	K0+113.808	K0+153.808	
JD2	K0+316.563	76.971	157°22′38″	0.000	右29°43′9″	36.448/36.448	90.000		47.434/47.434	21.683	25.000/25.000	71.683	3.413	1.213	K0+280.115	K0+305.115	K0+315.956	K0+326.798	K0+351.798	
JD3	K0+392.321	264.694	129°4′26″	181.964	左28°18′12″	40.523/40.523	110.928		52.661/52.661	29.797	25.000/25.000	79.797	3.714	1.250	K0+351.798	K0+376.798	K0+391.696	K0+406.594	K0+431.594	
JD4	K0+655.765	81.128	136°51′16″	0.000	右7°46′50″	42.207/42.207	400.000		109.545/109.545	24.319	30.000/30.000	84.319	1.018	0.095	K0+613.558	K0+643.558	K0+655.718	K0+667.877	K0+697.877	
JD5	K0+736.798	254.632	89°6′35″	152.964	左47°44′42″	38.921/38.922	59.305		38.505/38.505	24.419	25.000/25.000	74.419	6.028	3.424	K0+697.877	K0+722.877	K0+735.087	K0+747.296	K0+772.296	
JD6	K0+988.007	130.267	139°35′35″	67.521	右50°29′0″	62.746/62.746	90.000		60.000/60.000	39.299	40.000/40.000	119.299	10.318	6.194	K0+925.261	K0+965.261	K0+984.910	K1+004.560	K1+044.560	
JD7	K1+112.080																			

编制：　　　　　　　　　　　　　　　　　　　　　　　　　　　　　　　　复核：

图2-16 直线、曲线及转角表

道路勘测课程设计

路线逐桩坐标表

桩号	坐标 N	坐标 E	方位角
QDK0+000.000	20008.408	10003.667	109°58′7″
+020.000	20001.578	10022.465	109°58′7″
ZHK0+036.623	19995.901	10038.089	109°58′7″
+040.000	19994.747	10041.262	110°0′5″
+060.000	19987.718	10059.985	111°32′3″
HYK0+076.623	19981.247	10075.296	114°33′8″
+080.000	19979.824	10078.357	115°19′34″
QZK0+095.216	19972.901	10091.904	118°48′48″
+100.000	19970.555	10096.074	119°54′35″
YHK0+113.808	19963.343	10107.846	123°4′27″
+120.000	19959.903	10112.995	124°23′1″
+140.000	19948.165	10129.186	127°6′42″
HZK0+153.808	19939.765	10140.144	127°39′29″
+160.000	19935.981	10145.047	127°39′29″
+180.000	19923.762	10160.880	127°39′29″
+200.000	19911.544	10176.713	127°39′29″
+220.000	19899.325	10192.547	127°39′29″
+240.000	19887.106	10208.380	127°39′29″
+260.000	19874.887	10224.214	127°39′29″
+280.000	19862.668	10240.047	127°39′29″
ZHK0+280.115	19862.598	10240.138	127°39′29″
+300.000	19849.997	10255.513	132°41′33″
HYK0+305.115	19846.438	10259.186	135°36′56″
+320.000	19838.253	10266.285	142°31′3″
QZK0+315.956	19834.990	10268.672	145°5′31″
+340.000	19829.274	10272.348	149°25′10″
YHK0+326.798	19817.529	10278.363	155°36′18″
+360.000	19806.686	10283.013	157°22′38″
GQK0+351.798	19799.128	10286.199	156°40′56″

桩号	坐标 N	坐标 E	方位角
HYK0+376.798	19784.000	10293.484	150°55′15″
+380.000	19781.224	10295.080	149°16′0″
QZK0+391.696	19771.504	10301.576	143°13′32″
+400.000	19765.045	10306.791	138°56′12″
YHK0+406.594	19760.205	10311.268	135°31′49″
+420.000	19751.119	10321.119	130°27′46″
HZK0+431.594	19743.738	10330.061	129°4′26″
+440.000	19738.440	10336.586	129°4′26″
+460.000	19725.834	10352.113	129°4′26″
+480.000	19713.227	10367.639	129°4′26″
+500.000	19700.621	10383.166	129°4′26″
+520.000	19688.014	10398.693	129°4′26″
+540.000	19675.408	10414.219	129°4′26″
+560.000	19662.801	10429.746	129°4′26″
+580.000	19650.195	10445.273	129°4′26″
+600.000	19637.588	10460.799	129°4′26″
ZHK0+613.558	19629.042	10471.325	129°4′26″
+620.000	19624.979	10476.324	129°10′23″
HYK0+643.558	19612.177	10491.689	130°44′35″
QZK0+655.718	19609.844	10494.375	131°13′21″
+660.000	19601.693	10503.398	132°57′51″
YHK0+667.877	19598.758	10506.516	133°34′40″
+680.000	19593.272	10512.169	134°42′21″
GQK0+697.877	19584.632	10520.672	136°5′30″
+700.000	19571.643	10532.955	136°51′16″
HYK0+722.877	19570.095	10534.407	136°46′3″
+720.000	19556.377	10548.929	127°23′52″
QZK0+735.087	19554.681	10551.253	124°46′41″
	19548.794	10561.925	112°58′56″

桩号	坐标 N	坐标 E	方位角
K0+740.000	19547.065	10566.523	108°14′7″
YHK0+747.296	19545.214	10573.575	101°11′10″
+760.000	19543.868	10586.194	92°1′52″
HZK0+772.296	19543.850	10598.488	89°6′35″
+780.000	19543.970	10606.191	89°6′35″
+800.000	19544.281	10626.189	89°6′35″
+820.000	19544.591	10646.186	89°6′35″
+840.000	19544.902	10666.184	89°6′35″
+860.000	19545.213	10686.182	89°6′35″
+880.000	19545.524	10706.179	89°6′35″
+900.000	19545.835	10726.177	89°6′35″
+920.000	19546.145	10746.174	89°6′35″
ZHK0+925.261	19546.227	10751.434	89°6′35″
+940.000	19546.308	10766.173	90°50′19″
+960.000	19544.828	10786.102	98°42′48″
HYK0+965.261	19543.893	10791.278	101°50′31″
+980.000	19539.703	10805.392	111°13′32″
QZK0+984.910	19537.802	10809.919	114°21′5″
K1+000.000	19530.459	10823.081	123°57′28″
YHK1+004.560	19527.818	10826.797	126°51′38″
+020.000	19517.667	10838.415	134°47′35″
+040.000	19502.892	10851.887	139°25′39″
HZK1+044.560	19499.423	10854.846	139°35′35″
+060.000	19487.666	10864.855	139°35′35″
+080.000	19472.437	10877.819	139°35′35″
+100.000	19457.208	10890.783	139°35′35″
ZDK1+112.080	19448.009	10898.614	139°35′35″

图 2-17 路线逐桩坐标表

编制： 复核：

曲线起终点位于 JD4 的两段缓和曲线内。

纵断面共设置 6 处变坡点，其中：最大纵坡：5.652/230.000/1(%/m/处)；最短纵坡长：52.080m；竖曲线占路线长：38.779%；平均每公里纵坡变更次数(次)：7.194。

3. 竖曲线计算

以变坡点 1 为例，进行竖曲线计算。

(1) 竖曲线要素计算

变坡点 1 处，$i_1=+1.315\%$，$i_2=+2.791\%$，拟定 $R=5100$m；

$\omega=i_2-i_1=2.791\%-1.315\%=1.47549\%$（由于坡度数字保留小数点的原因，实际计算中可不用考虑此差异），为凹形竖曲线。

$$L=R\omega=5100\times1.47549\%=75.250\text{m}$$

$$T=\frac{L}{2}=\frac{75.250}{2}=37.625\text{m}$$

$$E=\frac{T^2}{2R}=\frac{37.625^2}{2\times5100}=0.139\text{m}$$

竖曲线起点桩号：K0+100−37.625=K0+062.375
终点桩号：K0+100+37.625=K0+137.625

(2) 计算各竖曲线上各点高程

竖距：$h=\frac{x^2}{2R}$

切线高程：$H_切=H_0\pm(T-x)i_1$（"+"，"−"号根据实际图形确定）

设计高程：$H=H_切\pm h$（"+"，"−"号根据实际图形确定）

变坡点 1 处各桩设计高程：变坡点高程 $H_0=1501.000$m

起点 K0+062.375 处：$x=0$，$h=\frac{x^2}{2R}=0$

$$H_切=H_0-(T-x)i_1=1501-(37.625-0)\times0.01315=1500.505\text{m}$$

$$H=H_切+h=1500.505\text{m}$$

变坡点 1 处竖曲线高程表见表 2-6。

变坡点 1 处竖曲线设计高程表　　　　表 2-6

桩号	x(m)	切线高程(m)	h	设计高程(m)
K0+062.375	0	1500.505	0	1500.505
K0+080.000	17.625	1500.737	0.030	1500.767
K0+095.216	32.841	1500.937	0.106	1501.043
K0+100.000	37.625	1501.000	0.139	1501.139
K0+113.808	51.433	1501.182	0.259	1501.441
K0+120.000	57.625	1501.263	0.326	1501.589
K0+137.625	75.250	1501.495	0.555	1502.050

4. 纵断面设计成果

(1) 纵断面检查

① 纵坡坡度检查：纵坡坡度符合规范要求。
② 纵坡坡长检查：在变坡点 7 与 8 间（K1＋060.000～K1＋112.080）的坡长（52.080m）小于规范中规定的最小坡长（100m），此段为终点处坡长，受实际情况限制，可忽略此超标。
③ 竖曲线半径检查：竖曲线半径符合规范要求。
④ 竖曲线曲线长度检查：竖曲线曲线长度符合规范要求。
⑤ 竖曲线合成坡度检查：竖曲线合成坡度符合规范要求。

(2) 纵断面设计图，见图 2-18(a)、(b)。
(3) 纵坡及竖曲线表，见图 2-19。
(4) 路基设计表，见图 2-20(a)、(b)。

2.4.1.5 横断面设计

1. 确定路基横断面宽度

根据《标准》，由公路等级（三级）及设计行车速度（30km/h），确定路基横断面车道数为双车道，行车道宽为 3.25m，行车道外侧设置宽度为 0.50m 的土路肩，路基总宽度为 7.5m，见图 2-21。

2. 资料收集

(1) 平曲线起、终点桩号，平曲线半径和转角在平面设计中读取。
(2) 每个中桩的填挖高度在纵断面设计中读取。
(3) 路基宽度为 7.5m。在路线平面图上的各中桩横断面范围内并向外延伸一定距离选取若干点，量取各点的地面标高，得到各桩横断面地面线数据表（本处略）。
(4) 根据现行《公路排水设计规范》，结合地形条件选用梯形边沟，边沟内边坡为 1∶1.5，外边坡为 1∶0.5，深度 0.40m，底宽 0.40m。
(5) 根据线路所处地区的地质情况，查现行《公路路基设计规范》第 3.3、3.4 条规定，取填方路堤边坡为 1∶1.5；取路堑边坡为 1∶0.5。

3. 横断面设计计算

(1) 加宽计算

① 确定各交点处圆曲线上的全加宽值

按现行《公路路线设计规范》规定，三级公路（30km/h）采用第一类加宽值，即汽车轴距加前悬总长为 5m 时的加宽值。当圆曲线半径 $R>250$m 时，由于加宽值很小，可以不加宽。各级公路的路面加宽后，路基也应相应加宽。路面的加宽在行车道内侧。

双车道公路平曲线全加宽值见表 2-7。

公路平曲线加宽表　　　　　　　　　　　　　　　　表 2-7

交点序号	交点桩号	半径(m)	全加宽值(m)
JD1	K0＋095.562	250.00	0.40
JD2	K0＋316.563	90.00	1.00
JD3	K0＋392.321	110.93	0.80
JD5	K0＋736.798	59.31	1.20
JD6	K0＋988.007	90.00	1.00

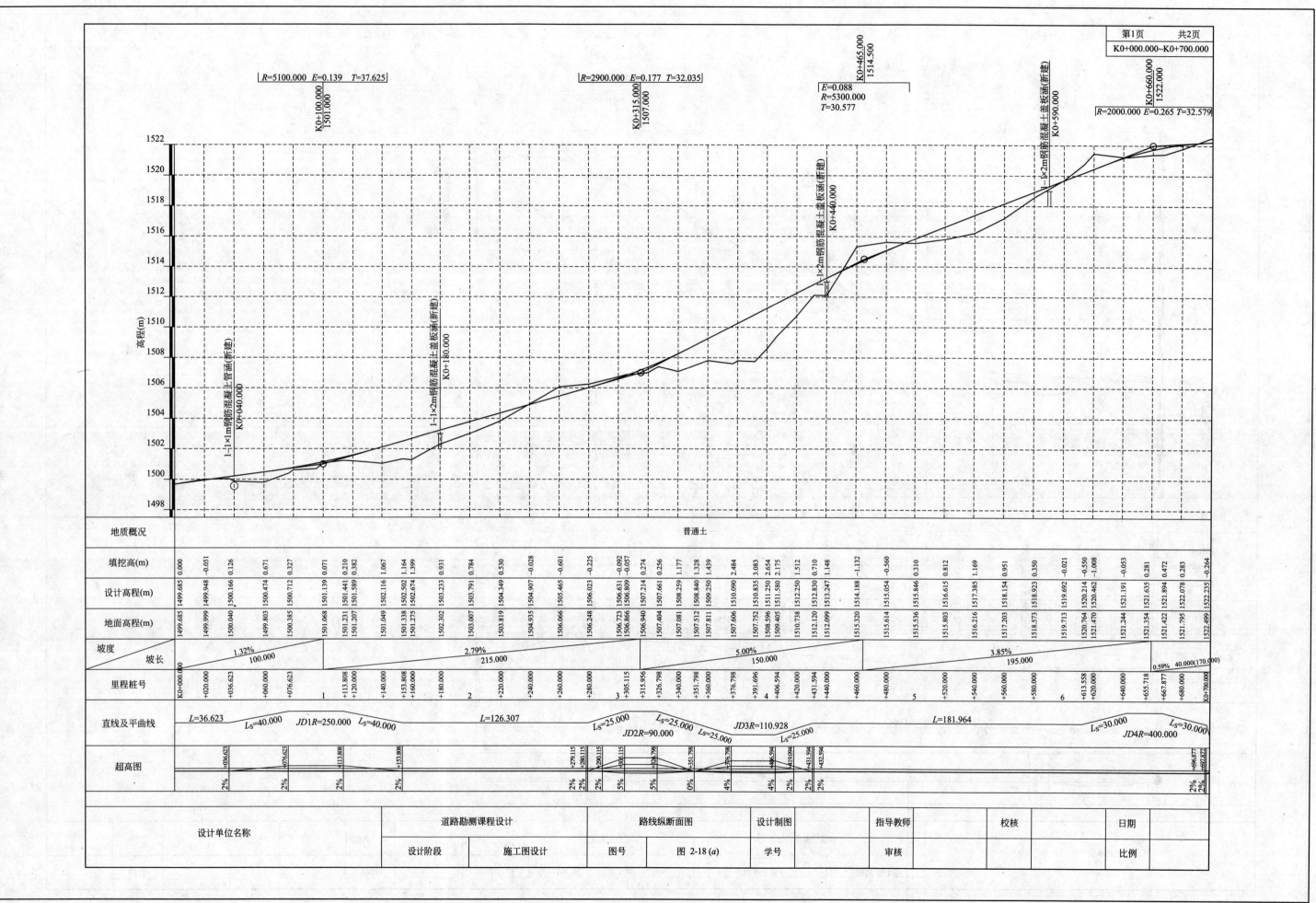

图 2-18 路线纵断面图（一）

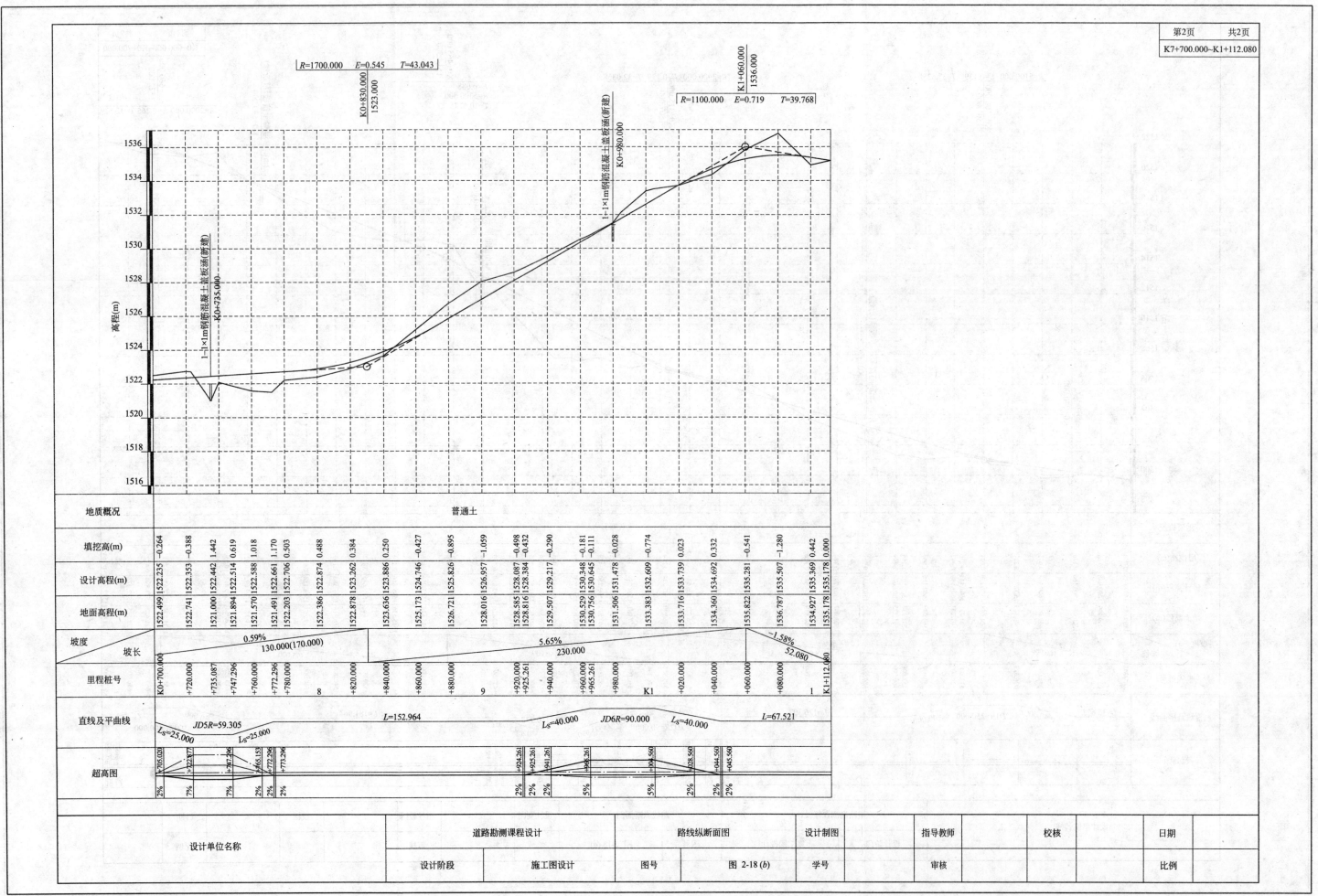

(b)

图 2-18 路线纵断面图(二)

道路勘测课程设计

纵坡及竖曲线表

第 1 页 共 1 页

变坡点编号	变坡点桩号	变坡点高程(m)	坡长(m)	坡度(%)	直坡长(m)	坡差(%)	竖曲线半径 R(m) 凹	竖曲线半径 R(m) 凸	切线长 T(m)	外距 E(m)	竖曲线起点桩号	竖曲线终点桩号	备注
1	K0+000.000	1499.685											
2	K0+100.000	1501.000	100.000	1.315	62.375	1.475	5100.000		37.625	0.139	K0+062.375	K0+137.625	
3	K0+315.000	1507.000	215.000	2.791	145.340	2.209	2900.000		32.035	0.177	K0+282.965	K0+347.035	
4	K0+465.000	1514.500	150.000	5.000	87.388	-1.154		5300.000	30.577	0.088	K0+434.423	K0+495.577	
5	K0+660.000	1522.000	195.000	3.846	131.844	-3.258		2000.000	32.579	0.265	K0+627.421	K0+692.579	
6	K0+830.000	1523.000	170.000	0.588	94.377	5.064	1700.000		43.043	0.545	K0+786.957	K0+873.043	
7	K1+060.000	1536.000	230.000	5.652	147.189	-7.231		1100.000	39.768	0.719	K1+020.232	K1+099.768	
8	K1+112.080	1535.178	52.080	-1.578	12.312								

编制: 复核:

图 2-19 纵坡及竖曲线表

路基设计表

第 1 页 共 4 页

道路勘测课程设计						地面高程(m)	设计高程 PH(m)	填挖高度(m)		路基宽度(m)						各点与设计高 (PH) 之高差(m)							边沟或排水沟					备注
桩号	平曲线		坡度及竖曲线							左		右			左		中线		右			左			右			
	左	右	凹	凸				填	挖	W2 加宽值	W1	W1	W2 加宽值		A2	加宽点 A1	AB	B1	加宽点	B2	坡度	底宽	沟底高程	坡度	底宽	沟底高程	
1	2	3	4	5	6	7	8	9	10	11	12	13	14	15	16	17	18	19	20	21	22	23	24	25	26	27	28	29
K0+000.000	R=∞				1499.685	1499.685		0.000	0.50	3.25	3.25		0.50	0.000	0.015	0.080	0.015	0.015	0.000								
+020.000	L=47.434, L_s=25.000		KD+000.000 1499.000 1.315%		1499.999	1499.948		0.051	0.50	3.25	3.25		0.50	0.000	0.015	0.080	0.015	0.015	0.000								
ZH+036.623	A1=100.000 R=250.000 L_s=40.000 L=37.184				1500.040	1500.166	0.126		0.50	3.25	3.25		0.50	0.000	0.015	0.080	0.015	0.015	0.000								超高旋转轴在行车道左边缘
+040.000					1499.873	1500.211	0.338		0.50	3.25	3.25	0.03	0.50	0.011	0.026	0.080	0.015	0.015	−0.001								
+060.000					1499.803	1500.474	0.671		0.50	3.25	3.25	0.23	0.50	0.076	0.091	0.080	0.015	0.014	−0.005								
HY+076.623					1500.385	1500.712	0.327		0.50	3.25	3.25	0.40	0.50	0.130	0.145	0.080	0.015	0.010	−0.008								超高旋转轴在行车道右边缘
+080.000					1500.610	1500.767	0.157		0.50	3.25	3.25	0.40	0.50	0.130	0.145	0.080	0.015	0.007	−0.008								
QZ+095.216					1500.689	1501.043	0.354		0.50	3.25	3.25	0.40	0.50	0.130	0.145	0.080	0.015	0.007	−0.008								
+100.000					1501.068	1501.139	0.071		0.50	3.25	3.25	0.40	0.50	0.130	0.145	0.080	0.015	0.007	−0.008								
+120.000					1501.231	1501.441	0.210		0.50	3.25	3.25	0.40	0.50	0.130	0.145	0.080	0.015	0.007	−0.008								
YH+113.808					1501.207	1501.589	0.382		0.50	3.25	3.25	0.34	0.50	0.110	0.125	0.080	0.015	0.008	−0.007								超高旋转轴在行车道左边缘
+140.000					1501.049	1502.116	1.067		0.50	3.25	3.25	0.14	0.50	0.045	0.060	0.080	0.015	0.012	−0.003								
HZ+153.808	A2=100.000 R=∞ L_s=40.000 L=126.307		KD+100.000 1501.000 2.791%	215.000	1501.338	1502.502	1.164		0.50	3.25	3.25		0.50	0.000	0.015	0.080	0.015	0.015	0.000								
+160.000					1501.275	1502.674	1.399		0.50	3.25	3.25		0.50	0.000	0.015	0.080	0.015	0.015	0.000	0.400	1501.780		0.400	1504.153		
+180.000					1502.302	1503.233	0.931		0.50	3.25	3.25		0.50	0.000	0.015	0.080	0.015	0.015	0.000	0.400	1501.968		0.400			
+200.000					1503.007	1503.791	0.784		0.50	3.25	3.25		0.50	0.000	0.015	0.080	0.015	0.015	0.000	0.400	1502.633		0.400			
+220.000					1503.819	1504.349	0.530		0.50	3.25	3.25		0.50	0.000	0.015	0.080	0.015	0.015	0.000	0.400	1503.000		0.400			
+240.000					1504.935	1504.907		0.028	0.50	3.25	3.25		0.50	0.000	0.015	0.080	0.015	0.015	0.000	0.400	1504.507		0.400	1505.065		
+260.000					1506.066	1505.465		0.601	0.50	3.25	3.25		0.50	0.000	0.015	0.080	0.015	0.015	0.000	0.400	1505.065		0.400	1505.628		
+280.000					1506.248	1506.023		0.225	0.50	3.25	3.25		0.50	0.000	0.015	0.080	0.015	0.015	0.000	0.400	1505.628		0.400	1505.631		
ZH+280.115	A1=47.434, R=90.000 L_s=25.000 L=21.683		KD+315.000		1506.248	1506.026		0.222	0.50	3.25	3.25		0.50	0.004	0.015	0.080	0.015	0.015	0.004	0.400	1505.631		0.400	1506.195		
+300.000					1506.723	1506.631		0.092	0.50	3.25	3.25	0.80	0.50	0.005	0.015	0.080	0.015	0.015	0.005	0.400	1506.114		0.400	1506.349		超高旋转轴在行车道右边缘
HY+305.115			R=−2900.000 T=32.035 E=0.177		1506.866	1506.809		0.057	0.50	3.25	3.25	1.00	0.50	0.293	0.274	0.144	0.015	−0.017	−0.037	0.400	1506.225		0.400	1506.754		
+320.000			R=5100.000 T=37.625 E=0.139		1506.940	1507.214	0.274		0.50	3.25	3.25	1.00	0.50	0.365	0.340	0.178	0.015	−0.035	−0.060	0.400	1506.413		0.400	1506.430		
QZ+315.956					1507.015	1507.376	0.361		0.50	3.25	3.25	1.00	0.50	0.365	0.340	0.178	0.015	−0.035	−0.060	0.400	1506.430		0.400	1506.916		
YH+326.798					1507.404	1507.661	0.256		0.50	3.25	3.25	1.00	0.50	0.365	0.340	0.178	0.015	−0.035	−0.060	0.400	1506.639		0.400	1506.916		
+340.000					1507.081	1508.259	1.177		0.50	3.25	3.25	0.47	0.50	0.180	0.168	0.092	0.015	0.004	−0.008	0.400	1507.198		0.400	1507.200		

编制： 复核：

(a)

图 2-20 路基设计表（由于篇幅限制，只列其中 2 页）（一）

路基设计表

第 3 页 共 4 页

道路勘测课程设计								填挖高度(m)		路基宽度(m)					各点与设计高(PH)之高差(m)							边沟或排水沟					备注
桩号	平曲线		坡度及竖曲线		地面高程(m)	设计高程PH(m)			左		W1	W1	右		左			中线	右			坡度	左		坡度	右		
	左	右	凹	凸			填	挖	W2	加宽值			W2	加宽值	A2	加宽点	A1	AB	B1	加宽点	B2		底宽	沟底高程		底宽	沟底高程	
1	2	3	4	5	6	7	8	9	10	11	12	13	14	15	16	17	18	19	20	21	22	23	24	25	26	27	28	29
K0+700.000			170.000 0.588%		1522.499	1522.235		0.264	0.50	0.10	3.25	3.25	0.50		0.003	0.013	0.015	0.080	0.054	0.054	0.050							超高旋转轴在行车道左边缘
+720.000					1522.741	1522.353		0.388	0.50	1.06	3.25	3.25	0.50		-1.082	-1.061	0.015	0.216	0.418	0.418	0.449							
HY+722.877					1522.716	1522.370		0.346	0.50	1.20	3.25	3.25	0.50		-1.104	-1.069	0.015	0.243	0.470	0.470	0.505							
QZ+735.087	A2=-38.505 LS=25.000 Ly=24.419	A1=-38.505 LS=25.000			1521.000	1522.442	1.442		0.50	1.20	3.25	3.25	0.50		-1.104	-1.069	0.015	0.243	0.470	0.470	0.505							
+740.000					1522.082	1522.471	0.389		0.50	1.20	3.25	3.25	0.50		-1.104	-1.069	0.015	0.243	0.470	0.470	0.505							
YH+747.296					1521.894	1522.514	0.619		0.50	0.59	3.25	3.25	0.50		-1.023	-1.006	0.015	0.127	0.239	0.239	0.256							
+760.000					1521.570	1522.588	1.018		0.50		3.25	3.25	0.50		-0.015	-0.015	0.015	0.080	0.015	0.015	0.005							
HZ+772.296					1521.491	1522.661	1.170		0.50		3.25	3.25	0.50		0.000	0.015	0.015	0.080	0.015	0.015	0.000							
+780.000		R=∞ L=152.964			1522.203	1522.706	0.503		0.50		3.25	3.25	0.50		0.005	0.015	0.015	0.080	0.015	0.015	0.000							
+800.000					1522.386	1522.874	0.488		0.50		3.25	3.25	0.50		0.000	0.015	0.015	0.080	0.015	0.015	0.000							
+820.000					1522.878	1523.262	0.384		0.50		3.25	3.25	0.50		0.000	0.015	0.015	0.080	0.015	0.015	0.000							
+840.000					1523.636	1523.886	0.250		0.50		3.25	3.25	0.50		0.005	0.015	0.015	0.080	0.015	0.015	0.000							
+860.000					1525.173	1524.746		0.427	0.50		3.25	3.25	0.50	0.37	0.005	0.015	0.015	0.080	0.015	0.015	-0.002	0.400	1524.346		0.400	1524.346	
+880.000					1526.721	1525.826		0.895	0.50		3.25	3.25	0.50	0.87	0.138	0.135	0.135	0.156	0.008	0.008	-0.023	0.400	1525.426		0.400	1525.426	
ZH+925.261	A1=-60.000 LS=40.000				1528.585	1526.557		1.059	0.50		3.25	3.25	0.50	1.00	0.331	0.297	0.297	0.156	-0.023	-0.023	-0.044	0.400	1526.557		0.400	1526.557	
+940.000		R=1100.000 T=39.768 E=0.719			1528.816	1528.384		0.432	0.50		3.25	3.25	0.50	1.00	0.365	0.340	0.340	0.178	-0.035	-0.035	-0.060	0.400	1527.687		0.400	1527.687	
HY+965.261	A2=-60.000 LS=40.000 Ly=39.299		R=1100.000 T=39.768 E=0.719		1529.507	1529.217		0.290	0.50		3.25	3.25	0.50	1.00	0.365	0.340	0.340	0.178	-0.035	-0.035	-0.060	0.400	1527.989		0.400	1527.989	
+980.000			5.652% 230.000		1530.529	1530.348		0.181	0.50		3.25	3.25	0.50	1.00	0.365	0.340	0.340	0.178	-0.035	-0.035	-0.060	0.400	1528.730		0.400	1528.730	
QZ+984.910					1530.756	1530.645		0.111	0.50		3.25	3.25	0.50	1.00	0.365	0.340	0.340	0.178	-0.035	-0.035	-0.060	0.400	1528.961		0.400	1528.903	
K1+000.000					1531.506	1531.478		0.028	0.50		3.25	3.25	0.50	0.61	0.226	0.215	0.215	0.115	-0.035	-0.035	-0.060	0.400	1530.267		0.400	1530.088	
HY+004.560	A1=-60.000 LS=40.000 Ly=39.299				1532.122	1531.756		0.366	0.50		3.25	3.25	0.50	0.11	0.046	0.052	0.052	0.080	-0.004	-0.004	-0.019	0.400	1530.568		0.400	1530.866	
+020.000					1533.383	1532.609		0.774	0.50		3.25	3.25	0.50		0.015	0.015	0.015	0.080	0.015	0.015	0.003	0.400	1531.359		0.400	1531.296	
+040.000					1533.505	1532.866		0.639	0.50		3.25	3.25	0.50		0.005	0.015	0.015	0.080	0.015	0.015	0.005	0.400	1531.721		0.400	1532.149	
HZ+044.560					1533.716	1533.739	0.023		0.50		3.25	3.25	0.50									0.400	1532.574		0.400	1532.406	
+060.000					1534.360	1534.692	0.332		0.50		3.25	3.25	0.50									0.400	1532.831		0.400	1533.055	
+080.000					1534.684	1534.858	0.174		0.50		3.25	3.25	0.50									0.400	1533.554		0.400	1533.902	
																							0.400	1534.309		0.400	1534.130	超高旋转轴在行车道右边缘

编制： 复核：

图 2-20 路基设计表（由于篇幅限制，只列其中 2 页）（二）

(b)

② 加宽的过渡

本次设计采用的加宽过渡方法为按其长度成比例增加的方法。具体设计见超高计算中的"加宽计算"内容。

③ 加宽缓和段的长度

对于设有缓和曲线的平曲线，加宽缓和段采用与缓和曲线相同的长度。本次设计中，各交点处的平曲线均设有缓和曲线，所以加宽缓和段与缓和曲线同长，即 $L_C=L_S$。

(2) 超高计算

① 确定路拱及路肩横坡度

为了利于路面横向排水，应在路面横向设置路拱。按《公路路线设计规范》第 6.5 条，采用折线形路拱，路拱横坡度为 $i_G=2\%$。由于土路肩的排水能力低于路面，其横坡度一般应比路面大 1%～2%，故土路肩横坡度取 $i_J=3\%$。

② 超高横坡度

根据《公路路线设计规范》第 7.5.1 条规定，当平曲线半径小于不设超高的最小半径值时，应在路面上设置超高。超高的横坡度应根据设计速度、圆曲线半径、路面类型、自然条件和车辆组成等情况确定，必要时应按运行速度予以验算。

为了计算的方便和统一，本设计依然利用现行《公路路线设计规范》中表 7.5.3 的要求选择超高值，见表 2-8。

超 高 取 值 表　　　　　　　　　　　　表 2-8

交点序号	交点桩号	半径(m)	超高值(%)
JD1	K0+095.562	250.00	2
JD2	K0+316.563	90.00	5
JD3	K0+392.321	110.93	4
JD5	K0+736.798	59.31	7
JD6	K0+988.007	90.00	5

③ JD6 处超高计算

JD6 处 $R=90$m，$B=6.5$m，$b_J=0.5$m，$L_S=40$m，$i_G=2\%$，$i_J=3\%$。路基设计标高为未设超高、加宽前的路基边缘标高，超高旋转轴为未加宽前的右侧行车道边缘。

A. 确定超高缓和段长度

根据公路等级、设计速度和平曲线半径查表得：圆曲线的超高值 $i_C=5\%$，新建公路采用绕行车道内边线旋转，超高渐变率 $P=\dfrac{1}{75}$，所以超高缓和段长度：

$$L_C=\frac{B'\Delta i}{P}=\frac{6.5\times 5\%}{\frac{1}{75}}=24.375\text{m}$$

绕行车道中心旋转：$B'=\dfrac{B}{2}$，$\Delta i=i_C+i_G$；绕边线旋转：$B'=B$，$\Delta i=i_C$，而缓和曲线 $L_S=70$m，先取 $L_C=L_S=40$m，然后检查横坡从路拱坡度(-2%)过渡到超向横坡(2%)时的超高渐变率：

$$P = \frac{3.25 \times [2\% - (-2\%)]}{x_0} = \frac{3.25 \times 4\%}{16} = \frac{1}{123} > \frac{1}{330}$$

所以取 $L_C = L_S = 70\mathrm{m}$。

B. 计算临界断面 x_0

$$x_0 = \frac{i_G}{i_C} L_C = \frac{2\%}{5\%} \times 40 = 16\mathrm{m}$$

C. 计算各桩号处的超高值

超高起点为 $ZH(HZ)$ 点，分别计算出 x 值，然后分别代入《道路勘测设计》教材中关于"绕边线旋转超高值计算公式"，其加宽值 $b=1.0\mathrm{m}$。土路肩在超高起点前1m变成与路面相同的横坡，且在整个超高过渡段保持与相邻行车道相同的横坡。超高方式见图2-22。JD6计算结果见表2-9。计算过程如下：

a. 在 K0+925.261 处，$x=0$，$PH=1528.384$，$b_x=0$。

求横断面各点与设计高高差：

$$A_2 = b_J(i_J - i_G) = 0.5 \times (0.03 - 0.02) = 0.005\mathrm{m}$$

$$\text{左加宽点} = A_1 = b_J i_J = 0.5 \times 0.03 = 0.015\mathrm{m}$$

$$AB = b_J i_J + \frac{B}{2} i_G = 0.5 \times 0.03 + 3.25 \times 0.02 = 0.08\mathrm{m}$$

$$B_1 = \text{右加宽点} = b_J i_J = 0.5 \times 0.03 = 0.015\mathrm{m}$$

$$B_2 = b_J(i_J - i_G) = 0.5 \times (0.03 - 0.02) = 0.005\mathrm{m}$$

求横断面各点路面设计高程：

$$A = H_{A_2} = PH + A_2 = 1528.384 + 0.005 = 1528.389\mathrm{m}$$

$$B = C = H_{左加宽} = H_{A_1} = PH + A_1 = 1528.384 + 0.015 = 1528.399\mathrm{m}$$

$$D = E = H_{AB} = PH + AB = 1528.384 + 0.08 = 1528.464\mathrm{m}$$

$$H_{B_1} = PH + B_1 = 1528.384 + 0.005 = 1528.399\mathrm{m}$$

$$F = G = H_{右加宽} = PH + \text{右加宽点} = 1528.384 + 0.015 = 1528.399\mathrm{m}$$

$$H = H_{B_2} = PH + B_2 = 1528.384 + 0.005 = 1528.389\mathrm{m}$$

其中：A——路基左侧边缘点，《逐桩路面高程表》中第13列；

B——左侧硬路肩边缘点，无硬路肩时与 C 点重合；

C——左侧行车道(加宽后)边缘点；

D——中央分隔带左侧路面边缘点，无中央分隔带时与 E 点重合；

E——中央分隔带右侧路面边缘点；

F——右侧行车道(加宽后)边缘点；

G——左侧硬路肩边缘点，无硬路肩时与 F 点重合；

H——路基右侧边缘点。

b. 在 K0+940 处，$x=14.739<x_0$，$PH=1529.217$，$b_x = \frac{x}{L_C} b = \frac{14.739}{40} \times 1 = 0.369$。

求横断面各点与设计高高差：

$$A_2 = h_{cx} = b_j(i_j - i_G) + [b_j i_G + (b_j + B) i_C] \frac{x}{L_C} = 0.5 \times 0.01 + [0.5 \times 0.02 + 7 \times 0.05] \times \frac{14.739}{40}$$

$$= 0.138$$

$$左加宽点 = A_1 = b_j i_j + B \cdot i_c \cdot \frac{x}{L_C} = 0.5 \times 0.03 + 6.5 \times 0.05 \times \frac{14.739}{40} = 0.135$$

$$AB = h'_{cx} = b_j i_j + \frac{B}{2} i_G = 0.5 \times 0.03 + 3.25 \times 0.02 = 0.08$$

$$B_1 = b_j i_j = 0.5 \times 0.03 = 0.015$$

$$右加宽点 = b_j i_j - b_x i_G = 0.5 \times 0.03 - 0.369 \times 0.02 = 0.008$$

$$B_2 = h''_{cx} = b_j i_j - (b_j + b_x) i_G = 0.5 \times 0.03 - (0.5 + 0.369) \times 0.02 = -0.002$$

求横断面各点路面设计高程:

$$A = H_{A2} = PH + A_2 = 1529.217 + 0.138 = 1529.355$$

$$B = C = H_{左加宽} = H_{A1} = PH + A_1 = 1529.217 + 0.135 = 1529.352$$

$$D = E = H_{AB} = PH + AB = 1529.217 + 0.08 = 1529.297$$

$$H_{B1} = PH + B_1 = 1529.217 + 0.015 = 1529.232$$

$$F = G = H_{右加宽} = PH + 右加宽点 = 1529.217 + 0.008 = 1529.225$$

$$H = H_{B2} = PH + B_2 = 1529.217 - 0.02 = 1529.215$$

c. 在 K0+960 处, $x = 34.739 > x_0$, $PH = 1530.348$

$$b_x = \frac{x}{L_C} b = \frac{34.739}{40} \times 1 = 0.8685$$

求横断面各点与设计高高差:

$$A_2 = h_{cx} = b_j(i_j - i_G) + [b_j i_G + (b_j + B) i_c] \frac{x}{L_C} = 0.5 \times 0.01 + [0.5 \times 0.02 + 7 \times 0.05] \times \frac{34.739}{40}$$
$$= 0.318$$

$$左加宽点 = A_1 = b_j i_j + B \cdot i_c \cdot \frac{x}{L_C} = 0.5 \times 0.03 + 6.5 \times 0.05 \times \frac{34.739}{40} = 0.297$$

$$AB = h'_{cx} = b_j i_j + \frac{B}{2} \cdot \frac{x}{L_C} i_C = 0.5 \times 0.03 + 3.25 \times \frac{34.739}{40} \times 0.05 = 0.156$$

$$B_1 = b_j i_j = 0.5 \times 0.03 = 0.015$$

$$右加宽点 = b_j i_j - b_x \frac{x}{L_C} i_C = 0.5 \times 0.03 - 0.8685 \times \frac{34.739}{40} \times 0.05 = -0.023$$

$$B_2 = h''_{cx} = b_j i_j - (b_j + b_x) i_X = b_j i_j - (b_j + b_x) \frac{x}{L_C} \cdot i_c$$
$$= 0.5 \times 0.03 - (0.5 + 0.869) \times \frac{34.739}{40} \times 0.05 = -0.044$$

求横断面各点路面设计高程:

$$A = H_{A2} = PH + A_2 = 1530.348 + 0.318 = 1530.666$$

$$B = C = H_{左加宽} = H_{A1} = PH + A_1 = 1530.348 + 0.297 = 1530.645$$

$$D = E = H_{AB} = PH + AB = 1530.348 + 0.156 = 1530.504$$

$$H_{B1} = PH + B_1 = 1530.348 + 0.015 = 1530.363$$

$$F = G = H_{右加宽} = PH + 右加宽点 = 1530.348 - 0.023 = 1530.325$$

$$H = H_{B2} = PH + B_2 = 1530.348 - 0.044 = 1530.304$$

JD6 超高值计算结果表　　　　　　　　　　　　表 2-9

桩号	距离 x (m)	加宽值 b_x (m)	以下各点与设计高(PH)之高差(m)					
			左			中线	右		
			A_2 (h_{cx})	加宽点	A_1	AB (h'_{cx})	B_1	加宽点	B_2 (h''_{cx})
K0+925.261(ZH)	0	0	0.005	0.015	0.015	0.08	0.015	0.015	0.005
K0+940	14.739	0.369	0.138	0.135	0.135	0.08	0.015	0.008	−0.002
K0+941.261	16	0.4	0.149	0.145	0.145	0.08	0.015	0.007	−0.003
K0+960	34.739	0.868	0.318	0.297	0.297	0.156	0.015	−0.023	−0.044
K0+965.261(HY)	40	1.0	0.365	0.340	0.340	0.178	0.015	−0.035	−0.060
K0+980	54.739	1.0	0.365	0.340	0.340	0.178	0.015	−0.035	−0.060
K0+984.910(QZ)	59.649	1.0	0.365	0.340	0.340	0.178	0.015	−0.035	−0.060
K1+000	44.560	1.0	0.365	0.340	0.340	0.178	0.015	−0.035	−0.060
K1+004.560(YH)	40	1.0	0.365	0.340	0.340	0.178	0.015	−0.035	−0.060
K1+020	24.560	0.614	0.226	0.215	0.215	0.115	0.015	−0.004	−0.019
K1+028.560	16	0.4	0.149	0.145	0.145	0.08	0.015	0.007	−0.003
K1+040	4.560	0.114	0.046	0.052	0.052	0.08	0.015	0.013	0.003
K1+044.560(YH)	0	0	0.005	0.015	0.015	0.08	0.015	0.015	0.005

注：距离 x——该道路桩号距缓和曲线起点的距离；

A_2——道路左侧路基边缘点，在 JD6 中该点即为超高计算公式中的外缘，超高值为 h_{cx}；

左侧加宽点——道路左侧行车道加宽后的边缘点，由于在 JD6 中加宽在右侧，故该点未加宽，与 A_1 点重合；

A_1——道路左侧未加宽前的行车道边缘点；

AB——道路中线点，在 JD6 中该点即为超高计算公式中的中线，超高值为 h'_{cx}；

B_1——道路右侧未加宽前的行车道边缘点；

右侧加宽点——道路右侧加宽后的行车道边缘点；

B_2——道路右侧路基边缘点，在 JD6 中该点即为超高计算公式中的内缘，超高值为 h''_{cx}。

4．横断面设计成果

(1) 填录路基设计表

由前面的平面设计资料、纵断面设计资料和横断面设计中的加宽及超高计算，把相应数据填入路基设计表，作为绘制横断面图的依据。路基设计表见图 2-20(a)、(b)。

(2) 路基标准横断面(见图 2-21)

(3) 绘制路基横断面设计图

标准横断面图绘制完毕后，参照标准横断面图，绘制路段内各中桩的横断面图(以 K0+000.000～K0+180 为例)，其步骤如下：

① 根据横断面测量资料按 1∶200 的比例绘制横断面地面线；

② 根据路基设计表中的有关数据，绘制路幅的位置和宽度；

③ 参照路基标准横断面图绘制路基边坡线和地面线相交，并在需要设置支挡防护处绘制支挡结构物的断面图；

④ 检查弯道路段横断面内侧的视距是否满足要求，是否需要清除障碍及设置视距台；

⑤ 根据综合排水设计，绘制路基边沟、排水沟、截水沟等在横断面图上的位置；

⑥ 在中桩横断面图绘制出来后，标出该桩的桩号、左右路基宽、中桩填挖高和填挖

面积。

横断面图中各断面的排列顺序是按里程从左向、从下到上排列。具体的路基横断面图见图 2-22。

(4) 填写《路面高程表》见图 2-23 或在《路基设计表》中填入路面设计高程。

(5) 绘制超高方式图，图 2-24。

2.4.1.6　土石方调配

1. 计算横断面面积

用数方格法计算填、挖方面积，并填于《路基土石方数量表》（见图 2-25）。该法是将横断面图绘制在方格米厘纸上，若绘图比例是 1∶200，则米厘纸上每一小格的面积为 $0.04m^2$。从米厘纸上分别数出填方的方格数和挖方的方格数，并分别乘以 0.04，就得出填方和挖方的面积，这种方法的精度较低。

2. 土石方数量计算

路基土石方工程数量，根据公式 $V=\frac{1}{2}(A_1+A_2)L$ 分别进行计算，挖方按天然密实体积计算，填方按压实后的体积计算。

3. 图表计算与调配

土石方的调配，首先按教材所述要求，将有关数据计算出，然后在路基土石方数量计算表上进行图示法调配，调配中要用公式：

填方＝本桩利用＋填缺

挖方＝本桩利用＋挖余

进行闭合核实，调配完成要进行闭合验算，公式为：

填缺＝远运利用＋借方

挖余＝远运利用＋废方

挖方＋借方＝填方＋弃方

土石方计算调配过程如下：

(1) 基本资料

① 松实系数：一类土 1.16，二类土 1.16，三类土 1.09，一类石 0.92，二类石 0.92，三类石 0.90。

② 免费运距 $L_m=20m$，就近利用最大运距 500m。

③ 挖方土石比例：一类土 70%，一类石 30%。

(2) 本桩利用

K0+000～K0+020 段：

K0+000 断面：$A_{W1}=1.45m^2$，$A_{T1}=0.87m^2$，由《路基横断面设计图》量算，填入第(2)、(3)栏；

K0+020 断面：$A_{W2}=1.24m^2$，$A_{T2}=0.29m^2$；

距离＝(K0+020)－(K0+000)＝20m，填入第(4)栏；

挖方总数量＝$\frac{1}{2}(A_{W1}+A_{W2})L=\frac{1}{2}\times(1.45+1.24)\times20=27m^3$，填入第(5)栏；

填方总数量＝$\frac{1}{2}(A_{T1}+A_{T2})L=\frac{1}{2}\times(0.87+0.29)\times20=12m^3$，填入第(18)栏；

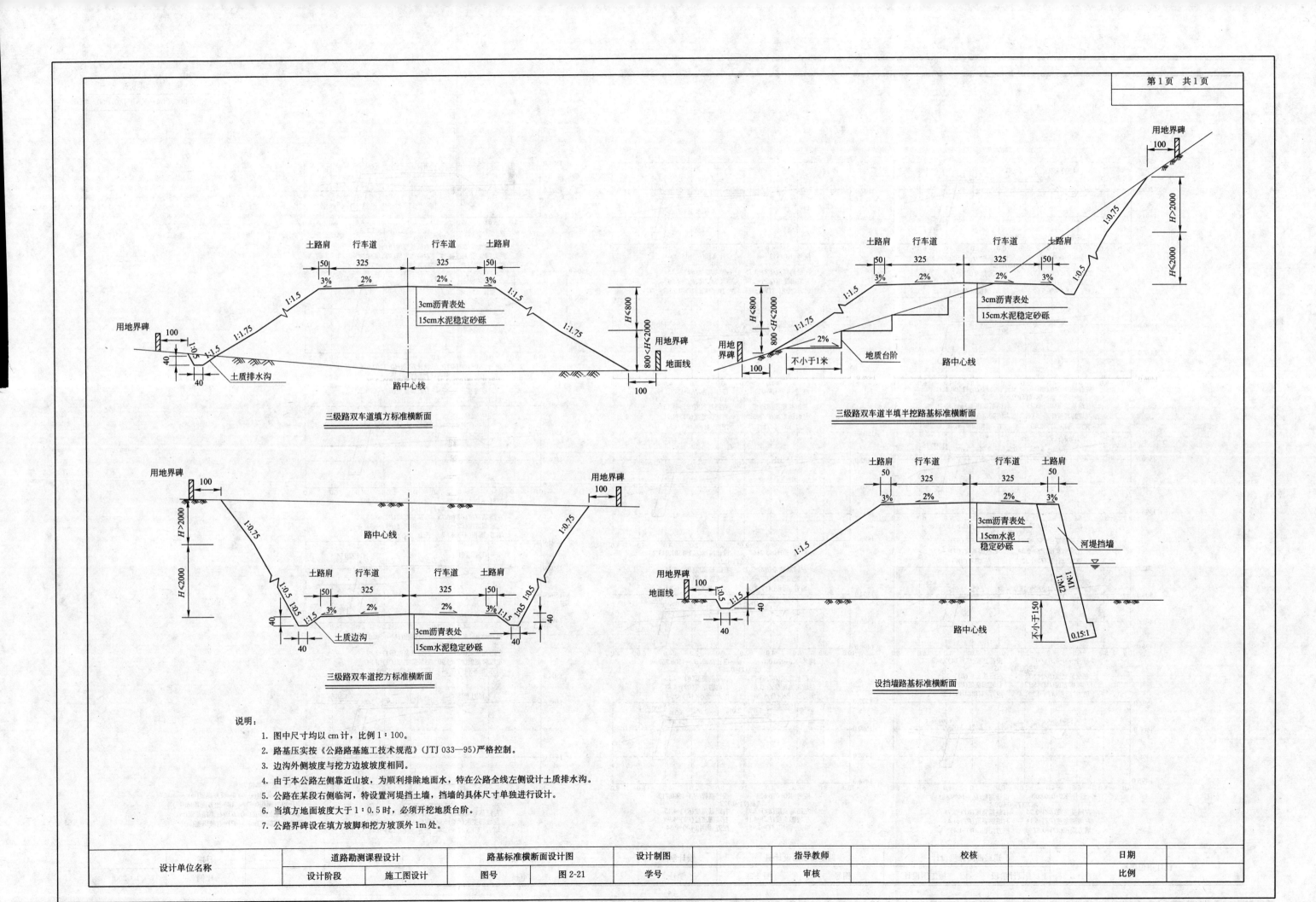

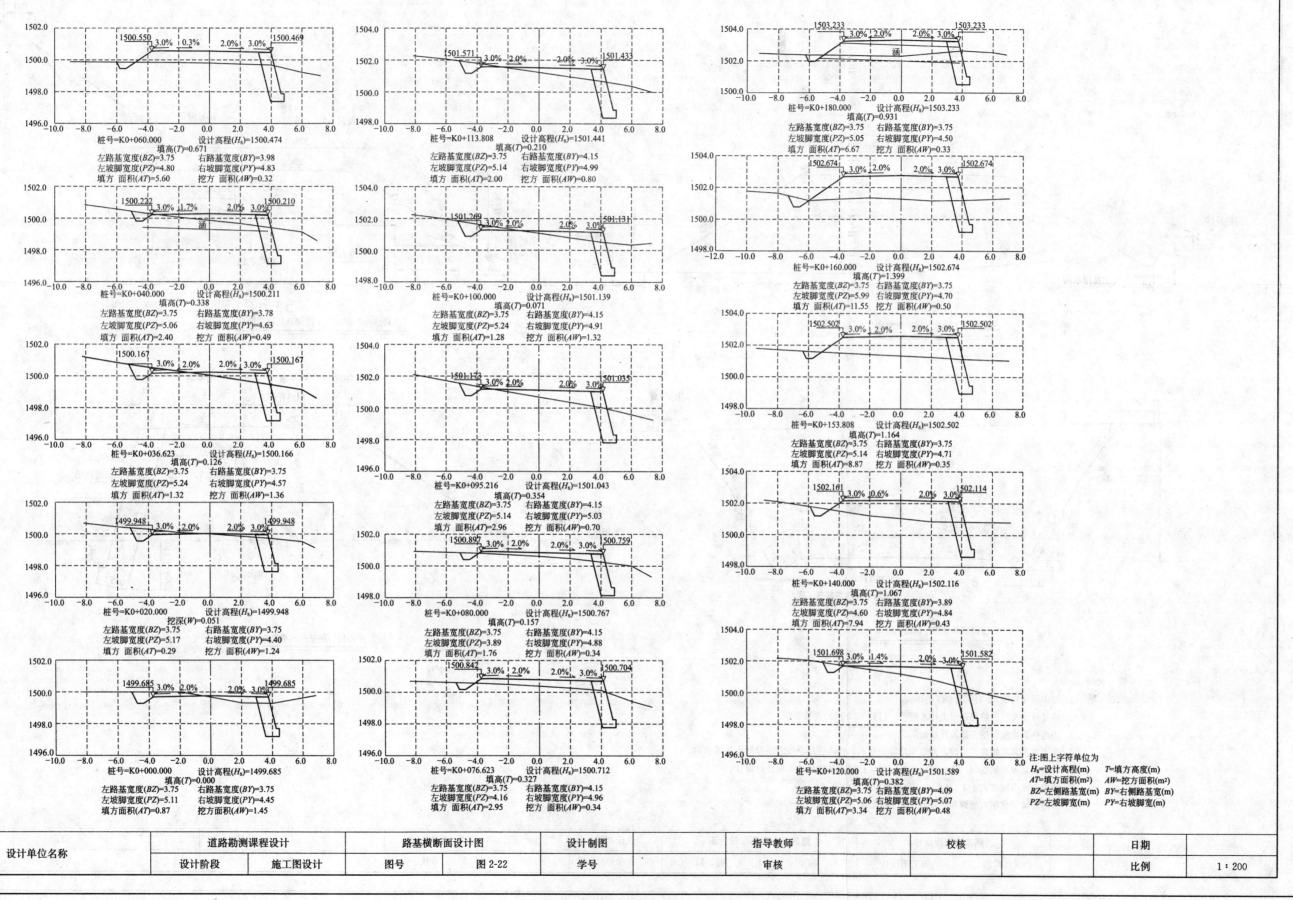

图 2-22 路基横断面设计图

道路勘测课程设计

逐桩路面高程表

第 4 页 共 4 页

桩号	路面高程(m)								备注
	A	B	C	D	E	F	G	H	
K0+900.000	1526.957	1526.972	1526.972	1527.037	1527.037	1526.972	1526.972	1526.957	
+920.000	1528.087	1528.102	1528.102	1528.167	1528.167	1528.102	1528.102	1528.087	
+925.261	1528.389	1528.399	1528.399	1528.464	1528.464	1528.399	1528.399	1528.399	
+940.000	1529.355	1529.352	1529.352	1529.297	1529.297	1529.225	1529.225	1529.215	
+960.000	1530.666	1530.645	1530.645	1530.504	1530.504	5130.325	1530.325	1530.303	
+965.261	1531.010	1530.985	1530.985	1530.823	1530.823	1530.610	1530.610	1530.585	
+980.000	1531.843	1531.818	1531.818	1531.656	1531.656	1531.443	1531.443	1531.418	
+984.910	1532.121	1532.096	1532.096	1531.933	1531.933	1531.721	1531.721	1531.696	
K1+000.000	1532.974	1532.949	1532.949	1532.786	1532.786	1532.574	1532.574	1532.549	
+004.560	1533.231	1533.206	1533.206	1533.044	1533.044	1532.831	1532.831	1532.806	
+020.000	1533.965	1533.954	1533.954	1533.854	1533.854	1533.735	1533.735	1533.720	
+040.000	1534.738	1534.744	1534.744	1534.772	1534.772	1534.705	1534.705	1534.695	
+044.560	1534.863	1534.873	1534.873	1534.938	1534.938	1534.873	1534.873	1534.863	
+060.000	1535.281	1535.296	1535.296	1535.361	1535.361	1535.296	1535.296	1535.281	
+080.000	1535.507	1535.522	1535.522	1535.587	1535.587	1535.522	1535.522	1535.507	
+100.000	1535.369	1535.384	1535.384	1535.449	1535.449	1535.384	1535.384	1535.369	
+112.080	1535.178	1535.193	1535.193	1535.258	1535.258	1535.193	1535.193	1535.178	

编制：　　　　　　　　　　　　　　　　　　　　　　　　　　　　　　　　　　　　　　复核：

图 2-23　逐桩路面高程表（限于篇幅，仅列出部分）

49

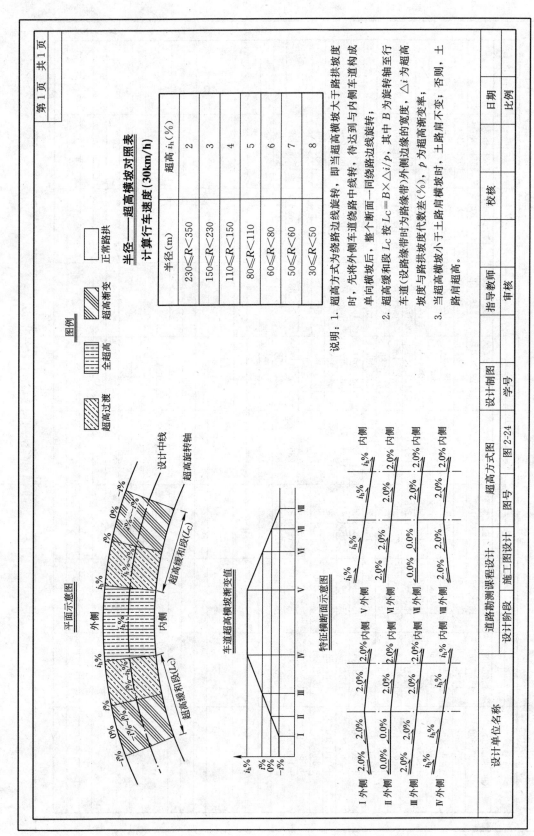

图 2-24 超高方式图（限于篇幅，仅列出部分）

道路勘测课程设计

路基土石方数量表

第1页 共3页

桩号	横断面积(m²)		距离(m)	总数量	挖方分类及数量(m³)										填方数量立方米	利用方数量(m³)				挖余		纵向利用调配示意图	借方数量(m³)		弃方数量(m³)		总数量(m³·km)		备注
					土						石																		
	挖	填			Ⅰ		Ⅱ		Ⅲ		Ⅳ		Ⅴ		Ⅵ		本桩利用		填缺	土	石		土	石	土	石	土	石	
					%	数量	%	数量	%	数量	%	数量	%	数量	%	数量		土	石										
1	2	3	4	5	6	7	8	9	10	11	12	13	14	15	16	17	18	19	20	21	22	23	24	25	26	27	28	29	30	31
K0+000.000	1.45	0.87	20.00	27	70	19					30	8					12	14			5									
+020.000	1.24	0.29	16.62	21	70	15					30	6					13	15			8		土:5 石:8	65				130		平均运距
+036.623	1.36	1.32	3.38	3	70	2					30	1					6	2	1		3		石:6	77				154		
+040.000	0.49	2.40	20.00	8	70	6					30	2					71	4	2		73	6	土:3	8				16		
+060.000	0.32	5.60	16.62	6	70	4					30	2					80	6	2		66		土:5 石:11	34				68		
+076.623	0.34	2.95	3.38	1	70	1					30						8	1			7			7				14		
+080.000	0.34	1.76	15.22	8	70	6					30	2					36	6	2		29			12				24		
+095.216	0.70	2.96	4.78	4	70	3					30	1					10	3	1		6			15				30		
+100.000	1.32	1.28	13.81	14	70	10					30	4					23	10	4		13			122				244		
+113.808	0.80	2.00	6.19	4	70	3					30	1					17	3	1		13			129				258		
+120.000	0.48	3.34	20.00	9	70	6					30	3					113	6	3		105			70				140		
+140.000	0.43	7.94	13.81	6	70	4					30	2					116	4	2		111			203				406		
+153.808	0.35	8.87	6.19	3	70	2					30	1					63	2	1		60			131				262	1	
+160.000	0.50	11.55	20.00	8	70	6					30	2					182	6	2		175		石:8						3	2	
+180.000	0.33	6.67	20.00	8	70	5					30	2					127	5	2		121		土:69 石:39							
+200.000	0.32	6.02	20.00	6	70	4					30	2					108	4	2		103		土:34 石:9							
+220.000	0.26	4.74	20.00	17	70	12					30	5					54	12	5		39		土:34 石:18							
+240.000	1.40	0.70	20.00	60	70	42					30	18					7			18			土:51 石:22							
+260.000	4.64		0.12	73	70	51					30	22						8		51			石:13							
+280.000	2.61																													
+280.115	2.56		19.89	43	70	30					30	13					10	12		18			土:18 石:13	111				6	1	
+300.000	1.82	1.01	5.12	11	70	8					30	3					7	8		13			石:3	71					7	
+305.115	2.54	1.81	10.84	21	70	15					30	6					28	15	6	8				290				6	8	
+315.956	1.43	3.32	4.04	4	70	3					30	1					16	3	1	12				191				7	20	
+320.000	1.04	4.50	6.80	5	70	3					30	2					28	5	2	22								38	8	
+326.798	1.17	3.88	13.20	13	70	9					30	4					90	9	4	78								78	34	
+340.000	0.77	9.77	11.80	9	70	6					30	3					114	6	3	106			土:11 石:40					4	33	
+351.798	0.76	9.59	8.20	18	70	13					30	5					72	13	5	56								249		
+360.000	3.71	7.86	16.80	39	70	27					30	12					215	27	12	179								142		
+376.798	0.92	17.76	3.20	5	70	3					30	1					64	3	1	61								580		
+380.000	1.25	22.41	11.70	17	70	12					30	5					265	12	5	250								382		
+391.696	1.58	22.82	8.30	13	70	9					30	4					177	9	4	165				70				141	3	
+400.000	1.41	19.85	6.59	10	70	7					30	3					123	7	3	114										
+406.594	1.41	17.38																												
本页小计				493		347						146					2255	239	76	1972	108	70		1606				3376	117	

编制: 复核:

图2-25 路基土石方数量表（一）
(a)

道路勘测课程设计

路基土石方数量表

第 2 页 共 3 页

桩号	横断面面积 (m²) 挖	横断面面积 (m²) 填	距离 (m)	挖方分类及数量(m³) 总数量	挖方分类及数量(m³) I %	挖方分类及数量(m³) I 数量	挖方分类及数量(m³) II %	挖方分类及数量(m³) II 数量	挖方分类及数量(m³) III %	挖方分类及数量(m³) III 数量	挖方分类及数量(m³) IV %	挖方分类及数量(m³) IV 数量	挖方分类及数量(m³) V %	挖方分类及数量(m³) V 数量	挖方分类及数量(m³) VI %	挖方分类及数量(m³) VI 数量	填方数量 立方米	利用方数量 本桩利用 土	利用方数量 本桩利用 石	利用方数量 填缺	利用方数量 挖余 土	利用方数量 挖余 石	纵向利用调配示意图	借方数量(m³) 土	借方数量(m³) 石	弃方数量(m³) 土	弃方数量(m³) 石	总数量(m³·km) 土	总数量(m³·km) 石	备注
1	2	3	4	5	6	7	8	9	10	11	12	13	14	15	16	17	18	19	20	21	22	23	24	25	26	27	28	29	30	31
K0+406.594	1.41	17.38	13.41	21	70	15					30	6					192	15	6	172			土:129 石:56					5	2	平均面积法
+420.000	1.77	11.21	11.59	26	70	18					30	8					103	18	8	78			土:71 石:16					1		
+431.594	2.62	6.63	8.41	13	70	9					30	4					28	9	4	16			土:18							
+440.000	0.47	0.10	20.00	128	70	90					30	38					1	1			89	38	土:89 石:38							
+460.000	12.32		20.00	184	70	129					30	55									129	55	土:129 石:55							
+480.000	6.05		20.00	64	70	45					30	19					29	34			11	19	土:11 石:19							
+500.000	0.36	2.85	20.00	7	70	5					30	2					103	5	2	97			土:3					39	1	
+520.000	0.32	7.44	20.00	9	70	6					30	3					159	6	3	151			土:109 石:46					39	15	
+540.000	0.53	8.48	20.00	13	70	9					30	4					170	9	4	158			土:118 石:46					14	8	
+560.000	0.71	8.56	20.00	14	70	10					30	4					118	10	4	105			土:83 石:79					1		
+580.000	0.78	3.22	20.00	80	70	56					30	24					47	55		1		24	土:59 石:50							
+600.000	7.26	1.52	13.56	110	70	77					30	33					16	19			58	33	土:1 石:24							
+613.558	9.00	0.77	6.44	69	70	48					30	21					4	5			43	21	土:58 石:33							
+620.000	12.45	0.57	13.56	150	70	105					30	45					15	17			88	45	土:43 石:21							
+640.000	2.60	0.90	3.56	7	70	5					30	2					4	5				2	土:88 石:45							
+643.558	1.55	1.36	12.16	12	70	8					30	4					24	8		13			石:2							
+655.718	0.38	2.64	4.28	1	70	1					30						12	1		11			土:2 石:10							
+660.000	0.38	3.15	7.88	3	70	3					30	1					29	2	1	26			土:13							
+667.877	0.39	4.17	12.12	4	70	3					30						41	2		37			土:30					1		
+680.000	0.39	2.64	12.12	25	70	18					30	8					17.88	18	8	16			土:43							
+697.877	2.41	1.91	2.12	6	70	4					30	2					5	4	2				石:15							
+700.000	2.70	3.02	20.00	72	70	50					30	22					41	48		16	2	22	土:2 石:22							
+720.000	4.51	1.10	2.88	14	70	10					30	4					3	3			7	4	土:7 石:4							
+722.877	4.93	1.14	12.21	36	70	25					30	11					34	25	11				土:9 石:13							
+735.087	0.98	4.50	4.91	8	70	6					30	2					29	6	2	22										
+740.000	2.33	7.40	7.30	13	70	9					30	4					58	9	4	46			石:42					6		
+747.296	1.25	8.48	12.70	37	70	26					30	11					103	26	11	69			土:56 石:19					8	2	
+760.000	4.55	7.67	12.30	33	70	23					30	10					103	23	10	72			土:74 石:7					9	1	
+772.296	0.88	9.16	7.70	9	70	6					30	3					58	6	3	50			石:46					6		
+780.000	1.42	5.93	20.00	19	70	13					30	6					103	13	6	85			土:79 石:16					9	2	
+800.000	0.42	4.36	20.00	20	70	6					30	2					78	6	2	71			土:43 石:32					5	3	
+820.000	0.41	3.43	20.00	8	70	6					30	2					58	6	2	51			土:44 石:12					6	1	
+860.000	0.40	2.35	20.00	54	70	38					30	16					24	28			10	16	土:10 石:16							
本页小计				1258		881						377					1833	443	98	1346	438	279						137	47	

编制: 　　　　　　　　　　　　　　　　　　　　　　　　　　　　　　　复核:

图2-25 路基土石方数量表(二)
(b)

路基土石方数量表

第 3 页 共 3 页

道路勘测课程设计	横断面积 (m²)		距离 (m)	总数量	挖方分类及数量 (m³)									填方数量立方米	利用方数量及调配 (m³)					纵向利用调配示意图	借方数量 (m³)		弃方数量 (m³)		总数量 (m³·km)		备注
					土				石						本桩利用		填缺	挖余				土	石	土	石	土	石	
					Ⅰ		Ⅱ		Ⅲ		Ⅳ		Ⅴ Ⅵ					土	石								
桩号	挖	填			%	数量	%	数量	%	数量	%	数量	% 数量 % 数量														
1	2	3	4	5	6	7	8	9	10	11	12	13	14 15 16 17	18	19	20	21	22	23	24	25	26	27	28	29	30	31
K0+860.000	5.03		20.00	153	70	107					30	46					107	46	土:107 石:46							
+880.000	10.21		20.00	214	70	150					30	64					150	64	土:150 石:64							
+900.000	11.28		20.00	186	70	130					30	56					130	56	土:130 石:56							
+920.000	7.28		5.26	42	70	29					30	13					29	13	土:29 石:13							
+925.261	8.69		14.74	90	70	63					30	27					63	27	土:63 石:27							
+940.000	3.53	0.05	20.00	44	70	31					30	13		1	1		30	13	土:30 石:13							平均面积法
+960.000	0.88		5.26	10	70	7					30	3		2	2		1	1	土:1 石:1							
+965.261	0.64	0.58	14.74	10	70	7					30	3		15	7 3	6			土:7							
+980.000	0.65	1.40	4.91	10	70	7					30	3		3	3		4	3	土:4 石:3							
+984.910	3.31		15.09	79	70	55					30	24					55	24	土:46 石:24→ 调出土:30,石:39至K0+315.956-							
K1+000.000	7.19		4.56	30	70	21					30	9					21	9	土:24 石:9 K0+406.594处							
+004.560	5.66	1.18	15.44	49	70	34					30	15		9	10 4	23	24	15	土:24 石:3							
+020.000	0.66	2.31	4.56	13	70	9					30	4		35	9 2 1	7			石:6							
+040.000	0.67	2.00	20.00	3	70	2					30	1		10													
+044.560	0.71		15.44	46	70	32					30	14		15	17		15	14	土:15 石:14 ← 调出土:195,石:1195至D0+315.956-							
+060.000	5.23		20.00	197	70	138					30	59		38	44 3		138	59	土:20 K0+406.594处							
+080.000	14.49	3.81	20.00	153	70	107					30	46		27	8	17	63	46	土:20							
+100.000	0.81	1.10	12.08	11	70	8					30	3														
+112.080																										
本页小计				1334		933						401		155	103 11	53	830	390								
合计				3085		2161						924		4243	785 185	3371	1376	739		1606				3513	164	

编制： 复核：

图 2-25 路基土石方数量表（三）

(c)

挖方一类土数量＝挖方总数量×一类土比例＝ 27×70％＝19m³，填入第(7)栏；
挖方一类石数量＝挖方总数量×一类石比例＝27×30％＝8m³，填入第(13)栏。

本段内填方土来源于挖方一类土和一类石，先利用一类土，如不够，才利用一类石。在本工程中可先计算挖方一类土是否满足填方需要。要注意天然密实方(挖方)与路基压实方(填方)之间的调整系数，按有关规定的松方系数考虑，如填方中需要 100m³ 的普通土，松方系数为 1.16(三、四级公路)，需要利用挖方 116m³。

填方需压实土为 12m³，挖方一类土数量 19m³，填方如用一类土，则一类土数量＝填方总数量×一类土松实系数＝12×1.16＝14m³，现挖方一类土数量大于填方土数量，一类土可满足需要，故本桩利用土数量＝14m³，填入第(19)栏；不需要利用一类石，故本桩利用石数量＝0m³，第(20)栏不填。

挖余土＝挖方一类土数量－本桩利用土＝19－14＝5m³，填入第(22)栏。
挖余石＝挖方一类石数量－本桩利用石＝8－0＝8m³，填入第(23)栏。
有挖余无填缺，故第(21)栏不填。
其他桩号的计算调配过程同上。

(3) 纵向就近调运

在做完各桩号间路基填、挖方横向平衡，明确利用、填缺与挖余数量后，逐桩逐段的将毗邻路段的挖余就近纵向调运到填缺内加以利用，并把具体调运方向和数量用箭头标明在纵向利用调配栏。

在《路基土石方数量表》第一页中，调配过程如下：

K0＋000～K0＋036.623 段挖余土＝5m³，挖余石＝14m³，可就近调运到 K0＋036.623～K0＋060 段，但在 K0＋040～K0＋060 段填缺为73m³，纵向就近调运土＝5m³、石＝11m³，仍然不能满足填方的要求，在完成就近纵向调运后，K0＋040～K0＋060 段填缺量＝73－5/1.16－11/0.92＝57m³，此填缺数量暂时不能确定来源，待远运利用完成后，即可确定是由远运或借方调配。

K0＋060～K0＋180 段，由于填方数量较大，附近无法进行纵向调运土，故填缺暂时保留。

K0＋180～K0＋305.115 段，可按上面步骤进行纵向就近调运。

K0＋305.115～K0＋406.594 段，由于填方数量较大，附近无法进行纵向调运土，故填缺暂时保留。

在完成所有的纵向就近调运后，本工程1112.080m 范围内，留下 4 段填缺、挖余数量待纵向远运，详见表 2-10。

土石方填缺、挖余数量表　　表 2-10

项目	路　段	土(m³)	石(m³)	合计(m³)
填缺	K0＋040～K0＋200			751
	K0＋305.115～K0＋406.594			997
挖余	K0＋984.910～K1＋020	25	42	67
	K1＋044.560～K1＋100	169	129	298

(4) 纵向远运

在考虑经济运距的前提下，进行纵向远运。远运运距在经济运距以内的，可进行纵向远运；远运运距大于经济运距时，可路外借方或弃方。

本工程中，由于路线长度较短，没有考虑经济运距，可尽量利用远运完成填缺、挖余的纵向调配，如纵向远运调配后仍有填缺或挖余量，可直接借方或弃方。

考虑就近原则，做如图2-26所示纵向远运调配。

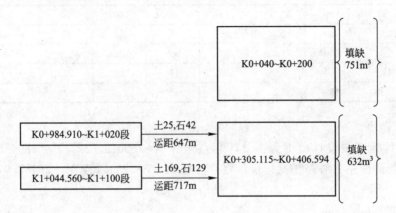

图2-26　纵向远运调配图

纵向远运调配后，K0+040～K0+200仍填缺751m³，K0+305.115～K0+406.594仍填缺632m³。这两段填缺只能路外借土，借土运距2000m，借土松实系数为1.16。

路外借土总量＝(750+632)×1.16＝1603m³（粗算，实际应为各段借土之和）。

根据远运土石方数量、运距和借方数量、运距可求出总运量，填入《路基土石方数量表》第(29)、(30)栏。

4. 土石方调配成果

填写完成《路基土石方数量表》，图2-25(a)、(b)、(c)，即完成本次课程设计。

2.4.2 城市道路设计

2.4.2.1 基本资料

1. 场地位置

场地位于甘肃省渭源县县城渭河南岸，为新建南滨河路设计。道路沿河岸布线，所经地段为河漫滩地，地形较平坦。

2. 气象条件

据渭源县气象站观测站，年平均地温8.6℃，历年月平均最高地温为6月的65℃，最低为2月的－28℃。最大冻土深度为88cm。渭源县城关年均降水量为525.7mm，降水季节变化明显，5～9月份为雨季，降水量占年降水量的80%。

3. 工程地质与水文条件

道路所经地区地层为第四系全新统冲积层。根据勘测揭示，上层为人工填筑黄土质亚黏土：厚3.0～3.7m，黄褐色，地基承载能力为120kPa；其下为黄土质亚黏土：厚1.5～5.2m，地基承载力为150kPa；下层为粗砂：厚1.5～2.6m，地基承载力为300kPa；最下层为圆砾石，厚度大于6m，地基承载力为400kPa。

勘察未见场地内有不良地质现象和特殊性岩土分布。场地地基稳定性较好，不存在其他不良地质现象，适宜道路建设。

4. 交通量资料（见表 2-11）

年平均日交通量计算表　　　　　　　　　　　　　表 2-11

年份	小汽车	小型载重汽车	3～5t 载重汽车	5t 以上载重汽车	大型公交汽车	出租车	摩托车	年平均日交通量(pcu/d)
2001	450	120	70	20	40	60	30	1024
2002	520	160	100	50	80	80	80	1469
2003	610	200	150	90	80	150	120	1921
2004	740	260	230	150	120	220	200	2705
2005	1080	450	400	350	320	360	290	4982

5. 设计范围

本次工程施工图设计范围为：设计起点坐标 $X=89612.832$，$Y=28048.031$，桩号 K0+000，与清源路上桥路相交；设计终点坐标 $X=88395.413$，$Y=26483.913$。道路具体位置见图 2-27。

2.4.2.2　工程设计

1. 横断面设计

（1）机动车道设计

① 计算交通量

以小汽车为标准换算，换算系数见《城市道路设计规范》3.1.1。交通量增长统计表见表 2-12。

交通量增长统计表　　　　　　　　　　　　表 2-12

年　份	2001	2002	2003	2004	2005	平均
年平均日交通量 N(辆/日)	1024	1469	1921	2705	4982	
车辆每年增长率 K(%)		43.5	30.8	40.8	49.8	41.3
车辆每年增长量 ΔN(辆/年)		445	452	784	2277	990

通过计算，得到 2025 年（即 20 年后）的远景设计交通量 N_{20} 为：
$$N_{20}=4892+20\times 990=24692 \text{ 辆/日}$$

② 机动车道的通行能力

设计车速为 40km/h，取轮胎与路面的摩擦系数 $\psi=0.6$，反应时间 $t=1.2$s，安全距离 $l=5$m，行车距离 $L=42.98$m，一条车道的通行能力 N 为：

$$N=\frac{1000V}{l'+\frac{V}{3.6}t+\frac{V^2}{254(\psi+i)}+l_0} \tag{2-49}$$

式中　l'——车身长度(m)，小汽车为 5m；

　　　V——车速(km/h)；

　　　t——司机的反应时间，$t=1.2$s；

　　　ψ——轮胎与路面之间的纵向摩擦系数，$\psi=0.6$；

　　　i——道路纵坡，汽车上坡取"+"，下坡取"-"；

　　　l_0——安全距离，取 5m。

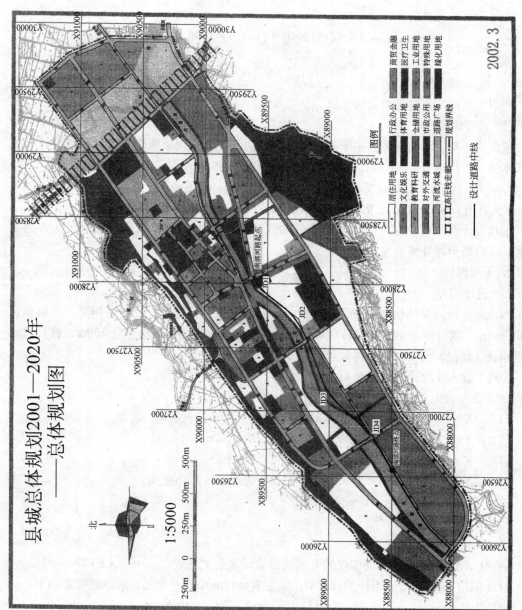

图 2-27 南溪河路道路平面布置图

一条车道的最大通行能力 $N=1163$ 辆/小时。

③ 机动车车道数的确定

所需要的车道数,可根据设计小时交通量除以一条车道的可能通行能力:

$$所需要的车道数(双向)=\frac{设计小时交通量}{一条车道的可能通行能力}\times 2$$

设计小时交通量按下式计算:

$$N_Q=N_{20}k\delta=24692\times 0.11\times 0.6=1630 \text{ 辆/小时}$$

$$N=\frac{1630}{1163}\times 2=2.8 \text{ 条}$$

所以可取南滨河路为双向四车道。

(2) 设计内容

南滨河路是规划的渭源县主干路,红线宽度为36m,一块板断面形式,车道设计为双向四车道,车行道宽度 2×8m。横断面布置如下:

3.0m(人行道)+1.5m(绿化带)+9m(车行道)+3m(中央分隔带)+9m(车行道)+2.0m(人行道)+6.5m(绿化带)+2.0m(人行道)= 36.0m,具体见图2-28。

本次设计路面横坡度车行道为1.5%,人行道则为2%,路拱曲线形式为三次方抛物线形,人行道道牙外露高度18cm。

2. 平面设计

(1) 设计内容

本次南滨河路设计起点接清源路,中间与上磨桥相交,终点与规划路相交,道路全长2030.161m。南滨河路全线共设转点4个,平曲线3处,圆曲线最小半径190m,符合《城市道路设计规范》的要求。具体设计见图2-29。

全线共设4个交点,交点坐标如下:

QD:$X=89612.832$m,$Y=28048.031$m;

$JD1$:$X=9591.257$m,$Y=27958.309$m,$R=190$m,设超高;

$JD2$:$X=89233.929$m,$Y=27670.522$m,$R=480$m;

$JD3$:$X=89052.688$m,$Y=27136.203$m,$R=300$m;

$JD4$:$X=88641.101$m,$Y=26808.315$m,与规划西环路交叉。

ZD:$X=88395.413$m,$Y=26483.913$m。

(2) 平面线形的计算

以 $JD1$ 为例进行计算。

$\alpha=34°$,设 $R=800$m,则该点的平曲线要素计算公式见式(2-9)~式(2-18)。

$JD1$ 偏角 $\alpha_\text{右}=37°37'53''=37.6314°$;拟定 $R=190$m,$L_S=40$m,求曲线要素如下:

圆曲线的内移值:$\Delta R=\dfrac{L_S^2}{24R}-\dfrac{L_S^4}{2384R^3}=\dfrac{40^2}{24\times 190}-\dfrac{40^4}{2384\times 190^3}=0.351$m

缓和曲线角:$\beta_0=\dfrac{90}{\pi R}L_S=28.6479\dfrac{L_S}{R}=28.6479\times\dfrac{40}{190}=6.0311°=6°01'51.96''$

切线增长值:$q=\dfrac{L_S}{2}-\dfrac{L_S^3}{240R^2}=\dfrac{40}{2}-\dfrac{40^3}{240\times 190^2}=19.992$m

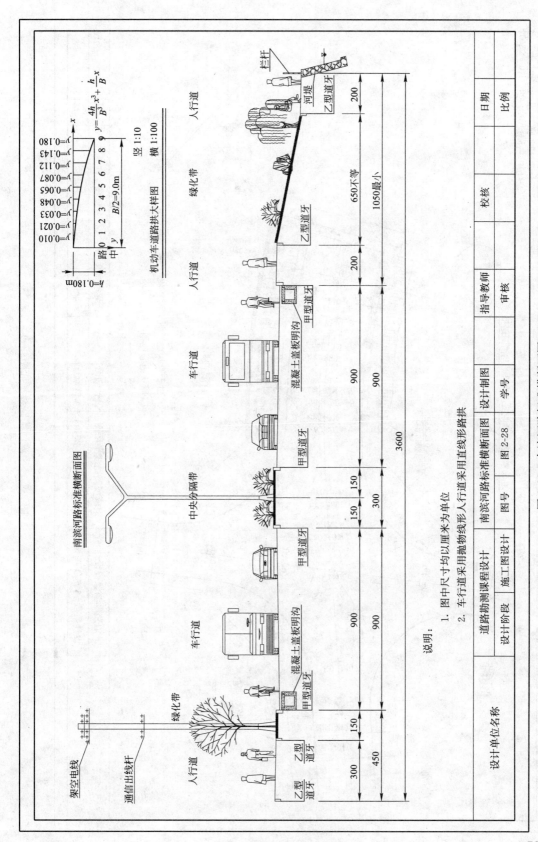

图 2-28 南滨河路标准横断面图

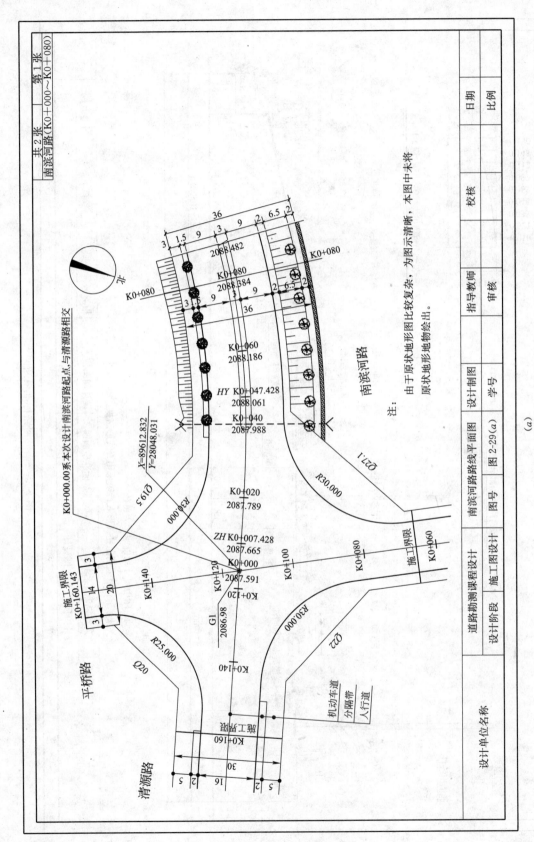

图 2-29 南滨河路路线平面图（一）

图 2-29 南滨河路路线平面图(二)

平 曲 线 表

交点号	交点桩号	交点坐标 X	交点坐标 Y	转角值 左转角 α₁ α₂	转角值 右转角 α₁ α₂	曲线要素值(m) 半径 R1 R R2	曲线要素值(m) 缓和曲线参数 A1 A或Aₐ A2	曲线要素值(m) 缓和曲线长度 L1 L或Lₕ L2	曲线要素值(m) 切线长度 T1 T或Tₚ T2	曲线要素值(m) 曲线长度 L	曲线要素值(m) 外距	曲线要素值(m) 校正值	第一缓和曲线起点	第一缓和曲线终点或第一圆曲线起点	第一圆曲线中点	曲线位置 复曲线中间缓和段起点或第一圆曲线终点	曲线位置 复曲线中间缓和段终点或第二圆曲线起点	第二圆曲线中点	第二缓和段起点或第二缓和段起点	第二缓和段终点	直线长度 (m)	交点间距 (m)	计算方位角或计算方向角	备注
1	2	3	4	5	6	7	8	9	10	11	12	13	14	15	16	17	18	19	20	21	22	23	24	25
QD	K0+000	89612.832	28048.031																				256°28′44″	
JD1	K0+092.279	89591.257	27958.309	37°37′53″		190.000	87.178	40.000	84.852	164.791	11.097	4.913	K0+007.428	K0+047.428	K0+089.823	K0+132.218			K0+132.218	K0+172.218	7.428	92.279	218°50′51″	
JD2	K0+546.175	89233.929	27670.522		32°24′56″	480.000	254.558	135.000	207.439	406.564	21.513	8.313	K0+338.736	K0+473.736	K0+542.018	K0+610.300			K0+610.300	K0+745.300	166.518	458.808	251°15′4″	
JD3	K1+102.082	89052.688	27136.203	32°43′15″		300.000	134.164	60.000	118.206	231.326	13.181	5.087	K0+983.876	K1+043.876	K1+099.539	K1+155.202			K1+155.202	K1+215.202	238.576	564.221	218°32′32″	
JD4	K1+623.222	88641.101	26808.315		14°19′8″																408.021	526.227	232°51′41″	
ZD	K2+030.161	88395.413	26483.913																		406.939	406.939		

图 2-30 平曲线表

切线长：$T=(R+\Delta R)\tan\dfrac{\alpha}{2}+q=(190+0.351)\tan\dfrac{37°37'53''}{2}+19.992=84.851\text{m}$

曲线长：

$$L=R\dfrac{\pi}{180}(\alpha-2\beta_0)+2L_s=190\dfrac{\pi}{180}(37°37'53''-2\times6°01'51.96'')+80=164.791\text{m}$$

圆曲线长：

$$L_Y=R\dfrac{\pi}{180}(\alpha-2\beta_0)=250\dfrac{\pi}{180}(17°41'22''-2\times4°35'1.19'')=84.790\text{m}$$

外距：

$$E=(R+\Delta R)\sec\dfrac{\alpha}{2}-R=(R+\Delta R)\dfrac{1}{\cos\dfrac{\alpha}{2}}-R=(190+0.267)\times\dfrac{1}{\cos\dfrac{37°37'53''}{2}}=11.097\text{m}$$

切曲差：

$$D=2T-L=2\times84.852-164.791=4.913\text{m}$$

主点里程桩计算：

$$ZH_1=JD1-T_1=\text{K}0+092.279-84.851=\text{K}0+007.428$$

$$HY_1=ZH_1+L_s=\text{K}0+007.428+40=\text{K}0+047.428$$

$$QZ_1=HY_1+\dfrac{L_Y}{2}=\text{K}0+047.428+37.185=\text{K}0+089.823$$

$$YH_1=HY_1+L_Y=\text{K}0+047.428+84.790=\text{K}0+132.218$$

$$HZ_1=YH_1+L_s=\text{K}0+132.218+40=\text{K}0+172.218$$

主点桩校核：

$$JD1=QZ+\dfrac{D}{2}=\text{K}0+089.823+14.3-214.73=\text{K}0+092.279$$

由此可知：计算无误，计算结果见图 2-30。

(3) 交叉口转角的路缘石半径计算

此处取比较有代表性的交叉口——南滨河路与平桥路的交叉口——来进行演算。

① 计算机动车右转车道中心线的圆曲线半径 R（取汽车转弯时，其前挡板中心轨迹的圆半径）。

R 的计算公式如下：

$$R=\dfrac{V^2}{127(\mu+i)} \tag{2-50}$$

式中 V——汽车在交叉口右转弯时的设计车速；

μ——横向力系数（即横向力与汽车重量的比值）；

i——交叉口处车行道的平均横坡度。

V、μ、i 值的确定：

由设计道路与平桥路属主干道和主干道相交情况，设计转弯车速取用大客车的设计转弯车速，取：$V=0.5\times50=25\text{km/h}$。

由于相交的两条道路路幅较宽（平桥路段 30m，南滨河路 36m），所以，横坡均取

1.5%，即此交叉口处车行道的平均横坡度为1.5%，则有：$i=1.5\%$。

采用推荐的转弯半径时，相应的取$\mu=0.10$。

由以上确定的值，可得：

$$R=\frac{V^2}{127(\mu+i)}=\frac{25^2}{127(0.1+0.015)}=42.7\text{m}$$

采用最小转弯半径时，相应的取$\mu=0.15$。

由以上V、μ、i确定的值，可得：

$$R=\frac{V^2}{127(\mu+i)}=\frac{25^2}{127(0.15+0.015)}=29.8\text{m}$$

现取：$R=35\text{m}$。

② 计算路缘石半径R_1

此处不考虑机动车道加宽，所以有：

$$R_1=R-\left(\frac{B}{2}+W\right) \tag{2-51}$$

式中 B——机动车道单车道宽度，一般采用3.5m；

W——交叉口转弯处的非机动车道宽度，一般至少采用6.5m。

现取：$B=3.5\text{m}$，$W=6.5\text{m}$；则有：

$$\begin{aligned}R_1&=R-\left(\frac{B}{2}+W\right)\\&=35-\left(\frac{3.25}{2}+6.5\right)\\&=29.6\text{m}\end{aligned}$$

现取：$R_1=30\text{m}$，即相交的两条道路(南滨河路与平桥路)的路缘石半径为30m。

同理，按上述计算步骤，即可以求出其他各交叉口的缘石半径，必要时可以根据实际情况进行调整，最好是取值大于或等于计算所得的半径值。

(4) 加宽、超高的计算

① 加宽计算

查现行《城市道路设计规范》第5.1.9条知，圆曲线半径小于或等于250m时，应在圆曲线内侧加宽，每条车道加宽值见《城市道路设计规范》表5.1.9。

但考虑到城市道路红线宽度以及非机动车道的设计，对各平曲线不进行加宽。

② 超高计算

A. 确定路拱

为了利于路面横向排水，应在路面横向设置路拱。按工程技术标准，采用折线形路拱，路拱横坡度为$i_G=1.5\%$。

B. 超高横坡度的确定

查《城市道路设计规范》第5.1.6条知，当平曲线半径小于不设超高的最小半径值时，应在路面上设置超高。在圆曲线范围内设超高，最大超高横坡度的规定见《道路规范》表5.1.9，当40km/h时，最大超高横坡度为2%。本设计中道路超高见表2-13。

道 路 超 高 表　　　　　　　　　表 2-13

交点序号	交点桩号	半径(m)	超高值(%)
JD1	K0+092.297	190	2
JD2	K0+546.175	480	—
JD3	K1+102.082	300	—

③ JD1 处行车道超高计算

JD1 处 $R=190$m，$B=9.0$m，$L_S=40$m，$i_G=1.5\%$，$i_J=2.0\%$，设计高程为中央分隔带边缘，绕中央分隔带边缘旋转。

A. 确定超高缓和段长度

根据《城市道路设计规范》中的式(5.1.7)，超高缓和段长度：

$$L_C=\frac{B\Delta i}{P}=\frac{9\times 3.5\%}{\frac{1}{100}}=31.5\text{m}$$

上式中，绕行车道中心旋转：$\Delta i=i_C-i_G$，缓和曲线 $L_S=40$m$>L_C$，先取 $L_C=L_S=40$m。

注意：内侧路幅的超高是从外侧路幅达到与内侧同坡即 1.5% 时才开始的，因此，外侧与内侧同坡时：

$$x=L_C\frac{(i_x+i_G)}{(i_G+i_C)}=40\times\frac{(0.015+0.015)}{(0.015+0.02)}=34.285\text{m}$$

此处，桩号= K0+007.428+34.285= K0+041.713

$$L_{C内}=\text{K0+047.428}-\text{K0+041.713}=5.715\text{m}$$

$$L_{C外}=40\text{m}$$

B. 确定桩号超高值

以 K0+007.428 处为例，计算过程如下：

$$h_{内外}=-B\cdot i_G=-9.0\times 0.015=-0.135\text{m}$$

$$h_{中内}=0\text{m}$$

$$h_{中外}=0\text{m}$$

$$h_{外外}=(B+b_x)\cdot i_x=-9.0\times 0.015=-0.135\text{m}$$

$$H_{内外}=H_设+h_{内外}=2087.643-0.135=2087.508\text{m}$$

$$H_{内中}=H_设+h_{内中}=2087.643+0=2087.643\text{m}$$

$$H_{外中}=H_设+h_{外中}=2087.643+0=2087.643\text{m}$$

$$H_{外外}=H_设+h_{外外}=2087.643-0.135=2087.508\text{m}$$

式中　$h_{内外}$——指内幅路路面外侧边缘与设计高之差；

　　　$h_{中内}$——指中央分隔带内侧边缘与设计高之差；

　　　$h_{中外}$——指中央分隔带外侧边缘与设计高之差；

　　　$h_{外外}$——指外幅路路面边缘边缘与设计高之差；

　　　i_x——指 x 距离处路面的横坡度，当为内幅路面时，$i_x=\frac{x}{L_C}(i_C-i_G)+i_G$；当为外幅路面时，$i_x=\frac{x}{L_C}(i_G+i_C)-i_G$；

$H_{内外}$——指内幅路路面外侧边缘设计高；

$H_{中内}$——指中央分隔带内侧边缘设计高；

$H_{中外}$——指中央分隔带外侧边缘设计高；

$H_{外外}$——指外幅路路面外侧边缘设计高。

其他桩号的超高计算同上计算过程，本处不再一一列出，计算结果见图2-33。

3. 纵断面设计

南滨河路纵断面设计以现有清源河防洪堤标高为依据，由于清源河防洪堤是按清源河50年一遇流量进行设防。为减少填方，节约工程投资，避免南滨河路北侧耕地积水，以后开发需大量填方的困难，经咨询水利部门，要求路面高于河床过水面2m即可满足行洪能力。

控制点资料如下：

控制点1：$X=89612.832$，$Y=28048.031$，$H_{地}=2086.983$，$H_{控}=2087.591$，与现有清源路及上桥相交；

控制点2：$X=88641.101$，$Y=26808.315$，$H_{地}=2104.895$，$H_{控}=2106.840$，与规划西环路相交。

K0+000～K0+500：$i=0.7\%$；K0+500～K1+099.539：$i=1.153\%$；K1+099.539～K1+623.222：$i=1.593\%$；K1+623.222～K2+030.161：$i=1.593\%$。

根据现有地形及控制点的要求，本次设计设变坡点3处。K0+500处设凹形竖曲线，$R=8000$m；K1+099.539设凹形竖曲线，$R=9000$m；K1+623.222设为交叉口，不设竖曲线，具体见图2-31。

4. 竖曲线计算

以变坡点1为例，进行竖曲线计算。

(1) 竖曲线要素计算

变坡点1处，$i_1=+0.7\%$，$i_2=+1.153\%$，拟定$R=8000$m；

$\omega=i_2-i_1=1.153\%-0.7\%=0.452\%$（由于坡度数字保留小数点的原因，实际计算中可不用考虑此差异），为凹形竖曲线。

$$L=R\omega=8000\times 0.452\%=36.217\text{m}$$

$$T=\frac{L}{2}=\frac{36.217}{2}=18.109\text{m}$$

$$E=\frac{T^2}{2R}=\frac{36.24^2}{2\times 8000}=0.020\text{m}$$

竖曲线起点桩号：K0+500-18.109=K0+481.891

终点桩号：K0+500+18.109=K0+518.109

(2) 计算各竖曲线上各点高程

竖距：$h=\frac{x^2}{2R}$；

切线高程：$H_{切}=H_0\pm(T-x)i_1$（"+"，"-"号根据实际图形情况确定）；

设计高程：$H=H_{切}\pm h$（"+"，"-"号根据实际图形情况确定）；

变坡点1处各桩设计高程：变坡点高程$H_0=2090.090$m

起点K0+481.891处：$x=0$，有

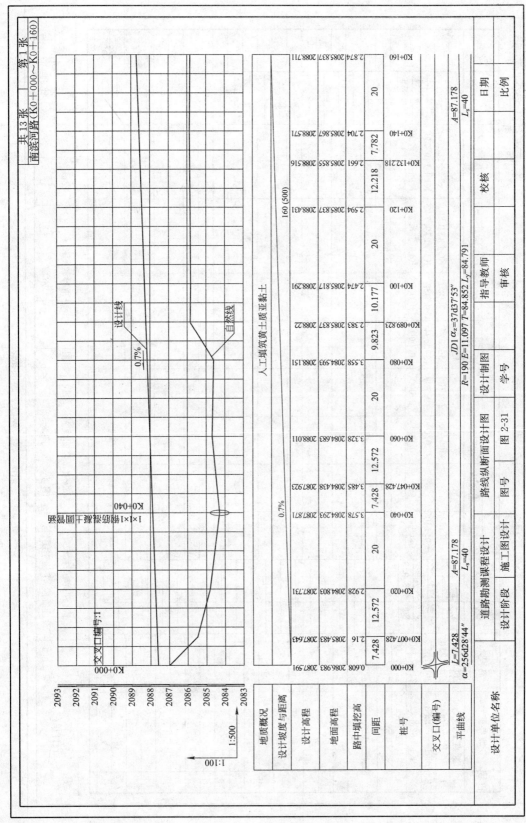

图 2-31 路线纵断面设计图

								竖曲线要素及曲线位置						共1张 第1张 K0+000~K2+030.161	
桩号	变坡点桩号	高程米	纵坡(%)	坡长(m)	坡差(%)	半径凸	半径凹	T	L	E	起点	终点	直线段长(m)	备注	
0	起点 K0+000	2087.591	0.700	500.000									481.891		
1	K0+500	2091.110	1.153	599.539	−0.452		8000.000	18.109	36.217	0.020	K0+481.891	K0+518.109	561.634		
2	K1+099.539	2098.022	1.593	523.683	−0.440		9000.000	19.797	39.594	0.022	K1+079.742	K1+119.336	503.886		
3	K1+623.222	2106.340	0.899	406.939	0.693		0.000	0.000	0.000	0.000	K1+623.222	K1+623.222	406.939		
4	终点 K2+030.161	2110.000													

设计单位名称		道路勘测课程设计	纵坡、竖曲线表	图号	图2-32	指导教师		设计制图		日期	
		设计阶段	施工图设计				审核		校核		学号		比例	

图 2-32 纵坡、竖曲线表

路 基 设 计 表

桩号	平曲线 左	平曲线 右	纵坡(%)及坡长(m)	竖曲线 凸	竖曲线 凹	地面标高	设计高 未计竖曲线设计高	设计高 改正值 +	设计高 改正值 −	改正后的设计高	填挖高度(m) 填	填挖高度(m) 挖	路基宽(m) 左	路基宽(m) 右	路边及中桩与设计高之差(m) 左	路边及中桩与设计高之差(m) 中桩	路边及中桩与设计高之差(m) 右	施工时中桩(m) 填	施工时中桩(m) 挖	边坡1:m 左	边坡1:m 右	护坡道宽(m) 左	护坡道宽(m) 右	边坡1:m 左	边坡1:m 右	坡度(%) 左	坡度(%) 右	边沟 形状	边沟 底宽(m)	边沟 沟深(m)	内坡	坡脚坡口至中桩距离 左	坡脚坡口至中桩距离 右	备注
1	2	3	4	5	6	7	8	9	10	11	12	13	14	15	16	17	18	19	20	21	22	23	24	25	26	27	28	29	30	31	32	33	34	35
K0+000						2086.983	2087.591			2087.591	0.028		15	21	0.135	0.18	−1.01	0.028		−1.5	1											15.949	22.438	
K0+007.428						2085.483	2087.643			2087.643	1.58		15	21	0.135	0.18	−1.01	1.58		−1.5												18.577	21.004	超高值 7.428~172.218
K0+020						2084.803	2087.731			2087.731	2.348		15	21	0.135	0.18	−0.911	2.348		−1.5												19.511	21.006	超高绕中分带边缘旋转
K0+040						2084.293	2087.871			2087.871	2.998		15	21	0.135	0.18	−0.753	2.998		−1.5												20.494	21.008	
K0+041.713						2084.326	2087.883			2087.883	2.977		15	21	0.135	0.18	−0.74	2.977		−1.5												20.482	21.008	
K0+047.428						2084.438	2087.923			2087.923	2.905		15	21	0.09	0.18	−0.695	2.905		−1.5												20.371	21.009	
K0+060						2084.683	2088.011			2088.011	2.748		15	21	0.09	0.18	−0.695	2.748		−1.5												20.277	21.009	
K0+080						2084.593	2088.151			2088.151	2.978		15	21	0.09	0.18	−0.695	2.978		−1.5												20.547	21.011	
K0+089.823						2085.837	2088.22			2088.22	1.803		15	21	0.09	0.18	−0.695	1.803		−1.5												18.594	21.008	
K0+100						2085.817	2088.291			2088.291	1.894		15	21	0.09	0.18	−0.695	1.894		−1.5												18.795	21.01	
K0+120						2085.837	2088.431			2088.431	2.014		15	21	0.09	0.18	−0.695	2.014		−1.5												18.982	21.01	
K0+132.218						2085.855	2088.516			2088.516	2.081		15	21	0.09	0.18	−0.695	2.081		−1.5												19.136	21.011	
K0+137.933						2085.864	2088.556			2088.556	2.112		15	21	0.135	0.18	−0.74	2.112		−1.5												19.276	21.01	
K0+140						2085.867	2088.571			2088.571	2.124		15	21	0.135	0.18	−0.756	2.124		−1.5												19.302	21.01	
K0+160						2085.837	2088.711			2088.711	2.294		15	21	0.135	0.18	−0.914	2.294		−1.5												19.381	21.01	
K0+172.218						2085.684	2088.796			2088.796	2.532		15	21	0.135	0.18	−1.01	2.532		−1.5												19.941	21.012	
K0+180						2085.577	2088.851			2088.851	2.694		15	21	0.135	0.18	−1.01	2.694		−1.5												20.038	21.012	
K0+200						2085.937	2088.991			2088.991	2.474		15	21	0.135	0.18	−1.01	2.474		−1.5												19.593	21.013	
K0+220						2085.987	2089.131			2089.131	2.564		15	21	0.135	0.18	−1.01	2.564		−1.5												19.918	21.013	
K0+240						2085.757	2089.271			2089.271	2.934		15	21	0.135	0.18	−1.01	2.934		−1.5												21.583	21.014	

平曲线参数：
- $L=166.518$　$\alpha=218°50'51"$
- $A=87.178$　$L_s=7.428$　JD$\alpha_z=37°37'53"$
- $A=87.178$　$R=190.000$　$E=11.097$　$T=84.852$　$L_y=84.791$　$L_s=40.000$
- $L_s=40.000$　$\alpha=256°28'44"$

设计单位名称	道路勘测课程设计	路基设计表	图号	图2-33	设计制图		日期	
	设计阶段	施工图设计	图号		学号		比例	
	指导教师		审核		校核			

图 2-33　路基设计表

共 31 张	第 1 张
南滨河路(K0＋000～K0＋039.500)	

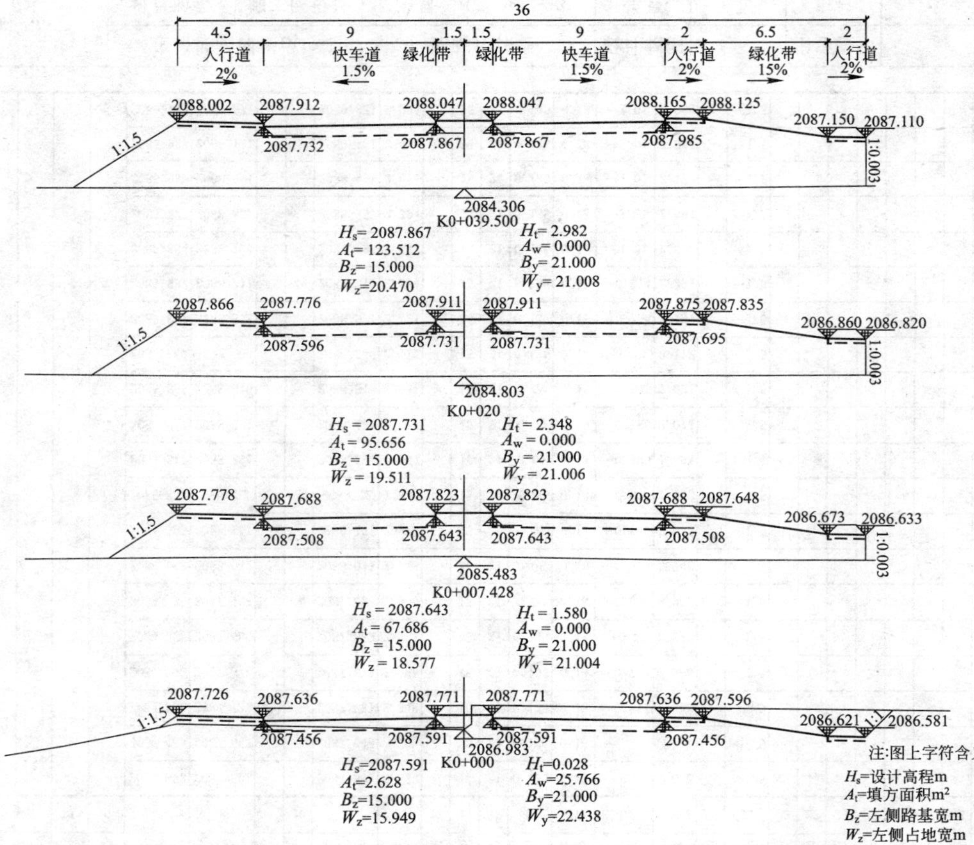

注:图上字符含义及单位为

H_s=设计高程m　　H_t=填方高度m

A_t=填方面积m^2　　A_w=挖方面积m^2

B_z=左侧路基宽m　　B_y=右侧路基宽m

W_z=左侧占地宽m　　W_y=右侧占地宽m

设计单位名称	道路勘测课程设计		路基横断面图		设计制图		指导教师		校核		日期	
	设计阶段	施工图设计	图号	图 2-34	学号		审核				比例	

图 2-34　路基横断面图

土方总量计算表

桩号	填方面积 (m²)	挖方面积 (m²)	填方量 (m³)	挖方量 (m³)
K0+000	2.628	25.766	261.147	95.695
K0+007.428	67.686	0	1026.766	0
K0+020	95.656	0	2136.89	0
K0+039.500	123.512	0	61.937	0
K0+040	124.235	0	62.094	0
K0+040.500	124.142	0	150.448	0
K0+041.713	123.917	0	703.311	0
K0+047.428	122.211	0	1512.517	0
K0+060	118.406	0	2559.614	0
K0+080	137.556	0	1109.639	0
K0+089.823	88.371	0	973.254	0
K0+100	102.894	0	2099.204	0
K0+120	107.026	0	1344.954	0
K0+132.218	113.133	0	654.506	0
K0+137.933	115.915	0	240.417	0
K0+140	116.708	0	2327.665	0
K0+160	116.058	0	1451.312	0
K0+172	125.827	0	27.425	0
K0+172.218	125.776	0	975.27	0
K0+180	124.872	0	2560.716	0
K0+200	131.2	0	2673.543	0
K0+220	136.154	0	2964.183	0
K0+240	160.264	0		
K0+240	160.264	0	3177.061	0
K0+260	157.442	0	3186.108	0
K0+280	161.169	0	3151.331	0
K0+299.500	162.045	0	81.028	0
K0+300	162.068	0	81.031	0
K0+300.500	162.056	0	3155.516	0
K0+320	161.587	0	3063.57	0
K0+340	144.77	0	2525.319	0
K0+360	107.762	0	2036.389	0
K0+380	95.877	0	2046.919	0
K0+400	108.815	0	1966.498	0
K0+420	87.835	0	1861.217	0
K0+440	98.287	0	1771.062	0
K0+460	78.819	0	1564.735	0
K0+480	77.654	0	927.013	0
K0+490	107.748	0	1053.177	0
K0+500	102.887	0	2100.47	0
K0+520	107.16	0	2155.989	0
K0+540	108.439	0	2227.599	0
K0+560	114.321	0	2105.377	0
K0+580	96.217	0	1946.062	0
K0+600	98.389	0	1987.173	0
K0+620	100.328	0		

设计单位名称		道路勘测课程设计		土方总量计算表		设计制图		日期	
		设计阶段	施工图设计	图号	图2-35	学号		比例	1:200
						指导教师		校核	
						审核			

图2-35 土方总量计算表

$$h=\frac{x^2}{2R}=0$$
$$H_{切}=H_0-(T-x)i_1=2090.090-(18.109-0)\times0.007=2089.963\text{m}$$
$$H=H_{切}+h=2089.963\text{m}$$

其他边坡点计算与上述计算相同,计算结果见图 2-32。

5. 路基设计

路基以就地取材、方便施工、路基稳定、基层坚实的原则进行设计。路基设计体现两个原则的需要：路基填筑应考虑受水浸蚀；土堤路基防水要求。根据本地区土质、水文特点,路基可置于天然地基上,并作好路基排水工作。

(1) 路面设计标高

为设计道路中心线标高,路基设计标高为设计标高减去路面结构层厚度。

(2) 一般路基设计

本工程所经大部分区域地质条件良好,地下水埋藏较深,对路基填土高度等没有特别要求,按常规进行设计。

(3) 路基边坡

路堤：1∶1.5；路堑：1∶1.0。

路基横断面设计及土石方计算见图 2-34、图 2-35,本处不再赘述计算过程。

2.5 习题

2.5.1 课程设计题目

2.5.1.1 平原微丘区公路设计

1. 设计资料

平原微丘地形图一张,比例 1∶2000。

(1) 地理概况

路线所经地区为江苏无锡所辖地区,属公路自然区划Ⅳ区——长江下游平原湿润区。

(2) 气象资料

该区温暖湿润,最高月平均气温在 30~35℃,一月份平均气温在 3~16℃,该区没有冰冻现象,属亚热带气候。

(3) 地质资料

在平原区,地表土层一般在 15m 左右；在地面自然横坡大于 15%的丘陵地带,地表土层一般在 10m 左右。土质属粉质土,成中密状态,本地区岩石埋藏较深,一般砂石料缺乏。

(4) 交通量资料

起始年交通组成及交通量调查见表 2-14。

起始年交通组成及交通量调查　　　　　表 2-14

车型	小货	中货	大货	小客	大中客	小拖拉机	预测年平均增长率%	预测年限
交通量(辆/日)	370	180	100	600	220	390	7.2	10

2. 设计内容

据所给地形图完成一段公路多个路线方案的拟定；对比各路线方案，确定路线具体位置，进行平、纵、横断面设计。

（1）公路的平面设计

① 纸上定线；

② 填写"直线、曲线及转角表"；

③ 绘制路线平面设计图。

（2）路线纵断面设计

① 纵断面设计；

② 绘制纵断面图；

③ 填写纵坡、纵断面设计表和路基设计表；

④ 编写路线平面、纵断面线形设计说明。

（3）横断面设计

① 路基标准（典型）横断面图；

② 路基一般设计图；

③ 超高方式图；

④ 路基横断面设计图；

⑤ 填写路基设计表；

⑥ 计算、填写土石方数量计算表；

⑦ 路基横断面布置及加宽、超高方案计算说明。

3. 设计说明书

将设计计算说明书系统整理，装订成册，有目录、正文、附录、页次和图号编码等。

2.5.1.2 山岭区公路设计

1. 设计资料

（1）地形资料：山岭区地形图一张，比例1∶2000。

（2）地质资料：地表以下1m范围内为松土，其余为强风化砂岩。

（3）气象条件

工程位于华南中南部，珠江三角洲西部，西江下游，属南亚热带季风气候区，温和多雨，阳光充足。全年日照时数平均为1732～2003h。年平均气温21.8～23.2℃，最冷为1月，月平均气温为12.9～13.7℃；最热为7月，月平均气温为28.1～28.3℃，极端最高气温为38℃，极端最低气温为0.5℃。全年无霜期达354d，年平均降雨量1600～2700mm。

（4）交通量资料

起始年交通组成及交通量调查见表2-15。

起始年交通组成及交通量调查　　　　　表2-15

路段	小客车	跃进 NJ-130	解放 CA-10B	东风 EQ-140	黄河 JN-150	预测年平均增长率	预测年限
交通量（辆/日）	1130	310	2380	580	816	4%	20

2. 设计内容

(1) 道路等级的确定；

(2) 公路技术标准的计算与验算；

(3) 路线方案的拟定与比较；

(4) 道路的平面、纵断面设计；

(5) 道路的横断面设计；

3. 设计图纸及设计计算说明书的要求

见上述平原微丘区公路设计和说明书的要求。

2.5.1.3 城市道路设计

1. 设计资料

(1) 地形图资料

某城市电子版地形图(1∶2000)。

(2) 气象资料

道路区域属亚热带湿润气候区，具有夏热多雨、冬暖多雾、空气湿度大、日照偏少等特点。多年平均气温17.8℃，冬天最低气温−3.1℃，夏天最高气温42.2℃，夏季长达143d。区内降雨丰富，多年平均降水量为1094.6mm，年最大降雨量1544.8mm，年最小降雨量740.1mm，降雨多集中于5~9月，约占全年降雨量的69%。

(3) 地形地貌

道路位于市区内，路段区地形总体西高东低，穿越浅丘斜坡地段。地形坡度角一般10°左右，局部为直立的田坎。路段区地貌属构造剥蚀丘陵地貌。

(4) 工程地质与水文资料

路段区总体水文地质条件简单，区内表土层主要为填筑土及黏土、亚黏土，属弱透水层，下伏基岩主要为泥岩，属相对隔水层，地下水主要接受大气降水补给，地下水对混凝土无腐蚀性。

(5) 交通量资料(由指导教师给定)

2. 主要设计标准

(1) 道路等级：城市主干道Ⅱ级。

(2) 设计年限：根据《城市道路设计规范》(CJJ 37—90)规定，交通量达到饱和状态时的设计年限为20年，路面结构设计年限为15年。

(3) 荷载等级：道路构筑物设计荷载等级：城市A级；人群荷载：$4.0kN/m^2$。

(4) 地震烈度：地震烈度为6度，重要附属构筑物按7度设防。

(5) 设计行车速度：50km/h；

(6) 道路路幅宽度：$B=44.0m$；

(7) 车行道宽度：$B=2×12.0=24.0m$；

(8) 人行道宽度：$B=2×4.0=8.0m$；

(9) 人行道绿带：$B=2×6.0=12m$。

3. 设计内容

(1) 道路平面设计

(2) 道路纵断面设计

(3) 横断面设计

(4) 交叉口渠化(选做)

(5) 交叉口竖向设计(选做)

4. 设计成果

(1) 设计图表

① 地理位置图；

② 平面总体设计图；

③ 平面(地形)设计图；

④ 逐桩坐标表；

⑤ 纵断面设计图；

⑥ 典型横断面设计图；

⑦ 横断面设计图；

⑧ 路基设计表；

⑨ 路基土石方数量表；

⑩ 广场及交叉口设计大样图(选做)。

(2) 设计说明书

将设计计算说明书系统整理，装订成册，有目录、正文、附录、页次和图号编码等。

2.5.2 思考题与习题

1. 如图 2-36 所示，某平原区二级公路，计算行车速度 80km/h，路基宽度 12m。$\alpha_1 = 35°37'45''$，$\alpha_2 = 35°09'29''$，$\alpha_3 = 29°13'27.8''$，$l_1 = 412.84$m，$l_2 = 431.53$m，图中建筑物离 $JD2$ 的垂直距离为 27.2m。要求路线布设后，路中线离建筑物的距离不小于 9.5m，试推荐 $JD1$、$JD2$、$JD3$ 的半径和缓和曲线长度。

2. 如图 2-37 所示，某山岭区三级公路，计算行车速度 30km/h，$\alpha_1 = 109°30'18''$，$\alpha_2 = 108°14'01''$，$l = 175.04$m。要求布设一双交点单曲线，而且路线布设后，曲线与基线 AB 严格相切，试推荐该曲线半径和缓和曲线长度。

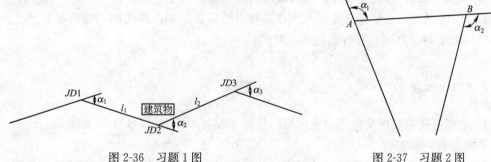

图 2-36 习题 1 图　　　图 2-37 习题 2 图

3. 某二级公路上有一变坡点，桩号为 K10+200，变坡点高程为 120.28m，两相邻路段的纵坡为 $i_1 = +5\%$ 和 $i_2 = -3\%$，竖曲线半径 $R = 5000$m。试设计该变坡处的竖曲线。

4. 某计算行车速度为 60km/h 的一级公路有一变坡点，桩号为 K10+500，变坡点高程为 189m，两相邻路段的纵坡为 $i_1 = -3\%$ 和 $i_2 = +4\%$，在 K10+520 处有一构造物，要求其设计标高不低于 190.6m，试计算竖曲线最小半径。

5. 山岭重丘区某新建二级公路，设计速度为40km/h，其中一平曲线半径 $R=150$m，缓和曲线 $L_s=70$m，路面宽度为 $B=7.0$m，路肩宽度为0.75m，路拱坡度为 $i_G=2\%$，路肩坡度 $i_j=3\%$，该曲线的主点桩号分别为：$ZH=$K1+028.665、$HY=$K1+098.665、$QZ=$K1+131.659、$YH=$K1+164.653、K1+234.653。试计算各主点桩以及下列桩号：K1+040、K1+070、K1+180、K1+210处横断面上内外侧和路中线三点的超高值（设计高为路基边缘）。

6. 平原区某新建高速公路，设计速度为120km/h，其中一平曲线半径 $R=2000$m，缓和曲线 $L_S=180$m，曲线左偏，路幅宽度组成为 $2\times(1.5+0.75+7.5+3.25+0.75)$m，其中外侧路缘带宽0.5m包含在3.25m的硬路肩内。路拱坡度为 $i_G=2\%$，路肩坡度 $i_j=3\%$。该曲线的主点桩号分别为：$ZH=$K3+244.691、$HY=$K3+424.691、$QZ=$K3+919.271、$YH=$K4+413.825、K4+593.852。试计算各主点桩以及下列桩号 K3+340、K3+400、K4+460、K4+510处的横断面上中央分隔带边缘(D)、外侧路缘带边缘(G)、硬路肩外侧边缘(B)、路基外边缘(A)共8个点的超高值（设计高的位置为中央分隔带边缘）。

7. 公路和城市道路的等级如何划分？各级公路和城市道路的主要技术指标有哪些？

8. 道路测设的基本依据有哪些？其中各级公路的行车速度是如何确定的？

9. 公路等级选用时应注意哪些主要因素？

10. 在丘陵区选线，应当根据哪些因素选定直连线与匀坡线之间的合适线位？

11. 道路定线与道路选线有何区别联系？

12. 何谓横向力系数？圆曲线设计中对横向力系数如何取值？

13. 在不同设计速度下，不同半径的超高横坡度如何计算？

14. 解释纵断面控制点在纵坡设计中的作用和意义。

15. 平、纵线形组合设计如何考虑与自然景观的协调？

16. 道路设置加宽的作用是什么？怎样设置？指定加宽值标准的原理是什么？

17. 什么叫路缘带？其作用是什么？在什么情况下公路需设置路缘带？

18. 缓和曲线、加宽缓和段、超高缓和段的在设置长度上如何相互影响和联系的？

19. 山区的主要自然特征有哪些？在这些自然特征影响下路线的一般特征是什么？根据不同的地形特征路线布置有哪些基本形式？

附：参考资料

1. 中华人民共和国交通部行业标准. 公路工程技术标准(JTG B01—2003). 北京：人民交通出版社，2004.

2. 中华人民共和国交通部行业标准. 公路路线设计规范(JTG D20—2006). 北京：人民交通出版社，2006.

3. 中华人民共和国行业标准. 城市道路设计规范(CJJ 37—90). 北京：中国建筑工业出版社，1991.

4. 中华人民共和国交通部行业标准. 公路路基设计规范(JTG D30—2004). 北京：人民交通出版社，2005.

5. 中华人民共和国交通部行业标准. 公路排水设计规范(JTJ 018—97). 北京：人民交通出版社，1997.
6. 中华人民共和国建设部标准.《市政公用工程设计文件编制深度规定》. 北京：建设部，2004.
7. 张志清主编. 道路勘测设计. 北京：科学出版社，2005.
8. 杨少伟主编. 道路勘测设计. 北京：人民交通出版社，2006.
9. 孙家驷主编. 道路勘测设计. 北京：人民交通出版社，1999.
10. 周荣沾主编. 城市道路设计. 北京：人民交通出版社，2000.
11. 田平主编. 课程设计指导. 北京：人民交通出版社，2001.
12. 许金良主编.《道路勘测设计》毕业设计指导. 北京：人民交通出版社，2004.
13. 徐家钰、郭忠印主编. 土木工程专业毕业设计指南(道路工程分册). 北京：中国水利水电出版社，2000.

第3章 路基路面工程设计

3.1 基本知识

3.1.1 路基路面设计基础资料

3.1.1.1 公路自然区划

我国地域辽阔，从北向南分别处于寒带、温带和热带。从青藏高原到东部沿海高程相差4000m以上，因此自然因素变化极为复杂。不同地区自然条件的差异同公路建设有密切关系。为了区分各地自然区域的筑路特性，经过长期研究，制定了公路自然区划标准，参见《公路自然区划标准》（JTJ 003—86）。

公路自然区划分三级进行划分，首先将全国划分为多年冻土、季节冻土和全年不冻土三大地带，然后根据水热平衡和地理位置，划分为冻土、温润、干湿过渡、湿热、潮暖、干旱区和高寒7个大区，根据各地区经验，划分为：北部多年冻土区、东部温润季冻区、黄土高原干湿过渡区、东南湿热区、西南潮暖区、西北干旱区和青藏高寒区。

二级区划是在每个一级区内，再以潮湿系数为依据，分为过湿、中湿、润湿、润干、中干和过干6个等级。除这6个潮湿等级外，还结合各个大区的地理、气候特征（如雨季、冰冻深度）、地貌类型、自然病害等因素，将全国分为33个二级区和18个二级副区。

三级区划是二级区划的具体化，划分的方法有两种，一种以水热、地理和地貌为依据，另一种是以地表的地貌、水文和土质为依据，由各省、自治区自行划定。

3.1.1.2 路基干湿类型

1. 路基干湿类型分类

路基强度与稳定性同路基干湿状态关系密切，并在很大程度上影响路基路面结构设计。路基按其干湿状态分为四类：干燥、中湿、潮湿和过湿。为保证路基路面结构的稳定性，一般要求路基处于干燥或中湿状态。过湿状态的路基必须经处理后方可铺筑路面。

四种干湿类型以分界稠度 w_{c1}、w_{c2} 和 w_{c3} 来划分。稠度 w_c 按式(3-1)计算。

$$w_c = \frac{(w_L - w)}{(w_L - w_p)} \tag{3-1}$$

式中 w_c——土的稠度；

w_L——土的液限；

w——土的含水量；

w_p——土的塑限。

土的稠度较准确地表示了土的各种形态与湿度的关系，稠度指标综合了土的塑性特性，包含了液限与塑限，全面直观地反映了土的硬软程度，物理概念明确。以稠度作为路基干湿类型划分标准是合理的，但是不同自然区划、不同土组分界稠度是不同的，详见表3-1。

各自然区划土基干湿分界稠度 表 3-1

自然区划 \ 土组 分界稠度	土质砂				黏质土				粉质土				附 注
	w_{c0}	w_{c1}	w_{c2}	w_{c3}	w_{c0}	w_{c1}	w_{c2}	w_{c3}	w_{c0}	w_{c1}	w_{c2}	w_{c3}	
$II_{1,2,3}$	1.87	1.91	1.05	0.91	1.29/1.20	1.20/1.12	1.03/0.94	0.86/0.77	1.12	1.04/0.96	0.96/0.89	0.81/0.73	黏性土：分母适用于$II_{1,2}$区；粉性土：分母适用于II_{1a}区
II_4、II_5	1.87	1.05	0.91	0.78	1.29	1.20	1.03	0.86	1.12	1.04	0.89	0.73	
III	2.00	1.19	0.97	0.79					1.20	1.12/1.04	0.96/0.89	0.81/0.73	分子适用于粉土地区；分母适用于粉质亚黏土地区
IV	1.73	2.32	1.05	0.91	1.20	1.03	0.94	0.77	1.04	0.96	0.89	0.73	
V					1.20	1.08	0.86	0.77	1.04	0.96	0.81	0.73	
VI	2.00	1.19	0.97	0.78	1.29	1.12	0.98	0.86	1.20	1.04	0.89	0.73	
VII	2.00	1.32	1.10	0.91	1.29	1.12	0.98	0.86	1.20	1.04	0.89	0.73	

注：w_{c0}为干燥状态路基常见下限稠度；

w_{c1}、w_{c2}、w_{c3}分别为干燥和中湿、潮湿和过湿状态的分界稠度。

2. 路基干湿类型确定方法

影响路基湿度状况因素很复杂，对它的研究工作开展很有限，因而迄今还没有一种能精确地预估各种情况下路基湿度状况的理论方法，目前，可采用下述经验方法预估：

（1）旧路改造路段

旧路改造路段在公路设计中，确定路基干湿类型需要在现场进行勘查，按最不利季节路槽底面以下 80cm 深度内土的平均稠度，按式(3-2)计算。路槽底面以下 80cm 内，每 10cm 取土样测定其天然含水量、塑限含水量和液限含水量，按式(3-3)计算：

$$w_{ci}=\frac{w_{Li}-w_i}{w_{Li}-w_{pi}} \tag{3-2}$$

$$\overline{w}_c = \frac{\sum_{i=1}^{8} w_{ci}}{8} \tag{3-3}$$

式中　w_i——路槽底面以下 80cm 内，每 10cm 为一层，第 i 层上的天然含水量；

w_{Li}——同一层土的液限含水量(76g 平衡锥)；

w_{pi}——同一层土的塑限含水量；

w_{ci}——第 i 层的稠度；

$\overline{w}_c$——路槽以下 80cm 内土的算术平均稠度。

根据$\overline{w}_c$判别路基的干湿类型，要按照道路所在的自然区划和路基土的类别，查表 3-1，与分界稠度作比较，并按表 3-2 所列区划界限确定道路所属的路基干湿类型。

路 基 干 湿 类 型　　　　　　　　　　　　　　表 3-2

路基干湿类型	路基平均稠度 $\overline{w}_c$ 与分界相对稠度的关系	一　般　特　性
干燥	$\overline{w}_c > w_{c1}$	路基干燥稳定，路面强度和稳定性不受地下水和地表水的影响。路基高度 $H > H_1$
中湿	$w_{c1} \geqslant \overline{w}_c > w_{c2}$	路基上部土层处于地下水或地表水影响的过渡带区内，路基高度 $H_2 < H \leqslant H_1$
潮湿	$w_{c2} \geqslant \overline{w}_c > w_{c3}$	路基上部土层处于地下水或地表水毛细影响区内，路基高度 $H_3 < H \leqslant H_2$
过湿	$\overline{w}_c \leqslant w_{c3}$	路基不稳定、冰冻区春融翻浆，非冰冻区弹簧，路基经处理后方可铺筑路面，路基高度 $H < H_3$

旧路改造路段路基干湿类型确定具体步骤是：
① 确定不利季节路槽底面以下 80cm 深度内土的平均稠度 $\overline{w}_c$；
② 查自然区划土基干湿分界稠度表 3-1 确定该路段分界稠度 w_{c0}，w_{c1}，w_{c2}，w_{c3}；
③ $\overline{w}_c$ 与分界稠度做比较查表 3-2 确定路基干湿类型。
(2) 新建道路路基干湿类型确定

对于新建道路，路基尚未建成，无法按上述方法现场勘查路基的湿度状况，可以用路基临界高度作为判别标准。当路基的地下水位或地表积水水位一定的情况下，路基的湿度由下而上逐渐减小，如图 3-1 所示。与分界稠度相对应的路基离地下水位或地表积水水位的高度称为路基临界高度 H。即：

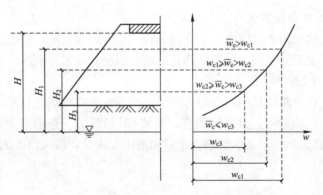

图 3-1　路基临界高度与路基干湿类型

H_1 相对应于 w_{c1}，为干燥和中湿状态的分界标准；
H_2 相对应于 w_{c2}，为中湿与潮湿状态的分界标准；
H_3 相对应于 w_{c3}，为潮湿和过湿状态的分界标准。

在设计新建道路时，如能确定路基临界高度值，则以此作为判别标准，与路基设计高度作比较，由此确定路基的干湿类型，如表 3-3 所示。

综合影响系数 K　　　　　　　　　　　　　　表 3-3

土基稠度值 w_c	$w_c \geqslant w_{c1}$	$w_{c1} > w_c \geqslant w_{c2}$	$w_c < w_{c2}$
折减系数	1.3	1.6	1.9

为保证路基的强度和稳定性不受地下水及地表积水的影响,在设计路基时,要求路基保持干燥或中湿状态,路槽底距地下水或地表积水的距离,要大于或等于干燥、中湿状态所对应的临界高度。

新建道路路基干湿类型确定具体步骤：

① 确定路基的临界高度 H；

② 查《沥青路面设计规范》(JTG D50—2006)表F.0.1路基临界高度参考值表确定该路段(与土质自然区划有关)与分界相对稠度所对应的 H_1，H_2，H_3；

③ 路基的临界高度 H 与 H_1，H_2，H_3 做比较查路基干湿类型表3-2确定路基干湿类型。

3.1.1.3 土基回弹模量的确定

道路设计时,土基回弹模量应根据查表法(或现有公路调查法)、室内试验法、换算法等,经综合分析、论证,确定不同路基状况的土基回弹模量设计值。

1. 查表法

对新建公路可用查表法确定路基回弹模量,具体步骤如下:

(1) 确定临界高度：临界高度可根据土质、气候条件按当地经验确定。当缺乏实际资料时,中湿、潮湿状态的路基临界高度(H_1、H_2、H_3)可参考《沥青路面设计规范》(JTG D50—2006)附录F中选用。

(2) 拟定土的平均稠度：在新建公路初步设计中,因无法实测求得土的平均稠度,可根据当地经验或路基临界高度,判断各路段路基的干湿类型,利用表3-1和表3-2及参考《沥青路面设计规范》(JTG D50—2006)附录F论证得到各路段土的平均稠度 w_c 值。

(3) 估计路基回弹模量设计值：根据土类和气候区化以及拟定的路基土的平均稠度,可参考《沥青路面设计规范》(JTG D50—2006)附录F估计路基回弹模量设计值。当采用重型击实标准时,路基回弹模量设计值可较表列数值提高20%～35%。

2. 现场实测法

改建路面结构设计时,土基回弹模量可采用现场测试方法。按现行《公路路基现场测试规程》的规定,用大型承载板测定土基0mm～0.5mm(路基软弱时测至1mm)的变形压力曲线,按式(3-4)计算：

$$E_{0b}=1000\frac{P}{D\times l_{0b}}(1-\mu_0^2) \tag{3-4}$$

$$E_{0D}=\frac{\overline{E}_{0b}-Z_a S}{K_1} \tag{3-5}$$

式中 P，D——荷载(kN)与承载板的直径(cm)；

E_{0b}——用承载板法测得的路基回弹模量(MPa)；

l_{0b}——计算回弹变形(0.01mm)；

μ_0——路基的泊松比,取0.35；

E_{0D}——某路基回弹模量设计值(MPa)；

$\overline{E}_{0b}$，S——承载板实测路基回弹模量的平均值和均方差；

Z_a——保证率系数,高速公路、一级公路为2；二级、三级公路为1.648,四级公路为1.5；

K_1——不利季节影响系数。当在非不利季节实测路基回弹模量时,应考虑季节影响系数,取值根据当地经验选定。

除承载板测定法之外,也可采用落锤式弯沉仪测定路基的回弹模量值。落锤式弯沉仪采用直径为30cm的承载板,锤击荷载应与标准轴一侧轮载相当,由此测得的路基回弹模量值按式(3-6)计算:

$$E_{0P}=10000\frac{\pi}{4}\frac{2p\delta}{l}(1-\mu_0^2) \tag{3-6}$$

$$E_{0D}=\frac{\overline{E}_{0P}}{K_1} \tag{3-7}$$

式中 E_{0P}——用落锤式弯沉仪测得的路基回弹模量(MPa);

p,δ——实测的承载板接地压力(MPa)与承载板半径(cm);

l——实测的承载板弯沉值(0.01mm);

$\overline{E}_{0P}$——用落锤式弯沉仪测定的路基回弹模量平均值(MPa)。

3. 室内实验法

取代表性土样,按照《公路土工试验规程》(JTJ 051)中 T0135 小承载板法试验要求进行,宜采用 100mm 直径承载板。回弹模量测试结果应采用下式修正:

$$E_{0S}=\lambda E \tag{3-8}$$

式中 E_{0S}——修正后的回弹模量(MPa);

λ——试筒尺寸约束修正系数,50mm 直径承载板取 0.78,100mm 直径承载板取 0.59。

试件制备应根据重型击实标准确定的最佳含水量,采用三组试样,每组三个试件,每个试件分别按重锤三层 98 次、50 次、30 次击实制件,测得不同压实度与其相对应的回弹模量值,绘成压实度与回弹模量间的关系线,查图求得标准压实度条件下土的回弹模量值。

路基回弹模量设计值,应考虑公路等级、不利季节和路基干湿类型的影响,采用式(3-9)计算:

$$E_{0D}=\frac{Z}{K}E_{0S} \tag{3-9}$$

式中 E_{0D}——路基回弹模量设计值(MPa);

Z——保证率系数,高速公路、一级公路为 0.66,二、三级公路为 0.59,四级公路为 0.52;

K——考虑不利季节和路基干湿类型的综合影响系数,参考表 3-3 选取,或者根据室内承载板法回弹模量与稠度的关系分析确定,或根据当地经验选定。

4. 换算法

通过积累不同现场实测法测定的路基回弹模量值与压实度 K、路基稠度 w_c 或室内试验测定的路基土回弹模量值与室内路基土 CBR 值等资料,建立可靠的换算关系,利用换算关系估算现场路基回弹模量。

3.1.2 路基设计内容

路基设计质量对道路的工程性质、质量、造价都有很大的影响,设计分为以下内容:

(1) 道路沿线地质、水文、气象、沿线建筑材料、地貌勘察与调查

路基设计之前，应做好全面调查研究，充分收集沿线地质、水文、地形、地貌、气象、地震等设计资料。改建公路设计时，还应收集历年路况资料及当地路基的翻浆、崩塌、水毁、沉降变形等病害的防治经验。

(2) 一般路基设计、特殊路段路基及边坡稳定性验算

特殊路基包括特殊土（岩）路基、不良地质路基和特殊条件下的路基（边坡高度大于20m或地面斜坡坡率陡于1:2.5的路堤）。除特殊路基以外的路基为一般路基。一般路基不需进行个别单独设计，直接按照有关规范推荐的断面形式选用。特殊路基需单独设计计算。

(3) 道路沿线坡面防护与加固设计

坡面防护主要是为保护路基边坡表面免受雨水冲刷，减缓温差及湿度的影响，防止和延缓软弱岩土表面的风化、碎裂、剥蚀，从而保护路基边坡的整体稳定性，在一定的程度上可兼顾美化和协调自然环境。

(4) 道路沿线支挡结构设计

路基支挡结构设计应满足在各种设计荷载组合下支挡结构的稳定、坚固和耐久；结构类型选择及设置位置的确定应安全可靠、经济合理、便于施工养护；结构材料应符合耐久、耐腐蚀的要求。防护支挡结构应与桥台、隧道洞门、既有支挡结构物协调配合，衔接平顺。

(5) 路基与路面排水设计

① 路基排水

路基地表排水设施设计降雨的重现期：高速公路、一级公路应采用15年，其他等级公路应采用10年。各类地表排水设施的断面尺寸应满足设计排水流量的要求，沟顶应高出沟内设计水面0.2m以上。

路基地表排水设施包括边沟、截水沟、排水沟、跌水与急流槽、蒸发池、油水分离池、排水泵站等，应结合地形和天然水系进行布设，并做好进出口的位置选择和处理，防止出现堵塞、溢流、渗漏、淤积、冲刷和冻结等现象。

② 路面排水

路面排水设计应根据公路等级、降水量、地形、地貌、地质及水文地质条件等因素，结合路基排水、桥涵结构物排水、地下排水系统的设计，合理布置路面排水设施，使排水系统有机地构成一个完整、畅通的排水体系，确保路基、路面稳定和行车安全。路面排水包括路表排水、中央分隔带排水及路面内部排水。

(6) 路基取土与弃土

路线两侧的取土坑，应按设计规定的位置取土。取土深度可根据用土量和取土坑面积确定。取土坑应有规则的形状，坑底应设置纵、横向坡度和完整的排水系统。取土时不得使作业面积水。取土坑原地面的草皮、腐殖土或其他不宜用作填料的土均应废弃和处理。

3.1.3 特殊土路基

公路路基设计经常会遇到一些这样或那样的重点问题或关键技术问题，都与该地区或地段的不良地质现象、特殊的地形地质条件、某些特殊的气候因素、地区性土和特殊土以及人类工程活动引起的环境改变分不开的。这些因素造成的不利条件，就是我们通常将其

作为自然病害在特殊路基设计时进行特别对待和处理的关键。

本节仅对滑坡、黄土、盐渍土、膨胀土等四种特殊路段路基的基本知识进行介绍。

3.1.3.1 滑坡地段路基

斜坡岩土体在重力作用下，沿一定的软弱面或软弱带整体下滑的现象称为滑坡。滑坡是山区公路的主要病害之一，大规模的滑坡可摧毁公路、堵塞河道、破坏厂矿、掩埋村庄，对山区的建设和交通危害极大。滑坡防治原则有：

(1) 在路线走向范围内通过详细调查、收集资料及勘察手段判定存在滑坡时，对性质复杂以及正在发展中的大型滑坡应使路线绕避。如绕避困难，应根据滑坡规模大小，设计人工构造物绕越的方案。

(2) 对于性质简单、处于稳定状态的中、小型滑坡，一般可以进行整治，但应注意路线的平、纵面设计，避免大填大挖，并力求整治简单、工程量小、施工方便、经济合理。

(3) 一般情况下路线通过滑坡的上缘或下缘比通过中部好。通过滑坡下缘的路基宜为填土形式，以增加抗滑力，通过上缘的路基宜为挖方形式以减轻滑体重力。对于窄长而陡峭的滑坡也可采用桥梁通过。

(4) 整治滑坡首先是做好排水工程，然后才是针对滑坡滑动的主要因素，结合公路的重要程度、施工条件及其他要求，采取防治结合、以防为主的综合治理措施。

3.1.3.2 黄土路基

黄土的颗粒组成以粉粒为主，其含量可达55%以上，其中粗粉粒(0.01~0.05mm)含量大于细粉粒(0.005~0.01mm)的含量。黄土中的黏粒，大部分被胶结成集粒或附在砂粒及粗粉粒的表面。黄土中的粉粒和集粒共同构成了支承结构的骨架。较大的砂粒则"浸"在结构体中。由于排列比较疏松，接触连接点较少，构成一定数量的架空孔隙，而在接触连接处没有或只存有少量胶结物质。常见的胶结物质有聚集在连接点的黏粒、易溶盐及沉积在该处的碳酸钙、硫酸镁等。黄土浸水后在外荷载或土自重的作用下发生的下沉现象，称为湿陷。湿陷性黄土又可分自重湿陷与非自重湿陷两类。自重湿陷是指土层浸水后仅仅由于土的自重发生的湿陷；非自重湿陷是指土层浸水后，由于自重及附加压力的共同作用而发生的湿陷。

黄土的湿陷性可按室内压缩试验在一定压力下测定的湿陷系数 δ_s 值测定。当湿陷系数 δ_s 值小于 0.015 时，定为非湿陷性黄土；当湿陷系数 δ_s 值等于或大于 0.015 时，定为湿陷性黄土。黄土区路基设计的一般规定：

(1) 黄土地区路基设计，应查明黄土分布范围、厚度及变化规律，沿线黄土地成因类型和地层特征，路线所处的地貌单元及地表水、地下水等情况，各种不同地层黄土地物理、力学性质、湿陷性类型和湿陷等级。

(2) 黄土塬梁地区，路基应避开有滑坡、崩塌、陷穴群、冲沟发育、地下水出露的塬梁边缘和斜坡地段。

(3) 位于冲沟沟头和陷穴附近的路基，应分析评价其发展趋势及对路基的危害程度，并在设计中考虑冲沟和陷穴对路基稳定性的影响。

(4) 位于湿陷性黄土地段的路基，宜设在湿陷等级轻微、湿陷土层较薄、排水条件较好的地段。

(5) 黄土地区路基设计应特别注意加强排水，采取拦截、分散的处理原则，设置防冲刷、防渗漏和有利于水土保持的综合排水设施及防护工程，并妥善处理农田水利设施与路基的相互干扰。

3.1.3.3 盐渍土路基

公路工程中泛指地表1m内易溶盐含量超过0.3%时的土即属盐渍土。根据区域特点和工程实践需要可按以下进行分类。

1. 按形成条件分类：

（1）盐土。以含有氯盐及硫酸盐为主的盐渍土称为盐土。盐土通常是在矿化的地下水水位很高的低地内形成的，盐分子由于毛细管作用，经过蒸发而聚集在土的表层。

（2）碱土。在地表土层中含有较多的碳酸钠和重碳酸钠，不含或仅含微量的其他易溶盐类，黏土胶体部分为吸附性钠离子所饱和。

（3）胶碱土（龟裂黏土）。胶碱土生成于荒漠或半荒漠地形低洼处，大部分是黏性土或粉性土，表面平坦，不长植物。

2. 按盐渍土的含盐性质分类，见表3-4所列。

盐渍土按含盐性质分类 表3-4

盐渍土名称	离子含量比值		盐渍土名称	离子含量比值	
	Cl^-/SO_4^{2-}	$CO_3^{2-}+HCO_3^-/Cl^-+SO_4^{2-}$		Cl^-/SO_4^{2-}	$CO_3^{2-}+HCO_3^-/Cl^-+SO_4^{2-}$
氯盐渍土	>2	—	硫酸盐渍土	<0.3	—
亚氯盐渍土	1~2	—	碳酸盐渍土	—	>0.3
亚硫酸盐渍土	0.3~1.0	—			

注：离子含量以100g土中离子的毫克当量数计。

3. 按盐渍土的盐渍化程度分类，见表3-5所列。

盐渍土按盐渍化程度分类 表3-5

盐渍土名称	细粒土 土层的平均含盐量（以质量百分数计）		粗粒土 通过10mm筛孔土的平均含盐量（以质量百分数计）	
	氯盐渍土及亚氯盐渍土	硫酸盐渍土及亚硫酸盐渍土	氯盐渍土及亚氯盐渍土	硫酸盐渍土及亚硫酸盐渍土
弱盐渍土	0.3~1.0	0.3~0.5	2.0~5.0	0.5~1.5
中盐渍土	1.0~5.0	0.5~2.0	5.0~8.0	1.5~3.0
强盐渍土	5.0~8.0	2.0~5.0	8.0~10.0	3.0~6.0
过盐渍土	≥8.0	≥5.0	≥10.0	≥6.0

注：离子含量以100g干土内的含盐总量计。

4. 盐渍土路基的一般规定：

（1）盐渍土地区的公路，应查明沿线不同类型盐渍土的分布范围、含盐特征及地下水与地表水等情况，根据盐渍土类型及盐渍化过程，研究和分析可能产生的路基病害（溶蚀、盐胀、冻胀、翻浆），合理确定设计方案，满足路基强度和稳定性要求。

（2）路基应以填方路堤通过，其高度应结合当地气候特征、水文地质、土质盐渍化程度、地下水毛细作用高度、盐胀深度、冻胀深度以及公路等级等因素综合确定。

3.1.3.4 膨胀土地区路基

膨胀土系指土中含有较多的黏粒及其亲水性较强的蒙脱石、伊利石等黏土矿物成分，它具有遇水膨胀、失水收缩的特点，是一种特殊膨胀结构的高液限黏土。膨胀土的工程地质分类见表 3-6 所列。

膨胀土工程地质分类　　　　　　表 3-6

膨胀土类别	野外地质特征	主要黏土矿物成分	黏粒含量(%)	自由膨胀率(%)	胀缩总率(%)
强膨胀土	灰白色、灰绿色，黏土细腻、滑感特强，网状裂隙极发育，有蜡面，易风化呈细粒状、鳞片状	蒙脱石、伊利石	>50	>90	>4
中等膨胀土	以棕、红、灰色为主，黏土中含少量粉砂，滑感较强，裂隙较发育，易风化呈碎粒状，含钙质结核	蒙脱石、伊利石	35～50	65～90	2～4
弱膨胀土	黄、褐色为主，黏土中含较多粉砂，有滑感，裂隙发育，易风化呈碎粒状，含较多钙质或铁锰结核	伊利石、蒙脱石、高岭石	<35	40～65	0.7～2

膨胀土的判别，目前国内外尚不统一，根据多年来工程实践中的经验总结和工程地质特征，自由膨胀率大于 40% 和液限大于 40% 的黏质土，可初判为膨胀土，但这不是惟一的，最终决定的因素是胀缩总率及胀缩的循环变化特性，以及与其他指标相结合的综合判别方法。胀缩总率 e_{ps} 为土在 50kPa 压力下的膨胀率与收缩率之和：

$$e_{ps}=e_{p50}+C_{sl}(w-w_m) \quad (3-10)$$

式中　e_{p50}——50kPa 压力下的膨胀率(%)；

　　　C_{sl}——收缩率数，通过收缩试验确定；

　　　w——土的天然含水量(%)；

　　　w_m——地基土在收缩过程中可能产生的含水量下限值(%)。

如式(3-10)中 e_{p50} 为负值时，按负值考虑。如 $(w-w_m)$ 大于 8% 时，按 8% 考虑；小于零时，按零考虑。

膨胀土地区路基的一般规定为：

(1) 膨胀土地区路基设计，应查明膨胀土分布范围、成因类型、土体的结构层次、地下水分布及埋藏条件和膨胀土的矿物成分、物理、力学性质及膨胀特性等资料。

(2) 路基设计应综合考虑膨胀土类型、土体结构与工程特性、环境地质条件与风化深度等因素，保证路基稳定，满足路用要求。

(3) 路基设计应避免大填、大挖，以浅路堑、低路堤通过为宜。

(4) 公路通过膨胀土地段时，路基设计应以防水、保湿、防风化为主，结合坡面防护，降低边坡高度，连续施工，及时封闭路床和坡面。

(5) 边坡防护加固应遵循下列原则：

① 可能发生浅层破坏时，宜采取半封闭的相对保湿防渗措施；

② 可能发生深层破坏时,应先解决整体边坡的稳定,并采取防止浅层破坏的措施;
③ 膨胀土强度指标应采用低于峰值强度值,可采用反算和经验指标;
④ 支挡结构基础埋深应大于气候影响层深度,反滤层应适当加厚。

3.1.4 软土地区路基

软土在我国滨海平原、河口三角洲、湖盆地周围及山涧谷地均有广泛分布。在软土地基上修筑高等级公路,是公路建设中的关键技术。若对软基不加以处治或处理不当,往往会导致路基失稳或过量沉降,造成公路不能正常使用。软土地基处理恰当与否也关系到整个工程质量、投资和进度。因此在软土地基上修建公路,无论是设计还是施工均必须给予充分的重视。

3.1.4.1 我国软土的工程特性与分类

我国各地不同成因的软土都具有工程特性,主要表现在以下几方面:

(1) 天然含水量高,孔隙比大。含水量在 34%～72% 之间,孔隙比在 1.0～1.9 之间,饱和度一般大于 95%,液限一般为 35%～60%,塑性指数为 13～20,天然重度为 15～19kN/m³。

(2) 透水性差。大部分软土的渗透系数为 $1\times10^{-3}\sim1\times10^{-7}$cm/s。

(3) 压缩性高。压缩系数 $a_{0.1\sim0.3}$ 在 0.5～2.0MPa^{-1},属高压缩性土。

(4) 抗剪强度低。其快剪黏聚力在 10kPa 左右,快剪内摩擦角在 10°～15°之间。

(5) 流变性显著。其长期抗剪强度只有一般抗剪强度的 0.4～0.8。

3.1.4.2 软土地基设计的一般规定

为了做好软土地基设计,应调查收集沿线的地形、地貌、工程地质、水文地质、气象等资料,按照《公路工程地质勘察规范》(JTJ 064)的有关规定,采用适宜的勘探方法进行综合勘探试验和现场原位测试,并进行统计与分析,为设计提供可靠的软土物理力学性质指标。

软土的鉴定依据表 3-7 确定。

软土鉴别指标　　　　表 3-7

土类	天然含水量(%)	天然孔隙比	直剪内摩擦角(°)	十字板剪切强度(kPa)	压缩系数 $a_{0.1\sim0.2}$(MPa^{-1})
黏质土、有机质土	≥35	≥1.0	宜小于 5	<35	宜大于 0.5
粉质土	≥30	≥液限 ≥0.90	宜小于 8		宜大于 0.3

软土地基上的公路路堤设计与施工质量在很大程度上取决于地质资料的真实性和代表性。为了取得代表性很好的地质资料,应认真钻探,并用十字板、静力触探仪进行现场测试,室内试验尽可能采用先进可靠的试验手段。地质资料一般不得用单孔资料,应该是把同层的同指标用数理统计法进行统计整理,从中选出有代表性的地层资料。对于高等级公路路堤,必须进行铺筑试验路堤,做稳定观测和沉降观测,为修改设计、指导施工提供可靠的依据。

3.1.5 路基支挡工程

3.1.5.1 挡土墙的使用场合及类型

设置在高填路堤或陡坡路堤下方的路肩墙或路堤墙,可防止路基边坡或基底滑动,确保路基稳定，同时可收缩坡脚，减少填方数量，减少拆迁和占地面积，以及保护临近线路的既有重要建筑物。

在傍水一侧设置的滨河及水库路堤挡土墙，可防止水流对路基的冲刷和浸蚀，也是减少压缩河床或少占库容的有效措施。

设置在堑坡底部的路堑挡土墙，用于支撑开挖后不能自行稳定的边坡，同时可减少挖方数量，降低边坡高度。

设在堑坡上部的山坡挡土墙，用于支挡山坡上可能坍滑的覆盖层，兼有拦石作用。

陡坡路段或岩石风化的路堑边坡路段是否需要设置挡土墙应根据工程地质、地形、土地利用等情况，并与移改路线位置(包括线形质量、工程造价、路线长度等)、开挖和填筑边坡(包括稳定性、造价、农田占用等)、拆迁其他与路基有干扰的建筑物(房屋、河道、水渠等)、其他处理方案(桥梁、疏导结构物、护墙、轻质路堤刷坡清方等)等综合技术经济对比确定。

3.1.5.2 挡土墙的类型

按挡土墙的位置可分为：路肩墙、路堤墙、路堑墙和山坡墙等类型；按挡土墙的墙体材料可分为石砌挡墙、混凝土挡墙、钢筋混凝土挡墙、砖砌挡墙、木质挡墙和钢板墙；按挡土墙的结构形式分为重力式、半重力式、衡重式、悬臂式、扶壁式、锚杆式、拱式、锚定板式、桩板式和垛式等形式。

3.1.5.3 挡土墙的构造

1. 墙身构造

墙身断面形式应根据墙的用途、墙高和墙趾处的地形、地质和水文等条件，在满足强度和稳定性要求的前提下，按照结构合理、断面经济和施工便利的原则比较确定。

(1) 墙背

可做成仰斜、垂直、俯斜、凸形折线和衡重式。仰斜式挡土墙所受的土压力最小，垂直墙背次之。因此仰斜式挡土墙最经济，当地面横坡较陡时，采用仰斜式挡土墙会使墙高增加，地面横坡较陡采用俯斜式，可减小墙高。

(2) 墙面

一般为平面，其坡度除了与墙背坡度相协调外，还应考虑墙趾处的横坡度。当地面横坡较陡时，可直立或采用外斜1：0.05～1：0.2，以减小墙高；地面横坡较缓时，一般采用1：0.2～1：0.35较为经济。

(3) 墙顶

最小宽度浆砌不小于50cm，干砌不小于60cm。

(4) 护栏

在地形险峻地段，或过高过长的路肩墙的墙顶应设置护栏。大多是钢筋混凝土防护栏，最近几年开始采用柔性钢丝绳防护护栏。

2. 基础

大部分挡土墙直接设置在天然地基上，当地基软弱，墙身较高时为了减小基底压应力(同时可增加倾覆稳定性)，可在墙趾处伸出台阶，拓宽基底。若基底应力超出地基承载力过多而需加宽很多时，为避免台阶过高，可采用钢筋混凝土底板。地基为软弱土层时可用砂砾、碎石、矿渣或石灰土等质量较好的材料换填，以扩散地基压应力。

基础埋置深度与地质条件、水文情况、冻结深度、邻近建筑物基础等有关。无冲刷时，应在天然地面以下至少 1m；有冲刷时，应在冲刷线以下至少 1m；受冻胀影响时，应在冻结线以下不少于 0.25m。当冻深超过 1m 时，采用 1.25m，但基底应夯填一定厚度的砂砾或碎砾石垫层，垫层底面应位于冻结线以下不少于 0.25m。

3. 排水设施

为防止地表水进入墙背填料和地基里面，应设置截水沟和排水沟；墙身上设置间距 2～3m 的泄水孔，泄水孔应具有向墙外倾斜的坡度。

4. 沉降缝与伸缩缝

为避免因地基不均匀沉陷而引起墙身开裂，需根据地质条件、墙高、墙身断面的变化情况设置沉降缝。为防止圬工砌体因收缩硬化和温度变化而产生裂缝，应设置伸缩缝。沉降缝与伸缩缝合并设置，每隔 10～20m 设置一道；缝宽 2～3cm，缝内用胶泥、沥青麻筋或涂以沥青的木板等具有弹性的材料填塞，填深不宜小于 0.15m。

3.1.6 路面设计内容

路面工程造价占公路工程造价的比例较大，最大时可达 50% 以上。因此，做好路面设计至关重要，路面设计不能简单理解为路面结构（验算）设计，设计主要内容如下：

（1）路面类型与结构方案设计

路面类型选择应在充分调查与勘察道路所在地区自然环境条件、使用要求、材料供应、施工和养护工艺的基础上确定结构方案。

（2）路面结构设计

路面结构设计就是对拟定的路面结构方案和选定筑路材料，运用规范建议的设计理论和方法对结构进行力学计算。

（3）经济分析

对选定的几种路面类型和结构方案，进行寿命周期费用分析，结合资金筹措和当地经济发展要求，选定成本－效益最佳方案。

3.2 设计方法及注意事项

3.2.1 一般路基设计

3.2.1.1 路基标准横断面选择

路基横断面应根据公路等级、技术标准，充分考虑公路所在地的地形、地质、水文、填挖等具体情况选用，具体参见《公路工程技术标准》(JTG B01—2003)。

3.2.1.2 路基高度

1. 路基高度的概念

路基高度是指路堤的填筑高度和路堑开挖深度，是路基设计标高和地面标高之差。

2. 路基设计标高

（1）新建公路路基设计标高

高速公路、一级公路路基设计标高是指中央分隔带外侧边缘的标高；其他等级公路是指路基边缘的标高；设置加宽、超高路段为设置加宽超高前该处边缘的标高。

(2) 改建公路路基设计标高

一般按照新建公路的执行，也可以采用中央分隔带中线或行车道中线处的标高。

(3) 路基设计标高与路线设计标高的区别

路线设计标高即指路面设计标高。设计应注意规范规定的设计标高位置及控制标高的限制。路基设计标高为路线设计标高减去路面结构层厚度。

3. 路基最小填土高度

路基最小填土高度必须保证不因地面水、地下水、毛细水以及冻胀作用的影响而降低路基稳定性。路基最小填土高度的确定，应综合考虑地区气候特征、水文地质、土质、公路等级、路面类型以及排水难易程度等因素对路基的影响。当路基填土高度受限制而不能达到规范规定要求时，则应采取相应的处置措施，如做好排水设计、换土、设置隔离层或修筑地下渗沟等。

3.2.1.3 路基边坡坡度

1. 路基边坡坡度的表示

路基边坡坡度用路基高度 H 与路基宽度 b 之比表示，并取 $H=1$ 进行表示。

2. 影响路基边坡坡度的主要因素

(1) 边坡土质；

(2) 岩石性质（主要针对岩石边坡而言）；

(3) 水文地质条件等自然因素。

3. 路堤边坡的坡率

当边坡高度不大于20m时，边坡坡率见现行《公路路基设计规范》(JTG D30—2004) 的相关规定，本处不再赘述。

4. 挖方路基的坡率

(1) 影响路堑边坡稳定性的因素

影响路堑边坡稳定性的因素主要有：路堑的深度、坡体土石类型、地质构造类型、岩石风化和破碎程度、土层的成因类型、地面水和地下水的影响、坡面的朝向等。

(2) 土质路堑坡率

边坡高度不大于20m时，见现行《公路路基设计规范》(JTG D30—2004) 的相关规定，本处不再赘述。

(3) 岩质路堑

边坡高度不大于30m，无外倾软弱结构面的边坡见现行《公路路基设计规范》(JTG D30—2004) 的相关规定，本处不再赘述。

3.2.1.4 填方路基填料选择与压实

1. 填料选择

(1) 填方路基填料应能保证填方路基稳定、耐久、具有一定的承载能力，沉降量满足要求。由于填方路基工程数量很大，一般应尽可能移挖作填，需要借土时利用工程所在地的土或固体废弃物，以降低成本。

(2) 填方路基应优先选用级配良好的砾类土、砂类土等粗粒土作为填料，填料最大粒径应小于150mm。

(3) 当采用细粒土填筑时，路堤填料最小强度应符合表3-8的规定。

路堤填料最小强度要求 表3-8

项目分类	路面底面以下深度(m)	填料最小强度(CBR)(%)		
		高速公路、一级公路	二级公路	三、四级公路
上路堤	0.8~1.5	4	3	3
下路堤	1.5以下	3	2	2

注：1. 当路基填料CBR值达不到表列要求时，可掺石灰或其他稳定材料处理。

2. 当三、四级公路铺筑沥青混凝土和水泥混凝土路面时，应采用二级公路的规定。

（4）泥炭、淤泥、冻土、强膨胀土及易溶盐超过容许限量的土，不得直接用于填筑路基。冰冻地区上路床及浸水部分路堤不应直接采用粉质土填筑。强风化岩石及浸水后容易崩解的岩石不宜作为浸水部分路堤填料。

（5）桥涵台背和挡土墙填料，应优先选用渗水性良好、内摩擦角较大的砾类、砂类土填筑。在渗水材料缺乏地区填筑时，宜用石灰、水泥、粉煤灰等无机结合料进行处置。

（6）浸水路堤应选用渗水性良好的材料填筑。当采用细砂、粉砂做填料时，应考虑振动液化的影响。

（7）液限大于50%、塑性指数大于26的细粒土，不得直接作为路堤填料。

2. 路堤压实标准

路堤应分层铺筑，均匀压实，压实度应符合表3-9的规定。

路堤压实度 表3-9

填挖类型	路面底面以下深度(m)	压实度(%)		
		高速公路、一级公路	二级公路	三、四级公路
上路堤	0.80~1.50	≥94	≥94	≥93
下路堤	1.50以下	≥93	≥92	≥90

注：1. 表列压实度系按《公路土工试验规程》重型击实试验法求得的最大干密度的压实度；

2. 当三、四级公路铺筑沥青混凝土和水泥混凝土路面时，应采用二级公路的规定值；

3. 路堤采用特殊填料或处于特殊气候地区时，压实度标准可根据试验路在保证路基强度要求的前提下适当降低。

3.2.1.5 路床填料与压实

路床填料应均匀、密实，路床填料最大粒径应小于100mm，路床顶面横坡应与路拱横坡一致，并符合表3-10规定。

路床土最小强度和压实度要求 表3-10

项目分类	路面底面以下深度(m)	填料最小强度(CBR)(%)			压实度(%)		
		高速公路一级公路	二级公路	三、四级公路	高速公路一级公路	二级公路	三、四级公路
填方路基	0~0.3	8	6	5	≥96	≥95	≥94
	0.3~0.8	5	4	3	≥96	≥95	≥94
零填及挖方路基	0~0.3	8	6	5	≥96	≥95	≥94
	0.3~0.8	5	4	3	≥96	≥95	—

注：1. 表列压实度系按《公路土工试验规程》重型击实试验法求得的最大干密度的压实度。

2. 当三、四级公路铺筑沥青混凝土和水泥混凝土路面时，其压实度应采用二级公路的规定值。

3.2.2 路基路面排水设计

由土修筑的路基，大多暴露于空间，长期受自然因素的作用，土在不利水温条件作用下，物理、力学性质将发生变化。浸水后湿度增大，土的强度降低；岩性差的岩体，在水温变化的作用下，加剧风化；水的浸入，降低土的强度，会导致路基边坡的失稳。路基排水设计是关系路基稳定性的关键，路基排水设计任务就是把路基工作区范围内的土基含水量降低到许可范围内。

3.2.2.1 地面排水设备

1. 边沟

设置在挖方路基路肩外侧或低路堤坡脚外侧，多与路中线平行，用以汇集和排除路基范围内和流向路基的少量地面水。

边沟排水量不大，一般不需进行水力和水文计算，依据沿线具体条件，选用标准横断面。边沟纵坡一般与路线纵坡一致。边沟常用断面有梯形、矩形、三角形、流线型。梯形边沟内侧边坡为 1∶1.0～1∶1.5，外侧边坡坡度与挖方边坡坡度相同；矩形边沟其内侧边坡直立，外侧边坡坡度与挖方边坡相同；三角形边沟适用于少雨浅挖地段的土质地区，其内侧边坡宜采用 1∶2～1∶3，外侧坡度与挖方边坡坡度相同；流线型边沟适用于沙漠或积雪地区路基。高速公路和一级公路边沟底宽与深度一般不应小于 0.6m，其他等级公路一般不应小于 0.4m，干旱地区可采用 0.3m。具体构造如图 3-2、图 3-3 所示。

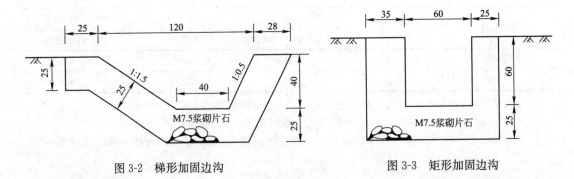

图 3-2　梯形加固边沟　　　　图 3-3　矩形加固边沟

2. 截水沟

设置在挖方路基边坡坡顶以外，或山坡路堤上方适当地点，用以拦截排除路基上方流向路基的地面径流，减轻边沟的水流负担，保证挖方边坡和填方坡脚不受流水冲刷，并减轻边沟的泄水负担。岩石裸露和坡面不怕冲刷的路段，可不设置截水沟。

(1) 断面形式。一般为梯形，如图 3-4 所示。沟底宽度不小于 0.5m，沟深按设计流量而定，亦不应小于 0.5m。沟的边坡坡度，一般采用 1∶1.0～1∶1.5，沟底纵坡不应小于 0.5%。山坡覆盖层较薄（小于 1.5m）又不稳定时，修建截水沟可将沟底设置在基岩上，保证沟身稳定。必要时还应与沟身加固设计做技术经济比较。截水沟沟底最低边缘开挖深度不能满足横断面设计要求时，可在沟壁较低一侧培筑土埝，土埝顶宽 1～2m，背水坡面 1∶1～1∶1.5，迎坡面坡度则按设计水流速度、漫水高度所确定加固类型而定。

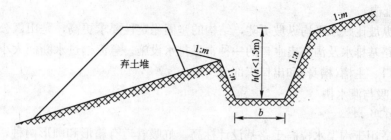

图 3-4 截水沟示意图

(2) 截水沟离开路基的距离。截水沟离开挖方路基坡顶的距离，视土质而异，以不影响边坡稳定为原则。对于一般土层，距离不小于 5m。土质不良地段，酌情增大。对于有软弱层地段（如破碎或松散土层、淤泥土层等），其距离因挖方边坡高度 H 而异，一般为 $d \geqslant H + 5m$，但不小于 10m。截水沟挖出的土可在截水沟之下侧做成土台，台顶应筑成 2% 倾向截水沟的横坡，土台坡脚离路基边坡坡顶应有适当的距离。

3. 排水沟

主要用途在于引水，将路基范围内各种水源的水流（如边沟、截水沟、取土坑、边坡和路基附近积水），引至桥涵或路基范围以外指定地点。排水沟一般为梯形断面，如图 3-5 所示。断面尺寸通过水力水文计算选定。底宽与深度不应小于 0.5m，排水沟边坡坡度约为 1：1～1：1.5。排水沟沟底纵坡应不小于 0.5%，特殊情况下容许减至 0.3%，易受水流冲刷的排水沟，应采用合适的防护措施。排水沟应尽量采用直线，必须转弯时，其半径不小于 10～20m；排水沟长度根据需要而定，通常宜在 500m 以内。

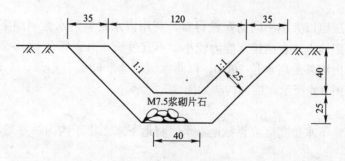

图 3-5 排水沟示意图

高速公路、一级公路通过耕地、居住区填方路基宜设坡脚排水沟。路基边坡设急流槽地段，排水沟距路基坡脚距离不宜小于 2m。边坡平台设排水沟时，平台应做成 2%～5% 向内侧倾斜的排水坡度。路基排水沟渠的加固可结合当地条件，根据沟渠土质、水流速度、沟底纵坡和使用要求等而定。

4. 跌水与急流槽

(1) 跌水

跌水适用于陡坡地段，沟底纵坡可达 45°。跌水分为单级跌水和多级跌水。单级跌水适用于排水沟渠连接处；较长陡坡地段的沟渠，为减缓水流速度，并予以消能，可以采用多级跌水。跌水构造由进水口、消力池和出水口三部分组成。

(2) 急流槽

急流槽纵坡比跌水平均纵坡更陡，结构的坚固稳定性要求更高，是山区公路回头曲线沟通上下线路基排水及沟渠出水口的一种常见排水设施。急流槽过水断面大小需经过水力计算，由进口、主槽(槽身)和出口三部分组成。

5. 倒虹吸与渡水槽

(1) 倒虹吸

倒虹吸适用于沟渠水位高于路基设计标高。虹吸管道有箱形和圆形两种，根据管道材料不同分为水泥混凝土和钢筋混凝土结构。临时性简易管道可用砖石结构，永久性或急需时亦可改用钢铁管。

(2) 渡水槽

渡水槽适用于原水道与路基设计标高相差较大，可设简易桥梁，架设水槽或管道，从路基上部跨越，以沟通路基两侧的水流。渡水槽由进出水口、槽身和下部支承三部分组成。

6. 蒸发池

蒸发池适用于气候干旱、排水困难地段，可利用沿线集中取土坑或专门设置蒸发池。蒸发池的容量：以一个月内路基汇流入池中的雨水能及时完成蒸发为标准。

3.2.2.2 地下排水设备

地下排水设施设计主要任务有确定排水构造物类型、排水构造物布置位置与深度，计算流入流出构造物的流量，确定结构物尺寸，设计与计算排水构造物的细部构造，如渗水缝隙、反滤层埋置深度等。常用路基地下排水设备有盲沟、渗沟和渗井等。地下排水设备特点是：排水量不大，主要以渗流方式汇集水流，并就近排出路基范围以外。

1. 盲沟

盲沟沟内分层填以大小不同的颗粒材料，利用渗水材料透水性将地下水汇集于沟内，并沿沟排泄至指定地点。盲沟排水能力较小，不宜过长，沟底具有1‰～2‰的纵坡，出水口底面标高应高出沟外最高水位20cm，以防水流倒渗。断面有矩形、上宽下窄的梯形两种。平面布置如图3-6所示，细部构造如图3-7所示。

2. 渗沟

渗沟可降低地下水位高度或拦截地下水，将地下水汇集于沟内，并通过沟底通道将水排至指定地点。

渗沟有三种，分别是盲沟式渗沟、洞式渗沟、管式渗沟。盲沟式渗沟与上述盲沟相似，但构造更为完善。当地下水流量较大时，可在沟底设洞或管，前者称为洞式渗沟，后者称为管式渗沟。

渗沟的尺寸大，埋置深，而且要进行水力计算确定尺寸。盲沟式渗沟浅埋的渗沟约在2～3m以内，深埋时可达6m以上。洞式渗沟洞底设置不小于0.5%的纵坡，使集水通畅排出。若有丰富的深层地下水浸入路堑边坡，且有可能引起滑坡时，可在垂直于地下水流的方向上设置截水渗沟，以拦截地下水，通过渗沟将水排出滑坡体外，见图3-8所示。截水渗沟一般布设在可能发生滑坡体范围以外5m处，平面布置可呈环形或折线形。深度不小于10m，断面大小不受流量控制，主要取决于施工方便。

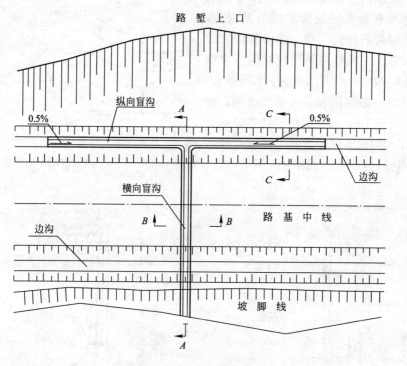

图 3-6 盲沟平面布置图

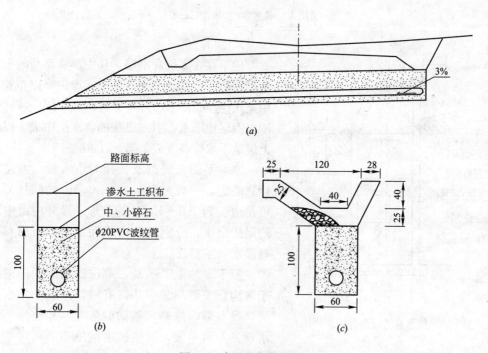

图 3-7 盲沟细部构造图
(a)盲沟 A—A 纵面布置图；(b)盲沟 B—B 剖面布置图；(c)盲沟 C—C 剖面布置图

渗沟的迎水沟壁设反滤层，背水壁设隔渗层，沟底埋在最低一层含水层的基岩内，否则采用浆砌片石修筑沟槽，排水量较大时沟底设排水管。一般尽量采用较陡的流水纵坡，以不冲刷四壁为原则，如图3-9所示。

截水渗沟一般深而长，为便于疏通，排水管直径应大于1m，且在渗沟的转弯处或直线段30～50m的间隔设检查井，井壁设泄水孔以排除附近的地下水，如图3-10所示。

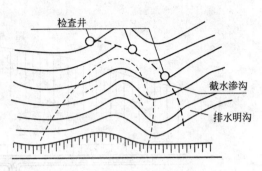

图3-8 截水渗沟平面布置

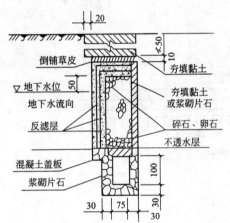

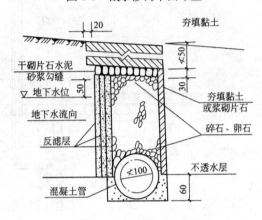

图3-9 截水渗沟（单位：cm）

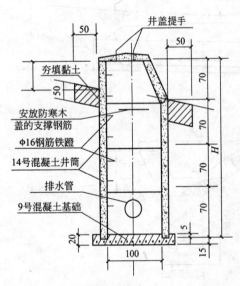

图3-10 截水渗沟检查井构造详图

3. 渗井

地下存在多层含水层，其中影响路基的上部含水层较薄，排水量不大，且平式渗沟难以布置，采用立式（竖向）排水渗井，穿过不透水层，将路基范围内上层地下水，引入更深的含水层中去，以降低上层地下水位高度或全部予以排除。

渗井平面布置以及孔径与渗水量，需经水力计算确定，一般为直径1.0～1.5m的圆柱形。亦可是边长为1.0～1.5m的方形。渗井内由中心向四周按层次，分别填入由粗而细的砂石材料，粗料渗水，细料反滤。

鉴于渗井施工不易，单位渗水面积的造价高于渗沟，一般尽量少用。有时，因土基含水量较大，严重影响路基、路面的强度，其他地下水排水设备不易布置，其他技术措施如隔离层的造价较高，此时渗井可作为方式之一，设计时进行分析比较，有条件地选用。

3.2.2.3 路基排水的综合设计

高速公路、一级公路路基路面排水应进行综合设计，使各种排水设施形成一个功能齐全、排水能力强的完整排水系统。有些路段(回头弯、地质不良或高填深挖等处),对路基排水系统进行整体规划、综合设计。

在综合设计中,对于地面水的排出可利用边沟、截水沟等排水设备,将流向路基山坡的水和路基表面的水进行截留,引入自然沟谷、荒地、取土坑或低洼处,排出路基范围之外。自然沟谷以及沟渠与涵洞等排水设备,即密切配合,又各自分工,充分发挥其效用,使排水顺畅,避免对路基的冲刷,又不致形成淤积而危害路基。

3.2.3 特殊土路基设计

3.2.3.1 滑坡地段路基

1. 滑坡的勘测与稳定性计算

路线勘测过程中,若路线通过滑坡地段,应查明滑床性质及滑坡体附近的地形、地貌、地质构造、岩性、水文地质以及滑坡的成因、类型、滑坡特征和规模等地质条件。

对滑坡稳定性的判断一般是采用地质调查法、力学验算法。力学验算法采用不平衡推力法计算。

2. 滑坡的防治措施

(1) 地面排水

① 滑坡体以外的地表水,应予拦截、引离;滑坡体上的地表水应注意防渗,并尽快汇集引出。

② 地表排水措施

A. 环形截水沟。适用于滑体外排水。截水沟设在顶部裂缝以外不小于5m的稳定地面上,可根据地形条件、流量大小设置一条或数条间距为50~60m、向一侧或两侧的自然沟谷排出滑坡范围。截水沟深度及底宽不应小于0.5m,采用5~15年的重现期内任意30min的最大降雨强度的概率流量设计,沟壁和沟底用浆砌片石防护。

B. 树枝状排水沟。适用于排出滑体范围内的地表水。应充分利用自然沟系,汇集并旁引坡面径流排出滑体外。主沟与滑坡体移动方向大致平行,支沟与主沟可斜交30°~45°,如土质松软宜就地夯成沟形,上铺黏质土或三合土加固。如排水沟通过裂缝应设置搭叠式排水槽,以防隔断排水沟及坡面水集中下渗,如图3-11所示。

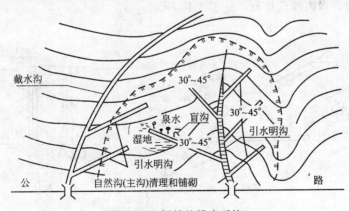

图3-11 树枝状排水系统

C. 平整夯实滑体表面的土层,防治地表水渗入。

D. 对滑坡体上的封闭洼地或泉水露头,应设排水沟以排除或疏干积水。

E. 对浅层滑坡和渗水严重的黏质土滑坡,应在滑坡体上植树、种草。

(2) 地下排水

① 渗沟

A. 支撑渗沟。适用于深度 2～10m,用以支撑不稳定的滑坡体,兼起排除和疏干滑坡体内的地下水作用。支撑渗沟有主干和分支两种,主干沟平行于滑动方向,支沟可与滑动方向成 30°～45°交角,见图 3-12 所示。主干沟一般布置在有地下水露头处或由于土中水形成坍塌的地方,支沟则应根据坡面汇水情况合理布置,可伸展到滑坡范围以外拦截地下水,亦可采用支撑渗沟与挡土墙相结合的形式,如图 3-13 所示。

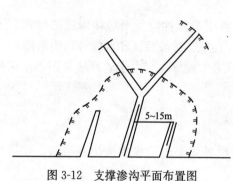

图 3-12 支撑渗沟平面布置图　　图 3-13 支撑渗沟与抗滑挡土墙联合使用示意图

渗沟平面布置有"Ⅲ"形"YYY"形,渗沟间距见表 3-11。

渗沟横向间距　　表 3-11

土　类	渗沟横向间距(m)	土　类	渗沟横向间距(m)
黏　　土	6～10	粉质黏土	10～15
重粉质黏土	8～12	破碎岩层	15

支撑渗沟一般深度在 10m 以内。沟宽视抗滑需要宜为 2～4m,基底应在滑动面以下的稳定层内 0.5m,沟底应设 2‰～4‰ 的排水纵坡,当滑动面较陡时,可修筑台阶,沟底用浆砌片石砌筑,沟内堆筑片石,见图 3-14 所示。

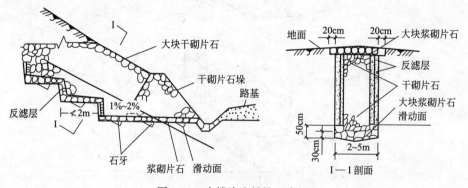

图 3-14 支撑渗沟结构示意图

B. 边坡渗沟。用于疏干潮湿的边坡和引排边坡上部出露的泉水或上层滞水。适用于坡度不陡于 1∶1 的土质路堑边坡,并支撑边坡,减轻坡面冲刷。

当边坡上只局部潮湿且面积不大时,边坡渗沟宜布置成条带形状;当局部潮湿的面积较大时宜布置成分岔形;当边坡普遍潮湿时,应布置成拱形或人字形,见图 3-15(a)、(b) 所示。

边坡渗沟垂直嵌入坡体,基底埋入潮湿土层以下较干燥而稳定的土层内,间距取决于地下水的分布、流量和边坡土质等因素,一般采用 6~10m。渗沟宽 1.2~1.5m,深度视边坡潮湿土层的厚度而定。

沟底填大粒径石料为排水通道,沟壁作反滤层,其余空间可用筛洗干净的渗水材料填充。对于分岔、拱形和人字形布置的渗沟,其分岔、拱形、人字形部位的断面下侧可用黏土铺砌隔水,边坡渗沟的下部出口一般用干砌片石垛支挡渗沟内的填料和排出所汇集的地下水,见图 3-15(c)~(f)。

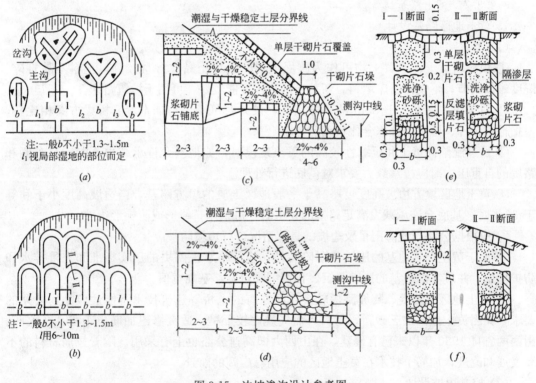

图 3-15 边坡渗沟设计参考图

C. 截水渗沟。当有丰富的深层地下水进入滑坡体时,可在垂直于地下水流的方向上设置截水渗沟,以拦截地下水,通过渗沟将水排出滑坡体外,见图 3-8~图 3-10。截水渗沟一般布设在可能发生滑坡体范围以外 5m 处,平面布置可呈环形或折线形。深度不小于 10m,断面大小不受流量控制,主要取决于施工方便。

② 渗水隧洞

渗水隧洞主要用于引排或截排深层地下水。对于滑动面以上的其他含水层,在渗水隧洞顶上可设置一些渗井或渗管,将水引入洞内。渗水隧洞断面一般可采用 1.6m(高)× 1.0m(宽),埋深取决于含水层的深度,但应埋入稳定地层内,且应在滑动面以下至少 0.5m,洞底纵坡不宜小于 0.5%,纵坡变化时可采用折线或台阶跌水等形式连接。

(3) 减重与反压

适用条件：

① 推动式滑坡或由错落转化的滑坡，可采用滑坡后缘减重，前缘反压措施。

② 滑床具有上陡下缓形状，滑坡后缘及两侧的地层相当稳定，不致因减重开挖而引起滑坡向后及向两侧发展时，可采用减重措施。

③ 滑坡前缘有较长的抗滑段，可利用减重、弃方、反压、抗滑或修筑路堤。

④ 牵引式滑坡或滑带土具有卸载膨胀开裂的滑坡不能采用减重法。

(4) 支挡工程

在滑坡下部修筑支挡工程是对滑坡整治的有效措施之一，常用的支挡工程有：抗滑片石垛、抗滑挡土墙、抗滑桩和锚杆加固。

3.2.3.2 黄土路基

1. 黄土地区路基设计

(1) 填方路基设计

① 填料新黄土、老黄土均可作为路堤填料，老黄土黏粒含量较高，土料不易打碎、湿度难以调节，不宜作路床填料。新黄土的路用性能较好，可用于填筑路床。

② 对于边坡高度大于 30m 的填方路基，设计时可考虑与挡土墙、桥梁方案相比较，根据地基条件、施工条件综合比较确定方案。

③ 通过湿陷性黄土和压缩性较高的黄土地段时，如地基允许承载力不能满足车辆和路堤的自重压力时应按承载力要求对基底进行处理。

④ 黄土地区填方边坡高度可略高于一般地区土质的填方路基，当边坡高度小于和等于 30m 时，基底允许承载力满足路基的要求时，可采用折线形或阶梯形边坡。

⑤ 应根据公路当地降雨量及边坡的具体情况进行边坡防护。

⑥ 由于黄土天然地基的压缩和湿陷特性，应严格掌握路堤的压实标准和完善排水和防护措施，并应考虑地基的压缩下沉、预留沉降量及路基加宽值。

⑦ 黄土地区高路堤、陡坡路堤较多，而原有的土桥等建筑技术不能适应高速公路的要求，又因黄土地区缺乏砂、石材料，而气候比较干旱，适宜修建加筋土工程。在陕西、山西两省自 1980 年以来已有修建，在山西太旧高速公路也上有采用。随着拉筋材料的不断发展和改进，加筋土技术在黄土地区的应用有广阔的前景。

(2) 挖方边坡设计

① 边坡形式。应考虑路堑断面的稳定性及经济性，并兼顾施工和养护的方便。边坡形式有直线形(一坡到顶)、折线形(上缓下陡)、阶梯形(小平台)和阶梯形(大平台)。各种黄土路堑边坡形式可以见刘祖典主编《黄土力学与工程》专著，本处不再赘述。

② 边坡坡度可根据地表水和地下水条件、黄土分区、黄土分类及边坡高度确定。对于边坡高度小于或等于 20m 的边坡可参考刘祖典主编《黄土力学与工程》专著。

③ 边坡高度超过 20m 时，应进行详细的现场调查，根据土的物理力学性质、自然斜坡的稳定情况及附近已建工程的边坡稳定情况进行分析，可参考表 3-22 中的较缓坡度值，并应进行稳定性验算。

④ 黄土路堑边坡稳定性验算，有圆弧法、极限平衡法及裂隙法等，常用的是圆弧法和裂隙法。

⑤ 当边坡高度超过 20m 时应在边坡中部每隔 8～10m 高度设置 1.5～2.5m 宽的边坡平台一道，年平均降雨量大于 250mm 的地区，平台上应设排水沟，并进行防护。对于高速公路、碎落台及坡脚以上 2～3m 高度范围内的坡面应设护面墙或护坡。

⑥ 对于深路堑，当挖深超过 30m 时应与隧道方案进行比较。在黄土地区，由于黄土隧道易成洞，且衬砌简单、施工方便、营运期间养护工作量及后遗病害较少，而挖方深、边坡较高易风化、剥落的坡面需设置防护和加固工程。

2. 黄土地区路基排水

(1) 水是黄土地区路基产生病害的主要原因。黄土地区路基的排水工程若是不完善或设置不当，就会在长期雨水作用下产生各种病害。因此，良好的排水工程是保证黄土路基稳定的首要措施。

(2) 黄土地区路基排水的最重要问题是防冲、防渗，因此除应遵循一般地区的设计原则外，还要遵循迅速引离、分散径流、降低流速、加固沟渠等原则。

(3) 高速公路路幅较宽，中间带、行车道、路肩汇集水量相对较大，因此当填方边坡高度大于或等于 2.5m 时不应采用分散排水，而是设拦水带，通过急流槽排出。

(4) 对于挖方路段应在边坡顶设置截水沟或挡水埝。

(5) 在有地下水活动的路段，应采取截排地下水及防止地表水渗漏等措施，设置必要的防护工程，以保证路基稳定。

(6) 高速公路的路基边沟、截水沟和排水沟均应进行防护。

3. 黄土路基的湿陷及路基处理

(1) 在自重湿陷性黄土分布地区，由于降雨或灌溉，在路侧形成积水，持续下渗，使湿陷性土层发生湿陷，在地表形成平面为圆形或椭圆形的碟形湿陷坑。一般湿陷坑直径为 15～30m，最大可达 50～60m，中心沉陷一般深 30～60cm，最深可达 90～100cm，在湿陷坑范围内的路基、路面、桥涵、挡土墙构造物等随之发生沉陷，形成变形、开裂破坏。

(2) 路基湿陷病害的处理及防治，在一般路段主要措施是防水、防止路侧积水和积水下渗，所以在路基坡脚外 20～30m 范围内要仔细平整地表，填土和夯实洼地及裂缝，避免积水。

选择地基处理方法，应根据湿陷性黄土的厚度和分布情况，以及湿陷性黄土特性、施工条件和当地材料，并经综合技术经济比较确定。常用的处理方法有：

① 预浸水清除湿陷性：可消除地面以下 6m 全部土层的湿陷。此方法需要一定的浸水时间和停水时间，才能进行施工，一般需要一年时间，在已建工程附近又有可能形成地下陷穴的地段不应采用这种方法。

② 强夯法消除湿陷法：一般采用 100～200kN 重锤、10～20m 落距夯击湿陷性黄土，可达到消除 4～5m 深度内黄土的湿陷，而且还可提高地基承载力。强夯的有效加固深度，可按式(3-11)进行估算。

$$H = k\sqrt{mh} \tag{3-11}$$

式中　H——强夯的有效加固深度(m)；

　　　m——夯锤质量(t)；

　　　h——落距(m)；

k——修正系数，$k=0.3\sim0.5$。

③ 土桩挤密清除湿陷性：处理土层厚度可达 5~15m。通常采用直径 $D=30cm$、间距为 $3D$ 的灰土桩挤密黄土，可达到消除湿陷性及提高承载能力。

④ 垫层法：以 2m 厚度 3∶7 灰土加固湿陷性黄土地基。

当采用垫层法及挤密法等消除地基的部分湿陷性时，不得使用透水性的砂石等粗颗粒材料加固。

3.2.3.3 盐渍土路基

1. 路基填料

(1) 盐渍土填料的容许含盐量应满足以下规定：

① 氯盐渍土和亚氯盐渍土的最大容许含盐量与压实度有关，采用重型击实标准时约为 3%~6%。对亚氯盐渍土中的硫酸盐含量则限制在不超过 2% 为宜。

② 硫酸盐渍土及亚硫酸盐渍土的容许含盐量不应超过 1%。

③ 碳酸盐渍土其含盐量不宜超过 0.5%。

(2) 盐渍土填料的可用性以盐渍土能否做填料来衡量，与它的易溶盐性质、含量以及自然区域的气候、水文地质等条件有关，可按表 3-12 确定。

盐渍土作为路基填料的可用性　　　　表3-12

土类及盐渍化程度		公路等级 填土层位	高速公路、一级公路			二级公路			三、四级公路	
			0~0.80m	0.80~1.50m	1.50m以下	0~0.80m	0.80~1.50m	1.50m以下	0~0.80m	0.80~1.50m
粗粒土	弱盐渍土		×	○	○	△¹	○	○	○	○
	中盐渍土		×	×	○	×	△¹	○	△³	○
	强盐渍土		×	×	△¹	×	△²	△³	×	△¹
	过盐渍土		×	×	×	×	×	△²	×	△²
细粒土	弱盐渍土		×	△¹	○	×	△¹	○	△²	○
	中盐渍土		×	×	△¹	×	△¹	○	×	△⁴
	强盐渍土		×	×	×	×	×	△²	×	△²
	过盐渍土		×	×	×	×	×	△²	×	×

注：1. 表中○——可用；△——部分可用；×——不可用。
2. △¹：氯盐渍土及亚氯盐渍土可用；　△²：强烈干旱地区的氯盐渍土及亚氯盐渍土经过论证可用；
△³：粉土质(砂)、黏土质(砂)的不可用；　△⁴：水文地质条件差时的硫酸盐渍土及亚硫酸盐渍土不可用。

(3) 一般盐渍土路基填料的压实度应尽量提高一些，以防止盐的转移和保证路基的稳定。

2. 路基高度

盐渍土地区路基高度不足时，往往会出现多种路基病害，尤其是地下水位较高地段，所以要考虑一个路基最小高度。盐渍土地区的路基最小高度应考虑以下因素：

(1) 毛细水强烈上升高度的需要；

(2) 冻胀和盐胀深度的需要(如考虑再盐渍化，则取最大蒸发深度)；

(3) 安全高度，一般可取 0.15~0.30m，在缺乏实际资料时可按表 3-13 采用。

盐渍土地区路基最小高度　　　　　　　　　表 3-13

土质类别	高出地面(m)		高出地下水位或地表长期积水位	
	弱、中盐渍土	强、过盐渍土	弱、中盐渍土	强、过盐渍土
砾类土	0.4	0.6	1.0	1.1
砂类土	0.6	1.0	1.3	1.4
黏性土	1.0	1.3	1.8	2.0
粉性土	1.3	1.5	2.1	2.3

3. 路基横断面

(1) 当路基填料为含盐量在容许范围内的盐渍土时，按以下情况采用：

① 一般情况下采用设取土坑与护坡道的断面，如图 3-16(a)所示。

② 水位较高，取土坑排水不良的情况下，为保证路基稳定，应防止路基附近的积水，可采用无取土坑断面，如图 3-16(b)所示。

③ 当地下水不多时，可采用设边沟断面，如图 3-16(c)所示。

④ 在有盐壳的盐土上，特别是湿盐土上应采用有取土坑和护坡道的断面。

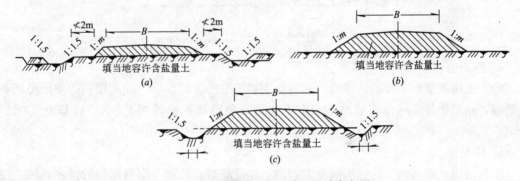

图 3-16　一般盐渍土地区路基设计参考图

(2) 盐渍土含盐量超过容许范围时，应采取填渗水土及隔断层等措施：

① 可全部用渗水材料填筑路基，对原过盐渍土的地表不必铲除，如图 3-17 所示。

② 铲除表层过盐渍土后用当地容许含盐量土填筑，但应设隔断层。隔断层可设在铲除过的过盐土厚度内并高出原地面 30~50cm，如图 3-18(a)所示。

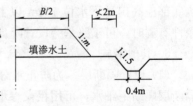

图 3-17　用渗水土填筑的路基设计参考图

③ 隔断层也可设置在路堤内，深度视防治冻胀、翻浆与盐胀而定，设有护坡道，取土坑的横断面如图 3-18(b)所示。取土坑底部应高出地下水位 15cm 以上，纵向应设 0.2% 纵坡，在排水困难地段应设挡水埝。

(3) 长期浸水的盐渍土地区路基断面可参考图 3-19 进行设计。

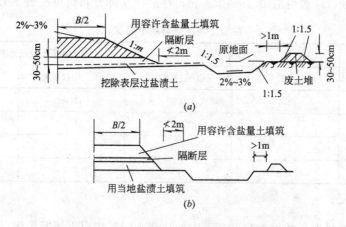

图 3-18 设隔断层的路基设计参考图
(a)在路堤底部设隔断层；(b)在路堤内部设隔断层

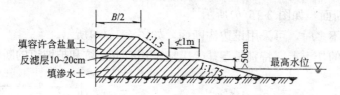

图 3-19 长期浸水的盐渍土路堤设计参考图

4. 路基边坡

为防止路基受雨水冲刷、浸蚀、淋溶作用和松胀病害的影响，导致路基边坡的滑坍和沉陷等，路基边坡应尽可能放缓些，根据现行《公路路基设计规范》(JTG D30—2004)确定。

5. 路基排水

水对盐渍土路基的稳定性影响最大，为了保证路基的稳定，应有完善的排水系统，避免路基附近积水。

对于取土坑可利用纵向、横向排水，对无取土坑的断面可利用排水沟进行排水；取土坑底部应高出地下水位 15cm 以上；纵向应设大于 0.2% 的纵坡。当地下水位较高，地形条件有利时，可于路基旁设置降低地下水位的排水沟，并将水引至路基范围以外。

6. 其他措施

(1) 设置隔断层。为防止水分进入路基上部，防止路基盐胀和冻胀，宜在路基内设置隔断层隔断毛细水，可用粗粒渗水材料或用沥青、土工织物等不透水性材料修筑。

(2) 路基加宽与加固。由于氯盐渍土易溶蚀，硫酸盐渍土有松胀性，使盐渍土路基的路肩、边坡易遭冲刷、风蚀等破坏，可在每侧路肩加宽 0.2～0.3m。对路肩可采用沥青封闭、砾、卵石或黏土覆盖路肩，亦可用盐壳覆盖路肩。必要时亦可用砾、卵石或黏土及盐壳加固边坡。

(3) 铲除表层。一般盐渍土地区往往表层中含盐量最大，所以对路堤底部表层盐渍土含有过量盐分或表层为松软的盐壳时，在填筑路堤前应铲除，深度应视具体情况及试验资料,一般为 0.1～0.3m。铲除后地表做 2%～4%的路拱以利排水,亦可加隔断层防止水分和盐分进入路基上部。

(4) 季节施工。选择在土的含水量接近最佳含水量,不发生冻结,不积水,便于路基压实的季节进行施工。

(5) 化学处理盐渍土。对路基上层的硫酸盐渍土进行化学处理,使土中易溶盐成分和性质发生变化,从而不再产生盐胀或减轻盐胀。但该方法施工较复杂,造价也高,目前在公路上尚处于试验阶段。

3.2.3.4 膨胀土地区路基

1. 膨胀土地区路基设计

膨胀土具有显著的湿胀干缩和反复湿胀干缩的性质,而膨胀土中水分的迁移转化将导致显著的湿胀干缩变形,所以在膨胀土路基的设计中如何防水保湿、保持土中水分的相对稳定将是一个关键问题。由于膨胀土地区路基的路堑(原状土)与路堤(扰动土)设计中土体状态不同,因此病害类型和程度也不同,所以分别考虑。

(1) 路堑设计

如前所述,膨胀土地区路堑的病害多发生在边坡上,因此防水、保湿、防风化等都与边坡坡面的防护结合考虑。

① 路基断面。应对路堑、路床 0.80m 范围内的膨胀土进行超挖,换填应符合路床土最小强度和压实度的要求,或者进行土质改良或采取其他适宜的加固措施。对强膨胀土、地下水发育、运营中处理困难的路堑、路床的换填深度应加深至 1.0～1.5m,并应采取地下排水措施。

② 路堑边坡类型。为适应膨胀土的特殊工程性质,有利于边坡稳定,一般常用的有直线形、折线形、台阶形的边坡。台阶形边坡适用于边坡高度大于 6m 的任何类型的膨胀土路基,它主要的优点是把高边坡降低为矮边坡的组合形式,不仅减轻了高边坡土体对坡脚的压力,而且减弱了地面水对坡面的冲蚀,同时平台对坡脚有一定支撑作用,对边坡变形有一定减缓作用。

③ 路堑边坡坡度。由于膨胀土工程性质极端复杂,环境条件影响很大,很难确定边坡坡度。膨胀土路堑边坡的破坏,有位于坡脚的,也有位于坡腰与堑顶的,与一般黏性土边坡的破坏完全不同,目前尚无成熟的理论方法。边坡设计应遵循"缓坡率、宽平台、固坡脚"的原则。边坡坡率及平台宽度可按现行《公路路基设计规范》(JTG D30—2004)确定。边坡高度大于 10m 时应进行个别设计,必要时应与隧道方案进行比选。

④ 排水措施。应有完善的排水设施使地面水、地下水顺畅排走。

A. 边沟应较一般地区加宽、加深。路堑边沟外侧应设平台。

B. 台阶形高边坡。每一级平台内侧应设排水沟以排除上部坡面水(在截水沟与坡脚间宜设一定宽度的平台以利坡脚稳定)。

C. 堑顶设截水沟。堑顶截水沟距堑缘 5m 以外,截水沟纵坡应利于排水。

D. 地面排水沟渠。特别是近路沟渠均应铺砌、加固,以防冲、防渗。

⑤ 路堑边坡防护与加固。应依据工程地质条件、环境因素和边坡高度,按表3-14 和表3-15 确定,边坡开挖后应及时防护封闭。边坡植物防护时,不应采用阔叶树种。圬工防护时,墙背应设置缓冲层。

膨胀土路堑边坡防护措施　　　　　　　　　　　　　　　　　表 3-14

边坡高度(m)	弱膨胀土	中等膨胀土
≤6	植物	骨架植物
>6	骨架植物、植物防护、浆砌片石护坡	拱形骨架植物、支撑渗沟加拱形骨架植物

膨胀土路堑边坡支挡措施　　　　　　　　　　　　　　　　　表 3-15

边坡高度(m)	弱膨胀土	中等膨胀土	强膨胀土
≤6	不设	坡脚墙	护墙、挡土墙
>6	护墙、挡土墙	挡土墙、抗滑桩	桩基承台挡土墙、抗滑桩、边坡锚固

(2) 路堤设计

① 高速公路及一、二级公路路基填土高度小于路面与路床的总厚度，基底为膨胀土时，宜挖除地表 0.30～0.60m 的膨胀土，并将路床换填非膨胀土或掺灰处理。若为强膨胀土，挖除深度应达到大气影响深度。

② 强膨胀土不应作为路堤填料。

③ 高速公路及一、二级公路采用中等膨胀土作为路堤填料时应经改性处理后方可填筑。弱膨胀土作为路堤填料时，若胀缩总率不超过 0.7%，可直接填筑，并采取防水、保温、封闭、坡面防护等措施；否则，应按公路等级、气候、水文特点、填土层位等具体情况，结合实践经验进行处治。

膨胀土改性处理的掺灰最佳配比，以其掺灰后胀缩总率不超过 0.7% 为宜。

④ 路床应采用符合路床土最小强度和压实度要求的材料填筑。若采用弱膨胀土及中等膨胀土作为路床填料，应经改性处理后方可填筑，改性后的胀缩总率不得超过 0.7%。

⑤ 膨胀土路堤边坡可采用直线形。一坡到顶的直线形边坡适用于低路堤；折线形边坡适于填土较高的路堤，一般为上陡下缓。由于膨胀土路堤所填筑的膨胀土其胀缩性与原状土(路堑边坡)有所不同，路堤的病害比路堑危害性更大。边坡高度不大于 10m 的路堤边坡坡率和边坡平台的设置，可按现行《公路路基设计规范》(JTG D30—2004)确定，本处不再赘述。

⑥ 膨胀土填筑的路基，应及时碾压密实，路基压实度应符合现行《公路路基设计规范》的有关规定。在确定路堤填筑的最佳含水量和最大干密度时，宜采用湿土法重型击实试验。

⑦ 路堤边坡的防护根据填土的工程地质条件及高度并按表 3-16 确定。

膨胀土路堤边坡防护措施　　　　　　　　　　　　　　　　　表 3-16

边坡高度(m)	弱膨胀土	中等膨胀土
≤6	植物	骨架植物
>6	植被防护，骨架植物	支撑渗沟加拱形骨架植物

3.2.4 软土路基设计

软土地基上公路路基的设计包括沉降计算、稳定验算及其相应的处治方法的设计，施工中的沉降与侧向位移(稳定)观测的技术要求。关于软土路基沉降计算、稳定性验算方法见邓学均主编《路基路面工程》教材，本处不再赘述。常用的软土地基处理措施有：

(1) 垫层与浅层处理

设置于路堤与软基之间的透水性垫层是地基中孔隙水排出的通道，软土地基上修筑的路堤，其下均宜设置透水性垫层。最常用的透水性垫层是砂垫层，砂垫层材料宜采用粗粒式中砂，不许掺有细砂和粉砂，砂含泥量不得过多，其断面布置如图 3-20 所示。

当软土层厚度小于 3m 且软土层在表层时，可采用生石灰等浅层拌和、换填、抛石(堆土)等方法进行浅层处治。抛石(堆土)排淤宜在地表铺设网状材料或土工织物。

(2) 轻质路堤

采用轻质材料作路堤，以减轻路堤自重、减少沉降并增大稳定安全系数。常用的轻质材料为粉煤灰。粉煤灰路堤设计应遵照现行《公路粉煤灰路堤设计与施工技术规范》(JTJ 016—93)进行。

(3) 反压护道

如图 3-21 所示，反压护道的高度宜为路堤的 $\frac{1}{3}\sim\frac{1}{2}$，宽度应通过稳定计算确定，且应满足路堤工后沉降要求。计算有反压护道的路堤稳定安全系数时，将滑裂体上反压护道的土条视为路堤土条进行计算。

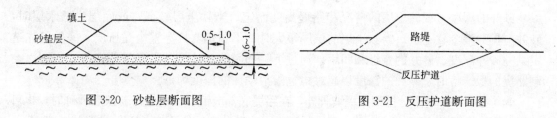

图 3-20 砂垫层断面图　　　　　图 3-21 反压护道断面图

(4) 加筋路堤

采用强度高、变形较小、老化慢的土工合成材料等抗拉柔性材料作加筋材料，设置在路堤底部，路堤基底铺设土工织物的细部构造如图 3-22 所示。土工布端部要折铺一段锚固。铺设两层以上土工织物时，中间要夹 0.1～0.2m 的砂层。加筋路堤一般不受地质条件的限制，但地基土越弱其作用愈明显。加筋的层数应按稳定计算确定。计算稳定安全系数时，应考虑土工加筋的设计拉力，视设计拉力作用在滑裂面的切线方向上。

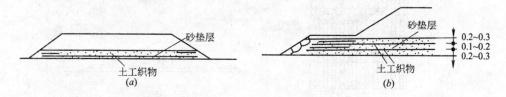

图 3-22 土工织物加筋路堤

(a)土工织物加固；(b)土工织物锚固端构造

(5) 预压及超载预压

预压是最常用的软土地基处理方法，适用于工后沉降标准较低或填土高度不大的一般路段。在工期限制较严、预压时间较短时，也可采用超载预压的方法来加快预压期的沉降量。作为预压或超载预压的荷载以路堤材料为宜。预压期可根据要求的工后沉降量来定，也可根据要求的地基固结度来定。前者用于沉降起控制作用的地方，后者用于稳定起控制作用的地方；若沉降与稳定均为控制因素，则选用两者中较长的预压期。在预压期内地基应完成的沉降量不能小于路面设计使用年限末的沉降量与容许工后沉降之差。

(6) 砂井排水法

在软土地基中，钻成一定直径的孔眼，灌以粗砂或中砂，利用上部荷载作用，加速软土的排水固结，这种方法称为砂井排水法。袋装砂井是事先把砂装入长条形透水性好的编织袋内，然后用专门的机具设备，打入软土地基内，代替普通大直径砂井。袋装砂井既具有大直径砂井的作用，又可以保证砂井的连续性，避免缩颈的现象。此外，由于袋装砂井的直径小，材料消耗小，工程造价低，施工速度快，设备轻型，更适应在软土地基上施工。

砂井的直径和间距，主要取决于软土的固结特性和预压期限的要求。理论和实践证明，缩小井距要比增大砂井直径效果好得多。工程上常用的直径为 20~30cm，视施工机具条件而定。直径过小，不便于施工，也难保证质量。砂井的间距为两相邻砂井中心间的距离，是影响固结速率最主要的因素之一，井距愈小，固结愈快。因此，当填土高、地基土的固结系数小和施工期短时，应采用较小的井距。井距一般为井径的 8~10 倍，常用的范围为 2~4m。砂井在平面上可布置成三角（梅花）形或正方形，以三角形排列最为紧凑、有效。

砂井的深度，视软土层的情况和路堤高度而定。当软土层较薄，或底层为透水层时，砂井应贯穿整个软土层。当软土层的层厚很大时，不一定要打穿整个受压层。一般可先选定某一砂井深度、砂井的直径和间距，通过沉降和固结度计算，得到最佳组合。当用以控制路堤的稳定性时，砂井的深度以超过最危险滑动面的深度为好。

为了把砂井中的水分排到路堤坡脚外，在路堤底部应铺设砂垫层。若缺乏砂砾时，也可采用砂沟式垫层（如图 3-23 所示）。砂沟的宽度可为砂井直径的两倍，高度为 0.4~0.5m。

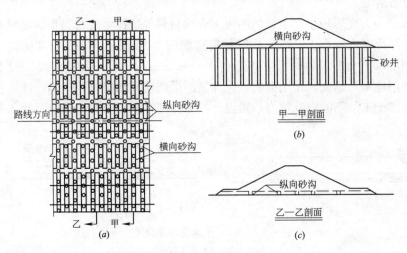

图 3-23 砂沟布置图
(a)平面图；(b)甲—甲剖面；(c)乙—乙剖面

(7) 塑料板排水法

塑料排水板由芯板和滤膜组成。芯板是由聚丙烯和聚乙烯塑料加工而成的两面有间隔沟槽的板条，土层中孔隙水通过滤膜渗透到沟槽内，并沿着沟槽竖向排入地面的砂垫层内,按塑料排水板的结构分有:门槽排水板、梯形排水板、三角形槽塑料板、硬透水膜塑料板、无纺布螺旋孔排水板、无纺布柔性排水板等。塑料排水板的作用原理和设计方法与砂井排水法相同,设计时,把塑料板换算成当量直径的砂井。

(8) 粒料桩

采用碎石、砂砾、废渣、砂等散粒材料做桩料,如碎石桩、砂桩等;专用机械一般为震动沉管机、水振冲器等。设置粒料桩后桩体与桩间土形成复合地基,粒料桩对地基土起置换作用、竖向排水体作用及应力集中作用,但不考虑它对地基土的挤密作用。

粒料桩的直径及设置深度、间距应经稳定、沉降验算确定;但桩的直径、深度除受地基地质条件制约外,尚受机械设备的制约。相邻桩净距不应大于 4.0 倍桩径。计算设有粒料桩的复合地基的路堤整体抗剪稳定安全系数时,复合地基内滑动面上的抗剪强度采用复合地基抗剪强度 τ_{ps},该强度按式(3-12)计算。

$$\tau_{ps} = \eta \tau_p + (1-\eta)\tau_s \quad (3\text{-}12a)$$

$$\tau_p = \sigma \cos\alpha \tan\varphi_c \quad (3\text{-}12b)$$

$$\eta = 0.907\left(\frac{D}{B}\right)^2 \quad (3\text{-}12c)$$

$$\eta = 0.785\left(\frac{D}{B}\right)^2 \quad (3\text{-}12d)$$

式中 σ——滑动面处桩体的竖向应力;

φ_c——粒料桩的内摩擦角,桩料为碎石时可取 38°,桩料为砂砾时可取 35°;

η——桩对土的置换率,桩在平面上按等边三角形布置时,按式(3-12c)计算确定;桩在平面上按正方形布置时,按式(3-12d)计算确定;

τ_p——粒料桩抗剪强度(kPa);

τ_s——地基土抗剪强度(kPa);

α——滑动面倾角(°);

D、B——分别为桩的直径和桩间距。

设有粒料桩复合地基的沉降 S_z 计算,应将复合地基底面以上的原地基上的沉降 S 加以折减,即:

$$S_z = \mu_s S \quad (3\text{-}13a)$$

$$\mu_s = \frac{1}{1+(n-1)} \quad (3\text{-}13b)$$

式中 μ_s——桩间土应力折减系数;

n——桩土应力比,宜经试验工程确定。无资料时,n 可取 2~5,当桩底土质好、桩间土质差时取高值,否则取低值;

S——粒料桩桩长深度内原地基的沉降。

(9) 加固土桩

加固土桩是用某种专用机械将软土地基局部范围内的软土柱体用加固材料改良、加固而形成,与桩间软土形成复合地基。改良后的加固土桩只考虑桩的置换作用、应力集中效应,进而减少总沉降,但不考虑加固土桩加快地基的排水固结速度和对地基的挤密作用。

加固土桩的施工有拌和桩法、粉喷桩法等。加固剂可采用水泥等固化剂,也可采用多种固化材料的混合物;加固材料的剂量应通过室内试验按技术、经济性优化选用。

加固土桩的直径及设置深度、间距应经稳定验算确定并应满足工后沉降要求。相邻桩的净距不应大于 4.0 倍桩径；桩深、桩径除受地质条件限制外，尚受机械设备的制约。采用深层拌和法加固软土地基的十字板抗剪强度不宜小于 10kPa。采用粉喷桩法加固软土地基时，深度不应超过 15m。

计算加固土桩复合地基的路堤整体抗剪稳定安全系数时，复合地基内滑动面上的抗剪强度采用复合地基抗剪强度 τ_{ps}，该强度按式(3-14)计算。

$$\tau_{ps} = \mu\tau_p + (1-\eta)\tau_s \tag{3-14}$$

式中符号意义同前。

加固土桩的抗剪强度以 90d 龄期的强度为标准强度，可按钻取试验路段的原状试件测无侧限抗压强度 q_u 的一半计算；也可按设计配合比由室内制备的加固土试件测得的无侧限抗压强度乘以 0.3 的折减系数求得，即：$\tau_p = 0.3q_u$。

加固土桩复合地基的沉降量按复合地基加固区的沉降量 S_1 和加固区下卧层的沉降量 S_2 两部分来计算。加固区的沉降量 S_1 采用复合压缩模量法计算；下卧层的沉降量 S_2 采用压缩模量法计算。

复合压缩模量 E_{ps} 按式(3-15)计算。

$$E_{ps} = \eta E_p + (1-\eta)E_s \tag{3-15}$$

式中 E_p——桩体压缩模量(MPa)；

E_s——土体压缩模量(MPa)；

其余符号意义同前。

(10) 强夯

饱和软黏土地基中夹有多层粉砂或采用在夯坑中回填块石、碎砾石、卵石等粒料进行强夯置换时可以采用强夯法处理。

强夯施工前，必须在施工现场选择有代表性的路段进行试夯，以指导大面积施工。强夯的有效加固深度 H 可按式(3-11)估算。

夯点的夯击数(最佳夯击能)应根据现场试夯确定，应满足：以夯坑的压缩厚最大，夯坑周围地面隆起最小为原则，且最后两击或三击的平均夯沉量不大于 50～100mm。夯点可采用正方形或等边三角形布置，间距以 5～7m 为宜，夯击遍数通过试夯确定。

3.2.5 路基防护设计

3.2.5.1 植物防护

1. 种草：种草适合于冲刷轻微、边坡高度较小、边坡坡度不陡于 1∶1 的土质边坡。选用草籽应注意当地的土壤和气候条件，通常应以容易生长、根系发达、叶茎低矮、枝叶茂密或有匍匐茎的多年生草种为宜。

2. 三维植被网防护：三维植被网防护适用于砂性土、土加石以及风化岩石，坡率缓于 1∶0.75 的边坡。如图 3-24 所示。

3. 铺草皮：适用于需要快速绿化、边坡不陡于 1∶1 的土质或风化严重的软岩边坡。

4. 种树：植树可加强地基稳定性、防止冲刷、防风砂、美化路容等。植树的形式可以是带状或条形，也可以栽成连续式的，即栽满防护的全部区域。种树适用于坡率缓于 1∶1.5 的边坡，或在边坡以外的河岸以及漫滩外。

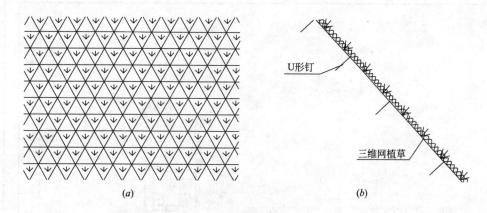

图 3-24 三维植被网防护示意图
(a)坡面布置图；(b)断面图

3.2.5.2 骨架植物防护

1. 浆砌片石或水泥混凝土骨架植草护坡：适用于边坡缓于 1∶0.75 的土质和全风化岩石边坡；骨架形式有人字形与拱形骨架两种形式，人字形骨架坡率必须缓于 1∶1；骨架一般做成截水沟的形式，如图 3-25、图 3-26、图 3-27 所示。

2. 多边形水泥混凝土空心块植草护坡：适用于边坡缓于 1∶0.75 的土质和全风化岩石路堑边坡。

3. 锚杆混凝土框架植草护坡：适用于土质边坡和坡体中无不良结构面、风化破碎的岩石路堑边坡。

3.2.5.3 圬工防护

1. 喷护：适用于坡率小于 1∶0.5、易风化但未遭强风化的岩石边坡。

2. SNS 被动柔性防护网：适用于坡面为碎裂结构的硬质岩石或层状结构不连续地层以及坡面岩石与基岩分开并有可能下滑的挖方边坡，系统立面图、防护系统横断面如图、拉锚绳系统平面图、钢绳网缝合联结大样如图 3-28 和图 3-29 所示。

3. SNS 主动柔性防护网：适用于坡面为碎裂结构的硬质岩石或层状结构的不连续地层以及坡面岩石与基岩分开并有可能下滑的挖方边坡，系统布置图、断面如图、锚杆大样如图、支撑绳安装图如图 3-30、图 3-31、图 3-32 所示。

4. 护坡

(1) 干砌片石护坡：适用于坡度缓于 1∶1.25 的土石质路堑边坡。常用的形式有单层铺砌片石防护、双层铺砌片石防护。

(2) 浆砌片石护坡：适用于坡度缓于 1∶1.1 易风化的岩石和土质路堑边坡。浆砌片石一般为 0.2～0.5m；用于冲刷防护时，根据流速大小或波浪大小确定最小厚度，一般不小于 0.35m；冻胀变形较大土质边坡的护坡底面应设置 0.1～0.15m 厚碎石或砂砾垫层。

(3) 混凝土预制块护坡：适用于缺乏石料地区的路基边坡防护。混凝土块板一般地区采用 C15 混凝土，在严寒地区可提高到 C20 混凝土。为了提高混凝土的耐冻性和防渗性，应按不同水泥成分加入适量的增塑剂。

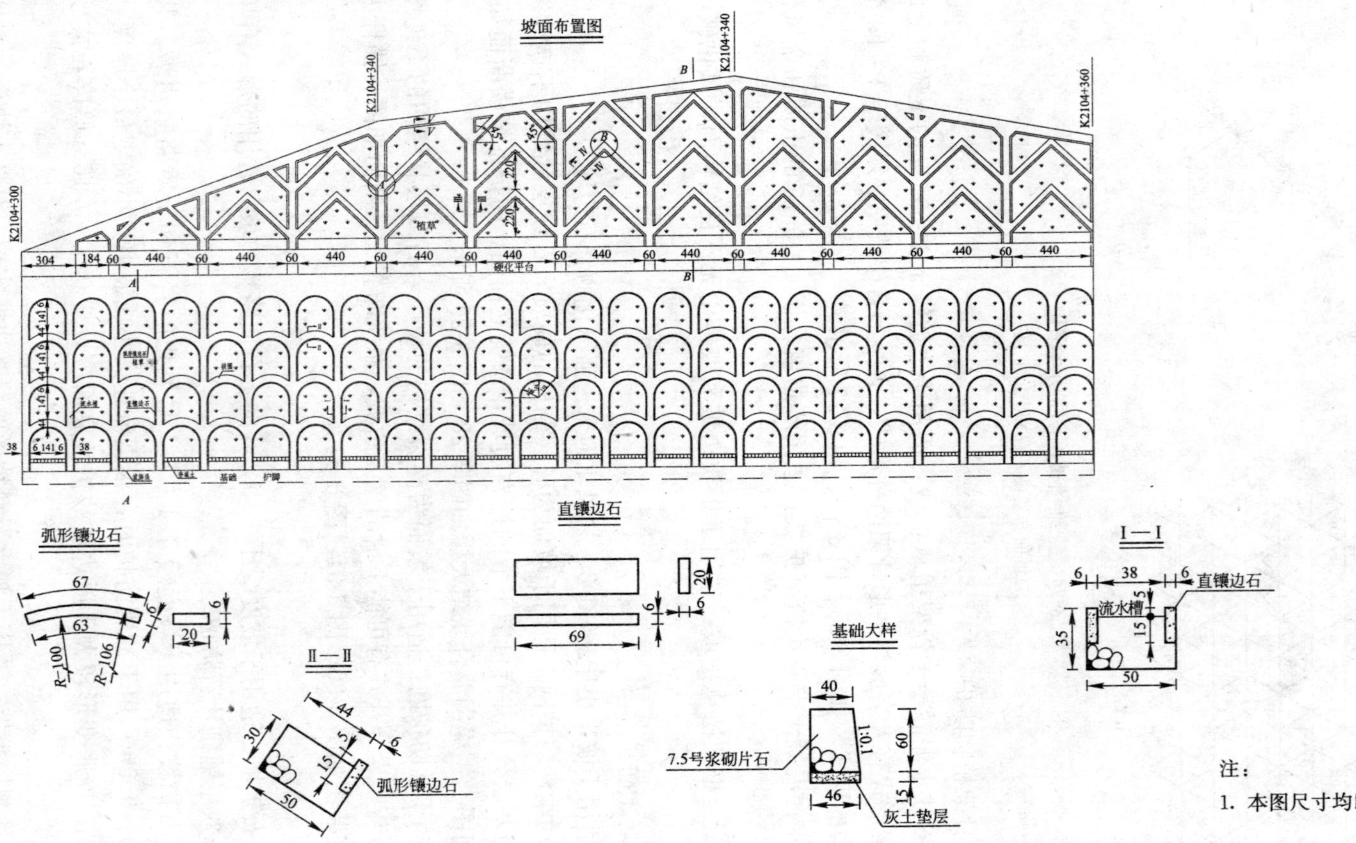

注：

1. 本图尺寸均以厘米计。

设计单位名称	《路基路面工程》课程设计		坡面布置及镶边石示意图		设计制图		指导教师		校核		日期	
	设计阶段	施工图设计	设计部分	图 3-25	学号		审核				比例	示意

图 3-25　坡面布置及镶边石示意图

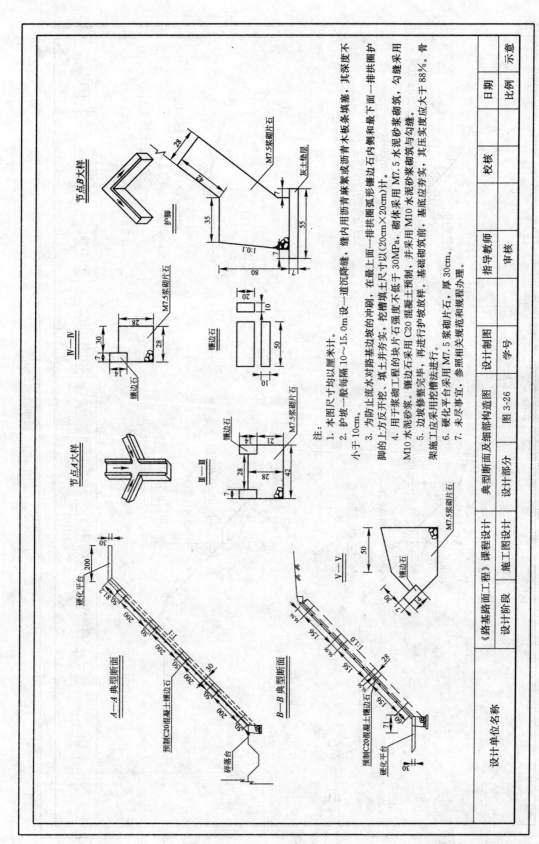

图 3-26 典型断面以及细部构造图

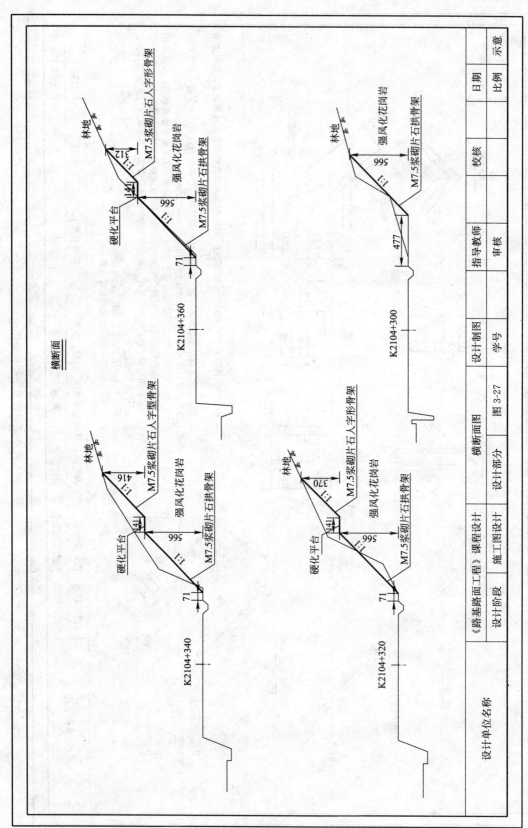

图 3-27 横断面图

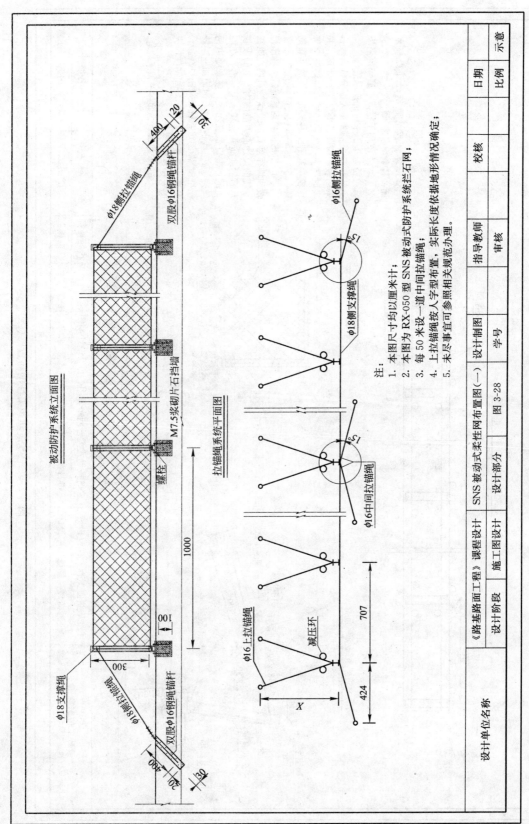

图 3-28 SNS 被动式柔性网布置图（一）

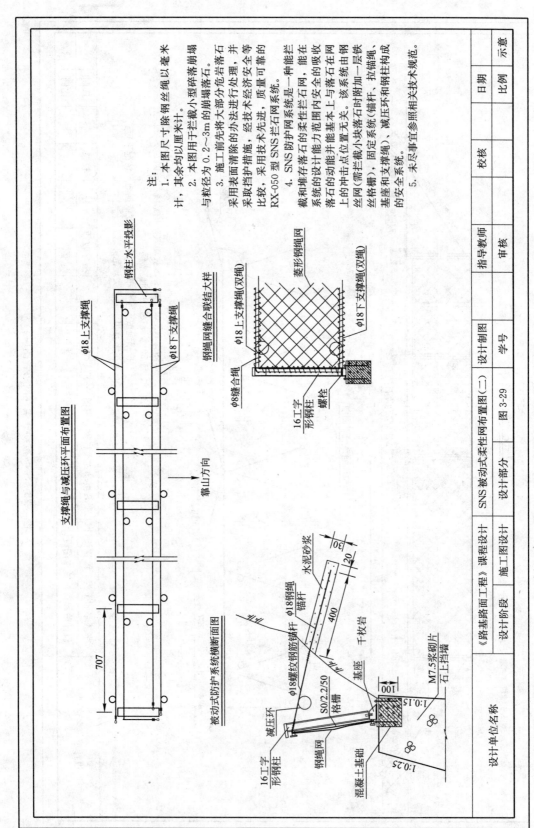

图 3-29 SNS 被动式柔性网布置图(二)

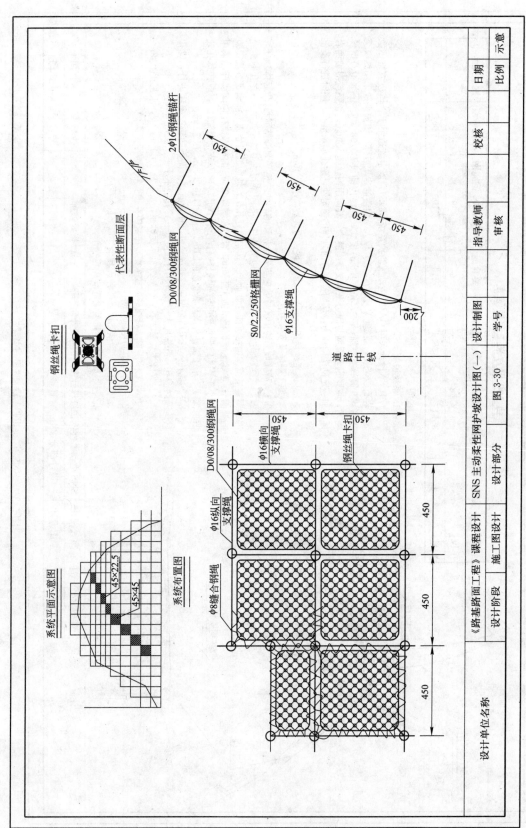

图 3-30 SNS 主动柔性网护坡设计图(一)

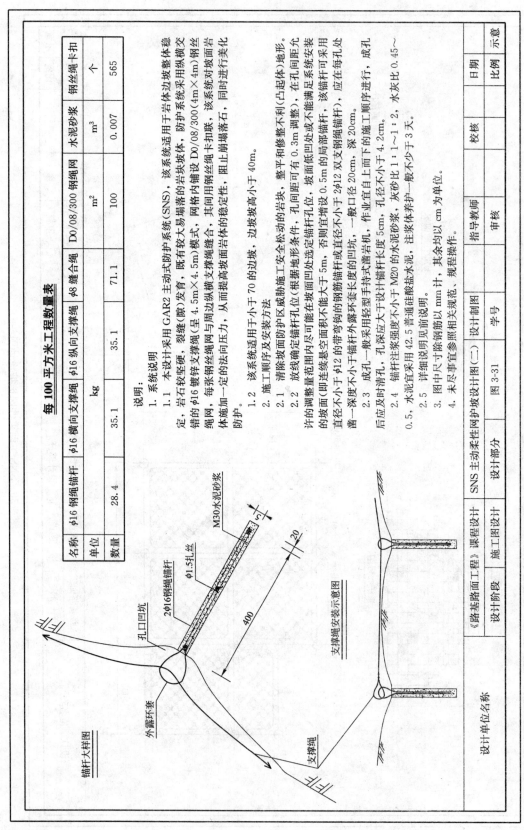

图 3-31 SNS 主动柔性网护坡设计图（二）

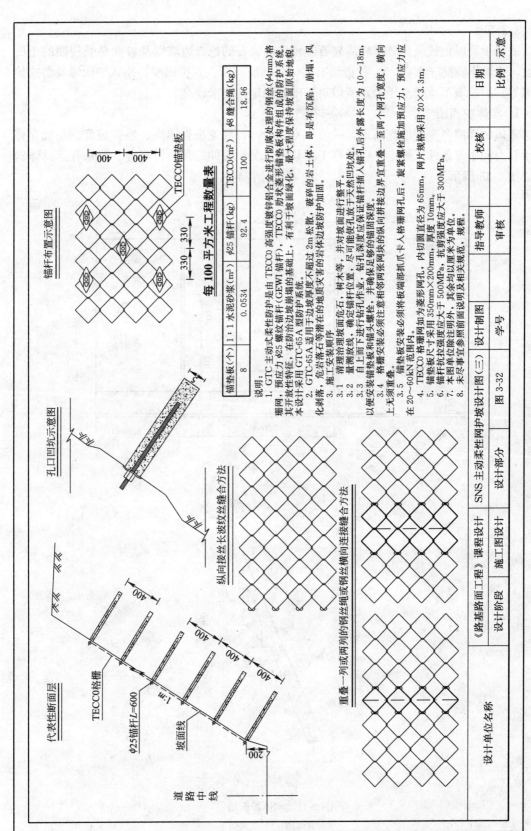

图 3-32 SNS主动柔性网护坡设计图（三）

3.2.5.4 护面墙

适用于易风化或风化严重软质岩石或较破碎岩石的挖方边坡以及坡面易受侵蚀的土质边坡，边坡不宜陡于1∶0.5。护面墙有实体护面墙、窗孔式护面墙、拱式护面墙及肋式护面墙等。护面墙不承受土压力，所以对基础的稳定性要求较高。

1. 实体护面墙

实体护面墙厚度视墙高而定，一般0.4~0.6m；底宽根据墙高、墙背坡度、基础允许的承载力大小等条件来确定。应根据工程具体情况设置伸缩缝、沉降缝、泄水孔。具体构造如图3-33所示。

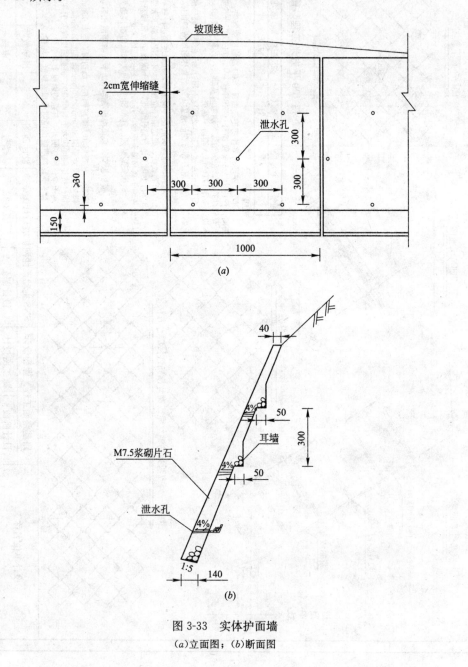

图3-33 实体护面墙
(a)立面图；(b)断面图

2. 窗孔式护面墙

窗孔式护面墙窗孔为半圆拱形，高 2.5~3.5m，宽 2.0~3.0m，圆拱半径为 1.0~1.5m。其基础、厚度、伸缩缝、伸缩坡率以及耳墙等要求与实体护面墙相同。

3. 拱式护面墙

拱跨 2.0~3.0m，拱圈可采用 M10 水泥砂浆砌块石，拱高视边坡下面完整岩层高度而定。拱跨 5m 以上，可采用混凝土拱圈，拱圈厚度根据拱上护面墙高度而定。

3.2.6 挡土墙设计

3.2.6.1 挡土墙的布置

挡土墙通常在路基横断面和墙趾断面上进行布置。布置前，应实地核对路基横断面，测绘墙址处的纵断面图，收集墙址处的地质和水文等资料。挡土墙设计图包括横断面布置图、立面布置图、平面布置图、配筋图、排水系统图等。

1. 横向布置

确定断面形式，选择挡土墙的位置。断面形式可参考路基设计手册。

2. 纵向布置

挡土墙纵面布置在墙址纵断面上进行，并绘制挡土墙立面图，纵向布置及立面图包括挡土墙的起讫点、墙长和与其他构造物的衔接方式；按地基与地形分段，确定伸缩缝与沉降缝的位置；布置各段基础；确定泄水孔的位置（数量、间隔和尺寸）。

3. 平面布置

个别复杂挡土墙，做平面布置，绘制平面图。

3.2.6.2 车辆荷载换算及计算参数

挡土墙所受的主要荷载为自重、汽车荷载与墙后填土产生的土压力，地震验算时还应考虑地震力等。

1. 车辆荷载换算

墙背后有车辆荷载作用，使土体中产生竖向附加应力，从而产生附加侧向力。土压力计算时，对于作用于墙背后填土表面车辆荷载可以近似按均布荷载来考虑，换算为重度与墙后填土相同的均布土层。车辆荷载作用在挡土墙墙背填土上所引起的附加土体侧压力，可按式(3-16)换算成等代均布土层厚度计算。

$$h_0 = \frac{q}{\gamma} \tag{3-16}$$

式中 h_0——换算土层厚度(m)；

q——车辆荷载附加荷载强度，墙高小于 2m，取 20kN/m²；墙高大于 10m，取 10kN/m²；墙高在 2~10m 之内时，附加荷载强度用直线内插法计算。作用于墙顶或墙后填土上的人群荷载强度规定为 3kN/m²；作用于挡墙栏杆顶的水平推力采用 0.75kN/m；作用于栏杆扶手上的竖向力采用 1kN/m；

γ——墙背填土的重度(kN/m³)。

2. 计算参数

挡土墙设计时填料内摩擦角 φ 是关键的计算参数，影响到土压力大小和方向，应根据材料的物理力学性质、湿密状态，恰当合理地选用，最好通过试验确定，并考虑一定的安全度。墙背摩擦角 δ 与墙背粗糙度及填料性质有关。

3.2.6.3 重力式挡土墙计算方法

1. 挡土墙基础埋深 h_1 的确定

为满足挡土墙稳定性要求,并考虑工程实际情况及经济因素,除满足规范要求外,挡土墙基础埋置可参考如下要求:1~2m 高挡土墙:$h_1=0.5$m;3~4m 高挡土墙:$h_1=1.0$m;5~6m 高挡土墙:$h_1=1.2$m。

2. 墙顶宽度 b 的确定

墙顶宽度对挡土墙稳定性影响不大,结合工程实际情况,建议如下:

(1) 直立式挡土墙:2m 高挡土墙:$b=0.5$m;3~4m 高挡土墙:$b=0.6$m;5~6m 高挡土墙:$b=0.7$m。

(2) 仰斜式挡土墙:2m 高挡土墙:$b=0.5$~0.7m;3~4m 高挡土墙:$b=0.6$~1.0m;5~6m 高挡土墙:$b=0.5$~1.2m。

(3) 俯斜式挡土墙:2m 高挡土墙:$b=0.5$m;3~4m 高挡土墙:$b=0.6$m;5~6m 高挡土墙:$b=0.7$m。

3. 墙底宽度确定

(1) 直立式挡土墙:按构造要求限定 B 的范围为:$\frac{H}{3} \sim \frac{H}{2}$($H$ 为墙高),计算时首先取构造最小值,进行稳定性验算。如不能满足要求,增大基地宽度,再进行稳定性验算。如此重复操作,直到满足要求为止。如 B 取为最大值时,仍不能满足稳定性要求,则认为此地质情况不适合采用此种形式挡土墙。

(2) 仰斜式挡土墙:按构造要求墙面坡度取为 1:0.05,墙背坡度取为 1:0.25,$B=b+0.25 \times H$,计算时 b 先取最小值,进行稳定验算。如不能满足要求,增大 b 值,再进行稳定性验算。如此重复操作,直到满足要求为止。如 b 取为最大值时,仍不能满足稳定性要求,则认为此地质情况不适合采用此种形式挡土墙。

(3) 俯斜式挡土墙:按构造要求墙面坡度取为 1:0.05,墙背坡度取为 1:0.25~1:0.4,$B=b+H \times m$(m 为墙背坡度),计算时 b 先取最小值,进行稳定验算。如不能满足要求,增大墙背坡度,再进行稳定性验算。如此重复操作,直到满足要求为止。如墙背坡度取为最大值时,仍不能满足稳定性要求,则认为此地质情况不适合采用此种形式挡土墙。

4. 细部构造尺寸确定

展宽墙址 $b_1=0.1H$;基底逆坡坡度最大为 0.2:1。

5. 主动土压力以及被动土压力均按库仑公式计算。

6. 挡土墙的稳定性,应符合下列要求(见图 3-34):

(1) 抗滑动稳定系数 K_c 按式(3-17)式计算:

$$K_c = \frac{[N+(E_x-E_p')\tan\alpha_0]\mu + E_p'}{E_x - N\tan\alpha_0} \quad (3-17)$$

式中 N——作用于基底上合力的竖向分力

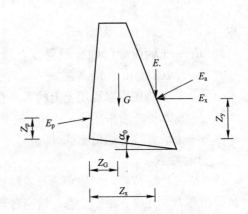

图 3-34 重力式挡土墙受力图

(kN),浸水挡土墙应计浸水部分浮力;

E'_p——墙前被动土压力水平分量的 0.3 倍(kN);

μ——基底与地基间的摩擦系数,当缺乏可靠试验资料时,可按表 3-17 的规定采用;

E_x——墙后主动土压力的水平分量(kN);

α_0——基底倾斜角(°),基底为水平时,$\alpha_0=0$。

基底与基底土间的摩擦系数 μ 表 3-17

地基土的分类	摩擦系数 μ	地基土的分类	摩擦系数 μ
软塑黏土	0.25	碎石类土	0.50
硬塑黏土	0.30	软质岩石	0.40~0.60
砂类土、黏砂土、半干硬的黏土	0.30~0.40	硬质岩石	0.60~0.70
砂类土	0.40		

(2)抗倾覆稳定系数 K_0 按式(3-18)计算:

$$K_0 = \frac{GZ_G + E_y Z_x + E'_p Z_p}{E_x Z_y} \tag{3-18}$$

式中 G——作用于基底以上的重力(kN),浸水挡土墙的浸水部分应计入浮力;

Z_G——墙身重力、基础重力、基础上填土的重力及作用于墙顶的其他荷载竖向力合力重心到墙趾的距离(m);

Z_x——墙后主动土压力竖向分量到墙趾的距离(m);

Z_y——墙后主动土压力水平分量到墙趾的距离(m);

Z_p——墙前被动土压力水平分量到墙趾的距离(m);

E_y——墙后主动土压力的竖向分量(kN)。

在《公路路基设计规范》(JTJ D30—2004)规定的墙高范围内,验算挡土墙的抗滑动和抗倾覆稳定时,稳定系数不宜小于表 3-18 的规定。

抗滑动和抗倾覆的稳定系数   表 3-18

荷载情况	验算项目	稳 定 系 数	
荷载组合Ⅰ、Ⅱ	抗滑动	K_c	1.3
	抗倾覆	K_0	1.5
荷载组合Ⅲ	抗滑动	K_c	1.3
	抗倾覆	K_0	1.3
施工阶段验算	抗滑动	K_c	1.2
	抗倾覆	K_0	1.2

7. 基底承载力验算

(1)基底合力偏心距 e_0 可按式(3-19)计算:

$$e_0 = \frac{M_d}{N_d} \tag{3-19}$$

式中 N_d——作用于基底上的垂直力组合设计值(kN);

M_d——作用于基底形心的弯矩组合设计值(kN·m)。

(2) 挡土墙地基计算时，各类作用(或荷载)组合下，作用效应组合设计值计算式中的作用分项系数，除被动土压力分项系数 $\gamma_{Q2}=0.3$ 外，其余作用(或荷载)的分项系数规定均等于1。

(3) 基底压应力按式(3-20)计算：

$e_0 \leqslant \dfrac{B}{6}$ 时：
$$\sigma_{1,2} = \dfrac{N_d}{A}\left(1 \pm \dfrac{6e_0}{B}\right) \tag{3-20}$$

位于岩石地基上的挡土墙

$e_0 > \dfrac{B}{6}$ 时：
$$\sigma_1 = \dfrac{2N_d}{3\alpha_1}, \quad \sigma_2 = 0 \tag{3-21}$$

$$\alpha_1 = \dfrac{B}{2} - e_0 \tag{3-22}$$

式中 σ_1——挡土墙趾部的压应力(kPa)；
σ_2——挡土墙踵部的压应力(kPa)；
B——基底宽度(m)，倾斜基底为其斜宽；
A——基础底面每延米面积，矩形基础为基础宽度 $B \times 1 (\text{m}^2)$。

基底合力偏心距 e_0，对土质地基不应大于 $\dfrac{B}{6}$；岩石地基不应大于 $\dfrac{B}{4}$。基底压应力不应大于基底的容许承载力 $[\sigma_0]$；基底容许承载力值可按现行《公路桥涵地基与基础设计规范》的规定采用，当为作用(或荷载)组合Ⅲ及施工荷载，且 $[\sigma_0]>150\text{kPa}$ 时，可提高25%。

8. 挡土墙构件轴心或偏心受压时，正截面强度按式(3-23)计算，稳定性按式(3-24)计算。

$$\gamma_0 N_d \leqslant \dfrac{a_k A R_a}{\gamma_f} \tag{3-23}$$

$$\gamma_0 N_d \leqslant \dfrac{\Psi_k a_k A R_a}{\gamma_f} \tag{3-24}$$

式中 N_d——验算截面上的轴向力组合设计值(kN)；
γ_0——重要性系数；
γ_f——圬工构件或材料的抗力分项系数；
R_a——材料抗压极限强度(kN)；
A——挡土墙构件的计算截面面积(m^2)；
a_k——轴向力偏心影响系数，按式(3-25)计算；
Ψ_k——偏心受压构件在弯曲平面内的纵向弯曲系数，按式(3-27)和式(3-28)计算；轴心受压构件的纵向弯曲系数，可采用表3-19的规定。

偏心受压构件纵向弯曲系数 Ψ_k 表3-19

2H/B	混凝土构件	砌体砂浆强度等级	
		M10、M7.5、M5	M2.5
≤3	1.00	1.00	1.00
4	0.99	0.99	0.99
6	0.96	0.96	0.96

续表

2H/B	混凝土构件	砌体砂浆强度等级	
		M10、M7.5、M5	M2.5
8	0.93	0.93	0.91
10	0.88	0.88	0.85
12	0.82	0.82	0.79
14	0.76	0.76	0.72
16	0.71	0.71	0.66
18	0.65	0.65	0.60
20	0.60	0.60	0.54
22	0.54	0.54	0.49
24	0.50	0.50	0.44
26	0.46	0.46	0.40
28	0.42	0.42	0.36
30	0.38	0.38	0.33

$$a_k = \frac{1-256\left(\dfrac{e_0}{B}\right)^8}{1+12\left(\dfrac{e_0}{B}\right)^2} \tag{3-25}$$

式中 e_0——轴向力的偏心距(m)，按式(3-19)采用；

B——挡土墙计算截面宽度(m)。

挡土墙墙身或基础为圬工截面时，其轴向力的偏心距 e_0 按式(3-26)式计算，e_0 应符合现行《路基设计规范》表 5.4.4-5 的规定。

$$e_0 = \left|\frac{M_0}{N_0}\right| \tag{3-26}$$

式中 M_0——在某一类作用(或荷载)组合下，作用(或荷载)对计算截面形心的总力矩(kN·m)；

N_0——某一类作用(或荷载)组合下，作用于计算截面上的轴向力的合力(kN)。

$$\Psi_k = \frac{1}{1+\alpha_s\beta_s(\beta_s-3)\left[1+16\left(\dfrac{e_0}{B}\right)^2\right]} \tag{3-27}$$

$$\beta_s = \frac{2H}{B} \tag{3-28}$$

式中 H——墙高(m)；

α_s——与材料有关的系数，按表 3-20 采用。

α_s 取值   表 3-20

圬工名称	浆砌砌体采用以下砂浆强度等级			混凝土
	M10、M7.5、M5	M2.5	M1	
α_s 值	0.002	0.0025	0.004	0.002

3.2.7 新建沥青路面设计

3.2.7.1 交通分析

1. 标准轴载

作用在路面上的车辆是由不同轴载组成的,每一级轴载对路面都产生不同程度的损毁。将不同轴载按照疲劳等效原则换算为标准轴载。公路沥青路面设计时,以双轮组单轴载 100kN 为标准轴载,用 BZZ-100 表示,其轮胎接地压力 $p=0.7$MPa,单轮传压面当量圆直径 $d=21.3$cm,两轮中心距离 $\frac{d}{2}$。

2. 沥青路面设计标准轴载换算

(1) 当以弯沉值与沥青层底拉应力为设计指标时,各级轴载按式(3-29)换算为标准轴载 P 的当量作用次数 N。

$$N = \sum_{i=1}^{k} C_1 C_2 n_i \left(\frac{P_i}{P}\right)^{4.35} \tag{3-29}$$

式中 N——标准轴载的当量轴次(次/d);

n_i——各种被换算汽车的作用次数(次/d);

P——标准轴载;

P_i——各种被换算车型的轴载(kN);

C_1——被换算车辆的轴数系数;

C_2——被换算车辆的轮组系数,双轮组取 1.0,单轮组取 6.4,四轮组取 0.38。

当轴间距大于 3m 时,应按一个单独的轴载计算;当轴间距小于等于 3m 时,双轴或多轴的轴数系数按式(3-30)计算。

$$C_1 = 1 + 1.2(m-1) \tag{3-30}$$

式中 m——轴数。

(2) 当进行半刚性材料层底拉应力验算时,各级轴载按式(3-31)换算为标准轴载 P 的当量作用次数 N'。

$$N' = \sum_{i=1}^{k} C_1' C_2' n_i \left(\frac{P_i}{P}\right)^{8} \tag{3-31}$$

式中 C_1'——被换算车辆的轴数系数;

C_2'——被换算车辆的轮组系数,双轮组为 1.0,单轮组为 18.5,四轮组为 0.09。

以拉应力为设计指标时,双轴或多轴数系数按式(3-32)计算。

$$C_1' = 1 + 2(m-1) \tag{3-32}$$

式中 m——轴数。

(3) 上述轴载换算公式,适用于单轴轴载小于或等于 130kN 的各种车型的轴载换算。

3. 设计年限内累计当量标准轴载作用次数

根据不同公路等级的设计年限、第一年双向日平均当量轴次(N_1)、年平均交通量增长率、车道系数及该公路交通特点,计算设计年限内一个方向一个车道的累计当量轴次,按式(3-33)计算:

$$N_e = \frac{[(1+\gamma)^t - 1] \times 365}{\gamma} \cdot N_1 \cdot \eta \tag{3-33}$$

式中 N_e——设计年限内一个方向一个车道累计当量轴次(次/车道);

t——设计年限(年);

N_1——路面营运第一年双向日平均当量轴次(次/d);

γ——设计年限内交通量的平均年增长率(%);

η——车道系数,见表 3-21。

车道系数 η 表 3-21

车道特征	车道系数 η	车道特征	车道系数 η
双向单车道	1.0	双向六车道	0.3~0.4
双向两车道	0.6~0.7	双向八车道	0.25~0.35
双向四车道	0.4~0.5		

4. 交通等级

路面结构在设计年限内承担交通荷载繁重程度以交通等级划分。划分时根据设计年限内一个车道沿一个方向的标准当量轴次或公路上一个车道日平均车量数划分,选择一个较高的交通等级作为交通等级。路面结构选型、结构组合设计、结构层位确定、材料选定都应充分考虑交通等级。

我国沥青路面如下表所示划分为 4 个等级,如下表 3-22 所示。

沥青路面交通等级 表 3-22

交通等级	BZZ-100kN 累计标准轴次 $N_e(\times 10^4$ 次/车道)	大客车及中型以上的各种货车交通量 [辆/(d·车道)]
轻交通	<300	<600
中交通	300~1200	600~1500
重交通	1200~2500	1500~3000
特重交通	>2500	>3000

3.2.7.2 设计指标

现行《公路沥青路面设计规范》(JTJ D50—2006)以路面表面回弹弯沉为设计控制指标,以沥青材料层底拉应力和半刚性基层材料层底拉应力为验算指标。

1. 路面设计弯沉值

路面设计弯沉是指路面竣工后第 1 个不利季节,在标准轴载作用下,双轮轮隙中间点的弯沉值,是根据路面达到临界破坏状态时的弯沉调查结果,结合路表弯沉在路面使用期间变化规律统计得到的。设计弯沉值应根据公路等级、设计年限内累计当量轴次、面层和基层类型按式(3-34)计算。

$$l_d = 600 N_e^{-0.2} A_c A_s A_b \tag{3-34}$$

式中 l_d——设计弯沉值(0.01mm);

N_e——设计年限内一个车道累计当量轴次(次/车道);

A_c——公路等级系数,高速公路、一级公路为 1.0,二级公路为 1.1,三、四级公路为 1.2;

A_s——面层类型系数,沥青混凝土面层为 1.0;热拌和冷拌沥青碎石、上拌下贯或贯入式路面、沥青表面处均为 1.1;

A_b——基层类型系数,对半刚性基层沥青路面为1.0;柔性基层沥青路面为1.6。

2. 容许拉应力

沥青混凝土层、半刚性材料基层和底基层以拉应力为设计或验算指标,材料的容许拉应力 σ_R 按式(3-35)计算:

$$\sigma_R = \frac{\sigma_S}{K_S} \tag{3-35}$$

式中 σ_R——路面结构层材料的容许拉应力(MPa);

σ_S——沥青混凝土或半刚性材料的极限劈裂强度(MPa);

K_S——抗拉强度结构系数。

对沥青混凝土的极限劈裂强度,系指15℃时的极限劈裂强度;对水泥稳定类材料系指龄期为90d的极限劈裂强度(MPa);对二灰稳定类和石灰稳定类材料龄期为180d极限劈裂强度;对于水泥粉煤灰稳定类材料系指龄期为120d的极限劈裂强度。

对沥青混凝土层的抗拉强度结构系数,按式(3-36)计算:

$$K_S = 0.09 N_e^{0.22}/A_c \tag{3-36}$$

对无机结合料稳定集料类的抗拉强度结构系数,按式(3-37)计算:

$$K_S = 0.35 N_e^{0.11}/A_c \tag{3-37}$$

对无机结合料稳定细粒土类的抗拉强度结构系数,按式(3-38)计算:

$$K_S = 0.45 N_e^{0.11}/A_c \tag{3-38}$$

3.2.7.3 沥青路面结构组合设计

沥青路面结构组合设计可按以下原则设计:

(1)面层、基层结构类型及厚度与交通量相适应,交通量大,路面等级要高。规范推荐了各类沥青面层厚度及适应的交通量,可参考选用。采用空隙较大的沥青混合料做面层时,应在其上加铺沥青砂或用沥青表面处治作为封层。交通繁重时,应选用强度较高的稳定类材料做基层并可加设底基层,基层厚度一般为15～25cm,对于高等级公路,可达30～40cm以上。垫层材料可选用粗砂、砂砾、碎石、煤渣、矿渣等粒料以及水泥或石灰煤渣稳定粗粒土,石灰粉煤灰稳定粗粒土等,厚度均为15～25cm。

(2)各结构层材料回弹模量应使各层处于最优受力状态,一般应自上而下递减,以符合轮载作用下应力和应变随深度逐渐减小的规律。

(3)要注意各个结构层本身的结构特性,采取限制措施或消除不利影响。例如在无机结合料整体性基层上修建面层时,应从材料组成设计上采取措施减小低温收缩或干缩裂缝。为此,可增加粗粒料含量,或适当增加面层厚度或其间加设一层联结层或设应力吸收层。

(4)考虑水文状况的不利影响,在潮湿路段修筑沥青路面时,首先应对路基进行必要的处理,如提高路基高度或降低地下水位等措施,并采用半刚性基层或水稳性好的透水基层。在季节性冰冻区有冻胀可能的中湿、潮湿路段,要考虑冻胀和翻浆的危害。路面结构除了要满足力学强度要求外,其总厚度还要满足防冻厚度要求,以避免路基产生过大的不均匀冻胀,导致路面开裂。

(5)除以上原则外,还要注意结构组合设计应考虑到可能的施工工艺和技术水平,要注意各类材料的最小厚度和适宜厚度,见现行《公路沥青路面设计规范》(JTJ D50—

2006)中表4.1.3-1~表4.1.5所示。

（6）注意应用新材料和废弃物，大胆科学地应用新材料不仅可解决高等级公路建设中的很多关键技术问题，又有利于道路工程科学的发展。诸如钢渣、粉煤灰、建筑垃圾、废旧轮胎等固体废弃物在道路工程中的应用有利于环境保护和降低工程造价。

3.2.7.4 路面厚度计算

1. 以设计弯沉值为控制指标确定路面厚度

沥青路面设计弯沉值是根据层间接触条件为完全连续多层弹性层状体系理论，路表弯沉计算图式见图3-35所示。

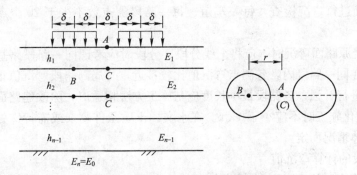

图3-35 路面荷载及计算点图式

轮隙中心处(A)点路表计算弯沉值l_s应小于或等于设计弯沉值l_d，即：

$$l_s \leqslant l_d \tag{3-39}$$

式中 l_s——路面计算弯沉值(0.01mm)，按式(3-40)计算；

l_d——设计弯沉值(0.01mm)，按式(3-34)计算。

$$l_s = 1000 \frac{2p\delta}{E_0} \alpha_c F \tag{3-40}$$

$$F = 1.63 \left(\frac{l_s}{2000\delta}\right)^{0.38} \left(\frac{E_0}{p}\right)^{0.36} \tag{3-41}$$

式中 p，δ——标准车型的轮胎接地压强(MPa)和当量圆半径(cm)；

F——弯沉综合修正系数，按式(3-41)计算；

α_c——理论弯沉修正系数。

2. 层底拉应力验算

层底拉应力计算图式见图3-35，轮隙中心(C点)或单圆荷载中心处(B点)的层底拉应力σ_m应小于等于容许拉应力σ_R，即：

$$\sigma_m \leqslant \sigma_R \tag{3-42}$$

式(3-42)计算的σ_m，应取较大值作为计算层底最大拉应力，按下式计算：

$$\sigma_m = p \overline{\sigma_m} \tag{3-43}$$

式中 $\overline{\sigma_m}$——理论最大拉应力系数。

3.2.8 改建沥青路面设计

3.2.8.1 旧路改建路面状况评定

路面改建设计首先进行的是旧路面状况评价，包括路面损坏状况、结构承载能力、平整度和防滑能力等的评价。

1. 路面损坏状况评价：路面损坏状况评价是根据对路面损坏状况的调查资料，评价路面损坏程度。

2. 沥青路面结构承载能力评价

沥青路面结构承载能力一般通过测定路面表面弯沉值，经分析予以判定。利用弯沉值可分析计算路面结构力学参数，如反算路面结构各层模量或路面结构顶面的当量回弹模量，评价路面结构的承载能力和剩余寿命。

砂石路面或沥青路面改建设计时，首先必须测定旧路面表面回弹弯沉，测定时有以下几点要求：

(1) 原路面进行弯沉检查，每一车道、每一路段测点数不少于 20 个点，并采用标准轴载汽车测定。

(2) 在确定原路面弯沉时，应将全线分段。分段时应考虑同一路段路基干湿类型与土质基本相同；在同一路段内，各测点弯沉值比较接近，若局部路段弯沉值很大，应先进行修补处理，再进行补强；各路段最小长度应与施工方法相适应，除改建路面外，一般不小于 500m，机械化施工时不应小于 1km。在水文、土质条件复杂或需特殊处理路段，其分段长度可视具体情况而定。

(3) 各路段的计算弯沉值

路段弯沉值应采用 BZZ-100 标准轴载汽车，用贝克曼梁测定原有路面的弯沉值（或FWD 测定），每 20～50 米测一点，弯沉值变化较大时可加密测点，各路段计算弯沉值 l_0 应按式(3-44)计算：

$$l_0 = (\overline{l_0} + Z_a S) K_1 K_2 K_3 \tag{3-44}$$

式中 l_0 ——路段的计算弯沉值(0.01mm)；

$\overline{l_0}$ ——路段内原路面上实测弯沉平均值(0.01mm)；

S ——路段内原路面上实测弯沉标准差(0.01mm)；

Z_a ——与保证率有关的系数，高速公路、一级公路 $Z_a = 1.645$；二级公路 $Z_a = 1.5$；三、四级公路 $Z_a = 1.3$；

K_1、K_2 ——季节影响系数和湿度影响系数，根据当地经验确定；

K_3 ——温度修正系数。

弯沉在非不利季节测定时，应根据当地经验考虑季节影响系数修正。对冰冻地区潮湿或过湿路基，应考虑路面强度逐渐衰减的影响，乘以潮湿系数。路面弯沉值是以 20℃ 为测定沥青路面弯沉值的标准状态，当沥青面层厚度小于或等于 5cm 时，不需温度修正；当路面温度在 20±2℃，也不需要温度修正；其他情况下测定弯沉值均需进行温度修正。

(4) 路面当量回弹模量计算

确定旧路面当量回弹模量时，应根据路段划分，分别按照贝克曼弯沉或落锤仪(FWD)测定的弯沉值计算各路段的当量回弹模量值。各路段的当量回弹模量应根据各路段的计算弯沉值，按式(3-45)计算：

$$E_t = 1000 \frac{2p\delta}{l_0} m_1 m_2 \tag{3-45}$$

式中 E_t ——旧路面当量回弹模量(MPa)；

p, δ ——意义同前；

l_0——旧路面计算弯沉(0.01mm);

m_1——用标准轴载汽车在原路面上测得的弯沉值与用承载板在相同压强条件下所测得的回弹变形值之比,即轮板对比值;

m_2——旧路面当量回弹模量扩大系数。

m_1根据各地对比试验结果论证确定,在没有对比试验资料的情况下,可取$m_1=1.1$。计算与旧路面接触补强层层底拉应力时,m_2按式(3-46)计算;计算其他补强层层底拉应力及弯沉值时,$m_2=1.0$。

$$m_2 = e^{0.037\frac{h'}{\delta}\left(\frac{E_{n-1}}{p}\right)^{0.25}} \tag{3-46}$$

式中 E_{n-1}——与旧路面接触层材料的抗压模量(MPa);

h'——各补强层等效为与旧路面接触层E_{n-1}相当的等效总厚度(cm)。

等效总厚度h'按式(3-47)计算:

$$h' = \sum_{i=1}^{n-1} h_i (E_i/E_{n-1})^{0.25} \tag{3-47}$$

式中 E_i——第i层补强层材料的抗压回弹模量(MPa);

h_i——第i层补强的厚度(cm);

$n-1$——补强层层数。

3.2.8.2 沥青路面改建设计

1. 改善防滑和平整度的加铺设计

对高级公路,往往在设计年限内由于抗滑性降低需加铺新的沥青混凝土磨耗层。可能有以下几种情况:

(1) 由于设计标高限制,必须先铣刨掉原防滑磨耗层后加铺同样厚度的磨耗层,这时设计任务不是进行结构验算,而是防滑磨耗层沥青混合料组成设计和可能反射裂缝防治,界面处理(黏层油的选用)也很重要。沥青混合料组成设计必须很好考虑原防滑磨耗层损坏原因(车辙、松散等),新防滑磨耗层沥青混合料应能改善以上方面的性能。

(2) 在原防滑磨耗层上直接加铺新的防滑磨耗层,一般也无须作结构厚度验算,防滑磨耗层厚度基本是固定的,但若原路面有较多裂缝的话,反射裂缝是一个大问题。应在参考国内外防治技术措施和考虑当地经济状况、原材料的基础上,选择合理的防治措施。

2. 加铺补强层设计

加铺补强层设计步骤为:

(1) 计算原路面当量回弹模量。

(2) 拟定几种可行的结构组合及设计层,并确定各补强层材料参数。

(3) 根据加铺层类型确定设计指标。当以路表回弹弯沉为设计指标时弯沉综合修正系数按式(3-48)计算。

$$F = 1.45\left(\frac{l_s}{2000\delta}\right)^{0.61}\left(\frac{E_t}{p}\right)^{0.61} \tag{3-48}$$

(4) 设计层厚度采用弹性层状体理论设计程序计算。对季节性冰冻地区的中、潮湿路段还应验算防冻厚度。

(5) 根据各方案计算结果,进行技术经济比较,确定采用的补强方案。

3.2.9 新建水泥路面设计

我国水泥混凝土路面设计方法采用单轴双轮组100kN标准轴载作用下的弹性半空间

地基有限大矩形薄板理论有限元解为理论基础，以路面板纵缝边缘荷载与温度综合疲劳弯拉应力为设计指标进行路面板厚度设计。设计完成后，路面板的综合疲劳弯拉应力应满足以目标可靠度为依据的极限状态平衡方程。

3.2.9.1 水泥混凝土路面交通等级

1. 混凝土路面设计基准期

路面设计基准期与公路等级有关。可根据公路在路网中的功能定位，当地国民经济发展的需求以及投资条件等因素，经论证后确定。通常可按表 3-23 选定。

公路水泥混凝土路面设计基准期参考值　　　　　表 3-23

公路技术等级	设计基准期(年)	公路技术等级	设计基准期(年)
高速公路	30	二级公路	20
一级公路	30	三、四级公路	20

2. 标准轴载与轴载换算

水泥混凝土路面结构设计以 100kN 的单轴-双轮组荷载为标准轴载。不同轴轮型和轴载的作用次数，按式(3-49)换算为标准轴载的作用次数。

$$N_s = \sum_{i=1}^{n} \delta_i N_i \left(\frac{P_i}{100}\right)^{16} \quad (3\text{-}49a)$$

$$\delta_i = 2.22 \times 10^3 P_i^{-0.43} \quad (3\text{-}49b)$$

$$\delta_i = 1.07 \times 10^{-5} P_i^{-0.22} \quad (3\text{-}49c)$$

$$\delta_i = 2.24 \times 10^{-8} P_i^{-0.22} \quad (3\text{-}49d)$$

式中　N_s——100kN 的单轴-双轮组标准轴载的作用次数；

N_i——各类轴型 i 级轴载的作用次数；

n——轴型和轴载级位数；

P_i——单轴-单轮、单轴-双轮组、双轴-双轮组或三轴-双轮组轴型 i 级轴载的总重(kN)；

δ_i——轴-轮型系数，单轴-双轮组时，$\delta_i = 1$；单轴-单轮时，按式(3-49b)计算；双轴-双轮组时，按(3-49c)计算；三轴-双轮组时，按式(3-49d)计算。

3. 交通量与轴载分析

通过当地交通量观测站历年统计资料进行交通调查，可以提出车道的年平均日交通量 ADTT。由于轻型车对混凝土路面的疲劳损伤可以不计，因此将统计的年平均日交通量中的 2 轴 4 轮以下的轻型车所占的交通量剔除不计，从而可以得到设计基准期初期的年平均日货车交通量(双向)。

公路通行车辆在横断面上的分布是不均匀的，根据统计规律，车道数不同，分布概率也不一样，故可以将调查获得的双向年平均日货车交通量，乘以方向系数(通常为 0.5)和车道分布系数(见表 3-24)才能获得设计车道在设计基准初期的年平均日货车交通量 ADTT(单向)。ADTT 换算为当量标准轴载的方法见现行《公路水泥混凝土路面设计规范》(JTG D40—2002)附录 A，本处不再赘述。

交通量车道分布系数 表3-24

单向车道数	1	2	3	4
车道分配系数	1.0	0.8~1.0	0.6~0.8	0.5~0.75

4. 标准轴载累计当量作用次数

设计基准期内混凝土面板临界荷位处所承受的标准轴载累计当量作用次数 N_e，可用式(3-50)确定。

$$N_e = \frac{N_s\left[(1+g_r)^t - 1\right] \times 365}{g_r} \times \eta \tag{3-50}$$

式中 g_r——由调查确定的交通量年平均增长率(%)；

t——设计使用年限；

η——临界荷位处的车辆轮迹横向分布系数，按表3-25选用。

混凝土临界荷位车辆轮迹横向分布系数 表3-25

公　路　等　级		纵缝边缘处
高速公路、一级公路、收费站		0.17~0.22
二级及二级以下公路	行车道宽>7m	0.34~0.39
	行车道宽≤7m	0.54~0.62

5. 混凝土路面交通等级划分

水泥混凝土路面所承受的轴载作用，按设计基准期内设计车道所承受的标准轴载累计作用次数分为4级，分级范围见表3-26。

交　通　等　级 表3-26

交　通　等　级	特重	重	中等	轻
设计车道标准轴载累计作用次数 N_e(×10⁴次)	>2000	100~2000	3~100	<3

3.2.9.2 目标可靠度与疲劳极限状态方程

我国水泥混凝土路面按可靠度方法进行设计，不同等级公路的路面结构设计安全等级、可靠度指标及目标可靠度列于表3-27。

可靠度设计标准 表3-27

公路技术等级	高速公路	一级公路	二级公路	三、四级公路
安全等级	一级	二级	三级	四级
目标可靠度(%)	95	90	85	80
目标可靠度指标	1.64	1.28	1.04	0.84
变异水平等级	低	低~中	中	中~高

水泥混凝土路面结构设计以行车荷载和温度梯度综合作用产生的疲劳断裂作为设计的极限状态，极限状态方程式见式(3-51)：

$$\gamma_r(\sigma_{pr} + \sigma_{tr}) \leq f_r \tag{3-51}$$

式中 γ_r——可靠度系数，依据所选目标可靠度及变异水平等级按表3-28确定；
σ_{pr}——行车荷载疲劳应力(MPa)；
σ_{tr}——温度梯度疲劳应力(MPa)；
f_r——水泥混凝土弯拉强度标准值(MPa)，见表3-29。

可靠度系数 γ_r 表3-28

变异水平等级	目标可靠度系数 γ_r			
	95	90	85	80
低	1.20～1.33	1.09～1.16	1.04～1.08	—
中	1.33～1.50	1.16～1.23	1.08～1.13	1.04～1.07
高	—	1.23～1.33	1.13～1.18	1.07～1.11

注：变异系数在变化范围的下限时，可靠度系数取低值；上限时，取高值。

混凝土弯拉强度标准值 f_r 表3-29

交 通 等 级	特重	重	中等	轻
水泥混凝土弯拉强度标准值(MPa)	5.0	5.0	4.5	4.0
钢纤维混凝土弯拉强度标准值(MPa)	6.0	6.0	5.5	5.0

3.2.9.3 弯拉应力分析及厚度设计

1. 荷载应力分析

产生最大荷载和温度梯度综合疲劳破坏的临界荷位位于混凝土板的纵向边缘中部。标准荷载 P_s 在临界荷位处产生的荷载疲劳应力按式(3-52)计算确定。

$$\sigma_{pr}=K_r K_f K_c \sigma_{ps} \tag{3-52}$$

式中 σ_{pr}——标准轴载 P_s 在临界荷位处产生的荷载疲劳应力(MPa)；
K_r——考虑接缝传荷能力的应力折减系数，纵缝为设拉杆的平缝：$K_r=0.87\sim 0.92$，纵缝为不设拉杆平缝或自由边界：$K_r=1.0$，纵缝为设拉杆的企口缝：$K_r=0.76\sim 0.84$；
K_c——考虑偏载和动载等因素对路面疲劳损坏影响的综合系数，按公路等级查表3-30确定；
K_f——考虑设计基准期内荷载应力累计疲劳作用的疲劳应力系数，按式(3-53)计算确定；
σ_{ps}——标准轴载 P_s 在四边自由板的临界荷位处产生的荷载应力(MPa)，按式(3-55)计算确定。

综合系数 K_c 表3-30

公路等级	高速公路	一级公路	二级公路	三、四级公路
K_c	1.30	1.25	1.20	1.10

$$K_f=N_e^v \tag{3-53}$$

式中 N_e——设计基准期内标准轴载累计作用次数；

v——与混合料性质有关的指数，普通混凝土、钢筋混凝土、连续配筋混凝土 $v=0.057$；碾压混凝土和贫混凝土 $v=0.065$；钢纤维混凝土 v 值按式(3-54)计算确定。

$$v=0.053-0.017\rho_f\frac{L_f}{d_f} \tag{3-54}$$

式中 ρ_f——钢纤维的体积率(%)；
L_f——钢纤维的长度(mm)；
d_f——钢纤维的直径(mm)。

$$\sigma_{ps}=0.077r^{0.60}h^{-2} \tag{3-55a}$$

$$r=0.537h\left(\frac{E_c}{E_t}\right)^{\frac{1}{3}} \tag{3-55b}$$

式中 r——混凝土板的相对刚度半径(m)；
h——混凝土板的厚度(m)；
E_c——水泥混凝土的弯拉弹性模量(MPa)，可查表 3-31 确定；
E_t——基层顶面当量回弹模量(MPa)，分新建公路与归路改建两类，分别按式(3-56)与式(3-57)计算确定。

水泥混凝土弯拉弹性模量经验参考值　　　　　　　　表 3-31

弯拉强度(MPa)	1.0	1.5	2.0	2.5	3.0
抗压强度(MPa)	5.0	7.7	11.0	14.9	19.3
弯拉弹性模量(GPa)	10	15	18	21	23
弯拉强度(MPa)	3.5	4.0	4.5	5.0	5.5
抗压强度(MPa)	24.2	29.7	35.8	41.8	48.4
弯拉弹性模量(GPa)	25	27	29	31	33

新建公路的基层顶面当量回弹模量值：

$$E_t=ah_x^b E_0\left(\frac{E_x}{E_0}\right)^{\frac{1}{3}} \tag{3-56a}$$

$$E_x=\frac{h_1^2 E_1+h_2^2 E_2}{h_1^2+h_2^2} \tag{3-56b}$$

$$h_x=\left(\frac{12D_x}{E_x}\right)^{\frac{1}{3}} \tag{3-56c}$$

$$D_x=\frac{E_1 h_1^3+E_2 h_2^3}{12}+\frac{(h_1+h_2)^2}{4}\left(\frac{1}{E_1 h_1}+\frac{1}{E_2 h_2}\right)^{-1} \tag{3-56d}$$

$$a=6.22\left[1-1.51\left(\frac{E_x}{E_0}\right)^{-0.45}\right] \tag{3-56e}$$

$$b=1-1.44\left(\frac{E_x}{E_0}\right)^{-0.55} \tag{3-56f}$$

式中 E_0——路床顶面的回弹模量(MPa)，查用表 3-32 的参考值；

E_x——基层和底基层或垫层的当量回弹模量(MPa);
E_1、E_2——基层和底基层或垫层的回弹模量(MPa),查用表3-33的参考值;
h_x——基层和底基层或垫层的当量厚度(m);
D_x——基层和底基层或垫层的当量弯曲刚度(MN·m);
h_1、h_2——基层和底基层或垫层的厚度(m);
a、b——与E_x/E_0有关的回归系数。

中湿路基路床顶面回弹模量经验参考值范围(MPa) 表3-32

土 组	公路自然区划				
	Ⅱ	Ⅲ	Ⅳ	Ⅴ	Ⅵ
土质砂	26~42	40~50	39~50	35~60	50~60
黏质土	25~45	30~40	25~45	30~45	30~45
粉质土	22~46	32~54	30~50	27~43	30~45

垫层和基层材料回弹模量经验参考值范围 表3-33

材料类型	回弹模量(MPa)	材料类型	回弹模量(MPa)
中、粗砂	80~100	水泥稳定粒料	1300~1700
天然砂砾	150~200	沥青碎石(粗粒式,20℃)	600~800
未筛分碎石	180~220	沥青混凝土(粗粒式,20℃)	800~1200
级配碎砾石(垫层)	200~250	沥青混凝土(中粒式,20℃)	1000~1400
级配碎砾石(基层)	250~350	多孔隙水泥碎石(水泥剂量9.5%~11%)	1300~1700
石灰土	200~700		
石灰粉煤灰土	600~900		
石灰粉煤灰稳定粒料	1300~1700	多孔隙沥青碎石(20℃,沥青含量2.5%~3.5%)	600~800

表3-32推荐的路床顶面回弹模量参考值适用于中湿状态路基。若路基干湿类型达不到中湿状态,则不能直接作为路床铺筑路面,应按照路面结构组合设计的要求进行处治,使路基干湿类型优于中湿状态。

底基层和垫层同时存在时,可先按式(3-56)将底基层和垫层换算成具有当量回弹模量和当量厚度的单层,然后再与基层一起按式(3-56)计算基层顶面当量回弹模量。若无底基层和垫层,只要对相应的厚度和回弹模量置零代入各式,即可完成计算。

归路改建,在柔性路面上铺筑水泥混凝土路面板时,原柔性路面顶面的当量回弹模量可按式(3-57)计算确定。

$$E_t = 13739 W_0^{-1.04} \tag{3-57}$$

式中 W_0——以后轴重100kN的车辆进行弯沉测定,经统计整理后得到的原路面计算回弹弯沉值(0.01mm)。

2. 温度应力分析

在临界荷位处的温度疲劳应力按式(3-58)计算确定

$$\sigma_{tr} = K_t \sigma_{tm} \tag{3-58}$$

式中 σ_{tr}——临界荷位处的温度疲劳应力(MPa);

σ_{tm}——最大温度梯度时混凝土板的温度翘曲应力(MPa)，按式(3-59)计算确定。

$$\sigma_{tm} = \frac{\alpha_c E_c h T_g}{2} B_x \tag{3-59}$$

式中 α_c——混凝土的温度线膨胀系数(1/℃)，通常可取为 1×10^{-5}/℃；

T_g——最大温度梯度，查表3-34取用；

B_x——综合温度翘曲应力和内应力作用的温度应力系数，可按 l/r 和 h 查图3-36确定；

l——板长，即横缝间距(m)；

K_t——考虑温度应力累计疲劳作用的疲劳应力系数，按式(3-60)计算确定。

$$K_t = \frac{f_r}{\sigma_{tm}} \left[a \left(\frac{\sigma_{tm}}{f_r} \right)^c - b \right] \tag{3-60}$$

式中 a、b 和 c——回归系数，按所在地区的公路自然区划查表3-35确定。

最大温度梯度标准值 T_g 表3-34

公路自然区划	Ⅱ、Ⅴ	Ⅲ	Ⅳ、Ⅵ	Ⅶ
最大温度梯度(℃/m)	83～88	90～95	86～92	93～98

注：海拔高时，取高值；湿度大时，取低值。

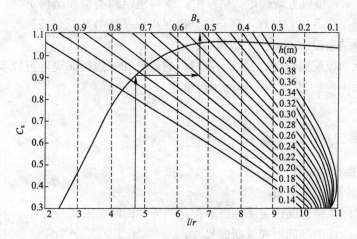

图3-36 温度应力系数 B_x

回归系数 a、b 和 c 表3-35

系数	公路自然区划					
	Ⅱ	Ⅲ	Ⅳ	Ⅴ	Ⅵ	Ⅶ
a	0.828	0.855	0.841	0.871	0.837	0.834
b	0.041	0.041	0.058	0.071	0.038	0.052
c	1.323	1.355	1.323	1.287	1.382	1.270

3. 混凝土路面板厚度设计

水泥混凝土路面设计首先进行路面结构组合设计，即根据公路等级、交通等级和目标可靠度等初步选定路面结构组合，即选定面层混凝土板、基层、底基层、垫层、路床的材料类型和厚度。面层混凝土板可参考表 3-36 建议的参考范围。

水泥混凝土面层厚度的参考范围　　　　表 3-36

交通等级	特 重			重		
公路等级	高速	一级	二级	高速	一级	二级
变异水平等级	低	中	低　　　　中	低	中	低　　　　中
面层厚度(mm)	≥260	≥250	≥240	240～270	230～260	220～250

交通等级	中 等			轻	
公路等级	二级	三、四级	三、四级	三、四级	
变异水平等级	高	中	高	中	高	中
面层厚度(mm)	210～240	200～230	200～220	≤230	≤220

根据公路等级、交通等级和变异水平等级选定适宜的初估厚度。进一步按式(3-52)和式(3-58)计算荷载疲劳应力 σ_{pr} 和温度疲劳应力 σ_{tr}。考察 σ_{pr} 与 σ_{tr} 之和与可靠度系数 γ_r(表 3-28)的乘积是否满足极限状态平衡方程式(3-51)，即是否小于或等于混凝土弯拉应力的标准值 f_r。如果满足式(3-51)的要求，则初估厚度即为设计路面板厚度；若不能满足式(3-51)的要求，可以重新确定初估厚度，或调整结构类型和结构组合，再一次进行荷载疲劳应力和温度疲劳应力验算，直至完全满足极限平衡方程式(3-51)为止。混凝土面板设计厚度依计算结果按 10mm 向上取整数。

关于混凝土面板配筋设计、面板间接缝构造设计和补强钢筋设计可以参考邓学均主编教材《路基路面工程》第 16 章，本处不再赘述。

3.3 计算书及施工图要求

3.3.1 重力式挡土墙设计

3.3.1.1 计算书内容

(1) 根据实际工程情况选定墙高以及拟定挡土墙的断面形式及尺寸；
(2) 拟定挡土墙的基础形式及断面尺寸；
(3) 车辆荷载换算；
(4) 挡土墙后土压力计算；
(5) 稳定性验算；
① 抗滑稳定性验算；
② 抗倾覆稳定性验算；
(6) 基底应力及合力偏心矩验算；
(7) 墙身截面强度验算；
(8) 排水设施及沉降缝与伸缩缝设计；
(9) 工程量计算与施工图绘制。

3.3.1.2 施工图要求

挡土墙立面图、平面图、断面图(A3)。

3.3.2 新建或改建沥青路面设计

3.3.2.1 计算书内容

(1) 改建沥青路面调查原路面结构形式、路面结构状况及测试原路面结构的弯沉,并计算原路面的当量回弹模量;

(2) 根据交通调查资料,计算设计基准期累计标准轴次 N_e,确定交通等级;

(3) 根据公路等级、当地筑路材料及交通等级,初步拟定路面结构组合;路面结构层次中有一层为设计层,厚度待定(一般是基层或底基层),其余各层厚度依据规范中推荐的适宜厚度和当地工程经验选定;

(4) 各个结构层材料有关设计参数测试以及土基回弹模量的确定;

(5) 以弯沉为指标计算设计层厚度;

(6) 高等级公路沥青层底和半刚性基层层底拉应力验算,重载交通剪应力验算;

(7) 工程量计算与路面结构图绘制。

3.3.2.2 施工图要求

(1) 沥青路面结构组合设计图 1 张(A3);

(2) 高等级公路中央分隔带排水构造与路缘石设计图 1 张(A3)。

3.3.3 水泥混凝土路面设计

3.3.3.1 计算书内容

(1) 根据交通调查,计算设计基准期累计标准轴次 N_e,确定交通等级;

(2) 根据公路等级、路基垫层和基层材料调查及试验和交通等级情况,初步拟定路面结构组合与材料(要求对 2 个以上的方案进行对比分析);

(3) 根据公路安全等级、目标可靠度和变异水平等级,确定路面设计可靠度系数 γ_r;

(4) 计算行车荷载疲劳应力 σ_{pr} 和温度疲劳应力 σ_{tr} 共同作用下的疲劳应力,检验 $\gamma_r(\sigma_{rr}+\sigma_{tr})$ 是否小等于水泥混凝土弯拉强度标准值 f_r,确定混凝土板厚度;

(5) 根据路面宽度和施工铺筑宽度,确定路面纵向、横向接缝和传力杆布置,进行混凝土面板配筋设计;

(6) 完成横向接缝、纵向接缝和填缝材料、路面结构建筑材料等设计内容。

3.3.3.2 施工图要求

(1) 水泥混凝土路面纵、横缝平面布置图 1 张(A3);

(2) 水泥混凝土路面结构组合设计图 1 张(A3);

(3) 水泥混凝土横向、纵向胀缝、缩缝和施工缝、传力杆及填缝料构造设计详图 1 张(A3);

(4) 水泥混凝土板配筋设计图 1 张(A3)(可选内容)。

以上设计内容及计算过程要求条理清晰,内容完整,并且应满足相关规范的要求。

3.4 设计实例

3.4.1 重力式挡土墙设计实例

3.4.1.1 设计基本资料

某二级公路重力式路肩墙设计资料如下:

(1) 墙身构造：墙高 5m，墙背仰斜坡度为 1∶0.25(=14°02′)，墙身分段长度 20m，其余初始拟采用尺寸如图 3-37 示；

(2) 土质情况：墙背填土重度 $\gamma=18\text{kN/m}^3$，内摩擦角 $\varphi=35°$；填土与墙背间的摩擦角 $\delta=17.5°$；地基为岩石地基容许承载力 $[\sigma]=500\text{kPa}$，基地摩擦系数 $f=0.5$；

(3) 墙身材料：砌体重度 $\gamma=20\text{kN/m}^3$，砌体容许压应力 $[\sigma]=500\text{kPa}$，容许剪应力 $[\tau]=80\text{kPa}$。

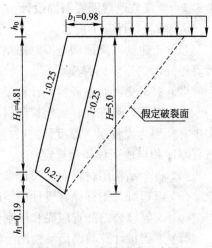

图 3-37 初定挡土墙尺寸图

3.4.1.2 车辆荷载换算

(1) 破裂面确定：假设破裂面交于荷载范围内，
$$\psi=\alpha+\delta+\varphi=-14°02′+17°30′+35°=38°28′$$
挡土墙为仰斜式

$$\tan\theta=-\tan\psi+\sqrt{(\cot\varphi+\tan\psi)(\tan\psi-\tan\alpha)}$$
$$=-\tan38°28′+\sqrt{(\cot35°+\tan38°28′)(\tan38°28′+\tan14°02′)}$$
$$=-0.7945+\sqrt{(1.428+0.7945)(0.7945+0.25)}$$
$$=0.7291$$
$$\theta=36°5′44″$$

验算破裂面是否交于荷载范围内：

破裂楔体长度：$L_0=H(\tan\theta+\tan\alpha)=5(0.7291-0.25)=2.4\text{m}$

车辆荷载分布宽度：$L=Nb+(N-1)m+d=2\times1.8+1.3+0.6=3.5\text{m}$

所以 $L_0<L$，即破裂面交于荷载范围内，符合假设。

(2) 荷载换算成当量土柱高度

车辆荷载 $q_1=16.25\text{kN/m}^2$，人群荷载 $q_2=3\text{kN/m}^2$，挡墙栏杆竖向力 $q_3=1\text{kN/m}^2$，挡墙的分布荷载：$q=q_1+q_2+q_3=20.25\text{kN/m}^2$。

荷载换算为当量土柱高度：$h_0=\dfrac{q}{\gamma}=\dfrac{20.25}{18}=1.125\text{m}$

3.4.1.3 土压力计算

$$K_1=1+2h_0/H=1+2\times1.125/5=1.45$$

$$A_0=\frac{1}{2}(a+H+2h_0)(a+H)=\frac{1}{2}(0+5.0+2\times1.125)(0+5.0)=18.125$$

$$B_0=\frac{1}{2}ab+(b+d)h_0-\frac{1}{2}H(H+2a+2h_0)\tan\alpha$$
$$=0+0-\frac{1}{2}\times5.0(5+0+2\times1.125)\tan(-14°2′)=4.53$$

$$E_A=\gamma(A_0\tan\theta-B_0)\frac{\cos(\theta+\varphi)}{\sin(\theta+\psi)}=18\times(18.125\times0.7291-4.53)\frac{\cos(36°5′44″+35°)}{\sin(36°5′44″+38°28″)}$$
$$=52.52\text{kN}$$

$$E_x=E_A\cos(\alpha+\delta)=52.52\cos(-14°2′+17°30′)=52.4\text{kN}$$
$$E_y=E_A\sin(\alpha+\delta)=52.52\sin(-14°2′+17°30′)=3.17\text{kN}$$

土压力作用点：
$$Z_x = H/3 + h_0/3K_1 = 5/3 + 1.125/3 \times 1.45 = 1.925\text{m}$$
$$Z_y = b_1 - Z_x\tan\alpha = 0.98 + 1.925 \times 0.25 = 1.461\text{m}$$

基底倾斜，土压力对墙趾力臂：
$$Z_{x1} = Z_x - h_1 = 1.925 - 0.19 = 1.735\text{m}$$
$$Z_{y1} = b_1 - Z_{x1} = 0.98 + 1.735 \times 0.25 = 1.414\text{m}$$

3.4.1.4 稳定性验算

(1) 墙体重量及其作用点：
$$V_1 = b_1 \times H_1 = 0.98 \times 4.48 = 4.71\text{m}$$
$$G_1 = V \times \gamma_1 = 4.71 \times 20 = 94.28\text{kN}$$
$$Z_{G1} = 1/2(H_1\tan\alpha + b_1) = 1.09\text{m}$$
$$V_2 = 1/2 \times b_1 \times h_1 = 05 \times 0.98 \times 0.19 = 0.093\text{m}$$
$$G_2 = V_2 \times \gamma_1 = 1.86\text{kN}$$
$$Z_{G2} = 0.651 \times B = 0.64\text{m}$$

(2) 抗滑稳定性验算：
$$\alpha_0 = 11°18'36''$$
$$K_G = [G\cos\alpha_0 + E\sin(\alpha+\delta+\alpha_0)]f/[E\cos(\alpha+\delta+\alpha_0) + G\sin\alpha_0]$$
$$= \frac{[(94.28+1.86) \times 0.9806 + 45.5 \times \sin(-14°02'+17°30'+11°18'36'')] \times 0.5}{45.5 \times \cos(-14°02'+17°30'+11°18'36'') - 96.14 \times 0.1959}$$
$$= 2.10 > [K_C] = 1.3$$

(3) 抗倾覆稳定性验算：
$$K_0 = \frac{G_1 Z_{G1} + G_2 Z_{G2} + E_y Z_{x1}}{E_x Z_{y1}}$$
$$= \frac{94.28 \times 1.09 + 1.86 \times 0.64 + 3.17 \times 1.735}{52.4 \times 1.414}$$
$$= 1.48 < [k_0] = 1.5$$

所以倾覆稳定性不足，应采取改进措施以增强抗倾覆稳定性。重新拟定 $b_1 = 1.02\text{m}$，倾斜基底，土压力对墙址力臂：
$$Z_{x1} = 1.735\text{m}$$
$$Z_{y1} = b_1 + Z_{x1}\tan\alpha = 1.02 + 1.735 \times 0.25 = 1.454\text{m}$$
$$V_1 = b_1 \times H_1 = 1.02 \times 4.81 = 4.91\text{m}$$
$$G_1 = 4.91 \times 20 = 98.124\text{kN}$$
$$Z_{G1} = 0.5(H_1\tan\alpha + b_1) = 0.5 \times (4.87\tan14°02' + 1.02) = 1.11\text{m}$$
$$V_2 = 0.5b_1 H_1 = 0.5 \times 1.02 \times 0.19 = 0.0969\text{m}$$
$$G_2 = 0.0969 \times 20 = 1.938\text{kN}$$
$$Z_{G2} = 0.651 \times b_1 = 0.664\text{m}$$
$$K_0 = (98.124 \times 1.11 + 1.938 \times 0.664 + 3.17 \times 1.735)/(52.4 \times 1.454) = 1.519 > [k_0] = 1.5$$

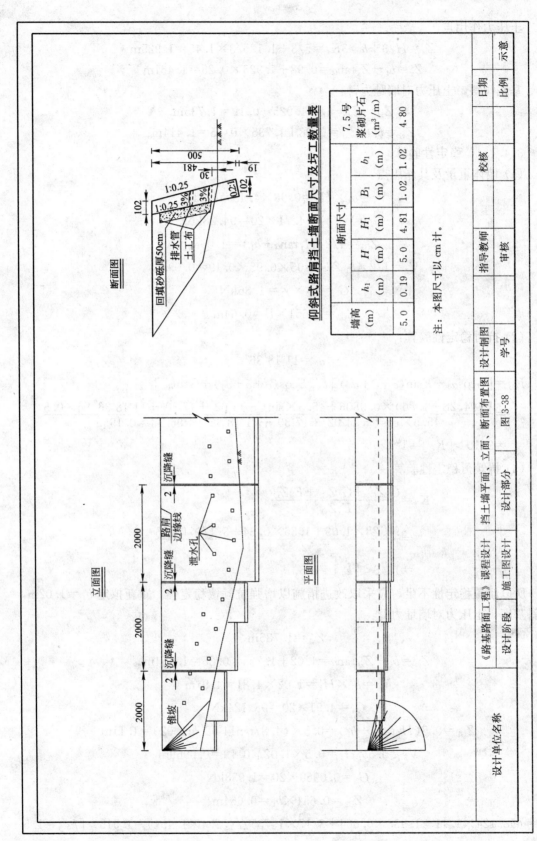

图 3-38 挡土墙平面、立面、断面布置图

(4) 基底应力验算

$$e = B/2 - [G_1 Z_{G1} + G_2 Z_{G2} + E_y Z_y - E_x Z_x]/[G_1 + G_2 + E_y]$$
$$= \frac{1.02}{2} - \frac{[98.12 \times 1.11 + 1.94 \times 0.66 + 3.17 \times 1.414 - 52.43 \times 1.735]}{[98.20 + 1.94 + 3.17]}$$
$$= 0.51 - 0.23$$
$$= 0.28\text{m} > B_1/6 = 0.17\text{m}$$
$$C = \frac{B}{2} - e = \frac{1.02}{2} - 0.28 = 0.23\text{m}$$
$$p_{max} = \frac{2N_1}{3C}$$
$$= \frac{2[(G\gamma_g + \gamma_{Q1} E_Y)\cos\alpha + \gamma_{Q1} E_X \sin\alpha]}{3C}$$
$$= \frac{2\{[(98.12 + 1.94) \times 0.9 + 1.0 \times 3.17]0.9806 - 1.0 \times 52.43 \times 0.1959\}}{3 \times 0.23}$$
$$= 235.22\text{kPa} < [\sigma] = 500\text{kPa}$$
$$p_{min} = 0$$

3.4.1.5 截面内力计算

墙面墙背平行，截面最大应力出现在接近基底处，由基底应力验算可知偏心距及基底应力满足地基承载力，墙身应力也满足，验算内力通过，墙顶顶宽1.02m，墙高5m。

3.4.1.6 设计图纸

上述重力式路肩挡土墙设计见图3-38。

3.4.2 新建沥青路面设计实例

3.4.2.1 基本资料

1. 交通量资料：据调查，起始年交通组成及数量见表3-37；公路等级为一级；年平均增率为6.58%；初定设计年限：15年。

起始年交通组成及数量　　　　表3-37

车辆类型	小汽车	解放CA15	东风EQ140	黄河JN162	长征CZ36
交通量(辆/日)	3500	1500	900	400	100

2. 沿线自然地理特征

(1) 气候特点：属公路自然区划Ⅲ₁区；年最高平均气温达30℃，一月份平均气温在3～16℃左右，7月份平均气温在24～30℃之间。

(2) 降水量及地下水：年降水量在1000～1400mm之间，常年为1200mm左右。潮湿系数为1.0～1.5，最高月潮湿系数达2.5～3.5。地下水埋深一般为1.5m，丘陵地区为2m左右。

(3) 地形与地貌：该地区平原为主，兼有低山丘岭地形特点。

(4) 地质与土质：土质为粉质土，呈中密状态。

3.4.2.2 路面设计

1. 轴载分析：路面设计以单轴-双轮组100kN为标准轴载。

(1) 以设计弯沉和沥青层层底应力为指标累计当量轴次计算

① 轴载换算

轴载换算采用式(3-29)计算，计算结果见表3-38。

轴载换算结果表(弯沉和沥青层底拉应力)　　　　　　表3-38

车　　型		P_i(kN)	C_1	C_2	n_i(次/d)	$C_1C_2n_i(P_i/P)^{4.35}$(次/d)
解放汽车CA15	前轴	20.97	1	6.4	1500	10.745
	后轴	70.38	1	1	1500	325.458
东风EQ140	前轴	23.70	1	6.4	900	10.979
	后轴	69.20	1	1	900	181.428
黄河JN162	前轴	59.50	1	6.4	400	267.540
	后轴	1150.0	1	1	400	734.676
长征CZ361	前轴	47.60	1	6.4	100	25.339
	后轴	2×90.70	2.2	1	100	143.885
$C_1C_2n_i(P_i/P)^{4.35}$(次/d)						1700.049

② 累计当量轴次计算

根据设计规范，设计年取为15年，四车道车道系数是0.4~0.5，取0.45。设计年限累计当量轴次为：

$$N_e=\frac{[(1+\gamma)^t-1]\times 365}{\gamma}N_1\eta=\frac{[(1+0.0658)^{15}-1]\times 365}{0.0658}\times 1700.049\times 0.45=679 \text{万次}$$

(2) 以半刚性基层层底拉应力为设计指标累计当量轴次计算

① 轴载换算

轴载换算公式为(3-31)，计算结果如表3-39所示。

轴载换算结果表(半刚性基层层底拉应力)　　　　　　表3-39

车　　型		P_i(kN)	C_1'	C_2'	n_i(次/d)	$C_1'C_2'n_i(P_i/P)^{8}$(次/d)
解放汽车CA15	前轴	20.97	1	18.5	1500	0.104
	后轴	70.38	1	1	1500	89.9920
东风EQ140	前轴	23.70	1	18.5	900	0.166
	后轴	69.20	1	1	900	47.325
黄河JN162	前轴	59.50	1	18.5	400	116.2
	后轴	1150.0	1	1	400	1223.609
长征CZ361	前轴	47.60	1	18.5	100	4.876
	后轴	2×90.70	3	1	100	138.005
$C_1'C_2'n_i(P_i/P)^{8}$(次/d)						1620.277

② 累计当量轴次计算

根据设计规范，设计年限取为15年，四车道车道系数是0.4~0.5，取0.45。设计年限累计当量轴次为：

$$N_e=\frac{[(1+\gamma)^t-1]\times 365}{\gamma}N_1\eta=\frac{[(1+0.0658)^{15}-1]\times 365}{0.0658}\times 1620.277\times 0.45=647 \text{万次}$$

2. 结构组合与材料选取

由以上计算结果得：设计年限内一个车道累计标准轴次为 679 万次，属中等交通等级。根据规范推荐路面结构，面层采用沥青混凝土(18cm)，其中表面层采用细粒式密级配沥青混凝土 AC—13(厚度 4cm)，中面层采用中粒式密级配沥青混凝土 AC—20(厚度 6cm)，下面层采用粗粒式密级配沥青混凝土 AC—25(厚度 8cm)；基层采用二灰稳定砂砾(厚度待定——设计层)；底基层采用级配碎石(取 20cm)。

3. 各层材料抗压模量与劈裂强度确定

高等级公路规范规定材料设计参数需试验确定，本课程设计由于条件限制，材料设计参数直接取用沥青路面设计规范中建议数值，得到各层材料抗压模量与劈裂强度。20℃抗压模量：AC—13：1400MPa；AC—20：1200MPa；AC—25：1000MPa。15℃的抗压模量：AC—13：2000MPa；AC—20：1800MPa；AC—25：1400MPa。各层材料的劈裂强度：细粒式密级配沥青混凝土 1.4MPa，中粒式密级配沥青混凝土 1.0MPa，粗粒式密级配沥青混凝土 0.8MPa，二灰稳定砂砾 0.7MPa。

4. 土基回弹模量确定

该路段处于 III_1 区，粉质土，路基处于潮湿状态，稠度取为 1.0，查现行《沥青路面设计规范》得土基的回弹模量为 48MPa。

5. 设计指标确定

对一级公路，规范规定以设计弯沉值作为指标，并进行结构层底拉应力的验算。

(1) 设计弯沉值为：
$l_d = 600 N_e^{-0.2} A_c A_s A_b = 600 \times 6790000^{-0.2} \times 1.0 \times 1.0 \times 1.0 = 25.9$（单位：0.01mm）

(2) 各层材料的允许拉应力如表 3-40 所示。

各层材料的允许拉应力 表 3-40

材料名称	K_S	σ_S	$\sigma_R = \sigma_S / K_S$
AC—13	$K_S = 0.09 N_e^{0.22}/A_c = 0.09 \times 6790000^{0.22}/1.0 = 2.857$	1.4	0.49
AC—20	$K_S = 0.09 N_e^{0.22}/A_c = 0.09 \times 6790000^{0.22}/1.0 = 2.857$	1.0	0.35
AC—25	$K_S = 0.09 N_e^{0.22}/A_c = 0.09 \times 6790000^{0.22}/1.0 = 2.857$	0.8	0.25
二灰稳定砂砾	$K_S = 0.35 N_e^{0.11}/A_c = 0.35 \times 6470000^{0.11}/1.0 = 3.182$	0.7	0.22

6. 设计资料总结

设计弯沉值为：25.9(单位：0.01mm)，相关资料汇总如表 3-41 所示。

资料汇总 表 3-41

材料名称	h(cm)	抗压回弹模量(MPa)		允许拉应力(MPa)
		20℃	15℃	
AC—13	4	1400	2000	0.49
AC—20	6	1200	1800	0.35
AC—25	8	1000	1400	0.25
二灰稳定砂砾	?	1450	1450	0.22
级配碎石	20	275	275	—
土基	—	48	48	

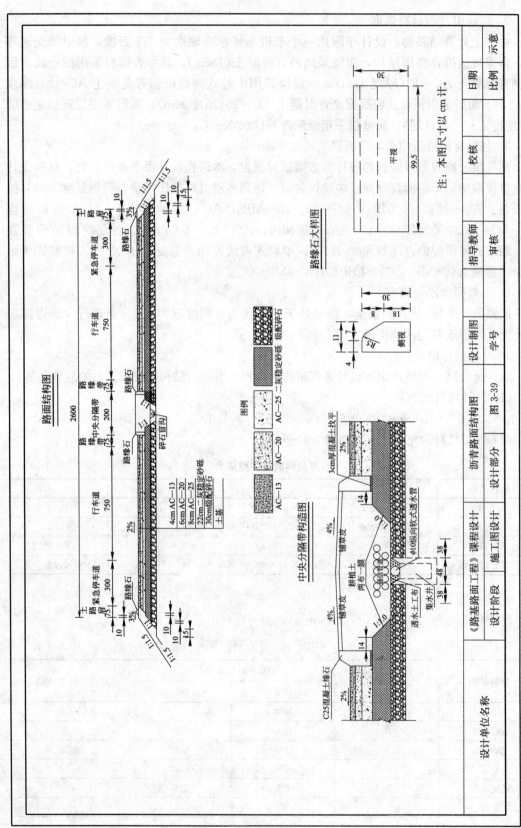

图 3-39 沥青路面结构图

7. 确定二灰稳定砂砾厚度

利用东南大学路基路面计算程序得满足弯沉指标的设计层厚度24.49cm。面层各层层底为压应力，满足容许拉应力要求；二灰稳定砂砾拉应力值：0.19(MPa)，小于容许拉应力值0.22(MPa)，所以拉应力验算满足要求。取二灰稳定砂砾厚度为25cm。防冻厚度满足要求。

8. 路面结构图

上述设计中路面结构、中央分隔带细部构造、路缘石大样及工程数量统计表见图3-39。

3.4.3 改建沥青路面设计实例

3.4.3.1 基本设计资料

1. 旧路改建路段(K3+000～K8+000)现有路面结构面层为2.5cm沥青表面处治，基层为25cm石灰土，在不利季节由BZZ-100实测弯沉值(单位：0.01mm)见表3-42。

实测弯沉值　　　　　　　　　　表3-42

桩 号	K3+000	+300	+600	K4+000	+300	+600	K5+000	+300
弯沉值	57.1	68.3	65.7	66.6	44.3	38.9	29.1	30.7
桩 号	+600	K6+000	+300	+600	K7+000	+300	+600	K8+000
弯沉值	54.3	77.2	68.9	92.3	83.4	91.6	89.7	83.6

2. 经实测路基土的天然含水量w、液限w_L和塑限w_p见表3-43(当地冻深1.0m，土质为中液限黏性土，自然区划属于II_3)。

实测路基土的含水量　　　　　　　　　表3-43

桩 号	K3+000	K4+000	K5+000	K6+200	K8+000
$w(\%)$	16.91	19.29	15.70	20.00	20.08
$w_L(\%)$	25.29	28.09	24.54	26.30	26.62
$w_p(\%)$	17.35	16.76	16.36	13.70	17.35

3. 根据可行性研究报告提供的近期交通组成与交通量见表3-44。

交通组成与交通量　　　　　　　　　表3-44

车 型	小汽车	黄河JN-150	解放CA10B	东风EQ140	日野KB222	太脱拉138	交通SH141
交通量(辆/日)	3000	1246	2421	630	84	32	845

4. 该公路按四车道高速公路标准修建，建成通车后前五年交通量增长率为7%，后10年交通量增长率为5%。

3.4.3.2 路面设计

1. 轴载换算

(1) 以弯沉值和沥青层底拉应力为设计指标累计当量轴次计算

① 轴载换算，换算公式为：$N = \sum_{i=1}^{k} C_1 C_2 n_i \left(\dfrac{P_i}{P}\right)^{4.35}$，轴载换算结果如表3-45所示。

轴载换算结果表(弯沉和沥青层底拉应力)   表 3-45

车 型		P_i(kN)	C_1	C_2	n_i(次/d)	$C_1 C_2 n_i (P_i/P)^{4.35}$(次/d)
黄河 JN-150	前轴	49.0	6.4	1	1246	358.14
	后轴	101.60	1	1	1246	1335.06
解放 CA10B	前轴	19.40	6.4	1	2421	12.36
	后轴	60.85	1	1	2421	278.95
东风 EQ140	前轴	23.70	6.4	1	630	7.69
	后轴	69.20	1	1	630	127.00
日野 KB222	前轴	50.20	6.4	1	84	26.82
	后轴	104.3	1	1	84	100.88
太脱拉 138	前轴	51.40	6.4	1	32	11.32
	后轴	2×80	1	2.2	32	26.67
交通 SH141	前轴	25.55	6.4	1	845	14.30
	后轴	55.10	1	1	845	63.22
$C_1 C_2 n_i (P_i/P)^{4.35}$(次/d)						2362.43

② 累计当量轴次计算

四车道车道系数是 0.4~0.5，取 0.45。

$$N_e = \frac{[(1+\gamma)^t - 1] \times 365}{\gamma} N_1 \eta$$

$$= \frac{[(1+0.07)^5 - 1] \times 365}{0.07} \times 2362.43 \times 0.45 + \frac{[(1+0.05)^{10} - 1] \times 365}{0.05} \times 3313.43 \times 0.45$$

$$= 908 \text{ 万次}$$

(2) 以半刚性基层层底拉应力为设计指标累计当量轴次计算

① 轴载换算

轴载换公式为：$N' = \sum_{i=1}^{k} C_1' C_2' n_i \left(\frac{P_i}{P}\right)^8$，计算结果见表 3-46。

轴载换算结果表(半刚性基层层底拉应力)   表 3-46

车 型		P_i(kN)	C_1'	C_2'	n_i(次/d)	$C_1' C_2' n_i (P_i/P)^8$(次/d)
黄河 JN-150	前轴	49.0	18.5	1	1246	76.61
	后轴	101.60	1	1	1246	1414.71
解放 CA10B	前轴	19.40	18.5	1	2421	0.09
	后轴	60.85	1	1	2421	45.51
东风 EQ140	前轴	23.70	18.5	1	630	0.12
	后轴	69.20	1	1	630	33.13
日野 KB222	前轴	50.20	18.5	1	84	6.27
	后轴	104.3	1	1	84	117.64
太脱拉 138	前轴	51.40	18.5	1	32	2.88
	后轴	2×80	1	3.0	32	16.11
交通 SH141	前轴	25.55	18.5	1	845	0.28
	后轴	55.10	1	1	845	7.18
$C_1' C_2' n_i (P_i/P)^8$(次/d)						1720.52

② 累计当量轴次计算

四车道车道系数是 0.4~0.5，取 0.45。

$$N_e = \frac{[(1+\gamma)^t - 1] \times 365}{\gamma} N_1 \eta$$

$$= \frac{[(1+0.07)^5 - 1] \times 365}{0.07} \times 1720.52 \times 0.45 + \frac{[(1+0.05)^{10} - 1] \times 365}{0.05} \times 2413.118 \times 0.45$$

$$= 661 \text{ 万次}$$

2. 路基干湿状态确定

K3+000 处：$w_c = (w_1 - w)/(w_1 - w_p) = (25.29 - 16.91)/(25.29 - 17.35) = 1.06$

K4+000 处：$w_c = (w_1 - w)/(w_1 - w_p) = (28.09 - 19.29)/(28.09 - 16.76) = 0.78$

K5+000 处：$w_c = (w_1 - w)/(w_1 - w_p) = (24.54 - 15.70)/(24.54 - 16.36) = 1.08$

K6+000 处：$w_c = (w_1 - w)/(w_1 - w_p) = (26.30 - 20.00)/(26.30 - 13.70) = 0.50$

K8+000 处：$w_c = (w_1 - w)/(w_1 - w_p) = (26.62 - 20.08)/(26.62 - 17.35) = 0.71$

当地冻深 1.0m，土质为中液限黏土，自然区划属于 II_3，则：

$w_{c0} = 1.29$，$w_{c1} = 1.20$，$w_{c2} = 1.03$，$w_{c3} = 0.86$

K3+000，$w_{c2} < w_c < w_{c1}$，属于中湿状态；K4+000，$w_c < w_{c3}$，属于过湿状态；

K5+000，$w_{c2} < w_c < w_{c1}$，属于中湿状态；K6+000，$w_c < w_{c3}$，属于过湿状态；

K8+000，$w_c < w_{c3}$，属于过湿状态；

以最不利状态过湿为路基的潮湿类型进行路面设计，路面须设置垫层。

3. 路面结构承载力评定

(1) 弯沉平均值及标准差

$$\overline{l}_0 = \frac{1}{16} \sum_{i=1}^{16} l_i = 66.4 \text{(单位：0.01mm)}$$

$$S = \sqrt{\frac{1}{n-1} \sum_{i=1}^{n} (\overline{l}_0 - l_i)^2} = 21.9 \text{(单位：0.01mm)}$$

(2) 计算弯沉值

$l_0 = (\overline{l}_0 + Z_a S) K_1 K_2 K_3 = (66.4 + 1.645 \times 21.9) \times 1 \times 1 \times 1 = 102.4$（单位：0.01mm）

其中取：$K_1 = K_2 = K_3 = 1$，$Z_a = 1.645$

(3) 原路面当量回弹模量计算

在路面结构厚度计算时，需将原路面计算弯沉值换算成综合回弹模量，即：

$$E_z = 1000 \frac{2p\delta}{l_0} m_1 m_2 = 1000 \times \frac{2 \times 0.07 \times 10.65}{102.4} \times 1.1 \times 1.0 = 160 \text{MPa}$$

4. 初拟路面结构以及材料设计参数

(1) 初拟路面结构为：AC—13(4cm)+AC—20(6cm)+AC—25(8cm)+二灰稳定碎石（设计层厚度待定）+天然砂砾(20cm)。

(2) 查沥青路面设计规范，得各层材料的抗压模量与劈裂强度。

面层、基层、底基层材料设计参数见表 3-47。

面层材料设计参数 表 3-47

材料名称	抗压回弹模量(MPa)		15℃劈裂强度(MPa)
	20℃	15℃	
AC—13	1400	2000	1.4
AC—20	1200	1800	1.0
AC—25	1000	1200	0.8
二灰碎石	1500	3600	0.65
天然砂砾	170		

5. 设计指标的确定

（1）设计弯沉计算

$l_d = 600 N_e^{-0.2} A_c A_s A_b = 600 \times 9080000^{-0.2} \times 1.0 \times 1.0 \times 1.0 = 24.35$（单位：0.01mm）

（2）各层材料的允许拉应力见表 3-48 所示。

材料的允许拉应力 表 3-48

材料名称	K_S	σ_S(MPa)	$\sigma_R = \sigma_S/K_S$(MPa)
AC—13	$K_S = 0.09 N_e^{0.22}/A_c = 0.09 \times 9080000^{0.22}/1.0 = 3.06$	1.4	0.456
AC—20	$K_S = 0.09 N_e^{0.22}/A_c = 0.09 \times 9080000^{0.22}/1.0 = 3.06$	1.0	0.327
AC—25	$K_S = 0.09 N_e^{0.22}/A_c = 0.09 \times 9080000^{0.22}/1.0 = 3.06$	0.8	0.261
二灰碎石	$K_S = 0.35 N_e^{0.11}/A_c = 0.35 \times 6610000^{0.11}/1.0 = 1.97$	0.65	0.330

6. 路面结构计算层厚度确定

利用东南大学路面计算程序计算出满足设计弯沉指标的二灰碎石层厚度为 18cm。沥青混凝土各层为压应力，所以满足拉应力要求。二灰碎石层底拉应力为 0.147MPa，满足要求。防冻厚度满足要求。

3.4.3.3 设计图纸（略）

3.4.4 新建水泥混凝土路面设计实例

3.4.4.1 基本资料

（1）某新建山区一级公路位于自然区划 IV_4 区，公路为双向四车道，路基宽度 20m，中间带宽度 2.0m，行车道宽度宽为 3.5m，右侧硬路肩宽度 1.50m，土路肩宽度 0.50m。路基设计保证路床处于干燥、中湿状态，路基土为低液限黏土。经过路网交通量调查资料，2007 年底该公路交通量统计见表 3-49。

2007 年的交通量统计表 表 3-49

车型	黄河 JN-150	解放 CA10B	东风 EQ140	日野 KB222	扬州亚星 JS6128HD3	交通 SH141	小客车
辆/d	1000	1300	420	57	42	457	400

该公路在设计使用期内，平均年交通量的增长率为 5%。

（2）路线所经地区以石灰岩居多，当地盛产水泥，初步确定采用水泥混凝土路面形式。

(3) 考虑到该工程为山区公路,当地降雨量大,并且纵坡大,平曲线多,要求在路面设计中注意路面的防滑、排水和路面材料的水稳性设计等问题。

3.4.4.2 交通量分析

根据式(3-49)水泥混凝土路面设计轴载换算方法,忽略小客车和车辆前轴对路面结构计算的影响,计算各车型的轴载换算系数 $\delta_i \left(\dfrac{p_i}{100}\right)^{16}$,得到2007年底的标准轴载作用次数,见表3-50。

轴载换算结果表　　　　　　　　　　表3-50

车型	通过次数辆(d)	后轴重(kN)	换算系数	标准轴次(次/d)	标准轴次合计(次/d)
黄河JN-150	1000	101.6	1.289	1289	
解放CA10B	1300	60.85	0.0004	0.52	
东风EQ140	420	69.2	0.003	1.26	
日野KB222	57	104.30	1.961	111.78	1899.62
扬州亚星JS6128HD3	42	116.70	11.834	497.03	
交通SH141	457	55.10	0.00007	0.03	

3.4.4.3 累计当量轴次计算

根据现行《公路水泥路面设计规范》(JTG D40—2002),此路面设计基准期为30年。交通量方向系数取为0.5,交通量车道系数为0.9,车辆路基横向分布系数按表3-24选定为0.22,应用式(3-50)得设计年限累计当量轴次为:

$$N_e = \dfrac{N_s[(1+g_r)^t - 1] \times 365}{g_r} \times \eta \times 0.5 \times 0.9$$

$$= \dfrac{1899.62[(1+0.05)^{30} - 1] \times 365}{0.05} \times 0.22 \times 0.5 \times 0.9$$

$$= 456 \times 10^4 \text{次}$$

因此,可以判断该水泥混凝土路面交通为重交通等级。

3.4.4.4 拟定路面结构组合设计

根据公路等级、路基干湿状态、公路交通等级及所在地区的气候条件、材料调查,拟定路面结构。面层采用普通混凝土路面结构,面层厚度初定为24cm;基层采用水泥稳定粒料基层20cm,底基层采用级配碎砾石20cm。

3.4.4.5 路面分块布置与接缝设计

拟定行车道混凝土板的平面尺寸为3.5m×5.0m,两侧硬路肩与行车道之间砌筑水泥混凝土路缘石。硬路肩与行车道采用相同面层厚度。

该道路为山区公路,纵坡大,平曲线多,故在设计中横向施工缝为设传力杆平缝,横向缩缝为设传力杆的假缝形式,在邻近桥梁或固定建筑物处,或与其他类型路面相连处、小半径曲线和纵坡变换处,应设置横向胀缝。纵缝施工缝和缩缝均为设拉杆的平头缝。纵缝与横缝尽可能垂直正交,避免板块形成错缝和锐角形式。

3.4.4.6 混凝土面板弯拉应力及厚度设计

(1) 基层顶面当量回弹模量。土基顶面回弹模量 E_0 按表 3-32 取为 40MPa,根据表 3-33,取水泥稳定粒料基层回弹模量 E_1 为 1500MPa,级配碎砾石 250MPa,由公式(3-56a)~(3-56f)计算得到基层顶面当量回弹模量 E_t 为 196MPa。

(2) 荷载疲劳应力。根据表 3-29 和表 3-31,重交通等级的水泥混凝土弯拉强度标准值为 5.0MPa,其抗压强度取 40MPa,弯拉强度模量 E_c 取为 30GPa,混凝土相对刚性半径由式(3-55b)得:

$$r = 0.537h\left(\frac{E_c}{E_t}\right)^{\frac{1}{3}} = 0.537 \times 0.22 \times \left(\frac{30000}{196}\right)^{\frac{1}{3}} = 0.632\text{m}$$

临界荷位处产生的荷载应力由式(3-55a)计算得到:

$$\sigma_{ps} = 0.077 r^{0.60} h^{-2} = 0.077 \times 0.632^{0.6} \times 0.24^{-2} = 1.015\text{MPa}$$

因为纵缝为设拉杆的平头缝,接缝传荷能力的应力折减系数 K_r 取为 0.92;偏载和动载等因素对路面疲劳损坏影响的综合系数 K_c 按公路等级查表 3-30 可得 1.25;疲劳应力系数 K_f 由式(3-53)计算:

$$K_f = N_e^v = (456 \times 10^4)^{0.057} = 2.396$$

由式(3-52)计算临界荷位作用下混凝土板荷载疲劳应力为

$$\sigma_{pr} = K_r K_f K_c \sigma_{ps} = 0.92 \times 1.25 \times 2.396 \times 1.015 = 2.797\text{MPa}$$

(3) 温度疲劳应力。由表 3-34,Ⅳ区最大温度梯度取 92℃/m,板长为 5m,$\frac{l}{r} = \frac{5.0}{0.632} = 7.911$,由图 3-36 可查普通混凝土板厚 $h = 0.24$m,$B_x = 0.65$。按式(3-59)计算最大温度梯度时混凝土板的温度翘曲应力为

$$\sigma_{tm} = \frac{\alpha_c E_c h T_g}{2} B_x = \frac{1 \times 10^{-5} \times 30000 \times 0.24 \times 92}{2} \times 0.65 = 2.153\text{MPa}$$

温度疲劳应力系数 K_t 按式(3-60)计算,查表 3-35 可得,自然区划为Ⅳ区中 $a = 0.841$,$b = 0.058$,$c = 1.323$,K_t 为

$$K_t = \frac{f_r}{\sigma_{tm}}\left[a\left(\frac{\sigma_{tm}}{f_r}\right)^c - b\right] = \frac{5}{2.153}\left[0.841 \times \left(\frac{2.153}{5}\right)^{1.323} - 0.058\right] = 0.506$$

再由式(3-58)计算温度疲劳应力为

$$\sigma_{tr} = K_t \sigma_{tm} = 0.506 \times 2.153 = 1.089\text{MPa}$$

(4) 综合疲劳应力验算

查表 3-37,二级公路的安全等级为三级,相应于三级安全等级的变异水平为中级,目标可靠度为 90%。再据查得的目标可靠度和变异水平等级,查表 3-28,确定可靠度系数 $\gamma_r = 1.23$,按式(3-51)计算:

$$\gamma_r(\sigma_{pr} + \sigma_{tr}) = 1.23 \times (2.797 + 1.089) = 4.780\text{MPa} < 5.0\text{MPa}$$

因而,所选用普通混凝土面层厚度 0.24m 可以承受设计基准期内荷载应力和温度应力的综合疲劳作用。

3.4.4.7 路面补强设计

根据规范要求和设计基本资料,水泥混凝土路面为重交通等级,且纵坡大,平曲线多,所以在混凝土板的自由边缘和角隅处设置两种补强钢筋。

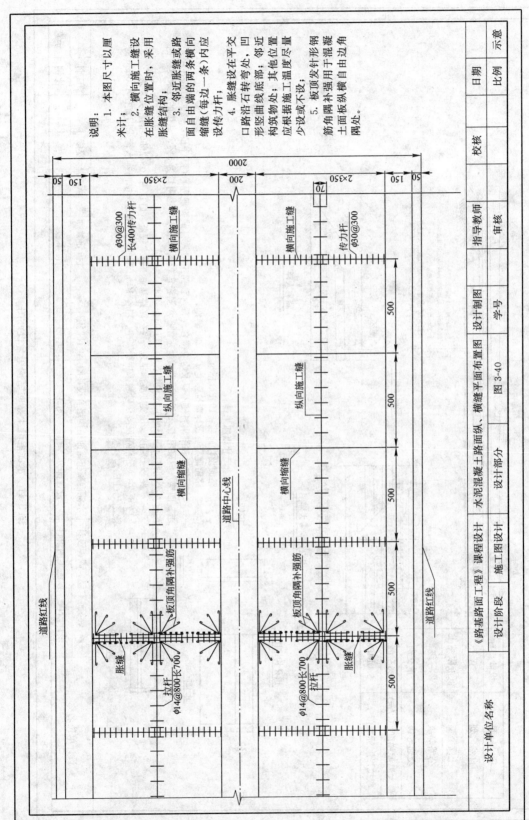

图 3-40 水泥混凝土路面纵、横缝平面布置图

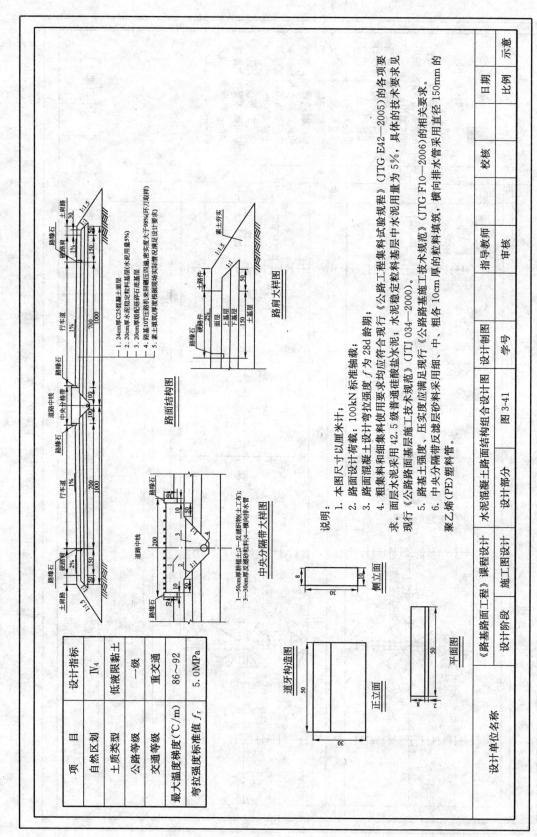

图 3-41 水泥混凝土路面结构组合设计图

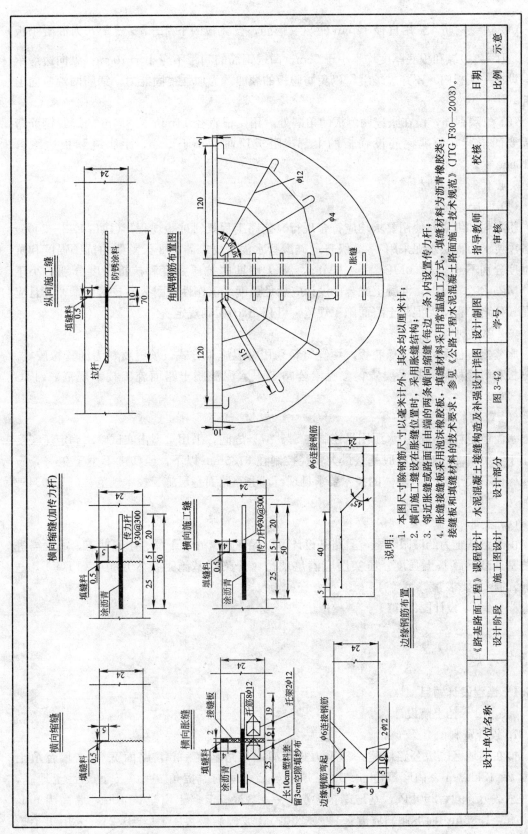

图 3-42 水泥混凝土接缝构造及补强设计详图

(1) 边缘钢筋,采用直径 14mm 的螺纹钢筋,设在板的下部 $\frac{1}{4}h \sim \frac{1}{3}h$($h$ 为混凝土板厚),且距离边缘和板底厚度均不小于 5cm,两根钢筋的间距不应小于 10cm。纵向边缘钢筋只设在一块板内,不穿过缩缝,以免妨碍板的翘曲。为加强锚固能力,钢筋两端应向上弯起。

(2) 角隅钢筋,设在胀缝两侧板的角隅处,用两根直径 14mm 长 2.4m 的螺纹钢筋弯成需要的形状,角隅钢筋设在板的上部,距板顶面不小于 5cm,距胀缝和板边缘各为 10cm。

3.4.4.8 筑路材料

(1) 面层原材料

粗集料和细集料使用要求均应符合现行《公路工程集料试验规程》(JTG E42—2005)的各项要求。面层水泥采用 42.5 级普通硅酸盐水泥,要求养护 3 天龄期的抗压强度和抗折强度分别不小于 22.0MPa 和 4.0MPa,28 天龄期的抗压强度和抗折强度分别不小于 52.5MPa 和 7.0MPa,混凝土配合比设计应满足强度、工作性、耐久性技术要求,并且应满足《公路工程水泥混凝土路面施工规范》(JTJ F30)明确规定。

(2) 填缝材料

胀缝接缝板采用泡沫橡胶板,填缝材料采用常温施工方式,填缝材料为沥青橡胶类。接缝板和填缝材料的技术要求,参见《公路工程水泥混凝土路面施工技术规范》(JTG F30—2003)。

(3) 基层材料

水泥稳定粒料基层中水泥用量控制在 5%~7% 之间,采用重型击实试验法确定压实度不小于 98%,级配碎砾石底基层最大粒径控制在 31.5mm 以下,压实度不小于 96%,石料压碎值不大于 30%,具体的技术要求见现行《公路路面基层施工技术规范》(JTJ 034—2000)。

(4) 土基

由于路基土为低液限黏土,且路基设计可以保证路床处于干燥、中湿状态,故无需进行路基处理。路基土强度、压实度应满足现行《公路路基施工技术规范》(JTG F10—2006)的相关要求。

3.4.4.9 设计图纸(略)

3.5 习题

3.5.1 课程设计题目

3.5.1.1 挡土墙设计

1. 设计资料

拟在某地区二级公路修建一座重力式路肩墙,路基宽 12m,路面宽 9m,墙背填土重度 $\gamma=18$kN/m³,内摩擦角 $\varphi=35°$。填土与墙背间的摩擦角 $\delta=17.5°$,黏性土地基,容许承载力 $[\sigma]=250$kPa,基地摩擦系数 $f=0.3$,拟定挡土墙全长 40m,墙高为 6m,墙顶宽:1.36m;面坡倾斜坡度:1∶0.250;背坡倾斜坡度:1∶-0.25;采用 1 个扩展墙址台阶：墙趾台阶 $b_1=0.40$m，墙趾台阶 $h_1=0.6$m；墙趾台阶与墙面坡坡度相同；墙底倾斜坡率：1∶5，见下图3-43所示。

圬工砌体重度23.0kN/m³；墙身砌体容许压应力2100.0kPa；墙身砌体容许剪应力110.0kPa；墙身砌体容许拉应力150.0kPa；墙身砌体容许弯曲拉应力280.0kPa。

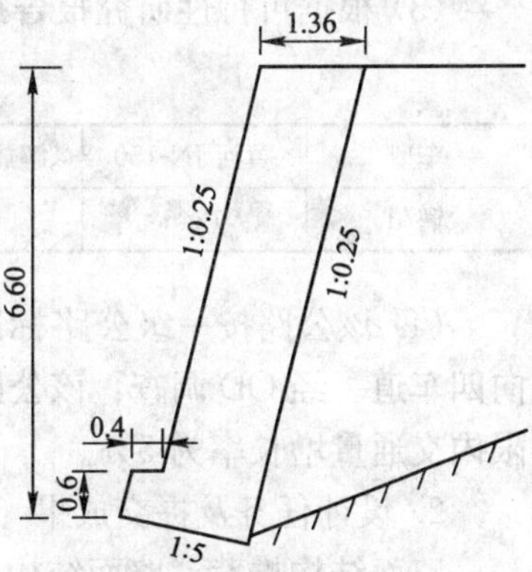

2. 设计内容

(1) 拟定挡土墙的结构形式以及断面尺寸(本题已给出初始尺寸，需进行验算)；

(2) 拟定挡土墙的基础形式以及断面尺寸(本题已给出初始尺寸，需进行验算)；

(3) 车辆荷载换算；

(4) 土压力计算；

(5) 稳定性验算；

① 抗滑稳定性验算；

② 抗倾覆稳定性验算；

(6) 基地应力及合力偏心距验算；

(7) 截面强度验算；

(8) 绘制挡土墙平面图，纵断面图，横断面图，计算工程数量；

3. 设计要求

(1) 设计计算过程条理清楚，内容完整；

(2) 设计图纸清晰。

图3-43 挡土墙初拟尺寸

3.5.1.2 改建沥青路面设计

1. 设计资料

(1) 旧路改建路段(K3+000～K4+500)现有路面结构面层为3cm沥青表面处治，基层为30cm石灰土，在不利季节由BZZ-100实测弯沉值(单位：0.01mm)见表3-51。

实测弯沉值 表3-51

桩号	K3+000	+100	+200	+300	+400	+500	+600	+700
弯沉值	57.1	68.3	65.7	66.6	44.3	38.9	29.1	30.7
桩号	+800	+900	K4+000	+100	+200	+300	+400	+500
弯沉值	54.3	77.2	68.9	92.3	83.4	91.6	89.7	83.6

(2) 经实测路基土的天然含水量w、液限w_L和塑限w_P见表3-52所示。(注：当地冻深1.0m，土质为中液限黏土，自然区划属于Ⅱ₃)

实测土的含水量 表3-52

桩号	K3+000	K3+400	K3+800	K4+200	K4+500
$w(\%)$	16.91	19.29	15.70	20.00	20.08
$w_L(\%)$	25.29	28.09	24.54	26.30	26.62
$w_P(\%)$	17.35	16.76	16.36	13.70	17.35

(3) 根据可行性研究报告提供的 2008 年的交通组成情况见表 3-53。

2008 年交通组成和交通量 表 3-53

车型	黄河 JN-150	解放 CA10B	东风 EQ140	日野 KB222	太脱拉 138	交通 SH141
辆/d	1246	2421	630	84	32	845

(4) 该公路按一级公路标准修建，并将于 2010 年底建成通车，设计道路横断面为双向四车道。经 OD 调查：该公路自 2010 年通车后前五年交通量增长率为 7%，其后设计年限内交通量增长率为 5%。

2. 设计任务及提交成果

路面结构推荐；路面结构厚度验算；路面结构设计图绘制；路面工程数量计算。

3.5.1.3 新建沥青或水泥混凝土路面设计

1. 设计资料

(1) 新建路段(K0+000~K3+000)设计纵断面见表 3-54。

设 计 纵 断 面 表 3-54

桩 号	k0+000	+350	+700	+900	k1+200	+650	+800	k2+000	k3+000
设计标高	1104.3	1106.00	1107.00	1106.10	1105.10	1104.80	1104.50	1104.80	1105.00
地面标高	1104.5	1105.40	1105.60	1104.80	1104.50	1104.00	1104.30	1103.90	1104.00
水位标高	1103.5	1103.50	1103.50	1103.50	1103.50	1103.50	1103.50	1103.50	1103.50

(2) 该路段自然区划属于 II_3，当地冻深 1.0m，土质为中液限黏土；

(3) 经过 OD 调查及论证 2010 年底的交通组成情况见表 3-55。

2010 年交通组成和交通量 表 3-55

车　型	黄河 JN-150	解放 CA10B	东风 EQ140	日野 KB222	太脱拉 138	交通 SH141
辆/d	1246	2421	630	84	32	845

(4) 该公路按一级公路标准修建，并将于 2015 年底建成通车，设计道路横断面为双向四车道。经 OD 调查：该公路自 2020 年通车后前五年交通量增长率为 6%，其后设计年限内交通量增长率为 4.5%。

2. 设计任务及提交成果

路面结构推荐；路面结构厚度验算；路面结构设计图绘制；路面工程数量计算。

3.5.2 思考题与习题

1. 试述影响路基压实质量的因素，并分析其对压实施工的指导意义。
2. 试述影响沥青混合料高温稳定性的因素及改善和提高措施。
3. 试述柔性路面(沥青路面)设计理论、设计指标和设计荷载图示。
4. 在路面设计中，应从哪些方面考虑行车荷载对路面结构的影响？
5. 为保证挡土墙具有足够的稳定性，应做哪些验算？
6. 我国现行水泥混凝土路面结构设计方法的设计标准与步骤。
7. 试述挡土墙的种类、构造和适用场合。
8. 试述沥青路面、水泥混凝土路面基层的作用、要求和常用类型。

9. 试述水泥混凝土路面施工的内容(步骤)、方法和质量保证。
10. 试述路基路面设计所考虑的环境因素及在设计中的体现。
11. 试就沥青路面和水泥混凝土路面设计回答下列问题：
① 设计依据的力学理论及采用的计算方法如何？
② 设计指标是什么？
③ 设计参数有哪些？
④ 不同车辆轴载如何计算，轴载的重复作用如何体现？
12. 试述沥青路面结构合理组合、各结构层厚度确定方法与依据。
13. 试述水泥混凝土路面合理结构组成与厚度确定。
14. 路基设计工作内容。
15. 路基边坡常用防护工程类型及适用条件。
16. 水泥混凝土路面接缝种类与作用。
17. 保证土质边坡稳定的技术措施。
18. 水泥混凝土路面合理结构，并举例说明。

附：参考资料

1. 中华人民共和国交通部行业标准. 公路工程技术标准(JTJ B01—2003). 北京：人民交通出版社，2004.
2. 中华人民共和国交通部行业标准. 公路路基设计规范(JTG D30—2004). 北京：人民交通出版社，2005.
3. 中华人民共和国交通部行业标准. 公路沥青路面设计规范(JTG D50—2006). 北京：人民交通出版社，2006.
4. 中华人民共和国交通部行业标准. 公路水泥混凝土设计规范(JTG D40—2002). 北京：人民交通出版社，2002.
5. 中华人民共和国交通部行业标准. 公路排水设计规范(JTJ 018—97). 北京：人民交通出版社，1997.
6. 中华人民共和国交通部行业标准. 公路沥青路面施工技术规范(JTG F40—2004). 北京：人民交通出版社，2004.
7. 中华人民共和国交通部行业标准. 公路水泥混凝土路面施工技术规范(JTG F30—2003). 北京：人民交通出版社，2003.
8. 中华人民共和国交通部行业标准. 公路工程集料试验规程(JTG E42—2005). 北京：人民交通出版社，2005.
9. 中华人民共和国交通部行业标准. 公路路面基层施工技术规范(JTJ 034—2000). 北京：人民交通出版社，2000.
10. 邓学钧主编(第三版). 路基路面工程. 北京：人民交通出版社，2008.
11. 刘祖典主编. 黄土力学与工程. 西安：陕西科技出版社，1996.

第4章 桥梁工程设计

4.1 基础知识

4.1.1 混凝土简支梁桥简介

4.1.1.1 钢筋混凝土梁桥

钢筋混凝土简支梁桥在桥梁结构中是最为常见的一种形式，是梁桥中应用最早、使用最广泛的一种桥型。它结构简单，最易设计成各种标准跨径的装配式结构；施工工序较少，架设方便；在多孔简支梁桥中，由于各跨构造和尺寸划一，可简化施工，降低施工费用；因相邻孔各自单独受力，桥墩上需要设置相邻简支梁的两个支座；简支梁桥的构造较易处理而常被选用。钢筋混凝土简支梁桥常见的形式有简支板桥和简支梁桥。

(1) 钢筋混凝土简支板桥

简支板桥可分为矩形实心板桥和空心板桥，实心板桥适用于跨径不大于 8m，板高为 16～36cm。当跨径增大时，为充分利用材料，减轻自重，将截面中部部分挖空做成空心板截面，对于装配式空心板梁桥的常用跨径为 6～13m，空心板的顶板和底板厚度均不应小于 80mm，以保证施工质量和局部承载力的需要。

(2) 钢筋混凝土简支梁桥

钢筋混凝土简支梁桥截面形式有 T 形、I 形、槽形、箱形；常见的一种形式是装配式钢筋混凝土简支 T 梁桥，跨径通常为 8～20m，其经济合理的最常用跨径在 20m 以下。一般在跨中，四分点，支点处各设一道横隔梁就可满足要求。

主梁高跨比的经济范围是 1/18～1/11 之间，跨径大，取偏小值；肋厚 16～24cm，其上、下限的取法，取决于主钢筋的直径和钢筋骨架的片数。中横梁为主梁高度的 3/4，端横梁与主梁同高，宽 12～20cm，可挖空；预制时，做成上宽、下窄和内宽、外窄的楔形，以便脱模。翼板端部较薄，根部加厚，不小于主梁高度的 1/12。钢筋包括纵向受力钢筋、弯起(斜)钢筋、箍筋、防裂钢筋、架立钢筋、分布钢筋(构造)、局部加强钢筋。

4.1.1.2 预应力钢筋混凝土梁桥

预应力混凝土梁桥与钢筋混凝土梁桥相比，能充分利用高强度材料(高强混凝土、高强钢筋)，构件截面小，自重弯矩占总弯矩的比例大大下降，桥梁的跨越能力得到提高。一般可节省钢材 30%～40%，跨径愈大，节省愈多。

预应力钢筋混凝土简支板桥预应力空心板结构形式，常用跨径为 12～20m，板高为 0.4～0.85m，为保证施工质量和局部承载力的需要，顶板和底板厚度均不应小于 80mm。当跨径超过 20m 时，一般采用预应力混凝土梁桥。对于装配式预应力混凝土 T 形简支梁桥适用的经济跨径为 20～50m，目前可到 65m。主梁的间距在 1.6～2.3m 之间，大跨径宜选较大值。为了确保全桥受力性能，内横隔梁宜相应增加，一般内横隔梁宜在 3～5 道，端横隔梁是必须设置的。

(1) 截面尺寸

我国后张法装配式预应力混凝土简支梁的标准设计有 25m，30m，35m，40m 四种，其梁高分别为 1.25~1.45m，1.65~1.75m，2.00m，2.30m。标准设计中高跨比值约为 1/20~1/17，其主梁高度主要取决于活载标准，主梁间距可在较大范围内变化，通常其高跨比在 1/25~1/15 左右。

主梁高跨比 1/25~1/15；肋厚 14~16cm；中横梁 $\frac{3}{4}h$，端横梁与主梁同高，宽 12~20cm，可挖空；翼板不小于 $\frac{1}{12}h$，一般为变厚度。为了满足布置预应力束筋的要求，应将 T 梁的下缘做成马蹄形。

(2) 配筋特点

受力钢筋有主钢筋（主要为预应力筋）、箍筋、横梁钢筋、翼板横向钢筋等；分布钢筋有架立钢筋、水平分布钢筋、支座下局部加强钢筋、锚下局部加强钢筋等。

4.1.1.3 简支梁桥的常用施工方法

简支梁桥的常用施工方法有就地浇筑施工和预制装配施工。

目前，就地浇筑施工在简支梁中较少使用。预制装配施工是将在预制厂或桥梁现场预制的梁运至桥位处，使用一定的起重设备进行安装和完成横向联结组成桥梁的施工方法。目前，预制安装法是简支梁经常采用的一种施工方法，预制梁的安装主要有联合架桥机法、双导梁安装法、扒杆吊装法、跨墩龙门吊机安装法、自行式吊车安装法、浮吊架设法等几种。

4.1.1.4 简支梁桥的计算

1. 简支梁桥桥面板计算

钢筋混凝土和预应力混凝土肋梁桥的桥面板（也称行车道板），是直接承受车辆轮压的承重结构，在构造上它通常与主梁的梁肋和横隔梁（或横隔板）整体相连，这样既能将车辆活载传给主梁，又能构成主梁截面的组成部分，并保证了主梁的整体作用。

(1) 基本概念

桥面板的受力特性是板的长边与短边之比 $\frac{l_a}{l_b}$ 值愈大，向 l_a 跨度方向传递的荷载就愈少。根据长边与短边之比 $\frac{l_a}{l_b}$ 可以分为单向板和双向板。长宽比 $\frac{l_a}{l_b}$ 等于和大于 2 的周边支承板称为单向板，长宽比 $\frac{l_a}{l_b}$ 小于 2 的周边支承板称为双向板。另外对于常见 $\frac{l_a}{l_b}$ 大于 2 的 T 形梁桥，当翼缘板的端边为自由边时，作为自由端的悬臂板来分析。对于常见 $\frac{l_a}{l_b}$ 大于 2 的 T 形梁桥，当相邻翼缘板在端部互相做成铰接接缝的构造称为铰接悬臂板。

作用在桥面上的车轮压力，通过桥面铺装层扩散分布在钢筋混凝土板面上，荷载在铺装层内的扩散程度，对于混凝土或沥青面层，荷载可以偏安全地假定呈 45°扩散。板在局部分布荷载 p 的作用下，不仅直接承压部分（例如宽度为 a）的板带参加工作，与其相邻的部分板带也会分担一部分荷载共同参与工作。因此，在桥面板的计算中，就需要确定所谓板的有效工作宽度，或称荷载的有效分布宽度。通过有效工作宽度假设将空间分布弯矩转化为矩形弯矩分布。

(2) 有效分布宽度计算原理

单向板用假想的矩形弯矩分布 $a \times m_{x,\max}$ 来代替实际的曲线分布图形,即:$a \times m_{x,\max} = \int m_x \mathrm{d}y = M$。有效工作宽度假设保证了总体荷载与外荷载相同,局部最大弯矩与实际分布相同。悬臂板在荷载作用下,除了直接承受荷载的板条(宽度为 a_1)外,相邻板条也发生挠曲变形,悬臂板的有效工作宽度接近于 2 倍悬臂长度,也就是说,荷载可近似地按 45°角向悬臂板支承处分布。

(3) 桥面板内力计算

多跨连续单向板的内力假定实际受力状态——支承在一系列弹性支承上的多跨连续板。先算出一个跨度相同的简支板在恒载和活载作用下的跨中弯矩 M_0,再乘以偏安全的经验系数加以修正。悬臂板的内力假定铰接悬臂板车轮作用在铰接缝上;悬臂板车轮作用在悬臂端。

2. 简支梁桥横向分布计算

简支梁桥横向分布计算主要有杠杆原理法、实用空间理论、刚性横梁法、铰(刚)接板(梁)法、比拟正交异性板法等方法。具体参见相关的《桥梁工程》教材。

对于弯矩横向分布系数沿纵向的变化,可以近似地认为全桥的横向分布系数相同。对于剪力,在支点处按杠杆原理计算,在跨中按一般的方法计算,在梁端到 $\frac{L}{4}$ 的地方,要内插。具体计算时,根据桥梁上部结构的特点选择相应的方法。

3. 简支梁桥主梁内力计算

主梁的内力计算,可分为设计和施工内力计算两部分。对于简支梁桥,主梁内力包括恒载内力、活载内力和附加内力(如风力或离心力引起的内力)。将它们按规范的规定进行组合,从中挑选最大设计内力,依此进行配筋设计和应力验算。设计实践表明,在这几部分内力中,恒、活载内力是主要的,一般它们占整个设计最大内力的 80%~90% 以上。

活载内力由可变荷载中的车辆荷载(包括汽车、挂车、人群)产生。在使用阶段,结构已成为最终体系,其纵向的力学计算图式是明确的。主梁活载内力计算分为两步:第一步求某一主梁的最不利荷载横向分布系数 m_i;第二步应用主梁内力影响线,将荷载乘以横向分布系数 $m_i p_i$,在纵向满足桥梁规范规定的车轮距限制条件下,使 $\sum m_i P_i y_i$ 最大,确定车辆的最不利位置,相应求得主梁的最大活载内力。

根据规范要求,对汽车荷载还必须考虑冲击力的影响,因此主梁活载内力计算图示如图 4-1 所示。

计算公式为:

$$M = (1+\mu) \cdot \xi \cdot (m_i P_k y_i + m_c q_k \Omega_w) \tag{4-1}$$

考虑荷载横向分布系数沿桥跨的变化,剪力计算为:

$$S = (1+\mu) \cdot \xi \cdot (1.2 m_k P_k \cdot y_k + m_c \cdot q_k \cdot w_Q + \Delta_Q) \tag{4-2}$$

$$\Delta Q = \frac{a}{2} \cdot (m_0 - m_c) q_k \cdot \bar{y} = \frac{a}{2} \cdot (m_0 - m_c) q_k \cdot \left[y_a + (1-y_a) \cdot \frac{2}{3} \right] \tag{4-3}$$

$$= \frac{a q_k}{6}(m_0 - m_c)(2 + y_a)$$

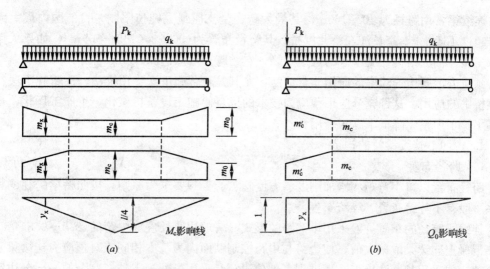

图 4-1 主梁活载内力计算图示

式中符号含义参见桥梁工程教材。

按现行《公路桥涵设计通用规范》(JTG D60—2004)规定,在承载能力极限状态有基本组合和偶然组合,在正常使用极限状态设计有作用短期效应组合和作用长期效应组合。

基本组合表达式为:

$$S_{ud} = \gamma_o \left(\sum_{i=1}^{m} \gamma_{Gi} S_{GiK} + \gamma_{Q1} S_{Q1K} + \psi_c \sum_{j=2}^{n} \gamma_{Qj} S_{Qjk} \right) \quad (4\text{-}4)$$

$$S_{ud} = \gamma_o \left(\sum_{i=1}^{m} S_{Gid} + S_{Q1d} + \psi_c \sum_{j=2}^{n} S_{Qjd} \right) \quad (4\text{-}5)$$

偶然组合:永久作用标准值效应与可变作用某种代表值效应、一种偶然作用标准值效应相组合。偶然作用的效应分项系数取 1.0;与偶然作用同时出现的可变作用,可根据观测资料和工程经验取用适当的代表值。地震作用标准值及其表达式按《公路工程抗震设计规范》(JTJ 004—89)规定采用。

作用短期效应组合表达式为:

$$S_{sd} = \sum_{i=1}^{m} S_{Gik} + \sum_{j=1}^{n} \psi_{1j} S_{Qjk} \quad (4\text{-}6)$$

作用长期效应组合表达式为:

$$S_{ld} = \sum_{i=1}^{m} S_{Gik} + \sum_{j=1}^{n} \psi_{2j} S_{Qjk} \quad (4\text{-}7)$$

以上公式内各个符号含义参见《公路桥涵设计通用规范》(JTG D60—2004)4.1.6 条。另外,对预应力混凝土结构预应力损失的估算,参照《结构设计原理教材》,不再赘述。

4.1.2 混凝土连续梁桥简介

连续梁桥是中等跨径桥梁中常用的一种桥梁结构,预应力混凝土连续梁桥是其主要结构形式,它具有接缝少、刚度好、行车平顺舒适等优点,在 30~120m 跨度内常是桥型方案比选的优胜者。连续梁桥主梁内有正弯矩和负弯矩,构造比较复杂。此外,连续梁桥的主梁是超静定结构,墩台的不均匀沉降会引起梁体各孔内力发生变化。因此,连续梁一般用于地基条件较好、跨径较大的桥梁上。钢筋混凝土连续梁跨径一般不超过 25~30m,预应力连续梁常用跨径为 40～160m，其最大跨径受支座最大吨位限制，目前国内最大跨径尚未超过 165m [南京长江二桥北汊桥，其跨径布置为(90+3×165+90)m]，如果采用墩上双支座，消去结构在支座区的弯矩高峰，它的跨径可以达到 200m。

预应力混凝土连续梁的应用非常广泛，尤其是悬臂施工法、顶推法、逐跨施工法在连续梁桥中的应用。这种充分应用预应力技术的优点使施工设备机械化，生产工厂化，从而提高了施工质量，降低了施工费用。

4.1.2.1 连续梁桥的构造

(1) 跨径布置

跨径布置以减小弯矩、增加刚度、方便施工、美观要求为原则；按照桥梁跨径的相互关系一般有不等跨布置、等跨布置。

连续梁跨径的布置一般采用不等跨的形式。一般边跨长度取中跨的(0.5～0.8)倍，对钢筋混凝土连续梁取偏大值，使边跨与中跨控制截面内力基本相同；对预应力连续梁宜取偏小值。如采用悬臂法施工，考虑到一部分边跨是采用悬臂施工外，剩余的一部分边跨须在脚手架上施工。为减少支架及现浇段长度，边跨长度取以不超过中跨长度的 0.65 倍为宜。

如果采用等跨布置，则边跨内力（包括边支墩处梁中的负弯矩）将控制全桥设计，这样是不经济的；但在某些条件下，例如：当桥梁总长度很大，设计者采用顶推或者先简支后连续的施工方法时，则等跨结构受力性能较差所带来的欠缺完全可以从施工经济效益的提高而得到补偿。所以跨湖过海湾的长桥多采用中、小跨径的等跨连续梁的布置。

(2) 梁高

梁高与跨径、施工方法密切相关，有等高度连续梁和变高度连续梁。等高度连续梁适用于中、小跨度连续梁，一般跨径在 50～60m 以下。变高度连续梁适用于大跨径连续梁，100m 以上的连续梁 90% 为变高度连续梁。变高度梁的截面变化规律可采用圆弧线、二次抛物线和折线等，通常以二次抛物线为最常用，因为二次抛物线的变化规律与连续梁的弯矩变化规律基本相近。采用折线形截面变化布置可使桥梁的构造简单，施工方便，常用于中小跨径。

根据已建成桥梁的资料分析，梁高可按表 4-1 采用。

连续梁在支点和跨中梁高估算值表 表 4-1

桥 型	支点梁高(m)	跨中梁高(m)
等高度连续梁	$H=\left(\frac{1}{30}\sim\frac{1}{15}\right)l$，常用$\left(\frac{1}{20}\sim\frac{1}{18}\right)l$	
变高度(折线形)连续梁	$H=\left(\frac{1}{20}\sim\frac{1}{16}\right)l$	$h=\left(\frac{1}{28}\sim\frac{1}{22}\right)l$
变高度(曲线形)连续梁	$H=\left(\frac{1}{20}\sim\frac{1}{16}\right)l$	$h=\left(\frac{1}{50}\sim\frac{1}{30}\right)l$

(3) 截面形式

在连续梁桥中，采用吊装施工时，一般采用肋梁截面；当连续梁桥采用悬臂施工时，则一般采用箱形截面；板式截面常用于小跨径连续梁。

(4) 配筋特点

悬臂施工阶段配筋：主筋没有下弯时，布置在腹板加掖中，主筋需下弯时平弯至腹板位置；主筋一般在锚固前竖弯，提供预剪力。连续梁桥的后期配筋：各跨跨中底板配置连续束；顶板配置横向钢筋或横向预应力筋；腹板配置下弯的纵向钢筋，需要时布置竖向预应力筋。

4.1.2.2 连续梁桥的计算

(1) 连续梁桥桥面板计算

桥面板计算简支梁桥面板计算相同，见前述。

(2) 连续梁桥横向分布计算

将等截面简支梁桥的荷载横向分布方法近似地应用于连续体系，其基本出发点是把这些结构体系的某一桥跨按等刚度原则变换为跨度相同的具有等截面的简支梁。所谓等刚度是指在跨中施加一个集中荷载或一个集中扭矩，则它们的跨中挠度或扭转角应分别彼此相等。这个方法便于实用，并已被模型试验的结果证实。

(3) 连续梁桥主梁内力计算

主梁的内力计算，可分为设计和施工内力计算两部分。对于连续梁桥，主梁内力包括恒载内力、活载内力和附加内力（如风力或离心力引起的内力）。由于连续梁桥是超静定结构，还应包括由于预加力、混凝土徐变、收缩和温度变化等引起的结构次内力。将它们按规范的规定进行组合，从中挑选最大设计内力，依此进行配筋设计和应力验算。

主梁活载内力计算分为两步：第一步求某一主梁的最不利荷载横向分布系数 m_i；第二步应用主梁内力影响线，将荷载乘以横向分布系数 $m_i P_i$，在纵向满足桥梁规范规定的车轮距限制条件下，使 $\sum m_i P_i y_i$ 最大，确定车辆的最不利位置，相应求得主梁的最大活载内力。

主梁活载内力计算公式及作用效应组合同普通钢筋混凝土桥梁，见前述。

(4) 挠度与预拱度计算

桥梁不可出现过大的挠度。活载挠度不超过 $\dfrac{L}{600}$；小跨径的钢筋混凝土桥梁，恒载+活载不超过 $\dfrac{L}{1600}$ 时可不设预拱度；长期荷载作用下的构件挠度，应考虑收缩、徐变；荷载在一个桥跨范围内移动产生正负不同挠度，计算挠度应为最大绝对值之和；预拱度设置取全部恒载变形+0.5 静活载变形，一般桥梁线形为竖曲线，按二次抛物线设置全桥预拱度。

如对于简支梁桥，在车道荷载作用下的跨中挠度计算公式为

$$f = m_c \cdot \xi \cdot \left(\frac{5 q_k l^4}{384 B} + \frac{P_k l^3}{48 B} \right) \tag{4-8}$$

刚度 B 取值及挠度具体验算参照《公路钢筋混凝土及预应力混凝土桥涵设计规范》(JTG D62—2004) 第 6.9 条。

(5) 连续梁桥次内力计算

超静定预应力混凝土梁桥在各种内外因素的综合影响下，结构因受到强迫的挠曲变形或轴向伸缩变形，在多余约束处将产生约束力，从而引起结构附加内力，这部分附加内力一般统称为结构次内力（或称二次力）。外部因素有预加力、墩台基础沉降、温度变形等；

内部因素有混凝土材料的徐变与收缩、结构布置与配筋形式等。连续梁次内力实际上是支座处的集中荷载引起的，其弯矩图及剪力图。次内力相当于静定结构上的集中力引起，其形状与截面尺寸无关。具体计算参照《桥梁工程》相关教材。

4.1.3 预应力混凝土T形刚构桥简介

T形刚构桥是在简支预应力桥和大跨钢筋土箱梁桥的基础上，在悬臂施工的影响下产生的。其上部结构可为箱梁、桁架或桁拱，与墩固结成T形，桥型美观、宏伟、轻型。适用于大跨悬臂平衡施工，可无支架跨越深水急流，避免下部施工困难或中断航运，也不需要体系转换，施工简便。钢筋混凝土T形刚构常用跨径在40～50m左右，预应力T形刚构的常用跨径可在60～200m。悬臂部分的截面形式采用箱梁，挂梁一般采用T梁。预应力混凝土T形刚构桥跨度从60m左右发展至170m。悬臂拼装T形刚构桥以河南五陵卫河桥(1964年)为首创；悬臂浇筑T形刚构桥则以广西柳州柳江大桥(1967年)为先导。重庆长江大桥(1980年)是这种体系目前的最大者，主跨达174m。

4.1.3.1 预应力T形刚构两种基本类型

(1) 带铰的T形刚构桥：它非常适合于采用悬臂施工的办法，但是其行车条件不是很好，当它为对称结构时，在恒载作用下为静定结构，在活载作用下为超静定结构。在有限元和计算机时代到来之前，计算预应力混凝土连续梁还是一件比较麻烦的事的时候，便设计这种带剪力铰T形刚构桥，主要是计算比连续梁方便；缺点是由于铰的存在，导致跳车，舒适性不好，还有其刚度和稳定性都不如连续梁或连续刚构，现在已基本被连续梁或连续刚构取代。另外，剪力铰位置易发生破坏。

(2) 带挂孔的T形刚构桥：这是静定结构，增加了牛腿的构造，但免去了剪力铰的复杂结构，缺点是桥面上伸缩缝过多，对高速行车不利。

4.1.3.2 预应力T形刚构桥特点

T形刚构桥是因悬臂施工法的产生而发展的桥型，最适宜两向平衡对称悬臂施工。悬臂施工法是将大跨径桥化整体为小段，采用悬挂模板逐段悬臂浇筑，或者分段预制并逐段悬臂拼装。T形刚构桥在大跨径中省去了昂贵的支座和以后更换支座的困难。但因为有一道伸缩缝，行车平顺不如连续梁。但综合材料用量和施工费用来看，比连续梁经济。

4.1.3.3 截面尺寸

T形刚构桥的桥型分跨的选择与布置，除应注意一般桥型设计所遵循的共同原则外，对T形刚构桥尚要考虑以下两点：

(1) 全桥的T形单元尺寸尽可能相同，以简化设计与施工；

(2) T形刚构桥的布置尽可能对称，以避免T形刚构桥的桥墩承受不平衡的恒载弯矩。预应力混凝土T形刚构桥的挂梁长度L_g一般在主跨跨径L的0.25～0.50范围内，且不应超过35～40m，即$L_g=(0.25\sim 0.50)L$。

梁高沿桥纵向的变化曲线可以是抛物线、正弦曲线、三次曲线及折线，这些在国内已建的桥梁中都用过。跨中设铰时采用正弦曲线的较多，带挂梁的T形刚构以三次曲线连接较多。梁高变化采用哪一种曲线对其内力影响都不大，但对各截面的应力验算影响较大。从桥梁的外形美观来看，以半立方抛物线或正弦曲线为好，从施工方便来看，则以折线或圆弧为好。梁高通常按表4-2选取。

T形刚构桥支点、跨中梁高与跨径比值　　　　　表 4-2

桥型	挂梁跨径	支点梁高	
带铰的 T 形刚构		$L<100\text{m}$ 时 $H=\left(\dfrac{1}{22}-\dfrac{1}{14}\right)L$	$h=(0.2\sim0.4)H$ $\geqslant 2.0\text{m}$
带挂梁的 T 形刚构	$L_g=(0.25\sim0.5)L$ $\leqslant 35\sim40\text{m}$	$L>100\text{m}$ 时 $H=\left(\dfrac{1}{21}-\dfrac{1}{17}\right)L$	$h=(0.2\sim0.4)H$ $\geqslant 1.5\text{m}$

箱梁顶板厚度通常按表 4-3 选取。

箱 梁 顶 板 厚 度　　　　　表 4-3

腹板间距(m)	3.5	5.0	7.0
顶板厚度(cm)	18	20	28

箱梁腹板厚度当腹板内无预应力束管道布置时可采用 200mm；当腹板内有预应力束管道布置时可采用 250~300mm；腹板内有预应力束筋锚头时采用 350mm。挂梁尺寸拟定根据跨径大小参考简支 T 梁尺寸拟定。

4.2　设计方法及注意事项

4.2.1　设计方法

设计方法可以通过右侧程序图表示。

4.2.2　注意事项

（1）设计参数

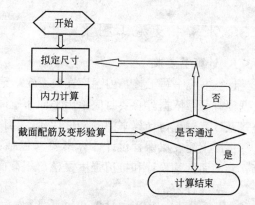

主梁的跨径选取一般取标准跨径，要弄清主梁标准跨径、计算跨径、全长之间的关系。桥面净空由行车道和人行道组成。作用在桥梁上的作用有永久作用和可变作用，永久作用包括主梁自重、桥面铺装和桥面附属设施，可变作用有汽车荷载和人群荷载，汽车荷载可分为公路Ⅰ级和公路Ⅱ级。人群荷载是根据桥梁的跨径以及满足的使用功能来确定的。人行道板的容重按标准值 4.0kN/m^2 的均布荷载或根据实际荷载来计算。主梁尺寸，需要拟定主梁纵向长度、横截面尺寸，对于 T 梁桥，主要有翼缘宽度和厚度，梁肋的宽度及高度。

设计时，可结合《公路桥涵设计通用规范》(JTG D60—2004)和《公路钢筋混凝土及预应力混凝土桥涵设计规范》(JTG D62—2004)的相关规定进行设计。

（2）主梁截面特性计算

主梁横截面面积、面积矩、惯性矩的计算可采用分块的方法进行计算，扭转惯性矩的计算可采用简化公式或程序计算进行。

(3) 行车道板(即翼缘板)内力计算

对于装配式T梁桥,考虑到主梁之间的翼缘板是铰接,在接缝处沿纵向全长设置连接钢筋,故行车道板可按两端固定、中间铰接的悬臂板计算,悬臂板的计算跨径按照主梁肋板间净距的一半计算。荷载的计算包括永久荷载和可变荷载。算出内力后,进行配筋计算。若主梁之间的连接为固结,可按单向板进行计算。

(4) 主梁内力计算

主梁荷载横向分布系数的计算方法有:杠杆原理法、偏心压力法、修正偏心压力法、横向铰接板(梁)法、横向刚接梁法和比拟正交异性板法(G-M法)。在计算时,根据不同的横向连接刚度,不同的桥宽度与桥跨度的比值等,可采用不同的方法进行计算。作用效应的组合按照现行《公路桥涵设计通用规范》的规定进行组合。截面设计、配筋与验算以混凝土结构设计原理为基础知识,参照现行《公路钢筋混凝土及预应力混凝土桥涵设计规范》的相应公式进行计算。

(5) 横梁截面配筋与验算

对于具有多根内横梁的桥梁,由于主梁跨中处的横梁受力最大,横梁跨中截面受力最不利,故通常只要计算跨中横梁的内力,其他横梁可以仿照跨中横梁进行设计,但是计算结果偏于安全。横梁的设计一般包括横梁弯矩计算、横梁截面配筋与验算、横梁剪力效应计算及配筋设计和横梁接头钢板及焊缝计算。

另外需注意涉及电算建模时画线要按每单元的长度来一段一段地画,避免出现单元排序混乱,对后处理有影响。

4.3 计算书及施工图要求

4.3.1 计算书要求

计算书应书写工整,内容应完整齐全,表达应清楚完整,计算步骤要条理分明,引用数据要有可靠依据。必要时应给出平面布置简图和计算简图,标出构件编号、单位、计算公式及计算过程。计算书中的构件代号、构件截面、配筋等应与图纸中的一致。

混凝土简支梁课程设计计算书要求包括:行车道板设计、主梁正截面强度设计和验算、斜截面钢筋设计和抗剪强度复核、斜截面抗弯强度计算以及全梁承载能力校核、变形计算、裂缝计算。

预应力混凝土简支梁桥课程设计计算书要求包括:行车道板设计、主梁正截面强度设计和验算、斜截面钢筋设计和抗剪强度复核、斜截面抗弯强度计算以及全梁承载能力校核、预应力混凝土受弯构件施工阶段应力计算、预应力混凝土受弯构件的变形计算、裂缝计算、应力计算、局部承压的计算及构造要求。

钢筋混凝土连续梁桥及T形刚构桥结构课程设计计算书要求包括其基本构造和施工方法、行车道板的设计计算、主梁的内力计算、配筋设计原则、预应力损失计算、预应力混凝土结构的强度与变形计算等。

4.3.2 施工图要求

施工图应包括:图纸目录、设计说明及依据、桥梁总体布置图(绘出平、纵、横三个视图)、主梁一般构造图、普通钢筋构造图、预应力钢筋构造图、梁体钢筋布置图、主要截面钢筋布置示意图等。

图纸大小应统一采用 A3 号图纸,图框线符合 A3 图幅的要求。标题栏采用规定的标题栏,图样的内容、格式、画法、尺寸标注、技术要求、图例符号等应符合制图标准要求,比例要恰当。

4.4 设计实例

4.4.1 钢筋混凝土简支梁桥设计实例一

4.4.1.1 设计资料

(1) 桥面净空

净—7m+2×0.75m(人行道)

(2) 主梁的跨径和全长

标准跨径:16.00m(墩中心距离)

计算跨径:15.50m(支座中心距离)

主梁全长:15.96m(主梁预制长度)

(3) 设计荷载

公路Ⅱ级,人群荷载 $3.0kN/m^2$,结构重要性系数 $\gamma_0=0.9$。

(4) 材料

钢筋:主筋用 HRB335 钢筋,其他用 HPB235 钢筋。

混凝土:C30。

桥面铺装层:6~12cm 厚 C25 混凝土垫层,2cm 厚沥青混凝土。

人行道板、人行道梁、缘石、栏杆、扶手:按 12.35kN/m 考虑。

(5) 主梁尺寸

全断面 5 片主梁,设 5 根横梁,如图 4-2 所示。

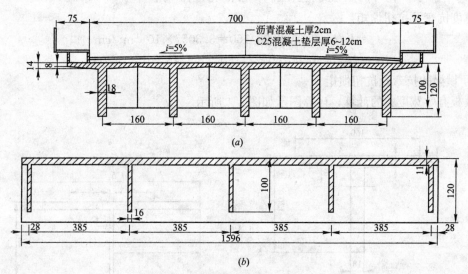

图 4-2 主梁截面尺寸图(单位:cm)

(a)主梁横断面图;(b)主梁纵断面图

4.4.1.2 主梁的计算

1. 主梁荷载横向分布系数

(1) 跨中荷载弯矩横向分布系数(按G—M法)

① 主梁的抗弯及抗扭惯矩 I_x 和 I_{Tx}

求主梁界面的重心位置 a_x (图4-3):

平均板厚:

$$h_1 = \frac{1}{2}(8+14) = 11\text{cm}$$

$$a_x = \frac{(160-18) \times 11 \times 5.5 + 120 \times 18 \times 60}{(160-18) \times 11 + 120 \times 18}$$

$$= 37.128\text{cm}$$

$$I_x = \frac{1}{12} \times 142 \times 8^3 + 142 \times 8 \times \left(37.128 - \frac{8}{2}\right)^2 + 2 \times \frac{1}{36} \times 71 \times 6^3$$

$$+ 71 \times 6 \times (37.128 - 8 - 2)^2 + \frac{1}{12} \times 18 \times 120^3 + 18 \times 120 \times \left(\frac{120}{2} - 37.128\right)^2$$

$$= 5289080(\text{cm}^4) = 5.2891 \times 10^{-2} \text{m}^4$$

T形截面抗扭惯矩近似等于各个矩形截面抗扭惯矩之和,即:

$$I_{Tx} = \sum c_i b_i t_i^3 \qquad (4-9)$$

式中 c_i ——矩形截面抗扭惯矩刚度系数;

t_i, b_i ——相应各矩形的厚度与宽度。

对于翼板: $b_1/t_1 = 1.6/0.11 = 14.55 > 10$,得 $c_i = 0.333$

对于梁肋: $b_2/t_2 = 1.09/0.18 = 6.056$,内插得 $c_i = 0.298$

故,主梁的抗扭惯矩为:

$$I_{Tx} = \frac{1}{3} \times 1.6 \times 0.11^3 + 0.298 \times 1.09 \times 0.18^3$$

$$= 260422(\text{cm}^4) = 2.6042 \times 10^{-3} \text{m}^4$$

单位宽度抗弯及抗扭惯矩:

$$J_x = I_x/b = 0.0528908/160 = 3.3057 \times 10^{-4} \text{m}^4/\text{cm}$$

$$J_{Tx} = I_{Tx}/b = 0.00260422/160 = 1.6276 \times 10^{-5} \text{m}^4/\text{cm}$$

② 横梁的抗弯及抗扭惯矩

翼板有效宽度 λ 的计算,计算图示如图4-4所示。

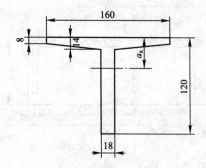

图4-3 主梁横截面尺寸图(单位:cm)

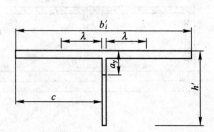

图4-4 横梁截面特性计算示意图

横梁长度取两边主梁的轴线间距，即
$$l=4b=6.4\text{m}$$
$$c=(3.85-0.16)/2=1.85\text{m}$$
$$h'=100\text{cm}$$
$$b'=15\text{cm}$$
$$c/l=1.85/6.4=0.289\text{m}$$

根据 c/l 的比值查表 4-4，可得翼板有效工作宽度 λ。

翼板有效工作宽度表 表 4-4

c/l	0.05	0.10	0.15	0.20	0.25	0.30	0.35	0.40	0.45	0.50
λ/c	0.983	0.936	0.867	0.789	0.71	0.635	0.568	0.509	0.459	0.416

查得 $\lambda/c=0.652$
$$\lambda=0.652\times1.85=1.206\text{m}$$

求横梁截面中心位置 a_y：

$$a_y=\frac{2\lambda h_1\frac{h_1}{2}+h'b'\frac{h'}{2}}{2\lambda h_1+h'b'}=\frac{2\times1.206\times\frac{0.11^2}{2}+\frac{1}{2}\times0.15\times1^2}{2\times1.206\times0.11+0.15\times1}=0.216\text{m}$$

$$I_y=\frac{2\times1.206\times0.11^3}{12}+2\times1.206\times0.11\times\left(0.216-\frac{0.11}{2}\right)^2$$
$$+\frac{0.15\times1.0^3}{12}+0.15\times1.0\times\left(\frac{1.0}{2}-0.216\right)^2$$
$$=3.174\times10^{-2}\text{m}^4$$

$$I_{Ty}=c_1b_1h_1^3+c_2b_2h_2^3$$

$h_1/b_1=0.11/3.85=0.0286<0.1$，故 $c_1=1/3$，由于连续桥面板的单宽抗扭惯矩只有独立宽扁板的一半，可取 $c_1=1/6$。

$h_2/b_2=0.15/(1.0-0.11)=0.169$，查表得 $c_2=0.298$。

$$I_{Ty}=\frac{1}{6}\times0.11^3\times3.85+0.298\times0.89\times0.15^3$$
$$=1.749\times10^{-3}\text{m}^4$$

单位抗弯及抗扭惯性矩 J_y 和 J_{Ty}

$$J_y=\frac{I_y}{b}=\frac{3.174\times10^{-2}}{3.85\times100}=8.244\times10^{-5}\text{m}^4/\text{cm}$$

$$J_{Ty}=\frac{I_{Ty}}{b}=\frac{1.749\times10^{-3}}{3.85\times100}=4.543\times10^{-6}\text{m}^4/\text{cm}$$

③ 计算抗弯参数 θ 和抗扭参数 α

$$\theta=\frac{B}{l}\sqrt[4]{\frac{J_x}{J_y}}=\frac{4}{15.5}\sqrt[4]{\frac{3.3057\times10^{-4}}{8.244\times10^{-5}}}=0.365$$

式中 B——主梁全宽的一半；
　　　l——计算跨径。

$$\alpha = \frac{G_c(J_{Tx}+J_{Ty})}{2E_c\sqrt{J_xJ_y}}$$

按《公预规》3.1.6条，取 $G_c=0.4E_c$，则：

$$\alpha = \frac{0.4}{2} \times \frac{(1.6276+0.4543)\times 10^{-5}}{\sqrt{3.3057\times 0.8244\times 10^{-4}}} = 0.0252$$

$$\sqrt{\alpha}=0.1588$$

④ 计算荷载弯矩横向分布影响线坐标

已知 $\theta=0.365$，查 G—M 图表，可得表 4-5 中数值。

影响系数 K_1 和 K_0 值　　　　表 4-5

	梁位	荷载位置								
		b	$3b/4$	$b/2$	$b/4$	0	$-b/4$	$-b/2$	$-3b/4$	$-b$	校核
K_1	0	0.93	0.96	1.00	1.04	1.06	1.04	1.00	0.96	0.93	7.99
	$b/4$	1.06	1.07	1.08	1.10	1.03	0.98	0.90	0.84	0.79	7.93
	$b/2$	1.26	1.22	1.16	1.08	1.00	0.92	0.84	0.75	0.71	7.96
	$3b/4$	1.50	1.06	1.22	1.38	0.95	0.84	0.76	0.70	0.63	7.98
	b	1.71	1.50	1.26	1.08	0.91	0.80	0.69	0.64	0.53	8.00
K_0	0	0.78	0.90	1.00	1.11	1.17	1.11	1.00	0.90	0.78	7.97
	$b/4$	1.61	1.52	1.32	1.26	1.03	0.87	0.66	0.38	0.17	7.93
	$b/2$	2.53	2.10	1.77	1.39	0.98	0.63	0.24	−0.17	−0.54	7.94
	$3b/4$	3.35	2.77	2.10	1.48	0.92	0.37	−0.16	−0.59	−1.17	7.98
	b	4.10	3.40	2.42	1.61	0.83	0.14	−0.54	−1.06	−1.67	8.02

用内插法求各梁位处横向分布影响线坐标值如图 4-5 所示。

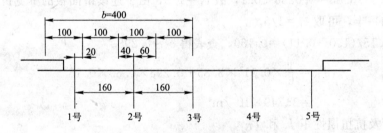

图 4-5　主梁横截面尺寸图(单位：cm)

1号、5号梁：

$$K' = 0.2K_B + 0.8K_{3/4B}$$

2号、4号梁：

$$K' = 0.6K_{1/2B} + 0.4K_{1/4B}$$

3号梁：

$$K' = K_0$$

列表计算各梁的横向分布影响线坐标值 η 表 4-6。

各主梁横向分布影响线坐标值　　　　　　　表 4-6

梁号	算式	荷载位置								
		b	$3b/4$	$b/2$	$b/4$	0	$-b/4$	$-b/2$	$-3b/4$	$-b$
1	$K_1'=0.2K_{1B}+0.8K_{13/4B}$	1.542	1.148	1.228	1.320	0.942	0.832	0.746	0.688	0.610
	$K_0'=0.2K_{0b}+0.8K_{03/4b}$	3.500	2.896	2.164	1.506	0.902	0.324	-0.236	-0.684	-1.270
	$K_1'-K_0'$	-1.958	-1.748	-0.936	-0.186	0.040	0.508	0.982	1.372	1.880
	$(K_1'-K_0')\sqrt{\alpha}$	-0.311	-0.278	-0.149	-0.030	0.006	0.081	0.156	0.218	0.299
	$K_a=K_0'+(K_1'-K_0')\sqrt{\alpha}$	3.189	2.618	2.015	1.476	0.908	0.405	-0.080	-0.466	-0.971
	$\eta_{1i}=K_a/5$	0.638	0.524	0.403	0.295	0.182	0.081	-0.016	-0.093	-0.194
2	$K_1'=0.6K_{11/2B}+0.4K_{11/4B}$	1.180	1.160	1.128	1.088	1.012	0.944	0.864	0.786	0.742
	$K_0'=0.6K_{01/2B}+0.4K_{01/4B}$	2.162	1.868	1.590	1.338	1.000	0.726	0.408	0.050	-0.256
	$K_1'-K_0'$	-0.982	-0.708	-0.462	-0.250	0.012	0.218	0.456	0.736	0.998
	$(K_1'-K_0')\sqrt{\alpha}$	-0.156	-0.112	-0.073	-0.040	0.002	0.035	0.072	0.117	0.158
	$K_a=K_0'+(K_1'-K_0')\sqrt{\alpha}$	2.006	1.756	1.517	1.298	1.002	0.761	0.480	0.167	-0.098
	$\eta_{2i}=K_a/5$	0.401	0.351	0.303	0.260	0.200	0.152	0.096	0.033	-0.020
3	$K_1'=K_{10}$	0.930	0.960	1.000	1.040	1.060	1.040	1.000	0.960	0.930
	$K_0'=K_{00}$	0.780	0.900	1.000	1.110	1.170	1.110	1.000	0.900	0.780
	$K_1'-K_0'$	0.150	0.060	0.000	-0.070	-0.110	-0.070	0.000	0.060	0.150
	$(K_1'-K_0')\sqrt{\alpha}$	0.024	0.010	0.000	-0.011	-0.017	-0.011	0.000	0.010	0.024
	$K_a=K_0'+(K_1'-K_0')\sqrt{\alpha}$	0.804	0.910	1.000	1.099	1.153	1.099	1.000	0.910	0.804
	$\eta_{3i}=K_a/5$	0.161	0.182	0.200	0.220	0.231	0.220	0.200	0.182	0.161

绘制横向分布影响线图(图 4-6)求横向分布系数。

按照《桥规》4.3.1 条和 4.3.5 条规定，汽车荷载距人行道边缘距离不小于 0.5m，人群荷载取 $3.0kN/m^2$，人行道板以 $4.94kN/m$ 的线荷载作用在人行道上。

各梁横向分布系数：

公路Ⅱ级：

$$\eta_{1q}=\frac{1}{2}\times(0.524+0.315+0.172-0.013)=0.499$$

$$\eta_{2q}=\frac{1}{2}\times(0.351+0.269+0.195+0.102)=0.459$$

$$\eta_{3q}=\frac{1}{2}\times(0.192+0.224+0.224+0.192)=0.416$$

人群荷载：

$$\eta_{1r}=0.615$$
$$\eta_{2r}=0.391$$
$$\eta_{3r}=0.330$$

人行道板：

$$\eta_{1b}=0.615-0.181=0.434$$
$$\eta_{2b}=0.391-0.009=0.382$$
$$\eta_{3b}=0.165\times2=0.330$$

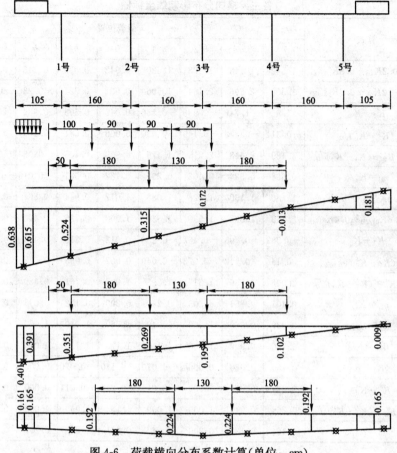

图 4-6 荷载横向分布系数计算(单位：cm)

(2) 梁端剪力横向分布系数(按杠杆法)

公路 Ⅱ 级(图 4-7)：

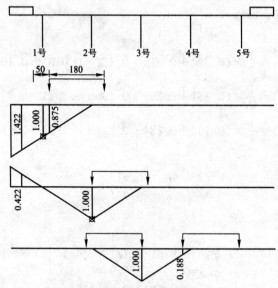

图 4-7 梁端荷载横向分布系数计算图示(单位：cm)

$$\eta'_{1q} = \frac{1}{2} \times 0.875 = 0.438$$

$$\eta'_{2q} = \frac{1}{2} \times 1.000 = 0.500$$

$$\eta'_{3q} = \frac{1}{2} \times (0.938 + 0.250) = 0.594$$

人群荷载：

$$\eta'_{1r} = 1.422$$
$$\eta'_{2r} = -0.422$$
$$\eta_{3r} = 0$$

2. 作用效应计算

(1) 永久作用效应

① 永久荷载

假定桥面构造各部分重力平均分配给主梁承担，计算结果见表4-7。

桥面构造各部分重力　　　　　　　　　　　　　　表4-7

构件名	体积(m^3)	重度(kN/m^3)	每延米重力(kN/m)	合计(kN/m)
主　梁	0.372	25	9.30	9.30
横隔板	0.06115	25	1.53	2.29
	0.03058	25	0.76	
桥面铺装	0.032	23	0.74	4.19
	0.144	24	3.46	
人行道部分				4.94

按人行道板横向分布系数分摊至各梁的板重为：

1号、5号梁：

$$\eta_{1b} = 0.434, \quad \eta_{1b}q = 0.434 \times 4.94 = 2.14 \text{kN/m}$$

2号、4号梁：

$$\eta_{2b} = 0.382, \quad \eta_{2b}q = 0.382 \times 4.94 = 1.89 \text{kN/m}$$

3号梁：

$$\eta_{3b} = 0.330, \quad \eta_{3b}q = 0.330 \times 4.94 = 1.63 \text{kN/m}$$

各梁的永久荷载汇总于表4-8。

各梁的永久荷载（单位：kN/m）　　　　　　　　　　　表4-8

梁号	主梁	横梁	栏杆及人行道	铺装层	合计
1(5)	9.30	0.76	2.14	4.20	16.40
2(4)	9.30	1.53	1.89	4.20	16.92
3	9.30	1.53	1.63	4.20	16.66

② 永久作用计算

影响线面积计算见表4-9。

影响线面积计算表 表4-9

项目	计算面积	影响线面积 ω_0
$M_{1/2}$	(三角形,底 l,高 $l/4$)	$\omega_0 = \frac{1}{2}l \times \frac{1}{4}l = \frac{1}{8}l^2 = \frac{1}{8} \times 15.5^2 = 30.03$
$M_{1/4}$	(三角形,高 $3l/16$)	$\omega_0 = \frac{3l}{16} \times \frac{l}{2} = \frac{3}{32}l^2 = \frac{3}{32} \times 15.5^2 = 22.52$
$Q_{1/2}$	(三角形,高 $l/2$)	$\omega_0 = 0$ $\omega_{01/2} = \frac{1}{2} \times \frac{l}{2} \times \frac{1}{2} = \frac{1}{8} \times 15.5 = 1.938$
Q_0	(三角形)	$\omega_0 = \frac{1}{2}l = \frac{1}{2} \times 15.5 = 7.75$

永久作用计算见表4-10。

永久作用计算表 表4-10

梁号	$M_{1/2}$			$M_{1/4}$			Q_0		
	q	ω_0	$q\omega_0$	q	ω_0	$q\omega_0$	q	ω_0	$q\omega_0$
1(5)	16.40	30.03	492.49	16.40	22.52	369.33	16.40	7.75	127.10
2(4)	16.92	30.03	508.11	16.92	22.52	381.04	16.92	7.75	131.13
3	16.66	30.03	500.30	16.66	22.52	375.18	16.66	7.75	129.12

(2) 可变作用效应

① 汽车荷载冲击系数

简支梁自振频率计算:

$$m_c = G/g$$

$$m_c = \frac{16.66 \times 10^3}{9.81} = 1.698 \times 10^3 \, \text{kg/m}$$

$$f_1 = \frac{\pi}{2l^2}\sqrt{\frac{EI_c}{m_c}} = \frac{\pi}{2 \times 15.5^2} \times \sqrt{\frac{3.0 \times 10^{10} \times 5.2891 \times 10^{-2}}{1.698 \times 10^3}} = 6.320 \, \text{Hz}$$

f_1 介于 $1.5\,\text{Hz}$ 和 $14\,\text{Hz}$ 之间,按《桥规》4.3.2条规定,冲击系数按照下式计算:

$$\mu = 0.1767\ln f - 0.0157 = 0.3101$$

② 公路Ⅱ级均布荷载 q_k,集中荷载 P_k 及其影响线面积(表4-11)

按照《桥规》4.3.1规定,公路Ⅱ级车道荷载按照公路Ⅰ级的0.75倍取用,即均布荷载 $q_k = 7.875\,\text{kN/m}$,$P_k = 166.5\,\text{kN}$。

公路Ⅱ级及其影响线面积表 表4-11

项目	顶点位置	$q_k(\text{kN/m}^2)$	$P_k(\text{kN})$	ω_0
$M_{1/2}$	$L/2$ 处	7.875	166.5	30.03
$M_{1/4}$	$L/4$ 处	7.875	166.5	22.52
Q_0	支点处	7.875	166.5	7.75
$Q_{1/2}$	$L/2$ 处	7.875	166.5	1.938

可变作用人群荷载(每延米)p_r：
$$p_r = 3 \times 0.75 = 2.25 (\text{kN/m})$$

③ 可变作用效应弯矩计算(表 4-12～表 4-14)

公路Ⅱ级产生的弯矩(kN·m)　　　　　　　　　　表 4-12

梁号	内力	η (1)	$1+\mu$ (2)	q_k (3)	ω_0 (4)	P_k (5)	y_k (6)	弯矩效应 (1)×(2)×[(3)×(4)+(5)×(6)]
1	$M_{1/2}$	0.499			30.03		3.875	576.39
	$M_{1/4}$	0.499			22.52		2.906	432.25
2	$M_{1/2}$	0.459	1.3101	7.875	30.03	166.5	3.875	530.18
	$M_{1/4}$	0.459			22.52		2.906	397.60
3	$M_{1/2}$	0.416			30.03		3.875	480.51
	$M_{1/4}$	0.416			22.52		2.906	360.35

人群产生的弯矩(单位：kN·m)　　　　　　　　　　表 4-13

梁号	内力	η(1)	P_r(2)	ω_0(3)	弯矩效应 (1)×(2)×(3)
1	$M_{1/2}$	0.615	2.25	30.03	41.55
	$M_{1/4}$	0.615	2.25	22.52	31.16
2	$M_{1/2}$	0.391	2.25	30.03	26.42
	$M_{1/4}$	0.391	2.25	22.52	19.81
3	$M_{1/2}$	0.330	2.25	30.03	22.30
	$M_{1/4}$	0.330	2.25	22.52	16.72

弯矩基本组合表(单位：kN·m)　　　　　　　　　　表 4-14

梁号	内力	永久荷载 (1)	人群荷载 (2)	汽车荷载 (3)	$\gamma_0 \left(\sum_{i=1}^{n} \gamma_{Gi} S_{Gik} + \gamma_{Q1} S_{Q1k} + \psi_c \sum_{j=2}^{n} \gamma_{Qj} S_{Qjk} \right)$ (4) (5)
1	$M_{1/2}$	492.49	41.55	576.39	1300.02
	$M_{1/4}$	369.33	31.16	432.25	974.92
2	$M_{1/2}$	508.11	26.42	530.18	1243.42
	$M_{1/4}$	381.04	19.81	397.60	932.47
3	$M_{1/2}$	500.30	22.30	480.51	1168.25
	$M_{1/4}$	375.18	16.72	360.35	876.09

基本荷载组合：按《桥规》4.1.6 条规定，永久作用设计值效应与可变作用设计值效应的分项系数为：

永久荷载作用分项系数：$\gamma_{Gi} = 1.2$；

汽车荷载作用分项系数：$\gamma_{Q1} = 1.4$；

人群荷载作用分项系数：$\gamma_{Qr} = 1.4$；

弯矩基本组合见表 4-14。

④ 可变作用效应剪力计算

计算可变荷载剪力效应应计入横向分布系数 η 沿桥跨变化的影响。通常分两步进行，先按跨中的 η 由等代荷载计算跨中剪力效应，再用支点剪力荷载横向分布系数 η' 并考虑支点至 $l/4$ 为直线变化来计算支点剪力效应。剪力计算时，按照《桥规》4.3.1 条规定，集中荷载标准值 P_k 需乘以 1.2 的系数。

A. 跨中剪力 $V_{1/2}$ 的计算（表 4-15 和 4-16）

公路Ⅱ级产生的跨中剪力（单位：kN)   表 4-15

梁号	内力	η(1)	$1+\mu$ (2)	q_k (3)	ω_0 (4)	P_k (5)	y_k (6)	剪力效应 (1)×(2)×[(3)×(4)+(5)×(6)]
1	$V_{1/2}$	0.499					0.5	75.29
2	$V_{1/2}$	0.459	1.3101	7.875	1.938	199.8	0.5	69.25
3	$V_{1/2}$	0.416					0.5	62.76

人群荷载产生的跨中剪力（单位：kN)   表 4-16

梁号	内力	η(1)	P(2)	ω_0(3)	剪力效应 (1)×(2)×(3)
1	$V_{1/2}$	0.615			2.68
2	$V_{1/2}$	0.391	2.25	1.938	1.70
3	$V_{1/2}$	0.330			1.44

B. 支点剪力 V_0 的计算

计算支点剪力效应的横向分布系数的取值为：

a. 支点处按杠杆法计算 η'

b. $l/4 \sim 3l/4$ 按跨中弯矩的横向分布系数 η（同前）

c. 支点～$l/4$ 处在 η 和 η' 之间按照直线变化

支点剪力效应计算式为：

$$V_d = (1+\mu)\eta\omega q_k + (1+\mu)\eta P_k \qquad (4-10)$$

人群均布荷载产生的支点剪力效应计算式为：

$$V_d = \eta\omega p \qquad (4-11)$$

$$p = \frac{11q_r}{12} \times \frac{l}{4} \times \frac{\eta'_r - \eta_r}{2} = \frac{11l}{96} \times (\eta'_r - \eta_r) q_r \qquad (4-12)$$

梁端剪力效应计算：

汽车荷载作用下如图 4-8 所示，计算结果如表 4-17 所示。

1 号梁：

$$V_{01} = \left\{ 199.8 \times 1 \times 0.438 + 7.875 \times \left[\frac{15.5}{2} \times 0.499 - \frac{11}{12} \times \frac{15.5}{2 \times 4} \times 0.061 - \frac{1}{12} \times \frac{15.5}{2 \times 4} \times 0.061 \right] \right\}$$
$$= 117.04 \text{kN}$$

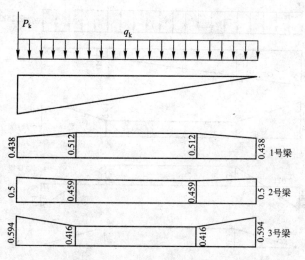

图 4-8 支点剪力计算图式

公路Ⅱ级产生的支点剪力效应计算表（单位：kN）   表 4-17

梁号	$1+\mu$	$\sum\eta_i\omega_i p_i$	剪力效应$(1+\mu)\sum\eta_i\omega_i p_i$
1		117.04	153.33
2	1.3101	128.54	168.40
3		146.56	192.01

2 号梁：

$$V_{02}=\left\{199.8\times1\times0.5+7.875\times\left[\frac{15.5}{2}\times0.459+\frac{11}{12}\times\frac{15.5}{2\times4}\times0.041\times\frac{1}{2}+\frac{1}{12}\times\frac{1}{2}\times\frac{15.5}{2\times4}\times0.041\right]\right\}$$

$=128.54\text{kN}$

3 号梁：

$$V_{03}=\left\{199.8\times1\times0.594+7.875\times\left[\frac{15.5}{2}\times0.416+0.75\times\frac{15.5}{4\times2}\times0.178+0.25\times\frac{15.5}{8}\times0.178\times\frac{2}{3}\right]\right\}$$

$=146.56\text{kN}$

人群荷载作用如图 4-9 所示，计算结果如下所示。

1 号梁：

$$V_{01}=2.25\times\left\{\frac{1}{2}\times15.5\times0.615\times1+\frac{1}{2}\times\frac{15.5}{4}\times0.807\times\frac{11}{12}+\frac{1}{2}\times\frac{15.5}{4}\times0.807\times\frac{1}{12}\right\}$$

$=14.24\text{kN}$

2 号梁：

$$V_{02}=2.25\times\left\{\frac{1}{2}\times1.864\times0.391\times0.79+\frac{15.5}{2}\times0.391\times\frac{1}{2}+\frac{1}{2}\times1.864\times0.391\times0.21\right\}$$

$=4.23\text{kN}$

3 号梁：

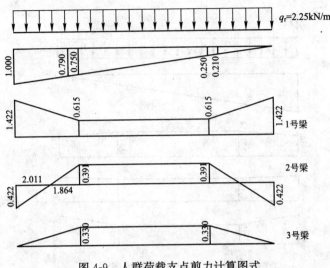

图 4-9 人群荷载支点剪力计算图式

$$V_{03}=2.25\times\left\{\frac{1}{2}\times15.5\times0.33-\frac{1}{2}\times\frac{15.5}{4}\times0.33\times\frac{11}{12}-\frac{1}{2}\times\frac{15.5}{4}\times0.33\times\frac{1}{12}\right\}$$
$$=4.32\text{kN}$$

剪力效应组合计算结果见表 4-18。

剪力效应组合表（单位：kN）　　　　表 4-18

梁号	剪力效应	永久荷载	人群	汽车	$\gamma_0\left(\sum_{i=1}^{n}\gamma_{Gi}S_{Gik}+\gamma_{Q1}S_{Q1k}+\psi_c\sum_{j=2}^{n}\gamma_{Qj}S_{Qjk}\right)$
1	V_0	127.10	14.24	153.33	344.82
	$V_{1/2}$	0	2.68	75.29	97.57
2	V_0	131.13	4.23	168.40	358.07
	$V_{1/2}$	0	1.70	69.25	88.97
3	V_0	129.12	4.32	192.01	385.74
	$V_{1/2}$	0	1.44	62.76	80.53

3. 持久状况承载能力极限状态下截面设计、配筋与验算

（1）配置主筋

由弯矩基本组合表 4-14 可知，1 号梁 M_d 值最大，考虑到施工方便，偏于安全设计，一律按 1 号梁计算弯矩进行配筋。主梁尺寸图如图 4-3 所示。

设钢筋保护层为 3cm，钢筋重心至底边距离 $a=10.5$cm，则主梁的有效高度 $h_0=h-a=120-10.5=109.5$cm。

已知 1 号梁跨中弯矩　　　　$\gamma_0 M_d=1300.02$kN·m

$$\gamma_0 M_d \leqslant f_{cd}\left[bx\left(h_0-\frac{x}{2}\right)+(b'_f-b)h'_f\left(h_0-\frac{h'_f}{2}\right)\right]+f'_{sd}A'_s(h_0-a'_s)$$

按第一类 T 形截面计算，代入相应数据可得：

$$1300.02\times10^6\leqslant13.8\times1600\times x\times\left(1095-\frac{x}{2}\right)$$

求解得到 $x=0.076\text{m}<0.11\text{m}$

$$A_s = \frac{f_{cd}b'_f x}{f_{sd}} = \frac{13.8 \times 1.60 \times 0.076}{280} = 0.0005993\text{m}^2 = 5993\text{mm}^2$$

选用 6 根直径为 32mm 的 HRB335 级钢筋，和 2 根直径为 28mm 的 HRB335 级钢筋。$A_s = 6058\text{mm}^2$ 钢筋的布置如图 4-10 所示。

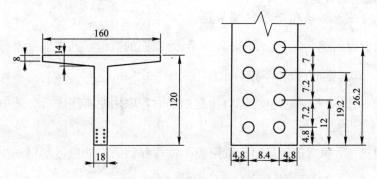

图 4-10 主梁纵筋配置示意图（单位：cm）

钢筋重心位置：

$$a_s = \frac{\sum a_{si}y_i}{\sum a_{si}} = \frac{48 \times 1609 + 120 \times 1609 + 192 \times 1609 + 262 \times 1232}{6058} = 149\text{mm}$$

$$h_0 = h - a_s = 1200 - 149 = 1051\text{mm}$$

含筋率：

$$\mu = \frac{A_s}{b'_f h_0} = \frac{6058}{160 \times 1051} = 0.36\% > 0.2\%$$

（2）持久状况承载能力极限状态下截面设计、配筋与验算

按截面实际配筋值计算受压区高度 x 为：

$$x = \frac{f_{sd}A_s}{f_{cd}b'_f} = \frac{6058 \times 280}{13.8 \times 1600} = 76.8\text{mm}$$

截面抗弯极限状态承载力为：

$$\begin{aligned}M_d &= f_{cd}b'_f x\left(h_0 - \frac{x}{2}\right) \\ &= 13.8 \times 10^3 \times 1.6 \times 0.0768 \times \left(1.051 - \frac{0.0768}{2}\right) \\ &= 1717.11(\text{kN}\cdot\text{m}) > 1300.02\text{kN}\cdot\text{m}\end{aligned}$$

满足规范要求。

（3）根据斜截面抗剪承载力进行斜筋配置

由表 4-18 可知，支点剪力效应以 3 号梁为最大，跨中剪力效应以 1 号梁最大，偏于安全设计，均取最大值进行设计，即：$V_{d0} = 385.74\text{kN}$，$V_{d1/2} = 97.57\text{kN}$。

假定有 2 根直径为 32 的 HRB 钢筋通过支座，按《公预规》9.3.10 的构造要求：

$$a = 0.5 \times 32 + 30 = 46\text{mm}$$

$$h_0 = h - a = 1200 - 46 = 1154\text{mm}$$

根据《公预规》5.2.9 规定，构造要求需满足：

$$\gamma_0 V_d \leq 0.51 \times 10^{-3}\sqrt{f_{cu,k}}bh_0$$

$$0.51\times10^{-3}\times\sqrt{30}\times180\times1154=580.24\text{kN}>385.74\text{kN}$$

按《公预规》5.2.10 条规定

$$0.50\times10^{-3}\alpha_2 f_{td}bh_0=0.50\times10^{-3}\times1\times1.39\times180\times1154=144.37\text{kN}<385.74\text{kN}$$

介于两者之间应进行持久状况斜截面抗剪极限状态承载验算。

① 斜截面配筋的计算图式

按《公预规》5.2.6 条和 5.2.11 条规定：

A. 最大剪力取用距支座中心 $\frac{h}{2}$（梁高一半）处截面的数值，其中混凝土与箍筋共同承担不小于 60%，弯起钢筋（按 45°弯起）承担不大于 40%；

B. 计算第一排（从支座向跨中计算）弯起钢筋时，取用距支座中心 $\frac{h}{2}$ 处由弯起钢筋承担的那部分剪力值。

C. 计算以后每一排弯起钢筋时，取用前一排弯起钢筋点处由弯起钢筋承担的那部分剪力值。

弯起钢筋配置计算图式如图 4-11 所示。

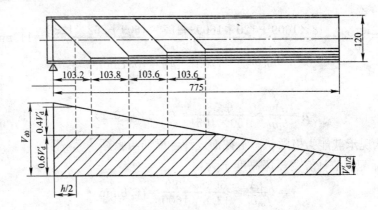

图 4-11 弯起钢筋配置及计算图式（单位：cm）

由内插可得：距梁高 $\frac{h}{2}$ 处的剪力值为

$$V_{dh/2}=363.43\text{kN}$$
$$V_{dhk}=0.6V_{dh/2}=218.06\text{kN}$$
$$V_{dhk}=0.4V_{dh/2}=145.37\text{kN}$$

相应各排弯起钢筋位置与承担的剪力值见表 4-19。

弯起钢筋位置与承担的剪力值计算表（单位：kN）　　　　　表 4-19

斜筋排次	弯起点中心位置(m)	承担的剪力值 V_{sbi}(kN)	斜筋排次	弯起点中心位置	承担的剪力值 V_{sbi}(kN)
1	1.032	145.37	3	3.106	90.71
2	2.070	129.31	4	4.142	52.19

② 各排弯起钢筋的计算

按《公预规》5.2.7 条规定，与斜截面相交的弯起钢筋的抗剪承载能力(kN)按下式计算：

$$\gamma_0 V_{sb} = 0.75 \times 10^{-3} f_{sd} A_{sb} \sin\theta_s \tag{4-13a}$$

式中 f_{sd}——弯起钢筋的抗拉强度设计强度（MPa）；

A_{sb}——在一个弯起钢筋平面内的弯起钢筋的总面积（mm²）；

θ_s——弯起钢筋与构件纵向轴线的夹角，$\theta_s = 45°$。

故相应于各排钢筋弯起钢筋的面积按下式计算：

$$A_{sb} = \frac{\gamma_0 V_{sb}}{0.75 \times 10^{-3} f_{sd} \sin\theta_s} \tag{4-13b}$$

$$0.75 \times 10^{-3} f_{sd} \sin\theta_s = 0.75 \times 10^{-3} \times 280 \times \sin45° = 0.14857$$

则每排弯起钢筋的面积为：

$$0.75 \times 10^{-3} f_{sd} \sin\theta_s = 0.75 \times 10^{-3} \times 280 \times \sin45° = 0.14847$$

各排弯起钢筋的面积计算见表 4-20。

弯起钢筋的面积计算表   表 4-20

弯起排次	每排弯起钢筋计算面积 A_{sb}(mm²)	弯起钢筋数目	每排弯起钢筋实际面积 A_{sb}(mm²)
1	980	2Φ32	1609
2	872	2Φ32	1609
3	611	2Φ28	1232
4	352	2Φ16	402

在靠近跨中处，增设 2Φ16 的辅助斜钢筋，$A'_{sb} = 402 \text{mm}^2$。

③ 主筋弯起后持久状况承载能力极限状态正截面承载力验算

计算每一根弯起截面的抵抗弯矩时，由于钢筋根数不同，则钢筋的重心位置也不同，有效高度的值也因此不同，为了简化计算，可用同一数值，影响不会很大。

2Φ32 钢筋的抵抗弯矩 M_1 为：

$$M_1 = 2f_s A_{s1}\left(h_0 - \frac{x}{2}\right) = 2 \times 280 \times 10^{-3} \times 8.042 \times 10^{-4} \times \left(1.051 - \frac{0.0768}{2}\right)$$

$$= 456.03 \text{kN} \cdot \text{m}$$

2Φ28 钢筋的抵抗弯矩 M_2 为：

$$M_2 = 2f_s A_{s2}\left(h_0 - \frac{x}{2}\right) = 2 \times 280 \times 10^{-3} \times 6.158 \times 10^{-4} \times \left(1.051 - \frac{0.0768}{2}\right)$$

$$= 349.91 \text{kN} \cdot \text{m}$$

跨中截面的抵抗弯矩为：

$$\sum M = 280 \times 10^{-3} \times 60.58 \times 10^{-4} \times \left(1.051 - \frac{0.0768}{2}\right) = 1717.11 \text{kN} \cdot \text{m}$$

全梁抗弯承载力校核见图 4-12：

第 1 排弯起钢筋处正截面承载力为：

$$1717.11 - 349.91 = 1367.2 \text{kN}$$

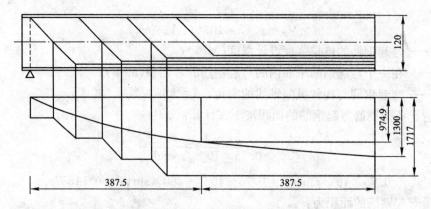

图 4-12 全梁抗弯承载力验算图式(尺寸单位：cm)

第2排弯起钢筋处正截面承载力为：
$$1717.11-349.91-456.03=911.17\text{kN}$$
第3排弯起钢筋处正截面承载力为：
$$1717.11-349.91-2\times456.03=455.14\text{kN}$$
第4排弯起钢筋处正截面承载力为：
$$1717.11\text{kN}$$
经验算各截面均满足要求。

(4) 箍筋的配置

根据《公预规》5.2.11条规定，箍筋间距的计算公式为：
$$S_v=\frac{\alpha_1^2\alpha_3^2\times0.2\times10^{-6}\times(2+0.6P)\sqrt{f_{cu,k}}A_{sv}f_{sv}bh_0^2}{(\xi\gamma_0V_d)^2} \tag{4-14}$$

式中 α_1——异形弯矩影响系数，取 $\alpha_1=1.0$；

α_3——受压翼缘的影响系数，取 $\alpha_3=1.1$；

V_d——距支座中心处截面上的计算剪力(kN)；

P——斜截面内纵向受拉主筋的配筋率，$P=100\mu$；

A_{sv}——同一截面上箍筋的总截面积(mm)；

f_{sv}——箍筋的抗拉设计强度；

ξ——混凝土和钢筋的剪力分担系数，取 $\xi=0.6$。

选用 $2\phi8$ 双肢箍筋(R235，$f_{sv}=195\text{MPa}$)，则面积 $A_{sv}=100.6\text{mm}^2$；距支座中心 $h_0/2$ 处的主筋为 $2\Phi32$，$A_g=1608.6\text{mm}^2$；$h_0=1154\text{mm}$；$\mu=A_g/(bh_0)=7.744\times10^{-3}$；$P=100\mu=0.774$，计算剪力 $V_d=386.10\text{kN}$。代入上式，可得：

$$S_v=\frac{1.0^2\times1.1^2\times0.2\times10^{-6}\times(2+0.6\times0.774)\times\sqrt{30}\times100.6\times195\times180\times1154^2}{(0.6\times1.0\times386.10)^2}$$

$$=286.2\text{mm}$$

用 $S_v=250\text{mm}$。

根据《公预规》9.3.13条规定，在支座中心向跨径方向长度不小于1倍梁高范围内，箍筋间距不宜大于100mm。

综上所述，全梁箍筋的配置为 $2\phi8$ 双肢箍筋；由支点至距支座中心 2.070m 处，$S_v=$

100mm，其余地方箍筋间距为200mm。

则配箍率 $\rho_{sv}=A_{sv}/(S_v b)$ 分别为：

当 $S_v=100$mm 时：

$$\rho_{sv}=\frac{A_{sv}}{S_v b}=\frac{100.6}{100\times 180}=0.56\%$$

当 $S_v=250$mm 时：

$$\rho_{sv}=\frac{A_{sv}}{S_v b}=\frac{100.6}{250\times 180}=0.22\%$$

均满足最小配箍率 R235 钢筋不小于 0.18% 的要求。

(5) 斜截面抗剪承载力验算

根据《公预规》5.2.6条规定，斜截面抗剪强度验算位置为：

① 距支座中心 $\frac{h}{2}$（梁高一半）处截面；

② 受拉区弯起钢筋弯起点处截面；

③ 锚于受拉区的纵向主筋开始不受力处的截面；

④ 箍筋数量或间距有明显改变处的截面；

⑤ 构件腹板宽度改变处的截面。

因此，本算例要进行斜截面抗剪强度验算的截面包括(见图4-13)：

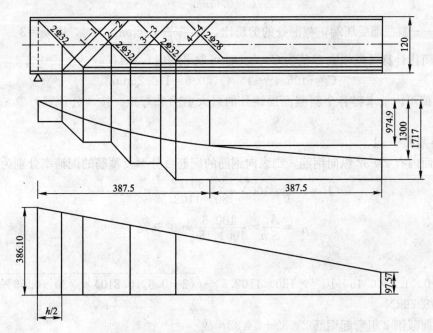

图 4-13 斜截面抗剪验算截面图式（尺寸单位：cm）

① 距支座中心 $\frac{h}{2}$ 处截面 1—1，相应的剪力和弯矩设计值分别为：$V_d=363.43$kN，$M_d=245.5$kN·m。

② 距离支座中心1.032m处截面2—2(第一排弯起钢筋弯起点)，相应的剪力和弯矩设计值分别为：$V_d=347.37$kN，$M_d=419.2$kN·m。

③ 距离支座中心2.070m处截面3—3(第二排弯起钢筋弯起点及箍筋间距变化处)，相应的剪力和弯矩设计值分别为：$V_d=308.77$kN，$M_d=696.1$kN·m。

④ 距离支座中心3.106m处截面4—4(第三排弯起钢筋弯起点)，相应的剪力和弯矩设计值分别为：$V_d=270.25$kN，$M_d=877.2$kN·m。

验算斜截面抗剪承载力时，应该计算通过斜截面顶端正截面内的最大剪力V_d和相应于上述最大剪力时的弯矩M_d。最大剪力在计算出斜截面水平投影长度C值后，相应的弯矩可从按比例绘制的弯矩图上量取。

根据《公预规》5.2.7条规定：受弯构件配有箍筋和弯起钢筋时，其斜截面抗剪强度验算公式为：

$$\gamma_0 V_d \leqslant V_{cs}+V_{sb} \quad (4\text{-}15a)$$

$$V_{sb}=0.75\times10^{-3}f_{sd}\sum A_{sb}\sin\theta_s \quad (4\text{-}15b)$$

$$V_{sb}=\alpha_1\alpha_3 0.45\times10^{-3}bh_0\sqrt{(2+0.6P)}\sqrt{f_{cu,k}}\rho_{sv}f_{sv} \quad (4\text{-}15c)$$

式中 V_{sb}——与斜截面相交的普通弯起钢筋的抗剪能力(kN)；

V_{cs}——斜截面内混凝土与箍筋共同的抗剪能力(kN)；

ρ_{sv}——箍筋的配箍率；

A_{sb}——斜截面内在同一弯起平面的普通弯起钢筋的截面面积(mm^2)。

斜截面水平投影长度C按下式计算：

$$C=0.6mh_0 \quad (4\text{-}16)$$

式中 m——斜截面受压端正截面处的剪跨比，$m=\dfrac{M}{Vh_0}$，当$m>3$时，取$m=3$。

为了简化计算可近似取C值为$C\approx h_0$(h_0可取平均值)，则有：

$$C=(105.1+115.4)\times 0.5=110.25\text{mm}$$

由C值可内插求得各个斜截面顶端处的最大剪力和弯矩。按《公预规》取$\alpha_1=1.0$，$\alpha_3=1.1$。

① 斜截面1—1

斜截面内有2Φ32纵向钢筋，则纵向钢筋的配筋百分率及箍筋的配箍率分别为：

$$P=100\rho=100\times\frac{2\times804.2}{180\times1102.5}=0.810$$

$$\rho_{sv}=\frac{A_{sv}}{S_v b}=\frac{100.6}{100\times180}=0.56\%$$

则

$$V_{cs1}=1.0\times1.1\times0.45\times10^{-3}\times180\times1102.5\times\sqrt{(2+0.6\times0.810)}\times\sqrt{30}\times0.56\%\times195$$
$$=378.79\text{kN}$$

斜截面截割2组弯起钢筋2Φ32+2Φ32，故

$$V_{sb1}=0.75\times10^{-3}\times280\times2\times1609\times\sin45°=477.85\text{kN}$$

$$V_{cs1}+V_{sb1}=(378.79+477.85)=856.64\text{kN}>363.76\text{kN}$$

② 斜截面2—2

斜截面内有2Φ32纵向钢筋，则纵向钢筋的配筋百分率及箍筋的配箍率分别为：

$$P=100\rho=100\times\frac{2\times804.2}{180\times1102.5}=0.810$$

$$\rho_{sv}=\frac{A_{sv}}{S_v b}=\frac{100.6}{100\times180}=0.56\%$$

则

$$V_{cs2}=1.0\times1.1\times0.45\times10^{-3}\times180\times1102.5\times\sqrt{(2+0.6\times0.810)\times\sqrt{30}\times0.56\%\times195}$$
$$=378.79\text{kN}$$

斜截面截割2组弯起钢筋 2Φ32+2Φ32，故

$$V_{sb2}=0.75\times10^{-3}\times280\times2\times1609\times\sin45°=477.85\text{kN}$$
$$V_{cs2}+V_{sb2}=(378.79+477.85)=856.64\text{kN}>347.68\text{kN}$$

③ 斜截面 3—3

斜截面内有 4Φ32 纵向钢筋，则纵向钢筋的配筋百分率及箍筋的配箍率分别为：

$$P=100\rho=100\times\frac{4\times804.2}{180\times1102.5}=1.621$$

$$\rho_{sv}=\frac{A_{sv}}{S_v b}=\frac{100.6}{250\times180}=0.22\%$$

则

$$V_{cs3}=1.0\times1.1\times0.45\times10^{-3}\times180\times1102.5\times\sqrt{(2+0.6\times1.621)\times\sqrt{30}\times0.22\%\times195}$$
$$=259.62\text{kN}$$

斜截面截割2组弯起钢筋 2Φ32+2Φ32，故

$$V_{sb3}=0.75\times10^{-3}\times280\times2\times1609\times\sin45°=477.85\text{kN}$$
$$V_{cs3}+V_{sb3}=(259.62+477.85)=737.47\text{kN}>309.03\text{kN}$$

④ 斜截面 4—4

斜截面内有 6Φ32 纵向钢筋，则纵向钢筋的配筋百分率及箍筋的配箍率分别为：

$$P=100\rho=100\times\frac{6\times804.2}{180\times1102.5}=2.431$$

$$\rho_{sv}=\frac{A_{sv}}{S_v b}=\frac{100.6}{250\times180}=0.22\%$$

则

$$V_{cs4}=1.0\times1.1\times0.45\times10^{-3}\times180\times1102.5\times\sqrt{(2+0.6\times2.431)\times\sqrt{30}\times0.22\%\times195}$$
$$=280.04\text{kN}$$

斜截面截割2组弯起钢筋 2Φ32+2Φ28，故

$$V_{sb4}=0.75\times10^{-3}\times280\times(1609+982)\times\sin45°=384.74\text{kN}$$
$$V_{cs2}+V_{sb2}=(280.04+384.74)=664.78\text{kN}>270.46\text{kN}$$

所以斜截面承载力符合要求。

(6) 持久状况斜截面抗弯极限承载力验算

钢筋混凝土受弯构件斜截面抗弯承载力不足而破坏的原因，主要是受拉区纵向钢筋锚固不好或弯起钢筋位置不当造成的，故当受弯构件的纵向钢筋和箍筋满足《公预规》中构造要求时，可不进行斜截面抗弯承载力计算。

4. 持久状况正常使用极限状态下裂缝宽度验算

按《公预规》6.4.3条的规定，最大裂缝宽度按下式计算：

$$W_{fk}=C_1C_2C_3\frac{\sigma_{ss}}{E_s}\left(\frac{30+d}{0.28+10\rho}\right) \quad (4\text{-}17a)$$

$$\rho=\frac{A_s}{bh_0+(b_f-b)h_f} \quad (4\text{-}17b)$$

式中 C_1——钢筋表面形状系数，取 $C_1=1.0$；

C_2——作用长期效应影响系数，长期荷载作用时，$C_2=1+0.5\frac{N_l}{N_s}$，N_l 和 N_s 分别按作用长期效应组合和短期效应组合计算的内力值；

C_3——与构件受力性质有关的系数，取 $C_3=1.0$；

d——受拉钢筋的直径，若直径不同可用换算直径 d_e 代替；

ρ——纵向受拉钢筋的配筋率，对钢筋混凝土构件，当 $\rho>0.02$ 时，取 $\rho=0.02$；当 $\rho<0.006$ 时，取 $\rho=0.006$；

E_s——钢筋的弹性模量；

b_f——构件受拉翼缘宽度；

h_f——构件受拉翼缘厚度；

σ_{ss}——受拉钢筋在使用荷载作用下的应力，按《公预规》6.4.4 条公式计算：

$$\sigma_{ss}=\frac{M_s}{0.87A_sh_0} \quad (4\text{-}17c)$$

式中 M_s——按作用长期效应组合计算的弯矩值；

A_s——受拉钢筋纵向受拉钢筋截面面积。

由式(4-17b)得到：

$$\rho=\frac{6058}{180\times1051+(1600-180)\times110}=0.0175$$

根据前文计算，取 1 号梁的跨中弯矩效应进行组合：

$$M_s=\sum_{i=1}^{m}S_{Gik}+\sum_{j=1}^{n}\psi_{1j}S_{Qjk}=M_G+0.7M_{Q1k}+1.0M_{Q2k}$$
$$=(492.49+0.7\times576.39/1.3101+1.0\times41.55)$$
$$=842.01\text{kN}\cdot\text{m}$$

长期效应组合：

$$M_l=\sum_{i=1}^{m}S_{Gik}+\sum_{j=1}^{n}\psi_{2j}S_{Qjk}=M_G+0.4M_{Q1k}+0.4M_{Q2k}$$
$$=(492.49+0.4\times576.39/1.3101+0.4\times41.55)$$
$$=685.09\text{kN}\cdot\text{m}$$

受拉钢筋在短期效应组合作用下的应力为：

$$\sigma_{ss}=\frac{M_s}{0.87A_sh_0}=\frac{842.01\times10^6}{0.87\times6058\times1051}=152.01\text{MPa}$$

$$C_2=1+\frac{0.5N_l}{N_s}=1+\frac{0.5\times685.09}{842.01}=1.407$$

钢筋为 HRB335 钢筋，$E_s=2.0\times10^5\text{MPa}$，代入式(4-17a)后得：

$$W_{fk}=1.0\times1.407\times1.0\times\frac{165.31}{2.0\times10^5}\times\left(\frac{30+31}{0.28+10\times0.0175}\right)=0.143\text{mm}<0.2\text{mm}$$

满足《公预规》6.4.2条"在一般正常大气条件下,钢筋混凝土受弯构件不超过最大裂缝宽度"要求。还应满足《公预规》9.3.8条规定,在梁腹高的两侧设置直径为$\phi6\sim\phi8$的纵向防裂钢筋,以防止裂缝的产生。

本算例采用$6\phi8$,则:

$A_s'=301.8\text{mm}^2$,$\mu_s'=A_s'/(bh)=301.8/(180\times1200)=0.0014$,介于$0.0012\sim0.002$之间,可行。

5. 持久状况正常使用极限状态下挠度验算

按《公预规》6.5.1条和6.5.2条规定:

$$B=\frac{B_0}{\left(\frac{M_{cr}}{M_s}\right)^2+\left[1-\left(\frac{M_{cr}}{M_s}\right)^2\right]\frac{B_0}{B_{cr}}} \tag{4-18a}$$

$$M_{cr}=\gamma f_{tk}W_0 \tag{4-18b}$$

$$\gamma=2S_0/W_0 \tag{4-18c}$$

$$f_{tk}=2.01\text{MPa} \quad E_c=3.0\times10^4\text{MPa}$$

式中 S_0——全截面(不考虑开裂)换算截面重心轴以上部分对重心轴的面积矩;

x——换算截面中性轴距T梁顶面的距离。x按式(4-18d)求解:

$$\frac{1}{2}b_1x^2-\frac{1}{2}(b_1-b)(x-t)^2-nA(h_0-x)=0 \tag{4-18d}$$

代入后:

$$\frac{1}{2}\times1600\times x^2-\frac{1}{2}(1600-180)(x-110)^2-6.667\times6058\times(1051-x)=0$$

解方程得:

$$x=234.5\text{mm}$$

$$S_0=1600\times110\times(234.5-55)+(234.5-110)\times180\times\frac{234.5-110}{2}$$

$$=3.2987\times10^7\text{mm}^3$$

已算得全截面对中心轴的惯性矩:$I_0=5.2891\times10^{10}\text{mm}^4$

全截面抗裂边缘弹性抵抗矩:

$$W_0=I_0/(h_0-x)=5.2891\times10^{10}/(1051-234.5)=6.4778\times10^7$$

$$\gamma=\frac{2S_0}{W_0}=\frac{2\times3.2987\times10^7}{6.4778\times10^7}=1.0185$$

$$M_{cr}=\gamma f_{tk}W_0=1.0185\times2.01\times6.4778\times10^7=1.3261\times10^8\text{N}\cdot\text{mm}$$

I_{cr}为开裂截面的惯性矩,按下式计算:

$$I_{cr}=nA_s(h_0-x)^2+\frac{1}{3}b_1x^3-\frac{1}{3}(b_1-b)(x-t)^3 \tag{4-19}$$

代入后:

$$I_{cr}=6.667\times6058\times(1051-234.5)^2+\frac{1}{3}\times1600\times234.5^3-\frac{1}{3}\times(1600-180)\times(234.5-110)^3$$

$$=3.2890\times10^{10}\text{mm}^4$$

$$B_{cr}=E_c I_{cr}=3.0\times 10^4\times 3.2890\times 10^{10}=0.987\times 10^{15}$$
$$B_0=0.95E_c I_0=0.95\times 3.0\times 10^4\times 5.2891\times 10^{10}=1.507\times 10^{15}$$
$$M_s=842.01\text{kN}\cdot\text{m}$$
$$B=\frac{1.507\times 10^{15}}{\left(\frac{1.3261\times 10^8}{8.4201\times 10^8}\right)^2+\left[1-\left(\frac{1.3261\times 10^8}{8.4201\times 10^8}\right)^2\right]\times\frac{1.507\times 10^{15}}{0.987\times 10^{15}}}$$
$$=0.9955\times 10^{15}\text{N}\cdot\text{mm}^2$$

根据计算结果，结构的自重弯矩为 508.11kN·m。公路-Ⅱ级可变荷载 $q_k=7.875$kN/m；$P_k=166.5$kN，跨中横向分布系数为 $\eta=0.499$；人群荷载 $q_r=2.25$kN/m，跨中横向分布系数为 $\eta=0.615$。

永久作用：
$$f_s=\frac{5M_G l_0^2}{48B}=\frac{5\times 508.11\times 10^6\times 15500^2}{48\times 0.9955\times 10^{15}}=12.77\text{mm}$$

可变作用（汽车）：
$$f_s=\psi_1\eta\left(\frac{5}{348}\times\frac{q_k l_0^4}{B}+\frac{P_k l_0^3}{48B}\right)$$
$$=0.7\times 0.499\times\left(\frac{5}{348}\times\frac{7.875\times 10^3\times 15.5^4\times 10^9}{0.9955\times 10^{15}}+\frac{166.5\times 10^3\times 15.5^3\times 10^9}{48\times 0.9955\times 10^{15}}\right)$$
$$=6.82\text{mm}$$

可变作用（人群）：
$$f_s=\psi_1\eta\frac{5}{348}\times\frac{q_k l_0^4}{B}$$
$$=1.0\times 0.615\times\frac{5}{348}\times\frac{2.25\times 10^3\times 15.5^4\times 10^9}{0.9955\times 10^{15}}$$
$$=1.15\text{mm}$$

式中 ψ_1——作用短期效应组合的频遇值系数，对汽车荷载 $\psi_1=0.7$，对人群荷载 $\psi_1=1.0$。

根据《公预规》6.5.3 条规定，当采用 C40 以下混凝土时，挠度长期增长系数 $\eta_\theta=1.60$，施工中可通过预拱度消除永久作用挠度，则：
$$f_{\max}=1.60\times(6.82+1.15)=12.75(\text{mm})<l_0/600=25.83\text{mm}，符合规范的要求。$$

4.4.1.3 行车道板的计算

1. 永久荷载效应计算

考虑到主梁翼缘板在接缝处沿纵向全长设置连接钢筋，故行车道板可按两端固定和中间铰接的板进行计算，计算图式见图 4-14。

（1）每延米板上的恒载 g

沥青混凝土面层：
$$g_1=0.02\times 1.0\times 23=0.46\text{kN/m}$$

C30 混凝土垫层：
$$g_2=0.09\times 1.0\times 24=2.16\text{kN/m}$$

T 形梁翼缘板自重：
$$g_3=0.11\times 1.0\times 25=2.75\text{kN/m}$$

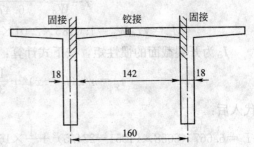

图 4-14 行车道板计算图式（尺寸单位：cm）

每延米跨板恒载合计：
$$g=\sum g_i=5.37\text{kN/m}$$

(2) 永久荷载产生的效应

弯矩：
$$M_{Ah}=-\frac{1}{2}\times 5.37\times\left(\frac{1.60-0.18}{2}\right)^2=-1.35\text{kN}\cdot\text{m}$$

剪力：
$$V_{Ah}=g\frac{l_b-b}{2}=5.37\times\frac{1.60-0.18}{2}=3.81\text{kN}$$

(3) 可变荷载产生的效应

公路-Ⅱ级：以重车后轮作用于绞缝轴线上为最不利布置，此时两边的悬臂板各承受一半的车轮荷载(如图 4-15)。

按照《桥规》4.3.1 条后车轮着地宽度 b_2 及长度 a_2 为：
$$a_2=0.2\text{m}\quad b_2=0.6\text{m}$$

顺行车方向轮压分布宽度：
$$a_1=a_2+2H=0.42\text{m}$$

垂直行车方向轮压分布宽度：
$$b_1=b_2+2H=0.82\text{m}$$

荷载作用于悬臂根部的有效分布宽度：
$$a=a_1+1.4+2l_0=0.42+1.4+2\times 0.71=3.24\text{m}$$

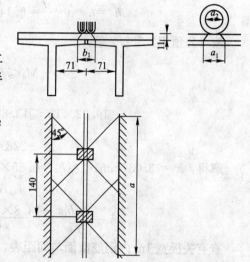

图 4-15 有效分布宽度计算图式
(尺寸单位：cm)

单轮时：
$$a'=a_1+2l_0=0.42+2\times 0.71=1.84\text{m}$$

按照《桥规》4.3.2 条规定，局部加载冲击系数：$1+\mu=1.3$。

作用于每米宽板条上的弯矩为：
$$M_{Ap}=-(1+\mu)\frac{P}{4a}\left(l_0-\frac{b_1}{4}\right)\times 2=-1.3\times\frac{35}{3.24}\times\left(0.71-\frac{0.82}{4}\right)\times 2$$
$$=-14.18\text{kN}\cdot\text{m}$$

单个车轮时：
$$M'_{Ap}=-(1+\mu)\frac{P}{4a}\left(l_0-\frac{b_1}{4}\right)=-1.3\times\frac{35}{1.84}\times\left(0.71-\frac{0.82}{4}\right)$$
$$=12.49\text{kN}\cdot\text{m}$$

取最大值：$M_{Ap}=14.18\text{kN}\cdot\text{m}$。

作用于每米宽板条上的剪力为：
$$V_{Ap}=(1+\mu)\frac{2P}{4a}=1.3\times\frac{70}{3.24}=28.09\text{kN}$$

(4) 基本组合

按《桥规》4.1.6 条的组合规定。

恒载＋汽车荷载

$$1.2M_{Ah}+1.4M_{Ap}=-1.2\times1.35-1.4\times14.18=-21.47\text{kN}\cdot\text{m}$$
$$1.2V_{Ah}+1.4V_{Ap}=1.2\times3.81+1.4\times28.09=43.90\text{kN}$$

故行车道板的设计作用效应为：
$$M_A=21.47\text{kN}\cdot\text{m}$$
$$V_A=43.90\text{kN}$$

2. 截面设计、配筋与强度验算

悬臂板根部高度 $h=14\text{cm}$，净保护层 $a=2\text{cm}$。若选用 $\Phi 12$ 钢筋，则有效高度 h_0 为：
$$h_0=h-a-\frac{d}{2}=0.14-0.02-0.006=0.114\text{m}$$

按《公预规》5.2.2 条：
$$\gamma_0 M_d \leqslant f_{cd}bx\left(h_0-\frac{x}{2}\right)$$

$$19.32\times10^6 \leqslant 13.8\times1000\times x\times\left(114-\frac{x}{2}\right)$$

$$x^2-228x+3111.59=0$$

解得：$x=13.03(\text{mm})<\xi_{jg}h_0=0.55\times0.114=62.7\text{mm}$
$$f_{sd}A_s=f_{cd}b'_f x$$
$$A_s=\frac{f_{cd}b'_f x}{f_{sd}}=\frac{13.8\times1000\times13.03}{280}=642.2\text{mm}^2$$

查有关板宽 1m 内钢筋截面与间距表，当选用 $\Phi 12$ 钢筋时，需要钢筋间距为 160mm，此时所提供的钢筋面积为：
$$A_s=707\text{mm}^2>642.2\text{mm}^2$$

按《公预规》5.2.9 条规定，矩形截面受弯构件的截面尺寸应符合下列要求，即：
$$0.51\times10^{-3}\sqrt{f_{cu,k}}bh_0=0.51\times10^{-3}\times\sqrt{30}\times1000\times114=318.45\text{kN}>43.90\text{kN}$$

按《公预规》5.2.10 条：
$$0.5\times10^{-3}\alpha_2 f_{td}bh_0=0.5\times10^{-3}\times1.0\times1.39\times1000\times114=79.23\text{kN}>43.90\text{kN}$$

故不需要进行斜截面抗剪承载力计算，仅按构造要求配置箍筋，板内分布钢筋用 $\phi 8$，间距取 25cm。

承载能力验算：
$$f_{sd}A_s=f_{cd}b'_f x$$
$$x=\frac{f_{sd}A_s}{f_{cd}b'_f}=\frac{280\times754}{13.8\times1000}=15.3\text{mm}$$
$$M_d=f_{cd}b'_f x\left(h_0-\frac{x}{2}\right)=13.8\times1000\times15.3\times\left(114-\frac{15.3}{2}\right)=22.45\text{kN}\cdot\text{m}$$
$$M_d>M_j=M_A=21.47\text{kN}\cdot\text{m}$$

承载能力满足要求。

4.4.1.4 横梁的计算

1. 横梁弯矩的计算

对于具有多根内横梁的桥梁，由于主梁跨中处的横梁受力最大，横梁跨中截面受力最不利,故通常只要计算跨中横梁的内力,其他横梁可偏于安全地仿此设计。

从主梁计算已知 $\theta=0.365$ 和 $\sqrt{\alpha}=0.1588$,当 $f=0$ 时,查 G-M 法用表并内插计算,列入表 4-21 内。

各主梁横向分布影响线坐标值　　　　　表 4-21

系数项	荷载位置								
	b	$3b/4$	$b/2$	$b/4$	0	$-b/4$	$-b/2$	$-3b/4$	$-b$
μ_0	-0.236	-0.106	-0.001	0.109	0.240	0.109	-0.001	-0.106	-0.236
μ_1	-0.089	-0.034	0.022	0.098	0.209	0.098	0.022	-0.034	-0.089
$\mu_0-\mu_1$	-0.147	-0.072	-0.023	0.011	0.031	0.011	-0.023	-0.072	-0.147
$(\mu_0-\mu_1)\sqrt{\alpha}$	-0.023	-0.011	-0.004	0.002	0.005	0.002	-0.004	-0.011	-0.023
$\mu_\alpha=\mu_0+(\mu_0-\mu_1)\sqrt{\alpha}$	-0.259	-0.117	-0.005	0.111	0.245	0.111	-0.005	-0.117	-0.259

绘制横梁跨中截面的弯矩影响线,加载求 $\sum\mu_\alpha$(如图 4-16 所示)。

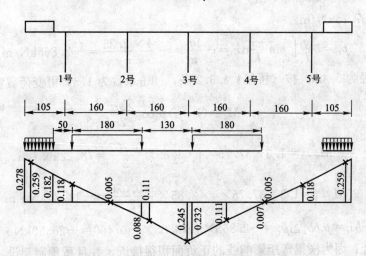

图 4-16　求跨中横梁弯矩影响线图式

$$\sum\mu_q=(-0.118+0.088)=-0.030$$

$$\sum\mu_q=(-0.118+0.088+0.232+0.005)=0.207$$

$$\sum\mu_q=(-0.278-0.182)=-0.460$$

集中荷载换算成正弦荷载的峰值计算,可采用下式:

$$p_q=\frac{2}{l}\sum p_i\sin\frac{\pi x_i}{l} \tag{4-20}$$

式中　p_q——正弦荷载的峰值;

　　　l——主梁计算跨径;

　　　p_i——集中荷载的数值;

　　　x_i——集中荷载 p_i 离支点的距离。

公路-Ⅱ级车辆荷载如图 4-17 所示。

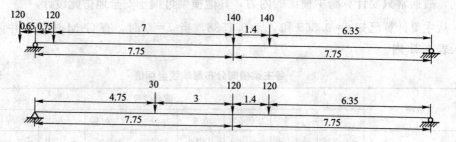

图 4-17 集中荷载换算成正弦荷载计算图式

$$p_q = \frac{2}{15.5}\left(120 \times \sin\frac{0.75}{15.5}\pi + 140 \times \sin\frac{7.75}{15.5}\pi + 140 \times \sin\frac{6.35}{15.5}\pi\right)$$
$$= 37.75 \text{kN/m}$$

$$p_q = \frac{2}{15.5}\left(30 \times \sin\frac{4.75}{15.5}\pi + 120 \times \sin\frac{7.75}{15.5}\pi + 120 \times \sin\frac{6.35}{15.5}\pi\right)$$
$$= 33.53 \text{kN/m}$$

取 $p_q = 37.75$ kN/m。

$$p_r = \frac{2q_r}{l}\int_0^l \sin\frac{\pi x}{l}dx = -\frac{4q_r}{\pi} = -\frac{4 \times 2.25}{\pi} = -2.865 \text{kN/m}$$

横梁跨径为 6.4m，按《桥规》4.3.2 条，冲击系数为 1.3，可变荷载弯矩效应值为：

$$M_q = (1+\mu)p_q bb_1 \frac{\sum \mu_q}{2}$$

$$M_{q(+)} = 1.3 \times 37.75 \times 4 \times 3.85 \times \frac{0.207}{2} = 78.22 \text{kN} \cdot \text{m}$$

$$M_{q(-)} = 1.3 \times 37.75 \times 4 \times 3.85 \times \frac{-0.030}{2} = -11.34 \text{kN} \cdot \text{m}$$

$$M_r = p_r bb_1 \sum \mu_r = -2.865 \times 4 \times 3.85 \times -0.460 = -20.30 \text{kN} \cdot \text{m}$$

荷载组合：因为横梁弯矩影响线的正负面积很接近，并且系预制架设，恒载绝大部分不产生内力。故组合时不计入恒载内力。

按《桥规》4.1.6 条，荷载安全系数的采用如下：

$$M_{q(+)} = 1.4M_q = 1.4 \times 78.22 = 109.51 \text{kN} \cdot \text{m}$$

负弯矩组合：

$$M_{q(-)} = 1.4(M_r + M_{q-}) = 1.4 \times (-20.30 - 11.34) = -44.30 \text{kN} \cdot \text{m}$$

故横梁内力：

正弯矩由汽车荷载控制：$\sum M_+ = 109.51$ kN·m；

负弯矩由人群荷载控制：$\sum M_- = \sum M = -44.30$ kN·m。

2. 横梁截面配筋与验算

(1) 正弯矩配筋

把铺装层折算 3cm 计入截面，则横梁翼板有效宽度为：

1/3 跨径：

$$6400/3 = 2133 \text{mm}$$

$$b+12h_n=150+12\times140=1830\text{mm}$$

按规范要求取小者，即 $b'=1830$mm。暂取 $a=80$mm，则 $h_0=1030-80=950$mm。
按《公预规》5.2.2 条规定：

$$\gamma_0 M_d \leqslant f_{cd}bx\left(h_0-\frac{x}{2}\right)$$

代入数据得：$0.9\times109.51\times10^6 \leqslant 13.8\times1830\times x(950-0.5x)$

$$x^2-1900x+8672.7=0$$

解得：$x=4.1$mm$<\xi_b h_0$

$$A_s=\frac{f_{cd}b'_f x}{f_{sd}}=\frac{13.8\times1830\times4.1}{280}=370\text{mm}^2$$

选用 $4\Phi18$，$A_g=1017\text{mm}^2$。
此时，重算 h_0

$$a=30+18+15=83\text{mm},\quad h_0=1030-83=947\text{mm}$$

$$x=\frac{280\times1017}{13.8\times1830}=11.3\text{mm}$$

验算截面抗弯承载力：

$$\gamma_0 M_d \leqslant f_{cd}bx\left(h_0-\frac{x}{2}\right)=13.8\times1830\times11.3\times(947-0.5\times11.3)=268.63\text{kN}\cdot\text{m}$$

满足要求。

(2) 负弯矩配筋

取 $a=30$mm，$h_0=1000-30=970$mm

$$\gamma_0 M_d \leqslant f_{cd}bx\left(h_0-\frac{x}{2}\right)$$

$$0.9\times44.30\times10^6=13.8\times150\times x\times(970-0.5\times x)$$

解得：$x=20.1$mm

$$A'_s=\frac{f_{cd}bx}{f_{sd}}=\frac{13.8\times150\times20.1}{280}=149\text{mm}^2$$

选用 $2\Phi14$，$A_g=308\text{mm}^2$。
此时，重算 h_0

$$x=\frac{208\times308}{13.8\times150}=31.0\text{mm}$$

验算截面抗弯承载力：

$$\gamma_0 M_d \leqslant f_{cd}bx\left(h_0-\frac{x}{2}\right)=13.8\times150\times31.0\times(970-0.5\times31.0)=61.25\text{kN}\cdot\text{m}$$

满足要求。
横梁正截面含筋率：

$$\mu_1=\frac{308}{150\times970}=0.21\%$$

$$\mu_2=\frac{1017}{(1830-150)\times140+150\times947}=0.27\%$$

均大于《公预规》9.1.12 条规定的纵筋最小配筋百分率 0.2%的要求。

3. 横梁剪力效应计算及配筋设计

计算横梁各主要截面处剪力影响线坐标，据此绘制影响线图，如图 4-18 所示，加载求出 $\sum \eta$ 值。

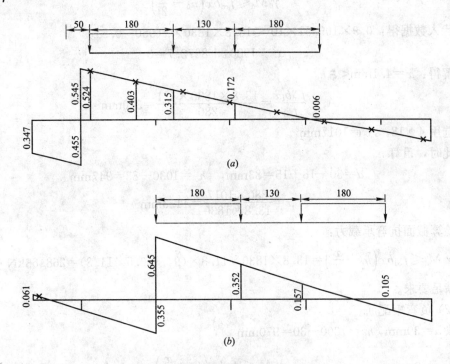

图 4-18　跨中横梁剪力影响线图式
(a)1 号梁右侧截面；(b)2 号梁右侧截面

1 号梁右截面：
$$\sum \eta_q = 0.524 + 0.315 + 0.172 - 0.006 = 1.005$$

2 号梁右截面：
$$\sum \eta_q = 0.465 + 0.352 + 0.157 + 0.105 = 1.079$$

荷载以轴重计，$\sum \eta_q / 2 = 1.079/2 = 0.540$。

剪力效应计算：
$$V_{dmax} = p_q b'_i \sum \eta_q / 2 = 37.75 \times 3.85 \times 0.540 = 78.48 \text{kN}$$

考虑汽车组合系数，并取提高系数为 1.40，则取用的剪力效应值为：
$$V_{dmax} = 1.4 \times 78.48 = 98.89 \text{kN}$$

按《公预规》5.2.9～5.2.10 条抗剪承载力验算要求：
$$\gamma_0 V_d \leqslant 0.51 \times 10^{-3} \sqrt{f_{cu,k}} b h_0 = 0.51 \times 10^{-3} \times \sqrt{30} \times 150 \times 947 = 396.80 \text{kN}$$
$$\gamma_0 V_d \leqslant 0.50 \times 10^{-3} \alpha_2 f_{td} b h_0 = 0.50 \times 10^{-3} \times 1 \times 1.39 \times 150 \times 947 = 98.72 \text{kN}$$

所求得的剪力效应 $\gamma_0 V_d = 109.88$ kN，介于两者之间应进行配置抗剪钢筋计算。拟全部采用箍筋来承受剪力，选取箍筋为双肢 $\phi 8$，$A_{sv} = 100.6 \text{mm}^2$。按《公预规》5.2.11 条规定，箍筋间距 S_v 按下列公式计算：

$$S_v = \frac{\alpha_1^2 \alpha_3^2 0.2 \times 10^{-6}(2+0.6P)\sqrt{f_{cu,k}}A_{sv}f_{sv}bh_0^2}{(\zeta\gamma_0 V_d)^2}$$

$$= \frac{1.1^2 \times 0.2 \times 10^{-6} \times (2+0.6 \times 0.716) \times \sqrt{30} \times 100.6 \times 195 \times 150 \times 947^2}{109.88^2} \tag{4-21}$$

$$= 703.88 \text{mm}$$

式中，$P = 100\mu = 100\dfrac{A_s}{bh_0} = 100 \times \dfrac{1017}{150 \times 947} = 0.716$。

故箍筋的间距 S_v 为：

取 $S_v = 250$mm，则：

$$\rho_{sv} = \frac{A_{sv}}{bS_v} = \frac{100.6}{150 \times 250} = 0.27\% > 0.18\%$$

满足规范规定的构造要求。

4.4.2 预应力混凝土简支梁桥设计实例二

4.4.2.1 设计资料

(1) 桥面净空

净 13+2×0.50m(防撞护栏)

(2) 主梁的跨径和全长

标准跨径：20.00m(墩中心距离)

计算跨径：19.30m(支座中心距离)

主梁全长：19.96m(主梁预制长度)

(3) 设计荷载

公路Ⅱ级，人群荷载 3.0kN/m²，安全等级为二级。

(4) 材料

混凝土：空心板采用 C50，铰缝采用 C40 混凝土；栏杆采用 C30 混凝土；桥面铺装采用 C30 沥青混凝土和 C40 防水混凝土。

钢筋：预应力钢筋采用高强度低松弛 7 丝捻制的预应力钢绞线，公称直径为 15.20mm，公称面积 140mm²，标准强度 $f_{pk}=1860$MPa，设计强度 $f_{pd}=1260$MPa，弹性模量 $E_p=1.95\times10^5$MPa。

防撞护栏：采用混凝土防撞护栏，线荷载为 7.5kN/m。

(5) 空心板构造

空心板高度 0.9m，宽度 1.24m，各板之间留有 0.01m 的缝隙。

(6) 构造要点

① 本空心板按部分预应力混凝土 A 类构件设计。

② 桥面横坡为 2%单向横坡，各板均斜置，横坡由下部结构调整。

③ 桥面铺装：上层为 0.10m 的 C30 沥青混凝土，下层为 0.12m 的 C40 防水混凝土，两者之间加设 SBS 防水层。

④ 施工工艺：与之预应力空心板采用先张法施工工艺。

⑤ 桥梁横断面与构造及空心板截面尺寸如图 4-19 和图 4-20 所示。

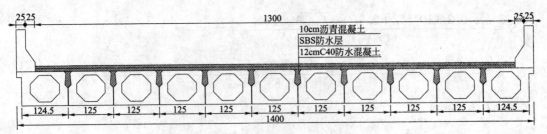

图 4-19 桥梁横断面及构造图(单位:cm)

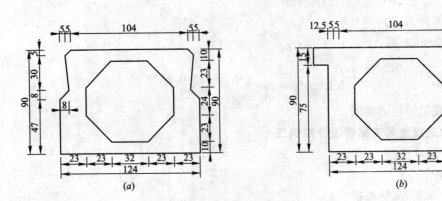

图 4-20 空心板截面细部尺寸图(单位:cm)
(a)中板细部尺寸;(b)边板细部尺寸

(7) 设计参数

① 相对湿度 75%;

② C50 混凝土材料特性:$f_{ck}=32.4\text{MPa}$,$f_{cd}=22.4\text{MPa}$,$f_{tk}=2.65\text{MPa}$,$f_{td}=1.83\text{MPa}$;

③ 沥青混凝土重度按 23kN/m³ 计,预应力混凝土结构重度按 26kN/m³ 计,混凝土重度按 25kN/m³ 计。

4.4.2.2 空心板截面特性计算

(1) 毛截面面积
$$A=124\times90-70\times32-2\times(23\times47+12.5+175+45+32)$$
$$=6229\text{cm}^2$$

(2) 毛截面重心位置

全截面对 1/2 板高处静距为:
$$S_{h/2}=2\times[175\times(35/2+10)+12.5\times(2/3\times5+40)+32\times(2+8\times2/3)+45\times(10+10)]$$
$$=12977.7\text{cm}^3$$

铰缝的面积为:
$$A_j=2\times(12.5+175+45+32)=529\text{cm}^2$$

毛截面重心离 1/2 板高处的距离为:
$$d=\frac{S_{h/2}}{A}=\frac{12977.7}{6229}=2.1\text{cm}(\text{即毛截面重心离板上缘距离为}47.1\text{cm})$$

铰缝重心与 1/2 板高处的距离为:
$$d_j=\frac{S_{h/2}}{A_j}=\frac{12977.7}{529}=24.5\text{cm}$$

(3) 空心板毛截面对其重心轴的惯性矩计算

$$I = \left\{ \frac{124\times90^3}{12} + 124\times90\times2.1^2 - \left[\frac{78\times70^3}{12} + 78\times70\times2.1^2\right] \right.$$
$$+ 2\times\left[\frac{23^4}{36} + \frac{23^2}{2}\times\left(\frac{23\times2}{3}+14.1\right)^2 + \frac{23^4}{36} + \frac{23^2}{2}\times\left(\frac{46}{3}+9.9\right)^2\right]$$
$$- 2\times\left[\frac{5^4}{36} + \frac{5^2}{2}\times\left(\frac{10}{3}+42.1\right)^2 + \frac{5\times35^3}{12} + 175\times(17.5+12.1)^2\right.$$
$$\left.\left. + \frac{3\times30^3}{36} + \frac{3\times30}{2}\times\left(12.1+\frac{1}{3}\times30\right)^2 + \frac{8\times8^3}{36} + \frac{8\times8}{2}\times\left(\frac{8\times2}{3}+4.1\right)^2\right]\right\}$$
$$= 5706434 \text{cm}^4$$

空心板抗扭特性计算时,可将空心板截面近似简化为箱形截面来计算,参照桥梁工程略去中间肋板,将图4-20所示截面简化成图4-21。(也可采用结构分析软件进行求解,在此介绍常用的简化分析方法,算例中采用程序计算结果。)

$$I_T = 4b^2h^2\frac{1}{\frac{2h}{t}+\frac{b}{t_1}+\frac{b}{t_2}} = 4\times(124-23)^2\times(90-10)^2$$
$$\times\frac{1}{\frac{2\times80}{23}+\frac{124-23}{10}+\frac{124-23}{10}}$$
$$= 9616312\text{cm}^4 \text{(采用程序计算结果 10777058)}$$

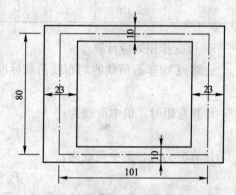

图4-21 计算截面抗扭特性简化图式
(单位:cm)

4.4.2.3 作用效应计算

1. 永久作用效应计算

(1) 空心板自重(一期结构自重)G_1

$$G_1 = 6229\times10^{-4}\times26 = 16.195\text{kN/m}$$

(2) 桥面系自重(二期结构自重)G_2

由于是高速公路,没有设人行道及栏杆,只有防护栏,本设计采用混凝土防撞栏,按单侧7.5kN/m线荷载计算。

桥面铺装上层为10cm厚C30沥青混凝土,下层为12cm厚C40防水混凝土,则全桥宽铺装层每延米长重力为:

$$(0.1\times23+0.12\times25)\times13 = 68.9\text{kN/m}$$

上述自重效应是在各空心板形成整体后再作用在桥上的,由于桥梁横向弯曲变形,各板分配到的自重效应是不相同的。为计算方便,近似按各板平均分配桥面铺装重量来考虑,则每块半分配到的每延米桥面系重力为:

$$G_2 = \frac{7.5\times2+68.9}{11} = 7.627\text{kN/m}$$

(3) 铰缝自重计算(二期结构自重)G_3

$$G_3 = (529+1\times90)\times10^{-4}\times25 = 1.548\text{kN/m}$$

由上述计算得空心板每延米长总重力为:

$$G_I = 16.195 \text{kN/m}$$

$$G_{II} = G_2 + G_3 = (7.627 + 1.548) = 9.175 \text{kN/m}$$

$$G = G_I + G_{II} = (16.195 + 9.175) = 25.370 \text{kN/m}$$

由此计算出简支空心板永久作用效应，计算结果见表 4-22 所示。

永久作用效应计算表　　　　表 4-22

作用种类	作用集度 (kN/m)	计算跨径 (m)	作用效应-弯矩 M(kNm)		作用效应-剪力 V(kN)	
			跨中	1/4 跨	支点	1/4 跨
G_1	16.195	19.30	754.059	565.545	156.282	78.141
G_2	9.175	19.30	427.199	320.400	88.539	44.269
G	25.370	19.30	1181.259	885.944	244.821	122.410

2. 可变作用效应计算

公路-I 级车道荷载的均布线荷载标准值 q_k 和集中荷载标准值 P_k 为：

$$q_k = 10.5 \text{kN/m}$$

计算弯矩时，集中荷载为：

$$P_k = 237.20 \text{kN}$$

计算剪力时，集中荷载为：

$$P_k = 284.64 \text{kN}$$

(1) 冲击系数和车道折减系数的计算

结构的冲击系数与结构的基频有关，故应先计算结构的基频。根据《桥规》条文说明 4.3.2 条，简支梁桥的基频可按下式计算：

简支梁自振频率计算：

$$f_1 = \frac{\pi}{2l^2}\sqrt{\frac{EI_c}{m_c}} = \frac{\pi}{2 \times 19.3^2} \times \sqrt{\frac{3.45 \times 10^{10} \times 5.706434 \times 10^{-2}}{2.586 \times 10^3}} = 5.917 \text{Hz}$$

其中：$m_c = \dfrac{G}{g}$

$$m_c = \frac{25.37 \times 10^3}{9.81} = 2.586 \times 10^3 \text{kg/m}$$

介于 1.5Hz 和 14Hz 之间，按《桥规》4.3.2 条规定，冲击系数按照下式计算：

$$\mu = 0.1767 \ln f - 0.0157 = 0.2984$$

当车道大于两车道时，应进行车道折减，三车道的折减系数为 0.78，四车道的折减系数为 0.67，但折减后不得小于用两车道汽车荷载布载的计算结果。本算例按两车道、三车道和四车道布载，分别进行计算，取最不利情况进行设计。

(2) 汽车荷载横向分布系数

本算例空心板跨中和 $l/4$ 处的荷载横向分布系数按铰接板法计算，支点按杠杆原理法计算，支点至 $l/4$ 点之间截面的荷载横向分布系数通过直线内插求得。

① 跨中及 $l/4$ 处的荷载横向分布系数计算

首先计算空心板的刚度参数，得：

$$\gamma = \pi^2 \frac{EI}{GI_T}\left(\frac{b}{l}\right)^2 \approx 5.8 \frac{I}{I_T}\left(\frac{b}{l}\right)^2$$

代入相应数值得：

$$\gamma = 5.8 \frac{I}{I_T}\left(\frac{b}{l}\right)^2$$

$$= 5.8 \times \frac{5706434}{10777058} \times \left(\frac{125}{1930}\right)^2 = 0.01288 (简化计算结果\ 0.01444)$$

在求得刚度参数 γ 后，即可依板块个数及所计算板号按 γ 值查《公路桥涵设计手册——梁桥（上册）》（徐光辉、胡明义，主编，人民交通出版社，1996年3月）第一篇附录（二）中11块板的铰接板桥荷载横向分布影响线表，由 $\gamma=0.01$ 和 $\gamma=0.02$ 内插得到 $\gamma=0.01288$ 时，1～6号板在车道荷载作用下的荷载横向分布影响线值，内插计算结果见表4-23。每个对应的板号，各块板竖向影响线之和等于1，用此来进行校核。

各板横向分布影响线坐标值计算表　　表4-23

板号	γ	1	2	3	4	5	6	7	8	9	10	11
1	0.01	0.179	0.155	0.129	0.107	0.089	0.076	0.065	0.057	0.057	0.047	0.045
	0.02	0.234	0.191	0.144	0.109	0.083	0.064	0.049	0.039	0.032	0.028	0.026
	0.01288	0.195	0.165	0.133	0.108	0.087	0.073	0.060	0.052	0.050	0.042	0.040
2	0.01	0.155	0.152	0.134	0.111	0.093	0.079	0.068	0.059	0.053	0.049	0.047
	0.02	0.191	0.187	0.156	0.118	0.090	0.069	0.053	0.042	0.035	0.030	0.028
	0.01288	0.165	0.162	0.140	0.113	0.092	0.076	0.064	0.054	0.048	0.044	0.042
3	0.01	0.129	0.134	0.134	0.120	0.100	0.085	0.073	0.064	0.057	0.053	0.051
	0.02	0.144	0.156	0.160	0.137	0.104	0.080	0.062	0.049	0.040	0.035	0.032
	0.01288	0.133	0.140	0.141	0.125	0.101	0.084	0.070	0.060	0.052	0.048	0.046
4	0.01	0.107	0.111	0.120	0.124	0.112	0.095	0.081	0.071	0.064	0.059	0.057
	0.02	0.109	0.118	0.137	0.146	0.127	0.097	0.075	0.060	0.049	0.042	0.039
	0.01288	0.108	0.113	0.125	0.130	0.116	0.096	0.079	0.068	0.060	0.054	0.052
5	0.01	0.089	0.093	0.100	0.112	0.124	0.108	0.093	0.081	0.073	0.068	0.065
	0.02	0.083	0.090	0.104	0.127	0.139	0.122	0.095	0.075	0.062	0.053	0.049
	0.01288	0.087	0.092	0.101	0.116	0.124	0.112	0.094	0.079	0.070	0.064	0.060
6	0.01	0.076	0.079	0.085	0.095	0.108	0.116	0.108	0.095	0.085	0.079	0.076
	0.02	0.064	0.069	0.080	0.097	0.122	0.137	0.122	0.097	0.080	0.069	0.064
	0.01288	0.073	0.076	0.084	0.096	0.112	0.122	0.112	0.096	0.084	0.076	0.073

各板的荷载横向分布影响线及横向最不利荷载布置如图4-22所示。

各板的荷载横向分布系数计算见表4-24，计算公式为：

$$m_q = \frac{1}{2}\sum \eta_{iq} \tag{4-22}$$

式中　η_{iq}——表示车轮对应的影响线坐标值。

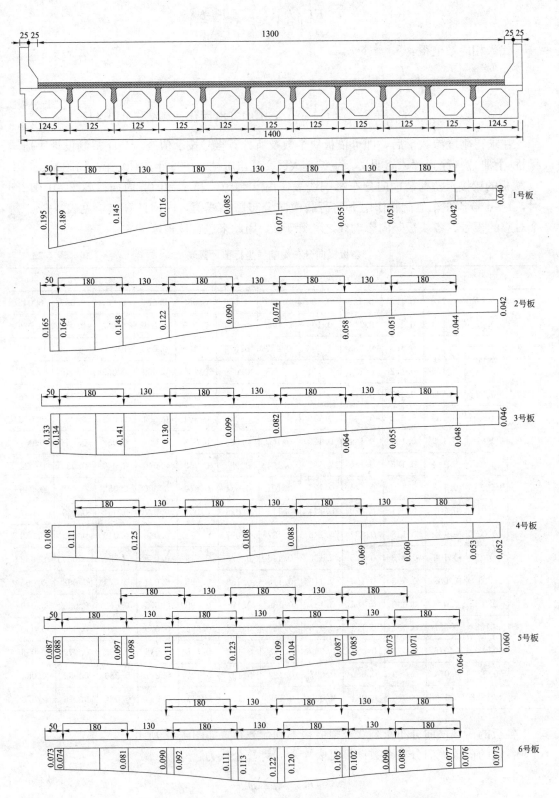

图 4-22 各板荷载横向分布影响线及横向最不利荷载布置图

各板横向分布系数计算表   表 4-24

板号	1号板			2号板			3号板		
车道荷载数	2车道	3车道	4车道	2车道	3车道	4车道	2车道	3车道	4车道
荷载横向分布系数	0.189	0.189	0.189	0.164	0.164	0.164	0.141	0.141	0.141
	0.145	0.145	0.145	0.148	0.148	0.148	0.134	0.134	0.134
	0.116	0.116	0.116	0.122	0.122	0.122	0.130	0.130	0.130
	0.085	0.085	0.085	0.090	0.090	0.090	0.099	0.099	0.099
	—	0.071	0.071	—	0.074	0.074	—	0.082	0.082
	—	0.055	0.055	—	0.058	0.058	—	0.064	0.064
	—	—	0.051	—	—	0.051	—	—	0.052
	—	—	0.042	—	—	0.044	—	—	0.048
m_q	0.2675	0.3305	0.377	0.262	0.328	0.3755	0.252	0.325	0.375
板号	4号板			5号板			6号板		
车道荷载数	2车道	3车道	4车道	2车道	3车道	4车道	2车道	3车道	4车道
荷载横向分布系数	0.111	0.111	0.111	0.097	0.097	0.088	0.090	0.090	0.074
	0.125	0.125	0.125	0.115	0.115	0.098	0.111	0.111	0.081
	0.130	0.130	0.130	0.124	0.124	0.111	0.122	0.122	0.092
	0.108	0.108	0.108	0.104	0.104	0.123	0.105	0.105	0.113
	—	0.088	0.088	—	0.087	0.109	—	0.090	0.120
	—	0.069	0.069	—	0.071	0.085	—	0.077	0.102
	—	—	0.060	—	—	0.073	—	—	0.088
	—	—	0.053	—	—	0.064	—	—	0.076
m_q	0.237	0.3155	0.372	0.2200	0.299	0.3755	0.214	0.2975	0.373

由表 4-24 结果可知,进行车道布载时,均为 1 号板的横向分布系数为最不利,因此取跨中和 $l/4$ 处的荷载横向分布系数分别为:$m_{2q}=0.2675$,$m_{3q}=0.3305$,$m_{4q}=0.377$。

② 支点处荷载横向分布系数计算

支点处的荷载横向分布系数按杠杆法计算。由图 4-23,1 号板的横向分布系数计算如下:

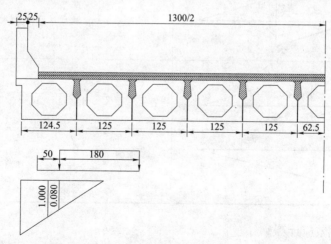

图 4-23 支点处荷载横向分布影响线及横向最不利荷载布置图

$$m_{2q}=m_{3q}=m_{4q}=\frac{0.800}{2}=0.400$$

③ 荷载横向分布系数计算结果

支点到 $l/4$ 处荷载横向分布系数按直线内插，空心板荷载横向分布系数计算结果见表 4-25。

各板横向分布系数计算表 表 4-25

作用位置	支点	支点至四分点	四分点至跨中
两车道汽车荷载	0.400	直线内插	0.2675
三车道汽车荷载	0.400	直线内插	0.3305
四车道汽车荷载	0.400	直线内插	0.377

(3) 车道荷载效应计算

计算车道荷载引起的空心板跨中及 $l/4$ 处截面效应时，均布荷载标准值 q_k 应满布于使空心板产生最不利效应的同号影响线上，集中荷载标准值 P_k 只作用于影响线中一个最大影响线峰值处，影响线面积计算见表 4-26。

影响线面积计算表 表 4-26

项目	计算面积	影响线面积 ω_0
$M_{1/2}$		$\omega_0 = \frac{1}{2}l \times \frac{1}{4}l = \frac{1}{8}l^2 = \frac{1}{8} \times 19.3^2 = 46.561$
$M_{1/4}$		$\omega_0 = \frac{3l}{16} \times \frac{l}{2} = \frac{3}{32}l^2 = \frac{3}{32} \times 19.3^2 = 34.921$
$Q_{1/2}$		$\omega_{01/2} = \frac{1}{2} \times \frac{l}{2} \times \frac{1}{2} = \frac{1}{8} \times 19.3 = 2.413$
$Q_{1/4}$		$\omega_{1/4} = \frac{1}{2} \times \frac{3l}{4} \times \frac{3}{4} = \frac{9}{32} \times l = \frac{9}{32} \times 19.3 = 5.428$
Q_0		$\omega_0 = \frac{1}{2}l = \frac{1}{2} \times 19.3 = 9.650$

① 弯矩作用效应计算

弯矩作用效应计算公式为：$M_q = (1+\mu)\xi m(q_k \omega_k + P_k y_k)$，计算结果见表 4-27。

各控制截面弯矩计算表(kN·m)　　　　　　　表 4-27

车道数	内力	$1+\mu$ (1)	ξ (2)	m (3)	q_k (4)	ω_0 (5)	P_k (6)	y_k (7)	弯矩效应 (1)×(2)×(3)× [(4)×(5)+(6)×(7)]	不计冲击值
两车道	$M_{1/2}$		1.00	0.2675		46.561		4.825	567.31	436.93
	$M_{1/4}$			0.2675		34.921		3.619	425.50	327.71
三车道	$M_{1/2}$	1.2984	0.78	0.3305	10.5	46.561	237.20	4.825	546.72	421.07
	$M_{1/4}$			0.3305		34.921		3.619	410.06	315.82
四车道	$M_{1/2}$		0.67	0.377		46.561		4.825	535.69	412.58
	$M_{1/4}$			0.377		34.921		3.619	401.79	309.45

② 剪力作用效应计算

剪力作用效应的计算公式为：$V_q = (1+\mu)\xi m(q_k \omega_k + P_k y_k)$，计算结果见表 4-28。

各控制截面剪力计算表　　　　　　　表 4-28

车道数	内力	$1+\mu$ (1)	ξ (2)	m (3)	q_k (4)	ω_0 (5)	P_k (6)	y_k (7)	剪力效应(kN) (1)×(2)×(3)× [(4)×(5)+(6)×(7)]	不计冲击值(kN)
两车道	$Q_{1/2}$		1.00	0.2675		2.413		0.50	58.23	44.85
	$Q_{1/4}$			0.2675		5.428		0.75	93.94	72.35
三车道	$Q_{1/2}$	1.2984	0.78	0.3305	10.5	2.413	284.64	0.50	56.12	43.22
	$Q_{1/4}$			0.3305		5.428		0.75	90.53	69.73
四车道	$Q_{1/2}$		0.67	0.3770		2.413		0.50	54.99	42.35
	$Q_{1/4}$			0.3770		5.428		0.75	88.71	68.32

计算支点处剪力时，根据支点的影响线，车道荷载应该满跨布置，沿整个跨长横向分布系数不同，这时横向分布系数需按变化值考虑。计算图式如图 4-24 所示。

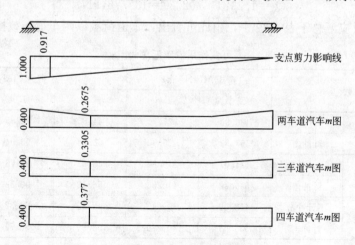

图 4-24　支点截面剪力计算图式

A. 两车道布载：

不计冲击：

$$Q_0 = 1 \times \left[0.2675 \times 10.5 \times 9.65 + \frac{1}{2} \times (0.4 - 0.2675) \times \frac{19.3}{4} \right.$$
$$\left. \times 10.5 \times (0.917 + 0.083) + 284.64 \times 0.4 \right]$$
$$= 144.32 (kN)$$

计冲击：
$$Q_0 = 1.2984 \times 144.32 = 187.38 (kN)$$

B. 三车道布载：
不计冲击：
$$Q_0 = 0.78 \times \left[0.3305 \times 10.5 \times 9.65 + \frac{1}{2} \times (0.4 - 0.3305) \times \frac{19.3}{4} \right.$$
$$\left. \times 10.5 \times (0.917 + 0.083) + 284.64 \times 0.4 \right]$$
$$= 116.30 (kN)$$

计冲击：
$$Q_0 = 1.2984 \times 116.30 = 151.01 (kN)$$

C. 四车道布载：
不计冲击：
$$Q_0 = 0.67 \times \left[0.377 \times 10.5 \times 9.65 + \frac{1}{2} \times (0.4 - 0.377) \times \frac{19.3}{4} \right.$$
$$\left. \times 10.5 \times (0.917 + 0.083) + 284.64 \times 0.4 \right]$$
$$= 102.27 (kN)$$

计冲击：
$$Q_0 = 1.2984 \times 102.27 = 132.78 (kN)$$

可变作用效应汇总于表4-29中，由此可看出，车道荷载以两车道布载控制设计。

可变作用效应汇总表　　　　　　　　　　　　　　　　表4-29

	车道数		弯矩 M(kN·m)		剪力 V(kN)		
			跨中	L/4	跨中	L/4	支点
车道荷载	两车道	不计冲击	436.93	327.71	44.85	72.35	144.32
		计冲击	567.31	425.50	58.23	93.94	187.38
	三车道	不计冲击	421.07	315.82	43.22	69.73	116.30
		计冲击	546.72	410.06	56.12	90.53	151.01
	四车道	不计冲击	412.58	309.45	42.35	68.32	102.27
		计冲击	535.69	401.79	54.99	88.71	132.78

3. 作用效应组合

根据可能同时出现的作用效应选择了四种最不利效应组合，分别为：承载能力极限状态、标准组合、短期效应组合和长期效应组合，见表4-30所示。

作用效应组合表　　　　　　　　　　　表4-30

序号	荷载类别	跨中截面		四分点截面		支点截面
		M_{max}	V_{max}	M_{max}	V_{max}	V_{max}
		kN·m	kN	kN·m	kN	kN
①	一期永久作用	754.06	0.00	565.55	78.14	156.28
②	二期永久作用	427.20	0.00	320.40	44.27	88.54
③	总永久作用(=①+②)	1181.26	0.00	885.95	122.41	244.82
④	可变作用(不计冲击)	436.93	44.85	327.71	72.35	144.32
⑤	可变作用(计冲击)	567.31	58.23	425.50	93.94	187.38
⑥	极限组合(=1.2×③+1.4×⑤)	2029.21	62.79	1521.93	248.18	495.83
⑦	标准组合(=③+⑤)	1618.19	44.85	1213.66	194.76	389.14
⑧	短期组合(=③+0.7×④)	1487.11	31.40	1115.34	173.06	345.85
⑨	长期组合(=③+0.4×④)	1356.03	17.94	1017.03	151.35	302.55

4.4.2.4 预应力钢筋数量估算及布置

(1) 预应力钢筋数量的估算

本设计实例采用先张法预应力混凝土空心板的构造形式,在进行预应力混凝土桥梁设计时,需满足不同设计状况下规范规定的控制条件要求,首先根据结构在正常使用极限状态正截面抗裂性确定预应力钢筋的数量,然后根据构件的承载能力极限状态要求确定普通钢筋的数量。本设计按部分预应力A类构件进行设计,先根据正常使用极限状态正截面抗裂性确定有效预加力 N_{pe}。

按《公预规》6.3.1条,A类预应力混凝土构件正截面抗裂性是控制混凝土的法向拉应力,并符合以下条件:

在作用短期效应组合下,满足

$$\sigma_{st} - \sigma_{pc} \leq 0.70 f_{tk} \tag{4-23a}$$

式中　σ_{st}——在作用短期效应组合 M_{sd} 作用下,构件抗裂验算边缘混凝土的法向拉应力;

σ_{pc}——构件抗裂验算边缘混凝土的有效预压应力。

在初步设计时,σ_{st} 和 σ_{pc} 可按下列公式近似计算:

$$\sigma_{st} = \frac{M_{sd}}{W} \tag{4-23b}$$

$$\sigma_{pc} = \frac{N_{pe}}{A} + \frac{N_{pe} e_p}{W} \tag{4-23c}$$

式中　A、W——构件毛截面面积及其对毛截面受拉边缘的弹性抵抗矩;

e_p——预应力筋重心对毛截面重心轴的偏心距,$e_p = y - a_p$,a_p 可预先假定;

M_{sd}——按作用短期效应组合计算的弯矩值。

代入 $\sigma_{st} - \sigma_{pc} \leq 0.70 f_{tk}$,可求得满足部分预应力混凝土A类构件正截面抗裂性要求所需的最小有效预加力为:

$$N_{pe} = \frac{\dfrac{M_{sd}}{W} - 0.70 f_{tk}}{\dfrac{1}{A} + \dfrac{e_p}{W}} \tag{4-24}$$

本设计实例中，$M_{sd}=1487.11\text{kN}\cdot\text{m}$，预应力空心板采用C50，$f_{tk}=2.65\text{MPa}$，以求得空心板截面面积为 $A=6229\text{cm}^2=6229\times10^2\text{mm}^2$，弹性抵抗矩：$W=I/y_\text{F}=5.7064\times10^6/(45-2.1)=1.3302\times10^5\text{cm}^3=1.3302\times10^8\text{mm}^3$。

假设 $a_p=45\text{mm}$，$e_p=y-a_p=450-21-45=384\text{mm}$。代入数据得：

$$N_{pe}=\frac{\dfrac{1487.109\times10^6}{1.3302\times10^8}-0.70\times2.65}{\dfrac{1}{622900}+\dfrac{384}{1.3302\times10^8}}=2075739.07\text{N}$$

所需预应力钢束截面面积按下式计算：

$$A_p=\frac{N_{pe}}{\sigma_{con}-\sum\sigma_l} \tag{4-25}$$

式中 σ_{con}——预应力钢筋的张拉控制应力；
$\sum\sigma_l$——全部预应力损失值。

本例采用高强度低松弛7丝捻制的预应力钢绞线，公称直径为15.2mm，公称面积140mm²，标准强度为 $f_{pk}=1860\text{MPa}$，设计强度为 $f_{pd}=1260\text{MPa}$，弹性模量 $E_p=1.95\times10^5\text{MPa}$。

按《公预规》6.1.3条，钢丝、钢绞线的张拉控制应力值 $\sigma_{con}\leqslant0.75f_{pk}$，本算例取 $\sigma_{con}=0.70f_{pk}=1302\text{MPa}$，预应力损失总和近似假定为20%张拉控制应力来估算，则：

$$A_p=\frac{N_{pe}}{\sigma_{con}-\sum\sigma_l}=\frac{N_{pe}}{\sigma_{con}-0.2\sigma_{con}}=\frac{2075739.07}{0.8\times0.70\times1860}=1992.84\text{mm}^2$$

（2）预应力钢筋布置

采用15根 $\phi^s15.2$ 钢绞线布置在空心板下缘，$A_p=2100\text{mm}^2$，沿空心板跨长直线布置，钢绞线重心距下缘的距离 $a_p=45\text{mm}$，见图4-25。先张法混凝土构件预应力钢绞线之间的净距，对七股钢绞线不应小于25mm，在构件端部10倍预应力钢筋直径范围内，设置3~5片钢筋网。

（3）普通钢筋数量的估算及布置

在预应力钢筋数量已经确定的情况下，可由正截面承载能力极限状态要求的条件确定普通钢筋数量，暂不考虑在受压区配置预应力钢筋，也暂不考虑普通钢筋的影响。空心板可换算成等效工字形截面来考虑，如图4-26所示。

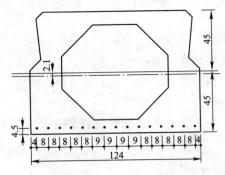

图4-25 跨中截面预应力钢筋布置图（单位：cm）

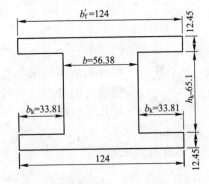

图4-26 空心板等效工字形截面（单位：cm）

由面积和面积距相等，可得：

$$2b_k h_k = 2 \times (78 \times 70 - 4 \times 0.5 \times 23 \times 23) = 4402 \text{cm}^2$$

$$2 \times \frac{1}{12} b_k h_k^3 = \frac{1}{12} \times 78 \times 70^3 - 4 \times \frac{1}{36} \times 23^4 - 4 \times \frac{1}{2} \times 23^2 \times \left(35 - \frac{23}{3}\right)^2 = 1554672.33 \text{cm}^4$$

由以上两式联立求得：$h_k = 65.10 \text{cm}$，$b_k = 33.81 \text{cm}$。

则得等效工字形截面的上翼缘板厚度为：

$$h_f' = y_{h/2} - h_k/2 = 45 - 65.10/2 = 12.45 \text{cm}$$

等效工字形截面的上翼缘板厚度为：$h_f = y_{h/2} - h_k/2 = 45 - 65.10/2 = 12.45 \text{cm}$

等效工字形截面腹板的厚度为：$b = b_f' - 2b_k = 124 - 2 \times 33.81 = 56.38 \text{cm}$

假设截面受压区高度 $x \leqslant h_f'$，设有效高度 $h_0 = h - a_p = 900 - 45 = 855 \text{mm}$，正截面承载力为：

$$\gamma_0 M_d \leqslant f_{cd} b_f' x \left(h_0 - \frac{x}{2}\right) \tag{4-26}$$

式中 γ_0——桥梁结构重要性系数，本算例设计安全等级为二级，故取为 1.0；
  f_{cd}——混凝土的轴心抗压强度设计值，本例为 C50，则 $f_{cd} = 22.4 \text{MPa}$；
  M_d——承载能力极限状态的跨中最大弯矩。

代入相关参数值，则上式为：

$$22.4 \times 1240 \times x \left(855 - \frac{x}{2}\right) \geqslant \gamma_0 M_d = 1.0 \times 2029.21 \times 10^6$$

整理得：$x^2 - 1710x + 73056.2 = 0$

解得：$x = 90.20 \text{mm} < h_f' = 124.5 \text{mm}$，故假设正确。

且满足：$x = 90.20 \text{mm} \xi_b h_0 = 0.4 \times 855 \text{mm} = 342 \text{mm}$。

上述计算说明中和轴位于翼缘板内，由此可求得普通钢筋的面积 A_s：

$$A_s = \frac{f_c b_f' x - f_{cd} A_p}{f_{sd}} = \frac{22.4 \times 1240 \times 90.20 - 1260 \times 2100}{280} = -502 < 0$$

说明按受力计算不需要配置纵向普通钢筋，只需按构造要求配置。

普通钢筋选用 HRB335 级钢筋，材料参数为 $f_{sd} = 280 \text{MPa}$，$E_s = 2 \times 10^5 \text{MPa}$，根据《公预规》$A_s \geqslant 0.003 bh_0 = 0.003 \times 563.8 \times 855 = 1446.16 \text{mm}^2$

因此，普通钢筋采用 10 根直径为 14mm 的 HRB3335 级钢筋，则 $A_s = 1539 \text{mm}^2$。

普通钢筋布置在空心板下缘一排（截面受拉边缘），沿空心板跨长直线布置，钢筋重心至板下缘的距离为 45mm，即 $a_s = 45 \text{mm}$。普通钢筋布置见图 4-27。

4.4.2.5 换算截面几何特性计算

在配置了预应力钢筋和普通钢筋之后，需要计算换算截面几何特性。

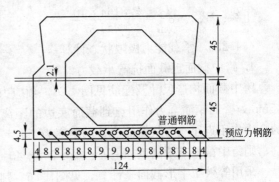

图 4-27 跨中截面预应力钢筋布置图（单位：cm）

(1) 换算截面面积

$$A_0 = A + (\alpha_{EP} - 1) A_p + (\alpha_{ES} - 1) A_s$$

而

$$\alpha_{EP} = \frac{E_p}{E_c} = \frac{1.95 \times 10^5}{3.45 \times 10^4} = 5.65, \quad A_p = 2100 \text{mm}^2$$

$$\alpha_{Es} = \frac{E_s}{E_c} = \frac{2.0 \times 10^5}{3.45 \times 10^4} = 5.80, \quad A_s = 1539 \text{mm}^2$$

则：

$$A_0 = 622500 + (5.65-1) \times 2100 + (5.80-1) \times 1539 = 639652.20 \text{mm}^2$$

（2）换算截面重心位置

预应力筋和普通钢筋换算截面对空心板毛截面重心轴的静矩为：

$$S_0 = (\alpha_{EP}-1)A_p(450-21-45) + (\alpha_{Es}-1)A_s(450-21-45)$$
$$= (5.65-1) \times 2100 \times (450-21-45) + (5.80-1) \times 1539 \times (450-21-45)$$
$$= 6586444.80 \text{mm}^2$$

于是得换算截面到空心板毛截面重心轴的静矩为：

$$d_{01} = \frac{S_0}{A_0} = \frac{6586444.80}{639652.20} = 10.3 \text{mm}$$

则换算截面重心至空心板截面下缘和上缘的距离分别为：

$$y_{01x} = (450-21-10.3) = 418.7 \text{mm}$$

$$y_{01s} = (450+21+10.3) = 481.3 \text{mm}$$

换算截面重心至预应力钢筋重心及普通钢筋重心的距离分别为：

$$e_{01p} = (418.7-45) = 373.7 \text{mm}$$

$$e_{01s} = (418.7-45) = 373.7 \text{mm}$$

（3）换算截面惯性矩

$$I_0 = I + Ad_{01}^2 + (\alpha_{Ep}-1)A_p e_{01p}^2 + (\alpha_{Es}-1)A_s e_{01s}^2$$
$$= 5.7064 \times 10^{10} + 639652 \times 10.3^2 + 4.65 \times 2100 \times 373.7^2 + 4.80 \times 1539 \times 373.7^2$$
$$= 5.8164 \times 10^{10} \text{mm}^4$$

（4）换算截面弹性抵抗矩

下缘：$W_{01x} = \dfrac{I_0}{y_{01x}} = \dfrac{5.8164 \times 10^{10}}{418.7} = 1.3892 \times 10^8 \text{mm}^3$

上缘：$W_{01s} = \dfrac{I_0}{y_{01s}} = \dfrac{5.8164 \times 10^{10}}{481.3} = 1.2085 \times 10^8 \text{mm}^3$

4.4.2.6 承载能力极限状态计算

1. 跨中截面正截面抗弯承载力计算

跨中截面构造尺寸及配筋见图4-27，预应力钢绞线合力作用点到截面底边的距离 $a_p = 45\text{mm}$，普通钢筋合力作用点到截面底边的距离为 $a_s = 45\text{mm}$，则预应力钢筋和普通钢筋的合力作用点至空心板截面底边的距离为：$a_{ps} = 45\text{mm}$。

则跨中截面有效高度 $h_0 = h - a_{ps} = 900 - 45 = 855 \text{mm}$

采用等效工字形截面来计算，见图4-26。判断截面类型：

$$f_{sd}A_s + f_{pd}A_p = 280 \times 1539 + 1260 \times 2100 = 3076920$$

$$f_{cd}b_f'h_f' = 22.4 \times 1240 \times 124.5 = 3458112$$

所以，$f_{sd}A_s + f_{pd}A_p \leqslant f_{cd}b_f'h_f'$，属于第一类T形截面，应按宽度为1240mm的矩形截面来计算其正截面抗弯承载力。

混凝土的受压区高度为:

$$x = \frac{f_{sd}A_s + f_{pd}A_p}{f_{cd}b'_f} = \frac{280 \times 1539 + 1260 \times 2100}{22.4 \times 1240} = 110.78\text{mm}$$

$x=110.78\text{mm}<h'_f=124.5\text{mm}$,且 $x<\xi_b h_0=342\text{mm}$。

则跨中截面的抗弯承载力 M_{ud}

$$M_{ud} = f_{cd}b'_f x\left(h_0 - \frac{x}{2}\right) = 22.4 \times 1240 \times 110.78 \times \left(855 - \frac{110.78}{2}\right) \times 10^{-6}$$
$$= 2460.42\text{kN}\cdot\text{m} \geqslant \gamma_0 M_d = 2029.21\text{kN}\cdot\text{m}$$

因此,跨中正截面抗弯承载力满足要求。

2. 斜截面抗剪承载力计算

(1) 斜截面抗剪强度上、下限校核

选取距支点 $h/2$ 处截面进行斜截面抗剪承载力计算。截面构造尺寸及配筋见图 4-26。先进行抗剪强度上、下限复核,根据《公预规》5.2.9 条:

$$\gamma_0 V_d \leqslant 0.51 \times 10^{-3} \times \sqrt{f_{cu,k}} b h_0 \tag{4-27}$$

式中 V_d——验算截面处由作用(荷载)产生的剪力组合设计值(kN),由表 4-31 的支点处剪力及 $l/4$ 截面剪力,内插得距支点 $h/2=450\text{mm}$ 处的截面剪力值:

$$V_d = \left[495.83 - \frac{450 \times (495.83 - 248.18)}{4825}\right] = 472.73\text{kN}$$

$f_{cu,k}$——混凝土强度等级(MPa),空心板为 C50,$f_{cu,k}=50\text{MPa}$。

b——相应于剪力组合设计值处的等效工字形截面腹板宽度,即 $b=563.8\text{mm}$。

h_0——相应于剪力组合设计值处的截面有效高度,由于本例预应力钢筋都是直线布置,因此有效高度各截面处均为 $h_0=855\text{mm}$。

$$0.51 \times 10^{-3} \times \sqrt{f_{cu,k}} b h_0 = 0.51 \times 10^{-3} \times \sqrt{50} \times 563.8 \times 855$$
$$= 1738.39(\text{kN}) > \gamma_0 V_d = 472.73\text{kN}$$

故空心板距支点 $h/2$ 处截面尺寸满足抗剪要求。

按《公预规》5.2.10 条,当满足下式时可不进行斜截面抗剪承载力计算。

$$\gamma_0 V_d \leqslant 1.25 \times 0.5 \times 10^{-3} \times \alpha_2 f_{td} b h_0 \tag{4-28}$$

式中 α_2——预应力提高系数,对预应力混凝土受弯构件,取 1.25。

f_{td}——混凝土抗拉强度设计值,对 C50 混凝土,取 1.83MPa。

代入式(4-28)得:

$1.25 \times 0.5 \times 10^{-3} \times 1.25 \times 1.83 \times 563.8 \times 855 = 689.18(\text{kN}) \geqslant \gamma_0 V_d = 472.73\text{kN}$

因此,不需要进行斜截面抗剪承载力计算,梁体可按构造要求配置箍筋即可。根据《公预规》9.3.13 条规定,在支座中心向跨径方向长度不小于 1 倍梁高范围内,箍筋间距不宜大于 100mm,其他梁段箍筋间距取为 250mm。故在支座处,从支座到跨中 1.10m(从梁端到跨中 1.43m)范围内箍筋间距取为 100mm,其他梁段箍筋间距取为 250mm,箍筋选取直径为 12mm 的 HPB235 级钢筋,箍筋布置见图 4-28。

跨中部分箍筋配箍率为:

$$\rho_{sv} = \frac{A_{sv}}{bS_v} = \frac{226}{563.8 \times 250} = 0.16\% > \rho_{min} = 0.12\%$$

满足最小配箍率的要求。

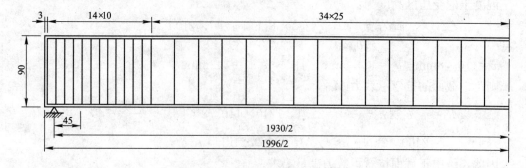

图 4-28 空心板箍筋布置图(单位：cm)

(2) 斜截面抗剪承载力计算

由图 4-28，选取以下两个位置进行空心板斜截面抗剪承载力计算：

① 距支座中心 $h/2=450$mm 处截面，$x=9200$mm；

② 距支座中心位置 1.10m 处截面(箍筋间距变化处)，距跨中距离为 $x=8550$mm。

计算上述各处截面的剪力组合设计值，可按表 4-30 的支点处剪力及跨中截面剪力内插得到，计算结果见表 4-31。

各计算截面剪力组合设计值　　　　表 4-31

距跨中距离 x(mm)	9650(支点截面)	9200	8550	4825($l/4$ 截面)
剪力组合设计值 V_d(kN)	495.83	472.73	439.37	248.18

① 距支座中心 $h/2=450$mm 处截面

由于空心板的预应力筋及普通钢筋是直线配筋，故此截面有效高度取与跨中相同值，即 $h_0=855$mm，其等效工字形截面的肋宽为 $b=563.8$mm。由于没有设置弯起钢筋，因此，斜截面抗剪承载力为：

$$V_{sb}=\alpha_1\alpha_2\alpha_3 0.45\times10^{-3}bh_0\sqrt{(2+0.6P)\sqrt{f_{cu,k}}\rho_{sv}f_{sv}}$$

此处箍筋间距为 $S_v=100$mm，HRB335 钢筋，双肢箍，直径为 12mm，$A_{sv}=226$mm²，则箍筋的配箍率为：

$$\rho_{sv}=\frac{A_{sv}}{bS_v}=\frac{226}{563.8\times100}=0.40\% > \rho_{min}=0.12\%$$

把以上数据代入得：

$V_{sb}=1.0\times1.25\times1.1\times0.45\times10^{-3}\times563.8\times855\times\sqrt{(2+0.6\times0.749)\times\sqrt{50}\times0.40\%\times280}$
$=1313.67\text{kN} > \gamma_0 V_d=472.73\text{kN}$

因此，该处截面抗剪承载力满足要求。

② 距跨中截面 $x=8550$mm 处截面

此处 $V_d=485.92$kN，箍筋间距为 $S_v=250$mm，HRB335 钢筋，双肢箍，直径为 12mm，$A_{sv}=226$mm²，箍筋的配箍率 $\rho_{sv}=0.16\%$，得：

$V_{sb}=1.0\times1.25\times1.1\times0.45\times10^{-3}\times563.8\times855\times\sqrt{(2+0.6\times0.749)\times\sqrt{50}\times0.16\%\times280}$
$=830.84\text{kN} > \gamma_0 V_d = V_d=439.37\text{kN}$

因此,该处截面抗剪承载力满足要求。

4.4.2.7 预应力损失计算

本例采用高强度低松弛 7 丝捻制的预应力钢绞线,公称直径为 15.2mm,公称面积 140mm²,标准强度为 $f_{pk}=1860\text{MPa}$,设计强度为 $f_{pd}=1260\text{MPa}$,弹性模量 $E_p=1.95\times 10^5\text{MPa}$。张拉控制应力值取 $\sigma_{con}=0.70 f_{pk}=0.70\times 1860=1302\text{MPa}$。则各项预应力损失计算如下:

(1) 锚具变形、回缩引起的预应力损失

预应力钢绞线的有效长度取为张拉台座的长度,设台座长 $L=63\text{m}$,采用一端张拉级夹片式锚具,有顶压时,取张拉端锚具变形、钢筋回缩和接缝压缩值 $\Delta l=4\text{mm}$,则此项预应力损失为:

$$\sigma_{l2}=\frac{\sum \Delta l}{L}E_p=\frac{4}{63\times 10^3}\times 1.95\times 10^5=12.38\text{MPa}$$

(2) 预应力钢筋与台座之间的温差引起的预应力损失

先张法预应力混凝土构件采用加热养护的方法时,为减少温差引起的预应力损失,可采用分阶段的养护措施。设控制预应力钢筋与台座之间的最大温差 $\Delta t=t_2-t_1=15℃$,则由钢筋与台座之间的温差引起的预应力损失为:

$$\sigma_{l3}=2(t_2-t_1)=2\Delta t=30\text{MPa}$$

(3) 预应力钢绞线由于钢筋松弛引起的预应力损失

预应力钢绞线由于钢筋松弛引起的预应力损失值,可按下式计算:

$$\sigma_{l5}=\psi\zeta\left(0.52\frac{\sigma_{pe}}{f_{pk}}-0.26\right)\sigma_{pe} \tag{4-29}$$

式中 ψ——张拉系数,本算例采取一次张拉,取 $\psi=1.0$;

ζ——钢筋松弛系数,对低松弛钢绞线,取 $\zeta=0.3$;

f_{pk}——预应力钢绞线的抗拉强度标准值,$f_{pk}=1860\text{MPa}$;

σ_{pe}——传力锚固时的钢筋应力,对先张法构件,采用下式计算:

$$\sigma_{pe}=\sigma_{con}-\sigma_{l2}=1302-12.38=1289.62\text{MPa}$$

代入式(4-29)得:

$$\sigma_{l5}=1.0\times 0.3\times\left(0.52\times\frac{1289.62}{1860}-0.26\right)\times 1289.62=38.90\text{MPa}$$

(4) 混凝土弹性压缩引起的预应力损失

对于先张法构件:

$$\sigma_{l4}=\alpha_E\sigma_{pe} \tag{4-30a}$$

式中 α_E——预应力钢筋弹性模量与混凝土弹性模量的比值,$\alpha_E=5.65$;

σ_{pe}——在计算截面钢筋重心处,由全部钢筋预加力产生的混凝土法向应力,按式(4-30b)计算;

$$\sigma_{pe}=\frac{N_{p0}}{A_0}+\frac{N_{p0}e_{p0}}{I_0}y_0 \tag{4-30b}$$

$$N_{p0}=\sigma_{p0}A_p-\sigma_{l6}A_s \tag{4-30c}$$

$$\sigma_{p0}=\sigma_{con}-\sigma'_l \tag{4-30d}$$

式中 σ'_l——预应力钢筋传力锚固时的全部预应力损失,由《公预规》6.2.8 条,先张法构件传力锚固时的损失为 $\sigma'_l = \sigma_{l2} + \sigma_{l3} + 0.5\sigma_{l5}$

$$\sigma_{p0} = \sigma_{con} - (\sigma_{l2} + \sigma_{l3} + 0.5\sigma_{l5})$$
$$= 1302 - (12.38 + 30.00 + 0.5 \times 38.90) = 1240.17 \text{MPa}$$
$$N_{p0} = 1240.17 \times 2100 - 0 = 2604.36 \text{kN}$$

由前面计算，空心板换算截面面积 $A_0 = 639652 \text{mm}^2$，$I_0 = 5.8164 \times 10^{10} \text{mm}^4$，$y_0 = 373.7 \text{mm}$，$e_{p0} = 373.7 \text{mm}$。

$$\sigma_{pe} = \frac{2604.36 \times 10^3}{639652} + \frac{2604.36 \times 10^3 \times 373.7}{5.8164 \times 10^{10}} \times 373.7 = 10.32 \text{MPa}$$

$$\sigma_{l4} = \alpha_E \sigma_{pe} = 5.65 \times 10.32 = 58.31 \text{MPa}$$

(5) 混凝土收缩和徐变引起的预应力损失

由混凝土收缩徐变产生的预应力算是可按下式计算：

$$\sigma_{l6} = \frac{0.9[E_p \varepsilon_{cs}(t, t_0) + \alpha_{Ep} \sigma_{pc} \phi(t, t_0)]}{1 + 15 \rho \rho_{ps}} \tag{4-31a}$$

式中 ρ——构件受拉区全部纵向钢筋的含筋率，即 $\rho = \frac{A_p + A_s}{A_0}$；

　　　ρ_{ps}——取 $\rho_{ps} = 1 + \frac{e_{ps}^2}{i^2}$；

　　　i——构件截面回转半径，取 $i^2 = \frac{I_0}{A_0}$；

　　　e_{ps}——构件截面受拉区全部纵向钢筋重心处，由预应力（扣除相应阶段的预应力损失）和结构自重产生的混凝土法向压应力，按式(4-31b)取值；

$$\sigma_{pc} = \frac{N_{p0}}{A_0} + \frac{N_{p0} e_{p0}}{I_0} y_0 \tag{4-31b}$$

　　　N_{p0}——传力锚固时，预应力钢筋的预加力，按式(4-31c)取值；

$$N_{p0} = \sigma_{p0} A_p - \sigma_{l6} A_s = [\sigma_{con} - (\sigma_{l2} + \sigma_{l3} + \sigma_{l4} + 0.5\sigma_{l5})] A_p - \sigma_{l6} A_s \tag{4-31c}$$

　　　e_{p0}——换算截面重心至预应力钢筋和普通钢筋合力点的距离，取值为 373.7mm；

　　　y_0——构件受拉区全部纵向钢筋重心至截面重心的距离，取值为 373.7mm；

　　　$\varepsilon_{cs}(t, t_0)$——预应力钢筋传力锚固龄期 t_0，计算龄期为 t 时的混凝土收缩应变；

　　　$\phi(t, t_0)$——加载龄期为 t_0，计算考虑的龄期为 t 时的徐变系数。

计算以上各参数：

$$\rho = \frac{A_p + A_s}{A_0} = \frac{2100 + 1539}{639652} = 0.569\%$$

$$i^2 = \frac{I_0}{A_0} = \frac{5.8164 \times 10^{10}}{639652} = 90930.7 \text{mm}^2$$

$$N_{p0} = \sigma_{p0} A_p - \sigma_{l6} A_s = [\sigma_{con} - (\sigma_{l2} + \sigma_{l3} + \sigma_{l4} + 0.5\sigma_{l5})] A_p - 0$$
$$= [1302 - (12.38 + 30.00 + 58.31 + 0.5 \times 38.90)] \times 2100 - 0$$
$$= 2481.91 \text{kN}$$

$$\sigma_{pc} = \frac{N_{p0}}{A_0} + \frac{N_{p0} e_{p0}}{I_0} y_0 = \frac{2481.91 \times 10^3}{639652} + \frac{2481.91 \times 10^3 \times 373.7^2}{5.8164 \times 10^{10}} = 9.84 \text{MPa}$$

$$\rho_{ps} = 1 + \frac{e_{ps}^2}{i^2} = 1 + \frac{373.7^2}{90930.7} = 2.536$$

$$\alpha_E = 5.65, \quad E_p = 1.95 \times 10^5 \text{MPa}$$

考虑自重的影响,由于收缩徐变持续时间较长,采用全部永久作用,空心板跨中截面全部永久作用弯矩 M_{Gk} 由表 4-30 查得 $M_{Gk}=1181.26\text{kN}\cdot\text{m}$,在全部钢筋重心处由自重产生的拉应力为:

跨中截面:
$$\sigma_t = \frac{M_{Gk}}{I_0} y_0 = \frac{1181.26 \times 10^6}{5.8164 \times 10^{10}} \times 373.7 = 7.59 \text{MPa}$$

$l/4$ 截面:
$$\sigma_t = \frac{M_{Gk}}{I_0} y_0 = \frac{885.95 \times 10^6}{5.8164 \times 10^{10}} \times 373.7 = 5.69 \text{MPa}$$

支点截面:
$$\sigma_t = 0$$

则全部纵向钢筋重心处的压应力为:

跨中:
$$\sigma_{pc} = 9.84 - 7.59 = 2.25 \text{MPa}$$

$l/4$ 截面:
$$\sigma_{pc} = 9.84 - 5.69 = 4.15 \text{MPa}$$

支点截面:
$$\sigma_t = 9.84 \text{MPa}$$

《公预规》6.2.7 条规定,σ_{pc} 不得大于传力锚固时混凝土立方体抗压强度 f'_{cu} 的 0.5 倍。设传力锚固时,混凝土达到 C30,则 $f'_{cu}=50\text{MPa}$,$0.5f'_{cu}=25\text{MPa}$,则跨中截面、$l/4$ 截面、支点截面全部钢筋重心处的压应力均小于 $0.5f'_{cu}$,满足要求。

设传力锚固龄期为 7d,计算龄期为混凝土终极值 t_u,设桥梁所处环境的大气相对湿度为 75%。由前面计算,空心板毛截面面积 $A=6229\text{cm}^2$。

空心板与大气接触的周边长度为 u,其值为:
$$u = 2 \times 124 + 2 \times 90 + 4 \times \sqrt{23^2 + 23^2} + 2 \times (32 + 24) = 670.11 \text{cm}$$

故空心板的理论厚度 h 为:
$$h = \frac{2A}{u} = \frac{2 \times 6229}{670.11} = 18.59 \text{cm} = 185.9 \text{mm}$$

算的 h 后,查《公预规》表 6.2.7 并直线内插得到:
$$\varepsilon_{cs}(t, t_0) = 0.000266$$
$$\phi(t, t_0) = 2.174$$

把以上数据代入 σ_{l6} 的计算公式,则

跨中:
$$\sigma_{l6} = \frac{0.9 \times [1.95 \times 10^5 \times 0.000266 + 5.65 \times 2.23 \times 2.174]}{1 + 15 \times 0.569\% \times 2.536} = 58.64 \text{MPa}$$

$l/4$ 截面:
$$\sigma_{l6} = \frac{0.9 \times [1.95 \times 10^5 \times 0.000266 + 5.65 \times 4.13 \times 2.174]}{1 + 15 \times 0.569\% \times 2.536} = 75.91 \text{MPa}$$

支点截面:

$$\sigma_{l6}=\frac{0.9\times[1.95\times10^5\times0.000266+5.65\times9.82\times2.174]}{1+15\times0.569\%\times2.536}=127.62\text{MPa}$$

(6) 预应力损失组合计算

传力锚固时第一批损失 σ_{I}：

$$\sigma_{\text{I}}=\sigma_{l2}+\sigma_{l3}+\sigma_{l4}+0.5\sigma_{l5}$$

传力锚固后的预应力损失 σ_{II}：

$$\sigma_{\text{II}}=0.5\sigma_{l5}+\sigma_{l6}$$

传力锚固后预应力损失总和 σ_l：

$$\sigma_l=\sigma_{l2}+\sigma_{l3}+\sigma_{l4}+\sigma_{l5}+\sigma_{l6}$$

有效预加力 σ_{pe}：

$$\sigma_{\text{pe}}=\sigma_{\text{con}}-\sigma_l$$

计算结果见表 4-32。

预应力损失计算值 表 4-32

计 算 项	符号	跨中截面	$l/4$ 截面	支座截面
锚具变形、回缩引起的预应力损失	σ_{l2}		12.38	
预应力钢筋与台座之间的温差引起的预应力损失	σ_{l3}		30	
预应力钢绞线由于钢筋松弛引起的预应力损失	σ_{l5}		38.90	
混凝土弹性压缩引起的预应力损失	σ_{l4}		58.31	
混凝土收缩和徐变引起的预应力损失	σ_{l6}	58.82	76.09	127.80
传力锚固时第一批损失	$\sigma_{l\text{I}}$	120.14	120.14	120.14
传力锚固后第二批损失	$\sigma_{l\text{II}}$	78.27	95.54	147.25
传力锚固后预应力损失总和	σ_l	198.41	215.68	267.39
各截面有效预加力	σ_{pe}	1103.59	1086.32	1034.61

4.4.2.8 正常使用极限状态计算

(1) 正截面抗裂性计算

正截面抗裂性计算是对构件跨中截面混凝土的拉应力进行验算，根据《公预规》6.3 条要求。对于部分预应力 A 类构件，应满足两个要求：

第一，在作用短期效应组合下，

$$\sigma_{\text{st}}-\sigma_{\text{pc}}\leqslant 0.7f_{\text{tk}} \quad (4\text{-}32)$$

第二，在作用长期效应组合下，

$$\sigma_{lt}-\sigma_{\text{pc}}\leqslant 0,\text{ 即不出现拉应力} \quad (4\text{-}33)$$

式中 σ_{st}——在作用短期效应组合下，空心板抗裂验算边缘的混凝土法向拉应力，由表 4-30 可查得，空心板跨中截面弯矩 $M_{\text{sd}}=1487.11\text{kN}\cdot\text{m}$，弹性抵抗矩 $W_{01x}=1.3892\times10^8\text{mm}^3$，代入得：

$$\sigma_{\text{st}}=\frac{M_{\text{sd}}}{W_{01x}}=\frac{1487.11\times10^6}{1.3892\times10^8}=10.70\text{MPa}$$

σ_{pc}——扣除全部预应力损失后的预加力，在构件抗裂验算边缘产生的预压应力，其值为：

$$\sigma_{pc} = \frac{N_{p0}}{A_0} + \frac{N_{p0}e_{p0}}{I_0}y_0$$

$$\sigma_{p0} = \sigma_{con} - \sigma_l + \sigma_{l4} = 1302 - 198.41 + 58.31 = 1161.90 \text{MPa}$$

$$N_{p0} = \sigma_{p0}A_p - \sigma_{l6}A_s = 1161.90 \times 2100 - 58.64 \times 1539 = 2349743.04 \text{N}$$

$$e_{p0} = \frac{\sigma_{p0}A_p y_p - \sigma_{l6}A_s y_s}{N_{p0}} = \frac{1161.90 \times 2100 \times 373.7 - 58.64 \times 1539 \times 373.7}{2349743.04}$$

$$= 373.7 \text{mm}$$

空心板跨中截面下缘的预压应力 σ_{pc} 为：

$$\sigma_{pc} = \frac{N_{p0}}{A_0} + \frac{N_{p0}e_{p0}}{I_0}y_0 = \frac{2349743.04}{639652} + \frac{2349743.04 \times 373.7}{5.8164 \times 10^{10}} \times 418.7 = 9.99 \text{MPa}$$

σ_{lt}——在作用长期效应下，构件抗裂验算边缘产生的混凝土法向拉应力，由表 4-30 可查得，跨中截面 $M_{0d} = 1356.03$ MPa。则得：

$$\sigma_{lt} = \frac{M_{ld}}{W_{01x}} = \frac{1356.03 \times 10^6}{1.3892 \times 10^8} = 9.76 \text{MPa}$$

由此得：

$$\sigma_{st} - \sigma_{pc} = 10.70 - 9.99 = 0.71 \leqslant 0.7f_{tk} = 0.7 \times 2.4 = 1.68 \text{MPa}$$

$$\sigma_{lt} - \sigma_{pc} = 9.76 - 9.99 = -0.23 < 0$$

符合《公预规》对 A 类构件的规定。

(2) 斜截面抗裂性计算

部分预应力 A 类构件斜截面抗裂性验算是以主拉应力控制，采用作用的短期效应组合，选用支点截面，分别计算支点截面 A—A 纤维（空洞顶面）、B—B 纤维（空心板换算截面重心轴）、C—C 纤维（空洞底面）处主拉应力（本算例未考虑温差作用），对于部分预应力 A 类构件应满足：

$$\sigma_{tp} \leqslant 0.7f_{tk} \tag{4-34}$$

式中 f_{tk}——混凝土抗拉强度标准值，C50，$f_{tk} = 2.65$ MPa；

σ_{tp}——由作用短期效应组合和预加力引起的混凝土主拉应力。

各截面主拉应力的计算：

① 计算公式

$$\sigma_{tp} = \frac{\sigma_{cx}}{2} - \sqrt{\left(\frac{\sigma_{cx}}{2}\right)^2 + \tau^2} \tag{4-35a}$$

$$\sigma_{cx} = \sigma_{pc} + \frac{M_s}{I_0}y_0 \tag{4-35b}$$

$$\tau = \frac{V_d S_{01A}}{bI_0} \tag{4-35c}$$

式中 M_s——计算主拉应力处按作用短期效应组合计算的弯矩；

σ_{cx}——在计算主应力点，由预加力和按作用短期效应组合计算的弯矩 M_s 产生的混凝土法向应力；

V_d——计算主拉应力处按作用短期效应组合计算的剪力设计值；

τ——在计算主应力点，由预应力弯起钢筋的预加力和按短期效应组合计算的剪力 V_s 产生的混凝土剪应力；

S_{01}——计算主拉应力点以上（或以下）部分换算截面面积对换算截面重心轴的面积矩；

b——计算主应力处构件腹板的宽度。

② A—A 纤维（空洞顶面）

$V_{sd}=345.85$kN，$b=460$mm，计算主拉应力截面抗弯惯性矩 $I_0=5.8164\times10^{10}$mm^4，空心板 A—A 纤维以上对空心板换算截面重心轴静矩为：

$$S_{01A}=1240\times100\times(481.3-100/2)=5.34812\times10^7 \text{mm}^3$$

则：

$$\tau=\frac{V_d S_{01A}}{bI_0}=\frac{345.85\times10^3\times5.34812\times10^7}{460\times5.8164\times10^{10}}=0.69\text{MPa}$$

计算 σ_{cx}（预应力损失取支点截面）

$$\sigma_{pc}=\frac{N_{p0}}{A_0}+\frac{N_{p0}e_{p0}}{I_0}y_0$$

$$\sigma_{p0}=\sigma_{con}-\sigma_l+\sigma_{l4}=1302-267.39+58.31=1092.92\text{MPa}$$
$$N_{p0}=\sigma_{p0}A_p-\sigma_{l6}A_s=1092.92\times2100-127.62\times1539=2098724.82\text{N}$$
$$e_{p0}=373.7\text{mm}$$

则 A—A 截面处的预压应力为：

$$\sigma_{pc}=\frac{N_{p0}}{A_0}-\frac{N_{p0}e_{p0}}{I_0}y_0=\frac{2098724.82}{639652}-\frac{2098724.82\times373.7}{5.8164\times10^{10}}\times(418.7-100)$$
$$=-1.02\text{MPa}$$

竖向荷载在支点出产生的弯矩 $M_s=0$，

故：

$$\sigma_{cx}=\sigma_{pc}+\frac{M_s}{I_0}y_0=-1.02+0=-1.02\text{MPa}$$

则 A—A 纤维处

$$\sigma_{tp}=\frac{-1.02}{2}-\sqrt{\left(\frac{-1.02}{2}\right)^2+0.69^2}=-1.37\text{MPa}$$

故，对于部分预应力混凝土 A 类构件，在短期效应组合下，预制构件满足

$$\sigma_{tp}\leqslant0.7f_{tk}=1.855\text{MPa}$$

③ B—B 纤维处

$$S_{01B}=1240\times\frac{481.3^2}{2}-\frac{780}{2}\times(350+31.3)^2+2\times\frac{1}{2}\times230^2\times\left(350+31.3-\frac{230}{3}\right)$$
$$=124238412\text{mm}^3$$

则：

$$\tau=\frac{V_d S_{01A}}{bI_0}=\frac{345.85\times10^3\times124238412}{460\times5.8164\times10^{10}}=1.61\text{MPa}$$

计算 σ_{cx}（预应力损失取支点截面），则 A—A 截面处的预压应力为：

$$\sigma_{pc}=\frac{N_{p0}}{A_0}-\frac{N_{p0}e_{p0}}{I_0}y_0=\frac{2098724.82}{639652}-\frac{2098724.82\times373.7}{5.8164\times10^{10}}\times0$$
$$=3.28\text{MPa}$$

竖向荷载在支点出产生的弯矩 $M_s=0$，

故：
$$\sigma_{cx} = \sigma_{pc} + \frac{M_s}{I_0} y_0 = 3.28 + 0 = 3.28 \text{MPa}$$

则 B—B 纤维处
$$\sigma_{tp} = \frac{3.28}{2} - \sqrt{\left(\frac{3.28}{2}\right)^2 + 1.61^2} = -0.66 \text{MPa}$$

故，对于部分预应力混凝土 A 类构件，在短期效应组合下，预制构件满足
$$\sigma_{tp} = 0.66 \text{MPa} \leqslant 0.7 f_{tk} = 1.855 \text{MPa}$$

④ C—C 纤维处（空洞底面）
$$S_{01C} = 1240 \times 100 \times \left(418.7 - \frac{100}{2}\right) + (5.65-1) \times 2100 \times 373.7$$
$$+ (5.8-1) \times 1539 \times (418.7-100)$$
$$= 51722281 \text{mm}^3$$

则：
$$\tau = \frac{V_d S_{01A}}{b I_0} = \frac{345.85 \times 10^3 \times 51722281}{460 \times 5.8164 \times 10^{10}} = 0.67 \text{MPa}$$

计算 σ_{cx}（预应力损失取支点截面），则 A—A 截面处的预压应力为：
$$\sigma_{pc} = \frac{N_{p0}}{A_0} + \frac{N_{p0} e_{p0}}{I_0} y_0 = \frac{2098724.82}{639652} - \frac{2098724.82 \times 373.7}{5.8164 \times 10^{10}} \times 373.7$$
$$= 7.58 \text{MPa}$$

竖向荷载在支点处产生的弯矩 $M_s = 0$，
故：
$$\sigma_{cx} = \sigma_{pc} + \frac{M_s}{I_0} y_0 = 7.58 + 0 = 7.58 \text{MPa}$$

则 C—C 纤维处
$$\sigma_{tp} = \frac{7.58}{2} - \sqrt{\left(\frac{7.58}{2}\right)^2 + 0.67^2} = -0.06 \text{MPa}$$

故，对于部分预应力混凝土 A 类构件，在短期效应组合下，预制构件满足
$$\sigma_{tp} = 0.06 \text{MPa} \leqslant 0.7 f_{tk} = 1.855 \text{MPa}$$

根据以上的验算可知，本算例空心板斜截面抗裂性满足要求。

4.4.2.9 变形计算

1. 正常使用阶段的挠度计算

使用阶段的挠度值，按短期荷载效应组合计算，仅考虑挠度长期增长系数 η_θ，对于 C50 混凝土，内插可得 $\eta_\theta = 1.425$，对于部分预应力 A 类构件，使用阶段的挠度计算时，抗弯刚度 $B_0 = 0.95 E_c I_0$。取跨中截面尺寸及配筋情况确定 B_0：
$$B_0 = 0.95 E_c I_0 = 0.95 \times 3.45 \times 10^4 \times 5.8164 \times 10^{10} = 1.9063 \times 10^{15} \text{N} \cdot \text{mm}^2$$

短期荷载组合作用下的挠度值，可简化为按等效均布荷载作用情况计算：
$$f_s = \frac{5}{48} \frac{M_s l^2}{B_0} = \frac{5 \times 1487.11 \times 10^6 \times 19300^2}{48 \times 1.9063 \times 10^{15}} = 30.27 \text{mm}$$

自重产生的挠度值按等效均布荷载作用情况计算：

$$f_G = \frac{5}{48}\frac{M_{Gk}l^2}{B_0} = \frac{5 \times 1181.26 \times 10^6 \times 19300^2}{48 \times 1.9063 \times 10^{15}} = 24.04\text{mm}$$

消除自重产生的挠度，并考虑长期影响系数 η_θ 后，正常使用阶段的挠度值为：

$$f_1 = \eta_\theta(f_s - f_G) = 1.425 \times (30.27 - 24.04) = 8.88(\text{mm}) < \frac{l}{600} = 32.17\text{mm}$$

计算结果表明，使用阶段的挠度值满足《公预规》要求。

2. 预加力引起的反拱度计算反预拱度的设置

(1) 预加力引起的反拱度计算

空心板当放松预应力钢绞线时，跨中产生反拱度，设这时空心板混凝土强度达到C45。预加力产生的反拱度计算按跨中截面尺寸及配筋计算，并考虑反拱长期增长系数 $\eta_\theta = 2.0$。先计算此时的抗弯刚度，计算公式为：$B_0' = 0.95 E_c' I_0'$。

① 换算截面面积的计算

$$A_0' = A + (\alpha_{Ep}' - 1)A_p + (\alpha_{Es}' - 1)A_s$$

$$E_c' = 3.35 \times 10^4 (\text{MPa})$$

$$\alpha_{Ep}' = \frac{E_p}{E_c'} = 5.82$$

$$\alpha_{Es}' = \frac{E_s}{E_c'} = 5.97$$

则：

$$A_0' = 622900 + 4.82 \times 2100 + 4.97 \times 1539 = 640670.83\text{mm}^2$$

② 换算截面重心位置

$$S_{01}' = (5.82 - 1) \times 2100 \times (450 - 21 - 45) + (5.97 - 1) \times 1539 \times (450 - 21 - 45)$$
$$= 6823998.72\text{mm}^2$$

于是得换算截面到空心板毛截面重心轴的距离为：

$$d_{01}' = \frac{S_{01}'}{A_0} = \frac{6823998.72}{640670.83} = 10.65\text{mm}$$

换算截面重心至空心板截面下缘和上缘的距离分别为：

$$y_{01x}' = (450 - 21 - 10.65) = 418.35\text{mm}$$
$$y_{01s}' = (450 + 21 + 10.65) = 481.65\text{mm}$$

换算截面重心至预应力钢筋重心及普通钢筋重心的距离分别为：

$$e_{01s}' = (418.35 - 45) = 373.35\text{mm}$$
$$e_{01p}' = (418.35 - 45) = 373.35\text{mm}$$

③ 换算截面惯性矩

$$I_0' = I + A d_{01}^2 + (\alpha_{Ep}' - 1)A_p e_{01p}'^2 + (\alpha_{Es}' - 1)A_s e_{01s}'^2$$
$$= 57064340000 + 622900 \times 10.65^2 + 4.82 \times 2100 \times 373.35^2 + 4.97 \times 1539 \times 373.35^2$$
$$= 5.96121 \times 10^{10}\text{mm}^4$$

$$B_0' = 0.95 E_c' I_0' = 0.95 \times 3.35 \times 10^4 \times 5.96121 \times 10^{10} = 1.89716 \times 10^{15}\text{N} \cdot \text{mm}^2$$

④ 换算截面弹性抵抗矩

下缘：$W_{01x}' = \dfrac{I_0'}{y_{01x}'} = \dfrac{5.96121 \times 10^{10}}{418.35} = 1.4249 \times 10^8 \text{mm}^3$

上缘：$W'_{01s} = \dfrac{I'_0}{y'_{01s}} = \dfrac{5.96121 \times 10^{10}}{481.65} = 1.2377 \times 10^8 \text{mm}^3$

⑤ 跨中反拱度计算

扣除全部预应力损失后的预加力为（近似取跨中处损失值）

已求得：$\sigma_{p0} = 1161.90(\text{MPa})$，$N_{p0} = 2349743.03(\text{N})$，$e_{p0} = 373.35\text{mm}$。

则由预加力产生的弯矩为：

$$M_{p0} = N_{p0} e_{p0} = 2349743.03 \times 373.35 = 8.77277 \times 10^8 \text{N} \cdot \text{m}$$

由预加力产生的跨中反拱度乘以反拱长期增长系数 $\eta_\theta = 2.0$，得：

$$f_p = \eta_\theta \dfrac{5}{48} \dfrac{M_{p0} l^2}{B'_0} = 2.0 \times \dfrac{5 \times 8.77277 \times 10^8 \times 19300^2}{48 \times 1.89716 \times 10^{15}} = 35.88 \text{mm}$$

（2）预拱度的设置

对于预应力混凝土受弯构件，当预加力产生的长期反拱值大于按荷载短期效应计算的长期挠度时，可不设预拱度。由以上计算可知，由预加力产生的长期反拱值为 $f_p = 35.88\text{mm}$，小于按荷载短期效应计算的长期挠度值 $f_{ql} = \eta_\theta f_s = 1.425 \times 30.27 = 43.13\text{mm}$，故应设置预拱度 Δ。

跨中处预拱度为：$\Delta = f_{ql} - f_p = 43.13 - 35.88 = 7.25\text{mm}$，支点预拱度 $\Delta = 0$，预拱度值沿顺桥向做成平顺的曲线。

4.4.2.10 持久状态应力验算

持久状况应力验算应计算实用阶段正截面混凝土法向压应力 σ_{kc}、预应力钢筋的拉应力 σ_p 及斜截面的主压应力 σ_{cp}。计算时作用效应取标准组合。

（1）跨中截面混凝土法向应力 σ_{kc} 验算

跨中截面有效预应力：

$$\sigma_p = \sigma_{con} - \sigma_l = 1103.59 \text{MPa}$$

跨中截面有效预加力：

$$N_p = \sigma_p A_p = 1103.59 \times 2100 = 2317539.00 \text{N}$$

标准组合时，$M_s = 1618.19 \text{kN} \cdot \text{m}$，则：

$$\sigma_{kc} = \dfrac{N_p}{A_0} - \dfrac{N_p e_p}{W_{01u}} y_0 + \dfrac{M_s}{W_{01u}} = \dfrac{2317539}{639652.2} - \dfrac{2317539 \times 373.7}{1.2085 \times 10^8} + \dfrac{1618.19 \times 10^6}{1.2085 \times 10^8}$$

$$= 9.85 \text{MPa} < 0.5 f_{ck} = 16.2 \text{MPa}$$

（2）跨中截面预应力钢绞线拉应力 σ_p 验算

$$\sigma_p = \sigma_{pe} + \sigma_{Ep} \sigma_{kt} \leqslant 0.65 f_{pk} \quad (4-36)$$

式中　σ_{kt}——按荷载效应标准值计算的预应力钢绞线重心处混凝土法向应力。

$$\sigma_{kt} = \dfrac{1618.19 \times 10^6}{5.8164 \times 10^{10}} \times 373.7 = 10.40 \text{MPa}$$

有效预应力：

$$\sigma_{pe} = \sigma_{con} - \sigma_l = 1103.59 \text{MPa}$$

则，预应力钢绞线中的拉应力为：

$$\sigma_p = \sigma_{pe} + \alpha_{Ep} \sigma_{kt} = 1103.59 + 5.65 \times 10.40$$

$$= 1162.35 \text{MPa} < 0.65 f_{pk} = 1209 \text{MPa}$$

（3）斜截面主应力验算

斜截面主应力计算选取支点截面的 A—A 纤维（空洞顶面）、B—B 纤维（空心板重心轴）、C—C 纤维（空洞底面），在标准值效应组合和预加力作用下，产生的主压应力 σ_{cp} 和主拉应力 σ_{tp} 计算见式(4-37)，并满足 $\sigma_{cp} \leqslant 0.6 f_{ck} = 19.44 \text{MPa}$。

$$\begin{cases} \sigma_{cp} \\ \sigma_{tp} \end{cases} = \frac{\sigma_{cxk}}{2} \pm \sqrt{\left(\frac{\sigma_{cxk}}{2}\right)^2 + \tau_k^2} \qquad (4\text{-}37a)$$

$$\sigma_{cxk} = \sigma_{pc} + \frac{M_k}{I_0} y_0 \qquad (4\text{-}37b)$$

$$\tau_k = \frac{V_d S_{01}}{b I_0} \qquad (4\text{-}37c)$$

① A—A 纤维（空洞顶面）

$V_{sd} = 389.14 \text{kN}$，$b = 460 \text{mm}$，计算主拉应力截面抗弯惯性矩 $I_0 = 5.8164 \times 10^{10} \text{mm}^4$，空心板 A—A 纤维以上对空心板换算截面重心轴静矩为：

$$S_{01A} = 1240 \times 100 \times (481.3 - 100/2) = 5.34812 \times 10^7 \text{mm}^3$$

则：

$$\tau_k = \frac{V_d S_{01A}}{b I_0} = \frac{389.14 \times 10^3 \times 5.34812 \times 10^7}{460 \times 5.8164 \times 10^{10}} = 0.78 \text{MPa}$$

计算 σ_{cxk}（预应力损失取支点截面）

$$\sigma_{cxk} = \sigma_{pc} + \frac{M_k}{I_0} y_0 = -1.02 \text{MPa}$$

$$\begin{cases} \sigma_{cp} \\ \sigma_{tp} \end{cases} = \frac{\sigma_{cxk}}{2} \pm \sqrt{\left(\frac{\sigma_{cxk}}{2}\right)^2 + \tau_k^2} = \begin{cases} 0.42 \text{MPa} \\ -1.44 \text{MPa} \end{cases}$$

故，$\sigma_{cpmax} = 0.42 \text{MPa} \leqslant 0.6 f_{ck} = 19.44 \text{MPa}$，符合要求。

② B—B 纤维处

$$S_{01B} = 1240 \times \frac{481.3^2}{2} - \frac{780}{2} \times (350 + 31.3)^2 + 2 \times \frac{1}{2} \times 230^2 \times \left(350 + 31.3 - \frac{230}{3}\right)$$
$$= 124238412 \text{mm}^3$$

则：

$$\tau = \frac{V_d S_{01A}}{b I_0} = \frac{389.14 \times 10^3 \times 124238412}{460 \times 5.8164 \times 10^{10}} = 1.81 \text{MPa}$$

$$\sigma_{cxk} = \sigma_{pc} + \frac{M_s}{I_0} y_0 = 3.28 + 0 = 3.28 \text{MPa}$$

则 B—B 纤维处

$$\begin{cases} \sigma_{cp} \\ \sigma_{tp} \end{cases} = \frac{3.28}{2} \pm \sqrt{\left(\frac{3.28}{2}\right)^2 + 1.81^2} = \begin{cases} 4.08 \text{MPa} \\ -0.76 \text{MPa} \end{cases}$$

故，$\sigma_{cpmax} = 4.08 \text{MPa} \leqslant 0.6 f_{ck} = 19.44 \text{MPa}$，符合要求。

③ C—C 纤维处（空洞底面）

$$S_{01C} = 1240 \times 100 \times \left(418.7 - \frac{100}{2}\right) + (5.65 - 1) \times 2100 \times 373.7 + (5.8 - 1) \times 1539 \times 318.7$$
$$= 51722281 \text{mm}^3$$

则：

$$\tau = \frac{V_d S_{01A}}{b I_0} = \frac{389.14 \times 10^3 \times 51722281}{460 \times 5.8164 \times 10^{10}} = 0.75 \text{MPa}$$

$$\sigma_{cxk} = \sigma_{pc} + \frac{M_s}{I_0} y_0 = 7.58 + 0 = 7.58 \text{MPa}$$

则 C—C 纤维处

$$\begin{cases} \sigma_{cp} \\ \sigma_{tp} \end{cases} = \frac{7.58}{2} \pm \sqrt{\left(\frac{7.58}{2}\right)^2 + 0.75^2} = \begin{cases} 7.65 \text{MPa} \\ -0.07 \text{MPa} \end{cases}$$

故，$\sigma_{cpmax} = 7.65 \text{MPa} \leqslant 0.6 f_{ck} = 19.44 \text{MPa}$，符合要求。

根据以上计算结果，在使用阶段正截面混凝土法向应力、预应力钢筋拉应力和斜截面主压应力均满足要求。

以上主拉应力最大值发生在 A—A 纤维处为 $\sigma_{cpmax} = 1.44 \text{MPa}$，则：

在 $\sigma_{tp} \leqslant 0.5 f_{ck} = 1.325 \text{MPa}$ 的区段，箍筋可按构造要求设置。

在 $\sigma_{tp} > 0.5 f_{ck} = 1.325 \text{MPa}$ 的区段，箍筋间距 S_v 可按下列公式计算：

$$S_v = \frac{f_{sk} A_{sv}}{\sigma_{tp} b} \tag{4-38}$$

式中 f_{sk}——箍筋抗拉强度标准值，由于前面箍筋采用 HRB335 钢筋，$f_{sk} = 335 \text{MPa}$；

A_{sv}——斜截面内配置在同一截面的箍筋总截面面积（mm^2），由于前面箍筋为双肢箍，直径 12mm，$A_{sv} = 226 \text{mm}^2$；

b——腹板宽度，为 460mm。

$$S_v = \frac{335 \times 226}{1.44 \times 460} = 114.30 \text{mm} > 100 \text{mm}$$

故箍筋的配置既满足斜截面抗剪承载力要求，也满足主拉应力计算要求。

4.4.2.11 短暂状况应力验算

预应力混凝土受弯构件按短暂状况计算时，应计算其在制作、运输及安装等施工阶段，由预加力（扣除相应的应力损失）、构件自重及其他施工荷载引起的正截面和斜截面的应力，并不超过相关规定的限值。为此，本算例应计算在放松预应力钢绞线时预制空心板的板底和板顶预拉应力。

设当混凝土强度达到 C45 时，预制空心板放松预应力钢绞线，这时空心板处于初始预加力及空心板自重共同作用下，计算空心板板顶（上缘）、板底（下缘）法向应力。

对 C45 混凝土，其弹性模量 $E'_c = 3.35 \times 10^4 \text{MPa}$，抗压强度标准值 $f'_{ck} = 29.6 \text{MPa}$，抗拉强度 $f'_{tk} = 2.51 \text{MPa}$。预应力钢绞线弹性模量 $E_p = 1.95 \times 10^5 \text{MPa}$，$E_s = 2.0 \times 10^5 \text{MPa}$，于是有 $\alpha'_{Ep} = \frac{E_p}{E'_c} = 5.82$，$\alpha'_{Es} = \frac{E_s}{E'_c} = 5.97$，$A_p = 2100 \text{mm}^2$，$A_s = 2100 \text{mm}^2$。

(1) 跨中截面

① 由预加力产生的混凝土法向应力

板底压应力：$\sigma_下 = \frac{N_{p0}}{A'_0} + \frac{N_{p0} e'_{p0}}{I'_0} y'_{01x}$

板顶压应力：$\sigma_上 = \frac{N_{p0}}{A'_0} - \frac{N_{p0} e'_{p0}}{I'_0} y'_{01s}$

N_{p0} 为先张法预应力钢筋和普通钢筋的合力，其值为：

$$N_{p0} = \sigma_{p0} A_p - \sigma_{l6} A_s$$

$$\sigma_{p0} = \sigma_{con} - \sigma_l - \sigma_{l4}$$

σ_l 为放松预应力钢绞线时预应力损失值,由《公预规》6.2.8 条对先张法构件取 $\sigma_l = \sigma_{II} = \sigma_{l2} + \sigma_{l3} + \sigma_{l4} + 0.5\sigma_{l5}$,则:

$$\sigma_{p0} = \sigma_{con} - \sigma_l - \sigma_{l4} = \sigma_{con} - \sigma_{l2} - \sigma_{l3} - 0.5\sigma_{l5}$$
$$= 1302 - 12.38 - 30 - 0.5 \times 38.9 = 1240.17 \text{MPa}$$
$$N_{p0} = \sigma_{p0} A_p - \sigma_{l6} A_s$$
$$= 1240.17 \times 2100 - 58.82 \times 1539$$
$$= 2513833.02 (\text{N})$$
$$e_{p0} = 373.35 \text{mm}$$

板底压应力:
$$\sigma_{\text{下}} = \frac{N_{p0}}{A_0'} + \frac{N_{p0} e_{p0}'}{I_0'} y_{01x}' = \frac{2513833.02}{640670.83} + \frac{2513833.02 \times 373.35}{5.96121 \times 10^{10}} \times 418.35$$
$$= 10.51 \text{MPa}$$

板顶压应力:
$$\sigma_{\text{上}} = \frac{N_{p0}}{A_0'} - \frac{N_{p0} e_{p0}'}{I_0'} y_{01s}' = \frac{2513833.02}{640670.83} - \frac{2513833.02 \times 373.35}{5.96121 \times 10^{10}} \times 481.65$$
$$= -2.66 \text{MPa}$$

② 由板自重产生的板截面上、下缘应力计算

根据表 4-30,空心板跨中截面由一期结构自重产生的弯矩为 $M_{G1} = 754.06 \text{kN} \cdot \text{m}$,则由板一期结构自重产生的截面法向应力为:

板下缘:
$$\sigma_{\text{下}} = \frac{M_{G1}}{I_0'} y_{01x}' = \frac{754.06 \times 10^6}{5.96121 \times 10^{10}} \times (-418.35)$$
$$= -5.29 \text{MPa}$$

板上缘:
$$\sigma_{\text{上}} = \frac{M_{G1}}{I_0'} y_{01s}' = \frac{754.06 \times 10^6}{5.96121 \times 10^{10}} \times (-481.65)$$
$$= 6.09 \text{MPa}$$

放松钢绞线时,由预加力及板自重共同作用,空心板跨中上、下翼缘产生的法向应力为:

下缘应力:
$$\sigma_{\text{下}} = 10.51 - 5.29 = 5.22 \text{MPa}$$

上缘应力:
$$\sigma_{\text{上}} = -2.66 + 6.09 = 3.43 \text{MPa}$$

由此可看出,空心板跨中截面上、下缘均为压应力,且均小于 $0.7 f_{ck}' = 20.72 \text{MPa}$,符合要求。

(2) 四分点处截面

① 由预加力产生的混凝土法向应力

$$\sigma_{p0} = \sigma_{con} - \sigma_l - \sigma_{l4} = \sigma_{con} - \sigma_{l2} - \sigma_{l3} - 0.5\sigma_{l5}$$

$$=1302-12.38-30-0.5\times38.9=1240.17\text{MPa}$$
$$N_{p0}=\sigma_{p0}A_p-\sigma_{l6}A_s$$
$$=1240.17\times2100-76.09\times1539$$
$$=2487254.49\text{N}$$
$$e_{p0}=373.35\text{mm}$$

板底压应力：
$$\sigma_{\text{下}}=\frac{N_{p0}}{A_0'}+\frac{N_{p0}e_{p0}'}{I_0'}y_{01x}'=\frac{2487254.49}{640670.83}+\frac{2487254.49\times373.35}{5.96121\times10^{10}}\times418.35$$
$$=10.40\text{MPa}$$

板顶压应力：
$$\sigma_{\text{上}}=\frac{N_{p0}}{A_0'}-\frac{N_{p0}e_{p0}'}{I_0'}y_{01s}'=\frac{2487254.49}{640670.83}-\frac{2487254.49\times373.35}{5.96121\times10^{10}}\times481.65$$
$$=-2.63\text{MPa}$$

② 由板自重产生的板截面上、下缘应力计算

根据表 4-30，空心板跨中截面由一期结构自重产生的弯矩为 $M_{G1}=565.55\text{kN}\cdot\text{m}$，则由板一期结构自重产生的截面法向应力为：

板下缘：
$$\sigma_{\text{下}}=\frac{M_{G1}}{I_0'}y_{01x}'=\frac{565.55\times10^6}{5.96121\times10^{10}}\times(-418.35)$$
$$=-3.97\text{MPa}$$

板上缘：
$$\sigma_{\text{上}}=\frac{M_{G1}}{I_0'}y_{01s}'=\frac{565.55\times10^6}{5.96121\times10^{10}}\times(-481.65)$$
$$=4.57\text{MPa}$$

放松钢绞线时，由预加力及板自重共同作用，空心板跨中上、下翼缘产生的法向应力为：

下缘应力：
$$\sigma_{\text{下}}=10.40-3.97=6.43\text{MPa}$$

上缘应力：
$$\sigma_{\text{上}}=-2.63+4.57=1.94\text{MPa}$$

由此可看出，空心板跨中截面上、下缘均为压应力，且均小于 $0.7f_{ck}'=20.72\text{MPa}$，符合要求。

(3) 支点截面

由预加力产生的混凝土法向应力
$$\sigma_{p0}=\sigma_{con}-\sigma_l-\sigma_{l4}=1302-12.38-30-0.5\times38.9=1240.17\text{MPa}$$
$$N_{p0}=\sigma_{p0}A_p-\sigma_{l6}A_s=1240.17\times2100-127.80\times1539$$
$$=2407672.80\text{N}$$
$$e_{p0}=373.35\text{mm}$$

板底压应力：

$$\sigma_{下} = \frac{N_{p0}}{A'_0} + \frac{N_{p0} e'_{p0}}{I'_0} y'_{01x} = \frac{2407672.80}{640670.83} + \frac{2407672.80 \times 373.35}{5.96121 \times 10^{10}} \times 418.35$$
$$= 10.07 \text{MPa}$$

板顶压应力：
$$\sigma_{上} = \frac{N_{p0}}{A'_0} - \frac{N_{p0} e'_{p0}}{I'_0} y'_{01s} = \frac{2407672.80}{640670.83} - \frac{2407672.80 \times 373.35}{5.96121 \times 10^{10}} \times 481.65$$
$$= -2.55 \text{MPa}$$

由板自重在支点处的弯矩为零，因此空心板支点截面上、下缘应力为：

下缘应力：$\sigma_{下} = 10.07 \text{MPa}$

上缘应力：$\sigma_{上} = -2.55 \text{MPa}$

由此可看出，空心板跨中截面上、下缘均为压应力，且均小于 $0.7 f'_{ck} = 20.72 \text{MPa}$，符合要求。

上述计算中负值表示拉应力，正值表示压应力。将负值拉应力以绝对值表示，则支点截面上缘拉应力 $\sigma_{上} = 2.55 \text{MPa} < 1.15 f'_{ck} = 2.887 \text{MPa}$，且 $\sigma_{上} = 2.55 \text{MPa} > 0.7 f'_{tk} = 1.757 \text{MPa}$，根据《公预规》7.2.8 条，预拉区（截面上缘）应配置纵向钢筋，并应按以下原则配置：

当 $\sigma_{上} \leqslant 0.7 f'_{ck}$ 时，预拉区应配置其配筋不小于 0.2% 的纵向钢筋；

当 $\sigma_{上} = 1.15 f'_{ck}$ 时，预拉区应配置其配筋不小于 0.4% 的纵向钢筋；

当 $0.7 f'_{ck} < \sigma_{上} < 1.15 f'_{ck}$ 时，预拉区应配置的纵向钢筋配筋率按以上两者进行线性插值取值。

上述配筋率为：
$$\rho = \frac{A'_s}{A}$$

式中 A'_s——为预拉区普通钢筋截面面积；

A——为空心板截面毛截面面积，即 $A = 6229 \text{cm}^2$。

由以上两者内插得到 $\sigma_{上} = 2.55 \text{MPa}$ 时纵向钢筋配筋率为 0.340%，则得：

$A'_s = 0.340\% \times 6229 = 2117.86 \text{mm}^2$，

预拉区的纵向钢筋宜采用带肋钢筋，其直径不宜大于 14mm，现采用 14 根直径为 14mm 的 HRB335 级钢筋，则 $A'_s = 2154.6 \text{mm}^2$，满足要求，钢筋均匀布置在支点截面上缘，布置情况见图 4-29 所示。

4.4.2.12 最小配筋率复核

按《公预规》9.1.12 条，预应力混凝土受弯构件最小配筋率应满足下列要求：

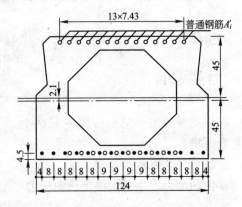

图 4-29 预拉区钢筋布置图（单位：cm）

$$\frac{M_{ud}}{M_{cr}} \geqslant 1.0 \tag{4-39a}$$

式中 M_{ud}——受弯构件正截面承载力设计值，$M_{ud} = 2460.42 (\text{kN} \cdot \text{m})$

M_{cr}——受弯构件正截面开裂弯矩值，可按下式计算：

$$M_{cr}=(\sigma_{pc}+\gamma f_{tk})W_0 \qquad (4\text{-}39b)$$
$$\gamma=2S_0/W_0 \qquad (4\text{-}39c)$$

式中 S_0——换算截面重心轴以上部分对重心轴的静矩；

W_0——换算截面抗裂边缘的弹性抵抗矩；

γ——构件受拉区混凝土的塑性影响系数；

σ_{pc}——扣除全部预应力损失后的预加力在构件抗裂验算边缘产生的预压应力；

f_{tk}——混凝土轴心抗拉强度标准值。

$\sigma_{pc}=10.00\text{MPa}$，$W_0=1.3892\times10^8\text{mm}^3$，$S_0=124238412\text{mm}^3$；对C50混凝土，$f_{tk}=2.65\text{MPa}$。

$\gamma=2S_0/W_0=2\times124238412/1.3892\times10^8=1.79$。

把以上数据代入 M_{cr} 计算式，得：

$$M_{cr}=(\sigma_{pc}+\gamma f_{tk})W_0=(10.00+1.79\times2.65)\times1.3892\times10^8$$
$$=2.04817\times10^9\text{N}\cdot\text{mm}=2048.17\text{kN}\cdot\text{m}$$

则：$\dfrac{M_{ud}}{M_{cr}}=\dfrac{2460.42}{2048.17}=1.20\geqslant1.0$

根据《公预规》9.1.12条，部分预应力受弯构件中普通受拉钢筋的截面面积不应小于 $0.003bh_0$。本算例普通受拉钢筋 $A_s=1539\text{mm}^2>0.003bh_0=1446.15\text{mm}^2$，计算结果满足《公预规》要求。

4.4.3 移动支架逐孔现浇施工连续梁设计实例

4.4.3.1 设计基本资料

(1) 桥位处自然条件

桥位海面位于榆林海湾，水位受到潮水位的影响，本区历年最高高潮位1.83m，最低低潮位-1.43m，平均高潮位0.47m，平均低潮位-0.35m，平均潮位0.07m，最大潮差2.01m，平均潮差0.88m。采用国家六级航道通航标准，大桥的设计通航水位为2.0m(黄海高程)，同时要求通航净空不小于10.0m。

年均气温25.7℃，最冷月平均气温20.9℃，极端最低气温为5.1℃；最热月平均气温为28.5℃，极端最高气温为35.8℃。相对湿度78%。

受东北和西南季风影响，常年风速非常大，热带风暴和台风频繁，据气象资料统计分析，离地面10m高，重现期为100年的10分钟最大平均风速为41.4m/s。

(2) 主要技术标准

① 使用功能：城市次干道；

② 线路等级：次干道Ⅱ级；

③ 设计车速：40km/h；

④ 车道布置及设计宽度

双向四车道，全宽23m：2×3.0m(人行道)+2×8.0m(车行道)+1.0m(中央分隔带)=23.0m

⑤ 设计荷载

汽车荷载：城—B级；人群荷载：3.5kN/m²

⑥ 设计风速

由于位于台风多发地区，设计基本风速达 41.4m/s，参照国内外类似桥梁的基准所提供的参数，其主梁的设计风速为

$$V_{D主}=k_2 \cdot k_5 \cdot V_{10}=70.8\text{m/s} \tag{4-40}$$

式中 k_2——考虑地面粗糙度类别和梯度风的风速高度变化系数；

k_5——阵风风速系数，通常取 1.38。

⑦ 桥面坡度：桥面横向坡度 2.0%，桥面纵坡 2.9%。

⑧ 地震烈度：基本烈度Ⅵ度，按Ⅶ度设防。

(3) 桥面铺装

桥面铺装为 9.5cm 厚沥青混凝土，SMA—13(4cm 厚)+AC—16(5cm 厚)+改性乳化沥青稀浆封层(0.5cm 厚)，为了使桥面平整，箱梁顶面设置 8cm 厚 C40 抗渗等级 W8 防水混凝土调平层；调平层顶面设置防水层。

(4) 主要材料

① 混凝土

现浇箱梁采用 C50 混凝土，调平层、墩身采用 C40 混凝土，桩基采用 C35 水下混凝土。混凝土均采用海工高性能混凝土，要求抗氯离子渗透性 C≤1000，且达到《海港工程混凝土结构防腐蚀技术规范》(JTJ 275—2000)第 6.2.1 条的高性能混凝土的各项技术指标。混凝土水灰比：箱梁不大于 0.35，预应力管道水泥浆不大于 0.4，避免发生碱集料反应。为了减少混凝土的收缩裂缝，提高混凝土的抗渗性与耐久性，在主梁(含后浇带)混凝土中掺加杜拉纤维，规格 3/4″，掺量为 1.0kg/m³，且主梁混凝土侧表面和底表面采用外保护涂层防腐。

② 预应力钢筋

预应力钢绞线采用 $d=15.2$mm 的低松弛钢绞线，其抗拉强度标准值 $f_{pk}=1860$MPa，张拉控制应力值为 $0.715f_{pk}$，钢绞线弹性模量 $E_p=1.95\times10^5$MPa。

③ 普通钢筋

设计用普通钢筋为 R235 和 HRB335 两种，其中：

R235 钢筋：必须符合国家标准《钢筋混凝土用热轧光圆钢筋》(GB 13013—1991)的规定要求；HRB335 钢筋：必须符合国家标准《钢筋混凝土用热轧带肋钢筋》(GB 1499—1998)的规定要求。

钢筋焊接网：桥面铺装所用的钢筋焊接网为冷轧带肋钢筋(CRB550)，必须符合行业标准《钢筋焊接网混凝土结构技术规程》(JGJ 114—2003)的有关规定。

钢板：锚下垫板、预埋件等均采用低碳钢，应符合 GB 700—98 标准的要求。

④ 普通钢筋焊接材料

对于 R235 钢筋，当采用帮条焊、搭接焊时，采用 E4303 焊条，采用窄间隔焊时，采用 E4315、E4316 焊条；对于 HRB335 钢筋：当采用帮条焊、搭接焊等时，采用 E4303 焊条，采用窄间隔焊时，采用 E5015、E5016 焊条。

⑤ 预应力锚具、连接器、管道

预应力锚具和连接器采用 OVM15—16，产品质量应符合国家标准《预应力钢筋锚具、夹具和连接器》(GB/T 14370—2000)的要求。预应力管道采用塑料波纹管成型。

⑥ 支座与伸缩缝

支座设置均采用 HFQZ 防海洋大气腐蚀支座，要求支座分别耐海水和海洋大气腐蚀。引桥在桥台处设 SSFB160 型伸缩缝一道，引桥与主桥相接处设 SSFB240 型伸缩缝一道。要求伸缩缝型钢均采用耐候钢并进行镀锌处理，镀锌量不小于 $500g/m^2$。

（5）温度影响

均匀温度：整体最高升温至 40℃，整体最低降温至 0℃，成桥温度 25℃；

竖向日照正温差：$T_1=14℃$，$T_2=5.5℃$。

（6）支座强迫位移

墩、台不均匀沉降按 5mm 考虑。

4.4.3.2 构造布置

（1）桥型选择及孔径划分

本例是某城市次干道上一座跨海湾桥梁的引桥部分，为了缩短施工周期，最大限度地减少工程费用的比例，同时满足城市道路的有关要求，提高行车设计时速，保证行车舒畅，决定采用预应力混凝土连续梁桥。根据地形条件及路线连接，引桥孔跨布置位为 6m×40m 的预应力连续梁，桥梁纵坡 2.9%，横坡 2%。

引桥采用逐孔浇注施工，接头位置设在弯矩较小的部位，接头距桥墩 7.0m。

（2）主梁截面形式与主梁高度的拟定

引桥均采用双幅，两幅箱梁间设置 2cm 宽分隔缝。引桥单幅一联为单箱单室预应力混凝土斜腹板等高度截面连续箱梁，梁高 2.5m，高跨比 2.5/40＝1/16。引桥桥面横坡由梁底垫石变高度使梁体整体旋转而形成。箱梁横断面与梁高均保持不变，箱梁横断面中心线垂直于箱梁底板而不垂直于大地。

（3）截面细部尺寸的拟定

箱梁顶板宽 11.49m，底板宽 5.384m，为了施工方便，没有考虑沿梁长适应弯矩、剪力变化而局部改变顶、底板、腹板的厚度，箱梁顶、底板厚均为 0.25m，腹板厚均为 0.50m，两侧悬臂长均为 2.22m，全桥仅在桥墩支点截面处设置端、中横梁，中横梁宽 1.5m，端横梁宽 1.4m。主梁顶底板及腹板纵向布置示意图见图 4-30 和图 4-31。

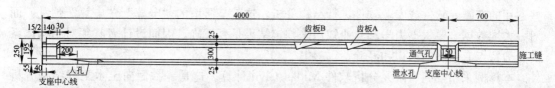

图 4-30 主梁顶、底板纵向布置示意图

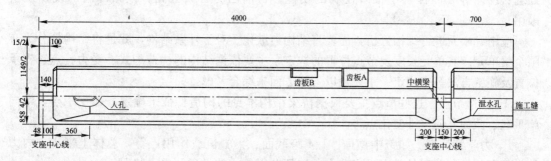

图 4-31 主梁腹板纵向布置示意图

承托可以提高截面的抗扭刚度和抗弯刚度，减少扭转剪应力和畸变应力，同时也为布置钢束提供了空间。腹板与底板相接处设置20cm×60cm承托，为了提高顶板横向抗弯刚度，顶板厚度沿横向变厚度，跨中25cm，根部50cm，腹板与顶板相接处设置30cm×30cm的承托。

单幅桥梁主梁横断面构造如图4-32所示。

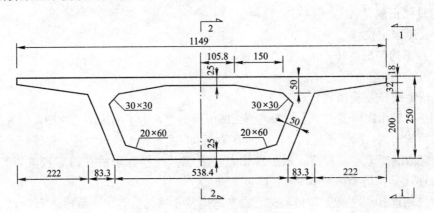

图4-32 主梁横截面图（单位：cm）

4.4.3.3 内力计算

主梁内力包括恒载内力、活载内力以及由于预加力、混凝土收缩徐变、温度变化和支座沉降等引起的结构次内力等。

(1) 计算模型的建立

① 单元划分

桥梁是一个复杂的空间结构，通常采用近似的处理手段将其转化为平面杆系结构进行控制性分析，对一些局部受力部位，可用板单元、实体单元来进一步分析。对结构的控制性分析可用传统的结构力学方法手算，也可根据一些计算手册进行粗略的估算。但现代桥梁的规模宏大，结构复杂，鉴于手算的效率和精度都比较低，因而实际设计中通常采用一些通用的有限元软件或专业软件进行结构分析，这就是所谓的"电算"。"电算"怕乱，面对一大堆数据，要根据力学和专业知识来判定结果是否正确，因而设计者必须对结构体系的受力特点有明确的认识和经验。

本算例采用空间有限元分析软件 Midas/Civil 计算。这是一款面向土木工程结构分析的系统，特别是针对桥梁结构，Midas/Civil 结合国内的规范与习惯，在建模、分析、后处理、设计等方面提供了很多便利的功能，目前已为各大公路、铁路部门的设计院所采用。

应用有限元进行结构分析，需要将结构离散化。对于杆系结构，就是将结构划分为有限个梁单元。其单元长度及节点位置的选定，主要依据结构的构造形式、受力特点、支承位置及施工方法等来确定。主要从以下两方面来综合考虑：

A. 构造节点。这些节点主要根据桥梁结构本身的构造特征来确定。如支承点、纵向施工缝、截面几何尺寸变化点等。

B. 力学特征点。如跨中截面、1/4跨截面、集中恒载作用点等，总体上来讲，内力较大的那些控制截面处都需设置节点，以便获得结构的最不利受力状况。

通过分析,全桥共划分为170个单元,171个节点,为了节省篇幅,仅示意半桥单元划分情况,如图4-33所示。

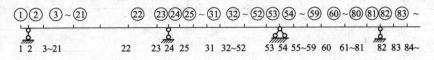

图4-33 结构离散图

② 毛截面几何特性

在进行结构内力分析时,但计算图式为超静定结构时,结构的荷载内力是按照刚度分配的,因而必须先计算出节点截面的几何特性。几何特性如表4-33所示。

毛截面几何特性值   表4-33

截面位置	面积(m^2)	惯性矩(m^4)	截面重心到下缘的距离(m)	沿截面高度方向的剪切系数(m)	外周长(m)	内周长(m)
跨中	7.6296	6.2046	1.5866	2.8627	26.053	13.4545
端支点	15.9195	9.6004	1.441	1.074	28.5609	5.2142
中间支点	10.9753	8.4106	1.4758	2.6962	26.053	11.9335

(2) 恒载内力计算

主梁恒载内力,包括主梁自重(一期恒载)和二期恒载(如桥面铺装、栏杆等)引起的内力。主梁自重是在结构形成的过程中逐步作用于桥上的,因而内力计算与施工方法有密切的关系。特别对于超静定连续梁桥,在施工过程中不断发生体系转化,同时收缩和自重下的徐变也会影响结构的内力,因此必须分阶段进行恒载内力计算。

在计算时,各单元自重可看作均布荷载,横隔板可看作集中力作用,其作用点位于横隔板中心线处。在进行横隔板处主梁截面几何特性计算时不考虑其对主梁截面的影响。二期恒载主要是桥面铺装和栏杆等,全桥可按均布力作用计算。

本桥从一联的一端逐孔施工,共分六个施工阶段,各阶段内力如图4-34所示。

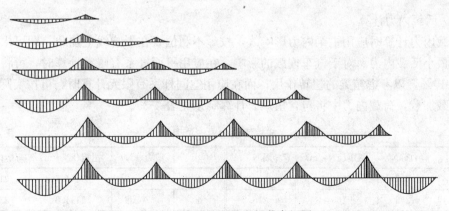

图4-34 各个施工阶段恒载弯矩图

为节省篇幅,主梁各施工阶段恒载内力计算结果从略,成桥恒载内力计算结果见表4-34(仅计列半桥恒载内力)。

成桥恒载内力表　　　　　　　　　　表 4-34

单元	剪力(kN)	弯矩(kN·m)	单元	剪力(kN)	弯矩(kN·m)	单元	剪力(kN)	弯矩(kN·m)	单元	剪力(kN)	弯矩(kN·m)
1	0	0	21	3668.4	−11515.9	41	439.5	10767.8	62	−2120.3	1480.2
1右	136.5	−34.1	22	4028.4	−18779.9	42	439.5	10767.8	63	−1812.7	4651.2
2左	−3164.8	−34.1	23	4388.4	−26723.4	43	747.1	9811.0	64	−1505.1	7326.3
2	−2890.5	2993.5	23右	4594.2	−30091.9	44	1054.3	8358.5	65	−1197.6	9505.4
3	−2886.1	2993.5	24左	−4034.0	−30091.9	45	1361.9	6410.4	66	−890.0	11188.6
4	−2451.5	8010.2	24	−3828.2	−27143.5	46	1669.4	3966.3	67	−582.4	12375.2
5	−2091.5	12297.7	25	−3657.9	−23801.5	47	1977.0	1026.3	68	−274.9	13067.0
6	−1731.4	15905.6	26	−3487.6	−20611.5	48	2284.6	−2409.6	69	32.6	13262.3
7	−1371.4	18834.1	27	−3317.3	−17573.5	49	2592.1	−6341.5	70	340.2	12961.7
8	−1011.4	21082.9	28	−3147.0	−14687.6	50	2899.7	−10769.4	71	647.8	12165.1
9	−651.4	22652.3	29	−2976.7	−11953.8	51	3200.3	−15693.3	72	955.3	10872.5
10	−291.4	23542.1	30	−2806.4	−9371.9	52	3582.3	−21149.3	73	1262.6	9084.2
11	68.6	23752.3	31	−2636.1	−6942.2	52右	3788.1	−23913.2	74	1570.1	6800.3
12	428.6	23283.1	32	−2328.5	−2939.4	53左	−3859.2	−23913.2	75	1877.7	4020.4
13	788.6	22134.2	33	−2021.0	567.3	54	−3640.4	−21279.0	76	2185.3	744.6
14	1148.6	20305.9	34	−1713.4	3578.2	55	−3457.8	−18078.3	77	2492.8	−3027.1
15	1508.7	17798.0	35	−1405.8	6093.2	56	−3286.5	−15043.5	78	2800.4	−7294.9
16	1868.3	14610.8	36	−1098.3	8112.2	57	−3114.5	−12163.1	79	3108.0	−12058.6
17	2228.3	10744.5	37	−790.7	9635.2	58	−2942.8	−9437.3	80	3408.1	−17318.5
18	2588.3	6198.7	38	−483.1	10662.3	59	−2771.2	−6865.9	81右	3790.5	−23110.1
19	2948.3	973.4	39	−175.6	11193.4	60	−2599.5	−4449.1	82左	−3973.8	−26030.3
20	3308.4	−4931.4	40	131.9	11228.6	61	−2427.8	−2186.7			

(3) 活载内力计算

活载内力计算时应用主梁内力影响线，按最不利位置在影响线上加载，即可求得主梁最大、最小活载内力。对于汽车偏载的影响，在应用平面杆系有限元计算时，可将荷载内力提高 10%，以考虑箱梁的扭转作用；而在应用空间杆系有限元计算时，可按实际情况按空间荷载加载，荷载内力中将包含扭矩。计算结果见表 4-35。

成桥活载内力一览表　　　　　　　　表 4-35

单元	剪力(kN)	扭矩(kN·m)	弯矩(kN·m)	单元	剪力(kN)	扭矩(kN·m)	弯矩(kN·m)
1	−0.0	1064.8	0	4	−772.3	1114.8	2157.8
1右	412.5	−1064.8	−218.2	5	−702.9	1114.8	3347.4
2左	−884.5	1082.8	−218.2	6	−636.8	1114.8	4363.5
2	−844.8	−1082.8	793.6	7	−574.0	1114.8	5207.7
3	−843.5	1115.8	793.6	8	−514.6	1114.8	5882.0

续表

单元	剪力(kN)	扭矩(kN·m)	弯矩(kN·m)	单元	剪力(kN)	扭矩(kN·m)	弯矩(kN·m)
9	−458.5	1114.8	6389.1	47	735.5	1104.9	3368.2
10	−405.9	1114.8	6732.1	48	788.1	1104.9	−2978.1
11	368.6	1114.8	6914.6	49	841.5	1104.9	−3360.3
12	417.0	1114.8	6940.7	50	895.4	1104.9	−3917.5
13	467.4	1114.8	6815.1	51	947.6	1099.7	−4645.3
14	519.8	1114.8	6543.0	52	1004.1	1073.8	−5529.2
15	573.8	1114.8	6130.1	52右	1029.4	−1073.9	−6010.0
16	629.5	1114.8	5582.6	53左	−1041.0	1072.0	−6010.0
17	686.5	1114.8	4907.1	54	−1010.0	1072.6	−5571.4
18	744.7	1114.8	4111.1	55	−987.0	1079.2	−5046.3
19	804.0	1114.8	3202.3	56	−956.6	1079.2	−4567.6
20	863.9	1114.8	−3109.9	57	−926.1	1079.2	−4138.3
21	924.4	1114.8	−3724.4	58	−895.8	1079.2	−3760.9
22	985.3	1114.8	−4589.7	59	−865.6	1079.2	−3437.6
23	1046.1	1073.8	−5829.4	60	−835.5	1079.2	−3169.3
23右	1070.3	−1073.8	−6500.1	61	−805.7	1104.9	−2954.6
24左	−1050.9	1073.8	−6500.1	62	−752.8	1104.9	3333.4
25	−1025.3	1079.0	−6019.8	63	−700.9	1104.9	3991.4
26	−994.7	1079.0	−5490.6	64	−650.2	1104.9	4556.7
27	−964.2	1079.0	−5010.3	65	−600.9	1104.9	5025.1
28	−933.8	1079.0	−4581.9	66	−553.1	1104.9	5393.4
29	−903.5	1079.0	−4207.9	67	−507.1	1104.9	5658.7
30	−873.4	1079.0	−3889.7	68	−462.8	1104.9	5819.4
31	−843.5	1079.0	−3627.4	69	424.2	1104.9	5874.1
32	−813.8	1104.9	−3418.1	70	466.2	1104.9	5822.6
33	−760.9	1104.9	−3216.3	71	510.2	1104.9	5665.1
34	−709.1	1104.9	3722.6	72	556.1	1104.9	5402.7
35	−658.6	1104.9	4312.9	73	603.6	1104.9	5037.1
36	−609.5	1104.9	4804.9	74	652.8	1104.9	4571.0
37	−562.0	1104.9	5195.3	75	703.3	1104.9	4007.5
38	−516.2	1104.9	5482.1	76	755.0	1104.9	3350.7
39	−472.4	1104.9	5663.6	77	807.8	1104.9	−3026.6
40	−430.6	1104.9	5738.9	78	861.3	1104.9	−3441.1
41	446.7	1104.9	5707.8	79	915.4	1104.9	−4029.1
42	490.8	1104.9	5571.0	80	967.7	1099.7	−4787.6
43	536.7	1104.9	5329.7	81	1024.5	1073.8	−5702.9
44	584.3	1104.9	4985.7	81右	1049.9	−1073.9	−6177.5
45	633.4	1104.9	4541.8	82左	−1050.0	1072.0	−6177.5
46	683.8	1104.9	4001.3	82	−1027.0	−1072.1	−5726.6

(4) 次内力计算

① 温度次内力

桥梁暴露在大气中，温度变化将对桥梁产生影响。对于连续梁桥，年温差影响只引起结构的均匀伸缩，决定伸缩装置的选取，并不导致结构内力温度次内力。局部温差（主要指日照温差）将导致结构次内力。竖向日照正温差取 $T_1=14℃$，$T_2=5.5℃$。计算结果见表 4-36。

截面正温差弯矩表　　　　　表 4-36

单元	弯矩(kN·m)	单元	弯矩(kN·m)	单元	弯矩(kN·m)	单元	弯矩(kN·m)	单元	弯矩(kN·m)
1	0	18	4454.1	35	5544.4	52	4484.6	69	4707.6
2	0	19	4740.9	36	5482.1	53	4455.6	70	4728.0
3	151.9	20	5027.7	37	5419.7	54	4464.4	71	4748.4
4	438.7	21	5314.5	38	5357.4	55	4475.8	72	4768.8
5	725.5	22	5601.3	39	5295.0	56	4487.2	73	4789.2
6	1012.3	23	5888.1	40	5232.7	57	4498.6	74	4809.7
7	1299.2	24	6002.1	41	5170.4	58	4510.08	75	4830.1
8	1586.0	25	5973.1	42	5108.0	59	4521.48	76	4850.5
9	1872.8	26	5938.6	43	5045.7	60	4532.87	77	4870.9
10	2159.6	27	5904.0	44	4983.3	61	4544.2	78	4891.3
11	2446.4	28	5869.5	45	4921.0	62	4564.9	79	4911.8
12	2733.2	29	5835.0	46	4858.6	63	4585.1	80	4932.2
13	3020.0	30	5800.5	47	4796.3	64	4605.5	81	4952.6
14	3306.7	31	5766.0	48	4734.0	65	4625.9	82	4962.1
15	3593.6	32	5731.4	49	4671.6	66	4646.3	83	4953.0
16	3880.4	33	5669.1	50	4609.4	67	4666.7	84	4941.3
17	4167.3	34	5606.8	51	4546.9	68	4687.2	85	4929.6

温度次内力弯矩图见图 4-35 所示。

图 4-35　截面正温差弯矩图

② 支座沉降次内力计算

由于墩台基础的沉降或人工调整支座位移都可能是连续梁桥产生次内力，本桥根据地质情况并考虑施工因素，考虑支座沉降 0.5cm，并考虑不同支座沉降的组合，得到主梁最不利内力。计算结果见表 4-37。

支座沉降次内力表 表 4-37

单元	剪力(kN)	弯矩(kN·m)	单元	剪力(kN)	弯矩(kN·m)
1	0	0	41	101.5	−728.9
5	−45.5	217.5	44	101.5	990.2
8	−45.5	475.5	47	101.5	1378.9
10	−45.5	647.5	51	101.3	−2021.8
12	−45.5	819.5	57	−115.3	−1869.4
15	−45.5	1077.5	63	−115.3	1174.0
18	−45.5	1335.5	67	−115.3	−816.8
22	−45.5	1679.5	70	−115.3	−834.7
28	101.5	1451.5	73	−115.3	988.8
32	101.5	1088.9	76	−115.3	1358.6
38	101.5	−650.8	80	−115.1	2080.9

(5) 内力组合

为了进行钢束估算，就需要先确定主梁沿桥跨方向各个截面的控制内力，即将各种荷载引起的最不利内力分别按照承载能力极限状态法和正常使用极限状态法进行组合。在估算钢束时尚不能考虑预应力束的作用，截面几何特性均按照毛截面计算。内力组合表分别见表 4-38 和 4-39，按承载能力极限状态计算的弯矩、剪力包络图见图 4-36 和图 4-37。

按承载能力极限状态内力组合表 表 4-38

单元	最 大 值			最 小 值		
	剪力−z (kN)	扭矩 (kN·m)	弯矩−y (kN·m)	剪力−z (kN)	扭矩 (kN·m)	弯矩−y (kN·m)
1	0	1490.8	0	0	−5.36	0
1	781.4	5.3	−42.4	169.9	−1490.8	−356.4
2	−3904.9	1516.0	−42.4	−6398.9	−10.7	−356.4
3	−3558.3	1562.2	6016.8	−5925.2	−21.0	3447.4
4	−2990.8	1560.7	16230.3	−5158.7	−20.2	9734.8
5	−2464.8	1560.7	25044.2	−4481.2	−20.2	15059.6
6	−1934.6	1560.7	32519.4	−3808.2	−20.2	19385.4
7	−1400.5	1560.7	38658.2	−3139.9	−20.2	22774.8
8	−862.6	1560.7	43463.6	−2476.3	−20.2	25251.3
9	−321.0	1560.7	46939.6	−1817.4	−20.2	26814.8
10	224.0	1560.7	49089.6	−1163.3	−20.2	27465.5
11	801.9	1560.7	49919.6	−543.4	−20.2	27203.3
12	1450.1	1560.7	49435.4	4.4	−20.2	26028.1
13	2101.1	1560.7	47643.4	547.6	−20.2	23940.1
14	2754.9	1560.7	44551.0	1086.1	−20.2	20939.2
15	3411.0	1560.7	40166.4	1619.9	−20.2	17025.4
16	4069.3	1560.7	34498.2	2149.1	−20.2	12198.7

续表

单元	最大值			最小值		
	剪力−z (kN)	扭矩 (kN·m)	弯矩−y (kN·m)	剪力−z (kN)	扭矩 (kN·m)	弯矩−y (kN·m)
17	4729.6	1560.7	27556.0	2673.8	−20.2	6459.1
18	5391.5	1560.7	19350.1	3194.0	−20.2	−193.3
19	6054.7	1560.7	9988.1	3709.8	−20.2	−7855.4
20	6719.0	1560.7	1101.7	4221.4	−20.2	−18162.9
21	7384.1	1560.7	−8449.2	4728.8	−20.2	−29977.3
22	8049.6	1560.7	−18661.7	5232.3	−20.2	−43234.5
23	8715.1	1503.4	−28994.6	5716.2	−8.0	−58125.4
23	9054.8	8.0	−33377.3	5971.1	−1503.4	−64617.2
24	−5179.9	1503.4	−33377.3	−8073.5	−8.0	−64617.2
24	−4924.8	8.04	−29470.2	−7731.7	−1503.4	−59107.3
25	−4695.3	9.5	−25034.8	−7414.4	−1510.6	−52866.6
26	−4465.2	9.5	−20803.7	−7097.1	−1510.6	−46939.7
27	−4234.4	9.5	−16726.9	−6780.0	−1510.6	−41330.4
28	−4003.1	9.5	−12552.4	−6463.1	−1510.6	−36041.8
29	−3771.1	9.5	−8542.5	−6146.4	−1510.6	−31076.0
30	−3527.8	9.5	−4698.8	−5829.9	−1510.6	−26432.9
31	−3282.4	9.5	−1026.3	−5513.8	−1510.6	−22108.7
32	−2836.5	17.2	5239.0	−4944.0	−1546.8	−15180.9
33	−2387.0	17.2	10864.4	−4375.6	−1546.8	−9214.9
34	−1933.9	17.2	16304.0	−3809.0	−1546.8	−4661.6
35	−1477.4	17.2	21016.2	−3244.5	−1546.8	−984.4
36	−1017.5	17.2	24792.5	−2682.2	−1546.8	2011.5
37	−554.3	17.2	27674.1	−2122.3	−1546.8	4298.6
38	−88.0	17.2	29608.9	−1565.1	−1546.8	5919.4
39	381.3	17.2	30595.7	−1010.7	−1546.8	6873.9
40	880.3	17.2	30634.2	−486.1	−1546.8	7066.1
41	1437.9	17.2	29725.4	−20.4	−1546.8	6461.5
42	1998.1	17.2	27914.9	441.9	−1546.8	5168.5
43	2560.5	17.2	25170.0	901.0	−1546.8	3181.1
44	3125.1	17.2	21486.0	1356.7	−1546.8	527.4
45	3691.6	17.2	16867.6	1808.8	−1546.8	−2794.5
46	4259.7	17.2	11320.5	2257.4	−1546.8	−6799.1
47	4829.1	17.2	5848.3	2702.4	−1546.8	−12474.2
48	5399.7	17.2	−45.6	3132.2	−1546.8	−19318.1
49	5971.0	17.28	−6485.9	3550.9	−1546.8	−27205.3
50	6542.8	17.28	−13469.6	3967.5	−1546.8	−36128.5
51	7178.7	18	−20719.9	4439.3	−1546.8	−46111.7

续表

单元	最 大 值			最 小 值		
	剪力—z (kN)	扭矩 (kN·m)	弯矩—y (kN·m)	剪力—z (kN)	扭矩 (kN·m)	弯矩—y (kN·m)
52	7536.9	8.04	−24227.3	4704.8	−1503.4	−51202.4
53	−4870.7	1500.9	−24227.3	−7696.3	−7.5	−51202.4
54	−4597.9	1501.6	−20834.4	−7322.3	−10	−46335.6
55	−4363.7	1510.9	−16678.9	−7013.1	−9.6	−40412.9
56	−4131.9	1510.9	−12540.2	−6693.7	−9.6	−34817.7
57	−3899.4	1510.9	−8468.0	−6374.4	−9.6	−29540.4
58	−3666.4	1510.9	−4565.7	−6055.1	−9.6	−24584.7
59	−3432.6	1510.9	−832.5	−5736.1	−9.6	−19953.0
60	−3191.7	1510.9	2730.9	−5417.3	−9.6	−15646.6
61	−2944.8	1546.8	6121.6	−5098.7	−17.2	−11664.0
62	−2499.6	1546.8	12063.0	−4528.9	−17.2	−5642.6
63	−2050.8	1546.8	18038.1	−3960.5	−17.2	−1261.1
64	−1598.4	1546.8	23083.8	−3393.7	−17.2	2454.0
65	−1142.5	1546.8	27194.5	−2828.8	−17.2	5502.9
66	−683.1	1546.8	30365.5	−2266.1	−17.2	7885.5
67	−220.4	1546.8	32601.4	−1705.8	−17.2	9551.4
68	245.5	1546.8	33940.6	−1148.0	−17.2	10542.7
69	725.8	1546.8	34336.6	−604.3	−17.2	10867.6
70	1280.5	1546.8	33784.6	−134.9	−17.2	10336.5
71	1838.0	1546.8	32284.8	331.3	−17.2	9117.1
72	2398.0	1546.8	29867.5	794.4	−17.2	7231.4
73	2960.5	1546.8	26530.9	1254.1	−17.2	4625.4
74	3525.1	1546.8	22254.3	1710.4	−17.2	1351.02
75	4091.6	1546.8	17042.3	2163.2	−17.2	−2589.6
76	4659.9	1546.8	10900.4	2612.4	−17.2	−7204.4
77	5229.5	1546.8	5037.2	3057.9	−17.2	−13700.7
78	5800.3	1546.8	−1321.8	3498.9	−17.2	−21292.7
79	6371.8	1546.8	−8230.5	3917.7	−17.2	−29925.6
80	6927.5	1539.6	−15683.5	4324.2	−16.4	−39594.7
81	7597.0	1503.4	−23443.9	4816.7	−8.0	−50324.6
82	−5044.4	1500.9	−27208.5	−7906.2	−7.5	−55724.6
83	−4770.3	1501.6	−23707.9	−7530.7	−10.0	−50696.5
84	−4537.5	1510.9	−19414.1	−7223.1	−9.6	−44568.9
85	−4305.6	1510.9	−15066.9	−6903.7	−9.6	−38768.5

按弹性阶段应力验算组合的包络内力表

表 4-39

单元	最 大 值			最 小 值		
	剪力－z (kN)	扭矩 (kN·m)	弯矩－y (kN·m)	剪力－z (kN)	扭矩 (kN·m)	弯矩－y (kN·m)
1	0	1064.8	0	0	−3.8	0
1	582.4	3.8	−42.4	169.9	−1064.8	−260.7
2	−3928.4	1082.8	−42.4	−5221.1	−7.6	−260.7
3	−3581.9	1115.8	4917.8	−4833.2	−15.0	3540.9
4	−3017.6	1114.8	13270.0	−4206.3	−14.4	9840.0
5	−2503.7	1114.8	20484.9	−3653.3	−14.4	15176.5
6	−1986.8	1114.8	26613.2	−3103.5	−14.4	19538.6
7	−1467.1	1114.8	31656.6	−2557.1	−14.4	22971.0
8	−944.7	1114.8	35617.0	−2014.0	−14.4	25490.4
9	−419.6	1114.8	38497.2	−1474.3	−14.4	27097.0
10	107.8	1114.8	40300.4	−937.9	−14.4	27790.7
11	637.7	1114.8	41030.1	−405.0	−14.4	27571.5
12	1169.7	1114.8	40690.6	124.5	−14.4	26439.4
13	1703.9	1114.8	39286.6	650.7	−14.4	24394.4
14	2239.9	1114.8	36823.3	1173.5	−14.4	21436.5
15	2777.7	1114.8	33306.5	1693.0	−14.4	17565.7
16	3317.0	1114.8	28742.5	2209.2	−14.4	12782.0
17	3857.7	1114.8	23138.1	2722.1	−14.4	7085.5
18	4399.6	1114.8	16500.7	3231.9	−14.4	476.0
19	4942.4	1114.8	8838.0	3738.5	−14.4	−7046.3
20	5486.0	1114.8	305.2	4242.1	−14.4	−15639.8
21	6030.2	1114.8	−8962.9	4742.8	−14.4	−25440.1
22	6574.6	1114.8	−18999.6	5240.5	−14.4	−36401.3
23	7119.1	1073.8	−29645.6	5730.8	−5.74	−48659.9
24	−5183.0	1073.8	−34047.3	−6611.6	−5.74	−53981.1
25	−4927.9	1079.0	−30239.7	−6331.0	−6.84	−49425.5
26	−4698.6	1079.0	−25811.4	−6071.7	−6.84	−44260.7
27	−4468.9	1079.0	−21421.6	−5812.4	−6.84	−39349.1
28	−4238.7	1079.0	−17208.8	−5553.2	−6.84	−34693.6
29	−4008.1	1079.0	−13172.1	−5294.1	−6.84	−30296.5
30	−3777.0	1079.0	−9311.4	−5035.2	−6.84	−26159.0
31	−3537.9	1079.0	−5627.7	−4776.5	−6.84	−22281.2
32	−3297.3	1104.9	−2124.7	−4518.1	−12.3	−18660.3
33	−2860.7	1104.9	3814.5	−4052.0	−12.3	−12846.7

续表

单元	最　大　值			最　小　值		
	剪力－z (kN)	扭矩 (kN·m)	弯矩－y (kN·m)	剪力－z (kN)	扭矩 (kN·m)	弯矩－y (kN·m)
34	−2421.5	1104.9	9130.9	−3587.0	−12.3	−7838.3
35	−1979.9	1104.9	13686.2	−3123.3	−12.3	−3496.2
36	−1535.7	1104.9	17476.8	−2661.0	−12.3	179.6
37	−1089.2	1104.9	20511.0	−2200.3	−12.3	3159.4
38	−640.3	1104.9	22875.1	−1741.4	−12.3	5387.5
39	−189.1	1104.9	24467.7	−1284.4	−12.3	6949.4
40	264.1	1104.9	25288.0	−829.3	−12.3	7845.0
41	719.5	1104.9	25335.8	−376.5	−12.3	8005.7
42	1176.8	1104.9	24611.7	74.1	−12.3	7407.0
43	1635.9	1104.9	23203.5	522.5	−12.3	6099.0
44	2096.7	1104.9	21043.2	968.5	−12.3	4068.8
45	2559.0	1104.9	18116.9	1412.0	−12.3	1372.4
46	3022.7	1104.9	14428.0	1853.0	−12.3	−1994.1
47	3487.5	1104.9	9980.6	2291.5	−12.3	−6059.9
48	3953.3	1104.9	4918.8	2727.4	−12.3	−10927.9
49	4419.8	1104.9	−690.4	3152.4	−12.3	−16657.9
50	4886.9	1104.9	−6880.2	3569.5	−12.3	−23228.1
51	5341.7	1099.7	−13648.5	3975.8	−11.7	−30633.6
52	5889.3	1073.8	−20808.0	4467.0	−5.7	−38896.6
53	−4874.5	1072.0	−24315.7	−6306.6	−5.3	−43100.0
54	−4601.7	1072.6	−20936.5	−5999.7	−7.1	−39071.8
55	−4367.7	1079.2	−16806.3	−5746.3	−6.8	−34165.0
56	−4136.2	1079.2	−12750.6	−5485.2	−6.8	−29523.4
57	−3904.3	1079.2	−8801.7	−5224.2	−6.8	−25138.5
58	−3671.9	1079.2	−5033.5	−4963.2	−6.8	−21013.0
59	−3439.1	1079.2	−1445.3	−4702.4	−6.8	−17148.6
60	−3201.1	1079.2	1962.2	−4441.7	−6.8	−13546.2
61	−2958.9	1104.9	5187.1	−4181.2	−12.3	−10204.7
62	−2522.8	1104.9	10534.3	−3715.2	−12.3	−4900.7
63	−2084.2	1104.9	15341.5	−3250.1	−12.3	−489.7
64	−1643.0	1104.9	19389.8	−2786.3	−12.3	3255.0
65	−1199.3	1104.9	22674.9	−2323.8	−12.3	6333.5
66	−753.1	1104.9	25193.6	−1862.8	−12.3	8745.7
67	−304.5	1104.9	26960.0	−1403.5	−12.3	10390.7

续表

单元	最 大 值			最 小 值		
	剪力-z (kN)	扭矩 (kN·m)	弯矩-y (kN·m)	剪力-z (kN)	扭矩 (kN·m)	弯矩-y (kN·m)
68	146.3	1104.9	28054.0	-946.1	-12.3	11352.6
69	599.4	1104.9	28384.9	-490.7	-12.3	11648.3
70	1054.6	1104.9	27943.5	-37.3	-12.3	11142.1
71	1511.8	1104.9	26729.9	413.7	-12.3	9953.9
72	1970.9	1104.9	24802.5	862.5	-12.3	8099.5
73	2431.7	1104.9	22154.7	1309.0	-12.3	5470.5
74	2894.0	1104.9	18740.2	1752.9	-12.3	2171.2
75	3357.7	1104.9	14562.4	2194.4	-12.3	-1794.4
76	3822.6	1104.9	9625.2	2633.3	-12.3	-6442.0
77	4288.5	1104.9	4107.6	3069.6	-12.3	-11938.2
78	4755.2	1104.9	-1957.4	3502.6	-12.3	-18296.5
79	5222.5	1104.9	-8605.4	3919.8	-12.3	-25493.5
80	5676.7	1099.7	-15832.5	4325.3	-11.7	-33525.8
81	6225.3	1073.8	-23479.9	4817.3	-5.7	-42416.2
82	-5044.9	1072.0	-27228.9	-6478.8	-5.3	-46884.3
83	-4770.8	1072.6	-23743.0	-6170.6	-7.1	-42723.9
84	-4538.1	1079.2	-19475.8	-5918.6	-6.8	-37649.6
85	-4306.6	1079.2	-15232.9	-5657.5	-6.8	-32840.4

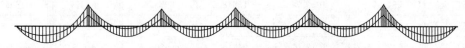

图 4-36 按承载能力极限后状态的弯矩包络图

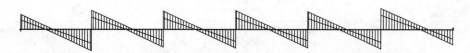

图 4-37 按承载能力极限后状态的剪力包络图

4.4.3.4 预应力钢束估算及布置

（1）钢束估算

目前，由于许多计算机程序比较成熟，可以很快对一定形式的布束方式按规范进行验算，因而工作中往往根据弯矩包络图，参考一些既有桥梁的配筋，考虑构造要求，概略布束，通过计算机程序进行验算。一般情况下，通过多次调整后，总可以得到符合规范要求的钢束布置方式。

在手算时，可按照使用阶段，计算截面上、下缘混凝土不出现拉应力和混凝土不被压碎的要求，对控制截面的配筋进行估算，具体公式可参见《桥梁工程》教材，根据书中的公式编写计算机程序，以提高计算的效率。

为了便于学习，以下按照弹性阶段应力验算组合的包络值对钢束的数量进行估算。之所以称为"估算",是因为计算中使用的组合结果并不是桥梁的真实受力。由于逐孔现浇法施工的连续梁由预加力引起的次内力的影响较小,所以内力值中未包括该项。

由于这种等高截面的连续箱梁,布束空间有限,一般都采用在腹板集中通长布束。同时考虑方便施工,减少钢束束数,采用大吨位预应力钢束。计算中每束按 $19\phi^s15.2$ 钢绞线考虑,每束面积为 $0.0026m^2$,强度为 1860MPa,钢束的永存应力按 0.5 倍标准强度估计,采用 930MPa;混凝土强度等级为 C40,弯压应力按 0.5 倍抗压强度标准值取值,采用 13.4MPa。计算结构见表 4-40。

预应力钢束估束表　　　　　　　　表 4-40

截面	下缘最小配束	下缘最大配束	上缘最小配束	上缘最大配束
3	1	3	0	0
7	7	16	0	0
10	9	17	0	0
14	8	16	0	0
17	5	6	0	0
20	4	26	1	12
24	0	0	14	36
30	0	0	7	14
34	3	24	3	13
40	6	6	0	0
43	1	22	5	15
46	2	23	3	14
49	4	26	0	11
53	11	26	0	0
59	4	26	0	11
65	0	22	5	15
69	6	6	0	0
72	5	6	0	0
75	2	23	3	14
78	4	26	0	11
82	12	29	0	0

(2) 钢束的布置

根据钢束估算值,同时考虑实际情况,为了方便施工,减小平弯,满足抗弯和抗剪要求,全桥各截面均在腹板布置 12 束 $19\phi^s15.2$ 钢绞线,在纵向连接处用连接器连接。为了抵抗支点截面较大负弯矩作用,在支点各截面顶板布置 6 束 $16\phi^s15.2$ 钢绞线。考虑到在第 1 孔 3/4 跨度、第 2~5 孔各跨 1/4 跨和 3/4 跨、第六孔 1/4 跨度附近截面要求双向配筋,及温度、支座沉降次内力的影响,故在底板增设 4 束 $7\phi^s15.2$ 钢绞线。除各支点截面所增加的 6 束顶板束采用两端张拉外,其余钢束均为单端张拉。腹板纵向预应力钢束均在施工缝处张拉,并用连接器连接,预应力钢束锚下控制张拉应力为 $0.715f_{pk}$,钢束布置图和钢束横断面见图 4-38 和图 4-39。

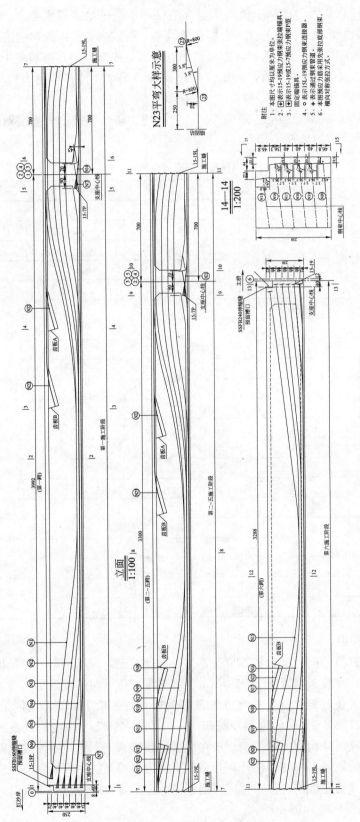

图4-38 钢束布置图

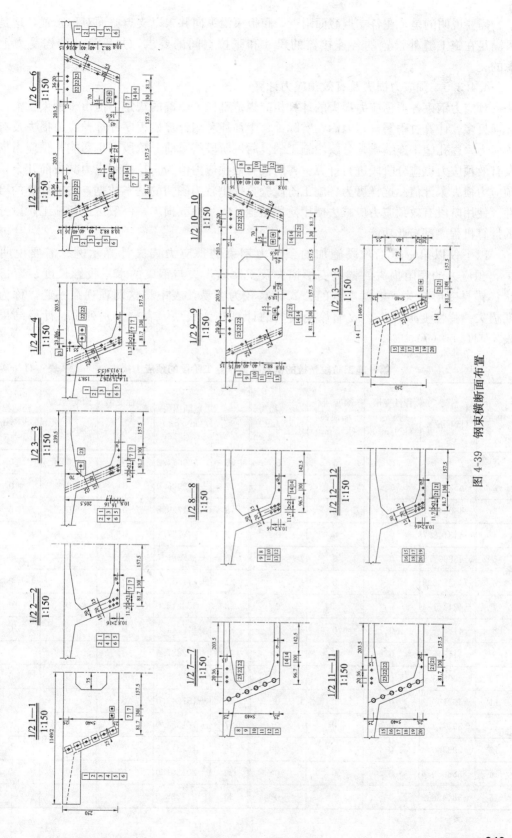

图 4-39 钢束横断面布置

需要说明的是,在各支点截面附近,腹板束沿纵向并未以支点截面对称布置,这是为了满足在施工缝处设置的各连接器的尺寸和张拉空间的要求,并不是从结构受力上考虑的。

4.4.3.5 预应力损失及有效预应力计算

预应力钢束各项预应力损失的计算相应规范都作了明确的规定,但由于钢束量大,计算项目多,计算过程繁琐,因而在实际计算中往往利用计算机程序计算预应力损失及有效预应力。逐孔施工连续梁是分阶段施工的,后一阶段将对前一阶段产生影响,预应力损失及有效预应力也应分阶段进行计算。各阶段有效预应力值为张拉控制应力减去前几个阶段预应力损失累计值。这样可为各施工阶段验算提供较为确切的基本数据,增加计算的可靠性。使用阶段有效预应力应减去使用阶段松弛、收缩徐变损失。一般可进行施工阶段分析的计算机程序都有此功能。

以下仅以第一施工阶段施加的预应力钢束的预应力损失计算示例。需要说明的是,预应力的摩阻损失、锚具变形损失及反摩阻损失与钢束的水平投影长度、弯折形状、锚具变形有关,依据规范的公式计算较为容易,表中将这两项列在一起,称为短期损失。弹性变形损失、收缩徐变损失的计算较为繁琐,表中分别列出。计算结果见表 4-41(a)~(f)。

第一施工阶段张拉的钢束在第一施工阶段的预应力损失　　　　表 4-41(a)

单元	短期损失 (kN/m²)	弹性变形损失 (kN/m²)	徐变/收缩损失 (kN/m²)	松弛损失 (kN/m²)	单元	短期损失 (kN/m²)	弹性变形损失 (kN/m²)	徐变/收缩损失 (kN/m²)	松弛损失 (kN/m²)
1	0	0	0	0	16	−380017.2	0	0	0
2	−453523.5	0	0	0	17	−372906.0	0	0	0
3	−450349.7	0	0	0	18	−361730.8	0	0	0
4	−443148.7	0	0	0	19	−349727.9	0	0	0
5	−438907.5	0	0	0	20	−337081.7	0	0	0
6	−432246.5	0	0	0	21	−117358.0	0	0	0
7	−424741.4	0	0	0	22	−133216.0	0	0	0
8	−418572.4	0	0	0	23	−149044.0	0	0	0
9	−411345.0	0	0	0	24	−152687.0	0	0	0
10	−406533.6	0	0	0	25	−155038.0	0	0	0
11	−402166.2	0	0	0	26	−157843.0	0	0	0
12	−397778.1	0	0	0	27	−161584.0	0	0	0
13	−393369.3	0	0	0	28	−167379.0	0	0	0
14	−388939.6	0	0	0	29	−201301.0	0	0	0
15	−384488.9	0	0	0	30	−213238.0	0	0	0

第一施工阶段张拉的钢束在第二施工阶段的预应力损失表　　　表 4-41(b)

单元	短期损失 (kN/m²)	弹性变形损失 (kN/m²)	徐变/收缩损失 (kN/m²)	松弛损失 (kN/m²)	单元	短期损失 (kN/m²)	弹性变形损失 (kN/m²)	徐变/收缩损失 (kN/m²)	松弛损失 (kN/m²)
1	0	0	0	0	16	−380017.2	−2280.2	−18030.1	−11470.8
2	−453523.5	247.1	−10014.6	−6214.1	17	−372906.0	−2650.0	−18433.6	−12036.8
3	−450349.7	289.1	−13682.0	−6433.2	18	−361730.8	−1377.1	−17955.4	−12927.7
4	−443148.7	603.3	−21045.4	−6944.4	19	−349727.9	−2729.5	−16322.5	−13862.7
5	−438907.5	377.5	−20963.6	−7231.2	20	−337081.7	−4546.0	−14104.5	−14876.5
6	−432246.5	125.8	−20943.1	−7637.4	21	−117358.0	−5871.0	−16141.7	−21298.2
7	−424741.4	−160.3	−20640.0	−8161.1	22	−133216.0	−6902.0	−15868.3	−19826.9
8	−418572.4	−459.2	−20313.4	−8608.0	23	−149044.0	−8757.8	−8719.2	−18394.0
9	−411345.0	−780.1	−19757.8	−9142.5	24	−152687.0	−8931.5	−8891.6	−18070.3
10	−406533.6	−1143.8	−18908.0	−9494.0	25	−155038.0	−12796.2	−14259.7	−17862.7
11	−402166.2	−1521.0	−18142.3	−9813.0	26	−157843.0	−11705.2	−14929.8	−17615.9
12	−397778.1	−1925.1	−17403.7	−10136.2	27	−161584.0	−10456.7	−15538.4	−17290.6
13	−393369.3	−2318.8	−16978.0	−10463.5	28	−167379.0	−9156.8	−16026.3	−16789.7
14	−388939.6	−2683.4	−16971.0	−10795.3	29	−201301.0	−7796.1	−16176.7	−14071.8
15	−384488.9	−3017.0	−17388.1	−11130.7	30	−213238.0	−5962.4	−16930.9	−13088.6

第一施工阶段张拉的钢束在第三施工阶段的预应力损失表　　　表 4-41(c)

单元	短期损失 (kN/m²)	弹性变形损失 (kN/m²)	徐变/收缩损失 (kN/m²)	松弛损失 (kN/m²)	单元	短期损失 (kN/m²)	弹性变形损失 (kN/m²)	徐变/收缩损失 (kN/m²)	松弛损失 (kN/m²)
1	0	0	0	0	16	−380017.2	−5182.7	−26897.8	−15501.0
2	−453523.5	363.5	−12523.9	−8397.4	17	−372906.0	−5809.3	−27757.4	−16266.0
3	−450349.7	389.6	−17459.7	−8693.5	18	−361730.8	−4803.2	−26623.1	−17469.9
4	−443148.7	654.2	−26593.7	−9384.3	19	−349727.9	−6122.1	−25152.0	−18733.4
5	−438907.5	217.4	−26832.3	−9772.0	20	−337081.7	−7586.4	−22951.0	−20103.3
6	−432246.5	−268.6	−27195.8	−10320.9	21	−117358.0	−8320.2	−25727.0	−28781.4
7	−424741.4	−796.4	−27225.3	−11028.6	22	−133216.0	−9030.2	−25629.8	−26793.1
8	−418572.4	−1336.4	−27223.6	−11632.4	23	−149044.0	−9976.8	−15562.2	−24856.8
9	−411345.0	−1893.9	−26928.1	−12354.8	24	−152687.0	−10177.2	−15867.1	−24419.3
10	−406533.6	−2496.9	−26262.1	−12829.8	25	−155038.0	−13681.0	−25896.1	−24138.7
11	−402166.2	−3118.5	−25700.4	−13260.9	26	−157843.0	−11331.5	−25446.1	−23805.3
12	−397778.1	−3779.0	−25180.1	−13697.6	27	−161584.0	−8941.2	−24905.4	−23365.7
13	−393369.3	−4429.1	−25038.1	−14139.9	28	−167379.0	−6676.8	−24284.1	−22688.7
14	−388939.6	−5044.4	−25400.3	−14587.8	29	−201301.0	−4529.3	−23295.0	−19015.9
15	−384488.9	−5622.5	−26270.8	−15041.5	30	−213238.0	−1955.7	−22871.2	−17687.4

第一施工阶段张拉的钢束在第四施工阶段的预应力损失表　　　　表 4-41(d)

单元	短期损失 (kN/m²)	弹性变形损失 (kN/m²)	徐变/收缩损失 (kN/m²)	松弛损失 (kN/m²)	单元	短期损失 (kN/m²)	弹性变形损失 (kN/m²)	徐变/收缩损失 (kN/m²)	松弛损失 (kN/m²)
1	0	430.6	−15892.1	−8397.4	16	−380017.2	−4301.7	−33627.8	−15501.0
2	−453523.5	435.6	−15892.3	−8397.4	17	−372906.0	−4895.9	−34669.6	−16266.0
3	−450349.7	517.7	−22513.7	−8693.5	18	−361730.8	−3937.4	−33219.5	−17469.9
4	−443148.7	990.7	−33493.7	−9384.3	19	−349727.9	−5321.4	−31552.4	−18733.4
5	−438907.5	628.2	−33742.3	−9772.0	20	−337081.7	−6899.9	−29075.7	−20103.3
6	−432246.5	222.5	−34152.3	−10320.9	21	−117358.0	−7703.8	−32637	−28781.4
7	−424741.4	−237.9	−34167.8	−11028.6	22	−133216.0	−8465.4	−32663.1	−26793.1
8	−418572.4	−716.4	−34147.8	−11632.4	23	−149044.0	−9649.7	−19984.2	−24856.8
9	−411345.0	−1228.1	−33774.9	−12354.8	24	−152687.0	−9844.2	−20379.9	−24419.3
10	−406533.6	−1801.7	−32958.5	−12829.8	25	−155038.0	−13107.3	−33402.6	−24138.7
11	−402166.2	−2396.3	−32269.1	−13260.9	26	−157843.0	−10799.9	−32741.7	−23805.3
12	−397778.1	−3032.2	−31632.4	−13697.6	27	−161584.0	−8454.3	−31975.8	−23365.7
13	−393369.3	−3653.0	−31455.8	−14139.9	28	−167379.0	−6237.1	−31128.4	−22688.7
14	−388939.6	−4231.7	−31888.3	−14587.8	29	−201301.0	−4134.5	−29844.8	−19015.9
15	−384488.9	−4766.1	−32936.4	−15041.5	30	−213238.0	−1598.6	−29224.9	−17687.4

第一施工阶段张拉的钢束在第五施工阶段的预应力损失表　　　　表 4-41(e)

单元	短期损失 (kN/m²)	弹性变形损失 (kN/m²)	徐变/收缩损失 (kN/m²)	松弛损失 (kN/m²)	单元	短期损失 (kN/m²)	弹性变形损失 (kN/m²)	徐变/收缩损失 (kN/m²)	松弛损失 (kN/m²)
1	0	0	0	0	16	−380017.2	−4086.9	−36360.6	−15501.0
2	−453523.5	463.7	−17219.6	−8397.4	17	−372906.0	−4678.4	−37477.8	−16266.0
3	−450349.7	565.6	−24511.8	−8693.5	18	−361730.8	−3739.7	−35922.8	−17469.9
4	−443148.7	1109.5	−36195.4	−9384.3	19	−349727.9	−5149.3	−34170.8	−18733.4
5	−438907.5	766.0	−36454.5	−9772.0	20	−337081.7	−6762.5	−31564.1	−20103.3
6	−432246.5	380.6	−36889.7	−10320.9	21	−117358.0	−7579.7	−35397.7	−28781.4
7	−424741.4	−64.2	−36908.3	−11028.6	22	−133216.0	−8352.4	−35450.2	−26793.1
8	−418572.4	−529.2	−36889.5	−11632.4	23	−149044.0	−9596.5	−21707.0	−24856.8
9	−411345.0	−1032.9	−36495.6	−12354.8	24	−152687.0	−9789.9	−22137.1	−24419.3
10	−406533.6	−1604.2	−35629.8	−12829.8	25	−155038.0	−12997.6	−36320.0	−24138.7
11	−402166.2	−2197.6	−34899.7	−13260.9	26	−157843.0	−10696.8	−35580.0	−23805.3
12	−397778.1	−2833.4	−34226.4	−13697.6	27	−161584.0	−8358.2	−34729.7	−23365.7
13	−393369.3	−3452.3	−34043.5	−14139.9	28	−167379.0	−6148.2	−33796.1	−22688.7
14	−388939.6	−4026.9	−34508.9	−14587.8	29	−201301.0	−4052.9	−32399.7	−19015.9
15	−384488.9	−4553.8	−35631.1	−15041.5	30	−213238.0	−1522.6	−31706.5	−17687.4

第一施工阶段张拉的钢束在第六施工阶段的预应力损失表　　　　表 4-41(f)

单元	短期损失 (kN/m²)	弹性变形损失 (kN/m²)	徐变/收缩损失 (kN/m²)	松弛损失 (kN/m²)	单元	短期损失 (kN/m²)	弹性变形损失 (kN/m²)	徐变/收缩损失 (kN/m²)	松弛损失 (kN/m²)
1	0	0	0	0	16	−380017.2	2199.8	−67898.3	−15501.0
2	−453523.5	863.3	−36472.2	−8397.4	17	−372906.0	323.2	−71219.6	−16266.0
3	−450349.7	1653.2	−53360.6	−8693.5	18	−361730.8	−529.6	−70481.8	−17469.9
4	−443148.7	4602.3	−70110.8	−9384.3	19	−349727.9	−3888.6	−69766.3	−18733.4
5	−438907.5	5849.7	−68827.0	−9772.0	20	−337081.7	−7295.0	−67480.3	−20103.3
6	−432246.5	6996.7	−67945.7	−10320.9	21	−117358.0	−9189.9	−75122.0	−28781.4
7	−424741.4	7755.4	−66740.4	−11028.6	22	−133216.0	−10824.2	−76297.7	−26793.1
8	−418572.4	8194.7	−65794.4	−11632.4	23	−149044.0	−11901.4	−47737.1	−24856.8
9	−411345.0	8229.0	−64607.6	−12354.8	24	−152687.0	−12401.2	−48860.7	−24419.3
10	−406533.6	7848.6	−63002.0	−12829.8	25	−155038.0	−16506.5	−79426.3	−24138.7
11	−402166.2	7230.5	−61853.5	−13260.9	26	−157843.0	−13698.6	−77369.5	−23805.3
12	−397778.1	6360.4	−61030.2	−13697.6	27	−161584.0	−10884.4	−75182.9	−23365.7
13	−393369.3	5314.6	−61239.8	−14139.9	28	−167379.0	−8202.9	−72893.4	−22688.7
14	−388939.6	4127.1	−62739.8	−14587.8	29	−201301.0	−5727.5	−69962.4	−19015.9
15	−384488.9	2800.9	−65541.9	−15041.5	30	−213238.0	−2917.4	−68294.9	−17687.4

由上表可以看出，各个施工阶段预应力沿钢束长度的损失都是不同的，图 4-40 以钢束 N1L 为例，给出了各施工阶段钢束中永存预加力的直观表示。

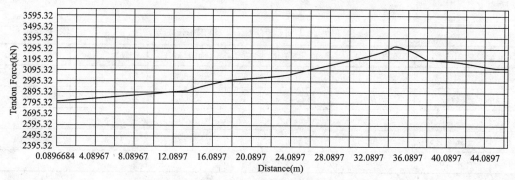

图 4-40(a)　第一施工阶段钢束 N1L 有效预应力

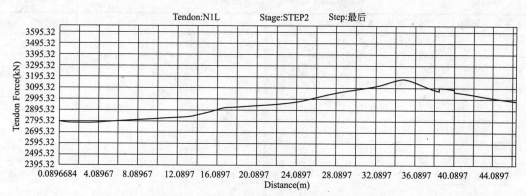

图 4-40(b)　第二施工阶段钢束 N1L 有效预应力

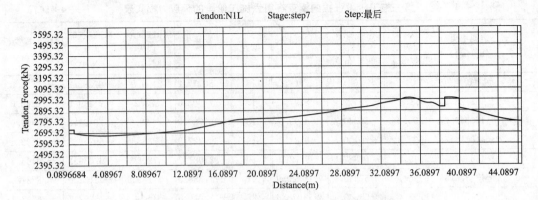

图 4-40(c)　使用阶段钢束 N1L 永存预应力

4.4.3.6　钢束布置后内力计算及组合

超静定结构实际受力较为复杂,混凝土和钢束共同作用,相互影响,相互制约,在结构设计时应计及预应力次内力、混凝土收缩徐变次内力、温度次内力、支座沉降次内力的影响。

(1) 施工阶段荷载效应

本桥采用移动支架逐孔现浇施工,施工阶段的荷载种类主要有混凝土梁体的自重、预加力、施工阶段混凝土收缩徐变等。施工阶段荷载累计效应是指施工阶段各种荷载效应的累计,是各个施工阶段的最终内力结果,为施工阶段应力验算提供依据。计算结果见表 4-42(a)～(g)。

第一施工阶段荷载效应累计结果　　　　表 4-42(a)

单元	轴向(kN)	剪力(kN)	弯矩(kN·m)	单元	轴向(kN)	剪力(kN)	弯矩(kN·m)
1	11.0	−701.4	0	15	−36894.4	372.8	−4608.9
5	−34743.8	−693.5	−12545.3	18	−37608.9	−1147.0	−5099.0
8	−35476.7	−586.8	−9826.6	22	−43066.4	625.7	4564.1
10	−36041.1	−866.6	−7369.7	28	−37254.7	1994.0	−2778.0
12	−36476.2	−663.4	−4782.5				

第二施工阶段荷载效应累计结果　　　　表 4-42(b)

单元	轴向(kN)	剪力(kN)	弯矩(kN·m)	单元	轴向(kN)	剪力(kN)	弯矩(kN·m)
1	0.8	0	0	28	−56976.9	−1242.5	5169.0
5	−33741.0	−559.6	−12849.1	32	−49935.0	−442.1	7672.0
8	−34392.0	−427.6	−10903.8	38	−35476.6	−102.8	−9573.0
10	−34927.4	−682.1	−9077.9	41	−36134.3	−360.6	−8383.0
12	−35351.8	−464.7	−7209.7	44	−36556.0	56.5	−8819.5
15	−35701.1	572.8	−8071.6	47	−37111.1	−2027.7	−5491.4
18	−52494.8	−859.3	2790.1	51	−43217.9	−2234.6	3375.0
22	−57840.1	926.2	9888.0	57	−37531.5	2003.4	−2878.0

第三施工阶段荷载效应累计结果　　　　　　　　　　　　　　　表 4-42(c)

单元	轴向(kN)	剪力(kN)	弯矩(kN·m)	单元	轴向(kN)	剪力(kN)	弯矩(kN·m)
1	0.8	0	0	41	−35113.0	257.6	−8317.6
5	−33431.5	−434.5	−13229.4	44	−40787.3	688.1	−7302.6
8	−34000.2	−296.6	−11924.2	47	−51999.4	−1289.9	1225.4
10	−34482.4	−542.7	−10547.7	51	−57921.9	−2537.4	5207.2
12	−34861.2	−319.9	−9158.6	57	−57212.5	−1809.8	3537.0
15	−35135.5	718.2	−10740.9	63	−39538.4	804.4	−1015.5
18	−51526.4	−674.7	−1003.0	67	−35476.6	−112.2	−9677.3
22	−56824.2	1102.1	4617.6	70	−36134.3	−369.9	−8442.1
28	−55927.6	−3182.1	8902.9	73	−36556.0	47.2	−8833.4
32	−48568.2	117.8	15098.6	76	−37111.1	−2037.0	−5460.2
38	−34613.7	494.4	−6757.4	80	−43217.3	−2243.9	3466.5

第四施工阶段荷载效应累计结果　　　　　　　　　　　　　　　表 4-42(d)

单元	轴向(kN)	剪力(kN)	弯矩(kN·m)	单元	轴向(kN)	剪力(kN)	弯矩(kN·m)
1	0.82	0	0	41	−34657.3	392.4	−9584.7
5	−33314.6	−468.5	−12993.9	44	−40166.5	828.6	−9226.6
8	−33889.9	−326.6	−11519.2	47	−51072.1	−1106.4	−1625.6
10	−34380.6	−569.8	−10047.6	51	−56917.6	−2306.7	1194.0
12	−34768.7	−345.7	−8571.6	57	−56149.0	−3342.4	5767.9
15	−35046.7	692.5	−10012.9	63	−38654.1	1256.7	3232.5
18	−51279.4	−694.1	−271.2	67	−34544.9	381.6	−7999.8
22	−56526.2	1084.2	5449.5	70	−35070.8	146.5	−9056.0
28	−55595.5	−3047.9	9385.2	73	−40773.9	577.1	−7542.3
32	−48154.3	234.4	15186.1	76	−52011.9	−1401.9	1490.5
38	−34235.2	620.3	−7487.4	80	−57931.5	−2649.4	6172.5

第五施工阶段荷载效应累计结果　　　　　　　　　　　　　　　表 4-42(e)

单元	轴向(kN)	剪力(kN)	弯矩(kN·m)	单元	轴向(kN)	剪力(kN)	弯矩(kN·m)
1	0.8	0	0	41	−34566.3	351.5	−8957.0
5	−33210.4	−466.4	−12937.2	44	−40029.3	789.0	−8444.5
8	−33779.3	−321.3	−11480.5	47	−50824.7	−1138.3	−763.3
10	−34269.0	−561.8	−10034.7	51	−56617.0	−2320.2	2237.2
12	−34657.4	−336.4	−8592.9	57	−55816.4	−3190.0	6435.8
15	−34928.2	702.1	−10077.9	63	−38346.7	1386.9	3144.5
18	−51117.4	−676.7	−431.1	67	−34159.3	525.4	−8778.2
22	−56359.6	1100.1	5122.9	70	−34605.0	299.3	−10454.6
28	−55431.2	−3088.9	9153.0	73	−40141.3	735.9	−9680.9
32	−47990.9	183.8	15098.9	76	−51075.2	−1199.4	−1661.5
38	−34138.9	576.2	−7056.0	80	−56926.5	−2400.5	1737.6

第六施工阶段荷载效应累计结果　　　　　表 4-42(f)

单元	轴向(kN)	剪力(kN)	弯矩(kN·m)	单元	轴向(kN)	剪力(kN)	弯矩(kN·m)
1	0.82	0	0	41	−34453.7	362.7	−9001.8
5	−33123.0	−473.7	−12846.7	44	−39897.1	801.8	−8539.1
8	−33690.0	−325.8	−11357.6	47	−50663.4	−1115.7	−962.1
10	−34181.3	−564.1	−9902.3	51	−56450.8	−2292.0	1887.0
12	−34572.1	−337.5	−8457.8	57	−55651.1	−3235.5	6194.2
15	−34839.8	700.9	−9932.0	63	−38235.4	1331.5	3270.1
18	−50989.7	−671.9	−317.9	67	−34060.8	476.6	−8296.3
22	−56219.4	1104.3	5169.4	70	−34513.4	253.8	−9756.0
28	−55291.6	−3077.9	9153.3	73	−40005.3	691.6	−8807.8
32	−47854.3	186.9	15065.2	76	−50829.6	−1236.1	−687.6
38	−34035.6	584.1	−7064.2	80	−56626.1	−2418.7	2921.8

第七施工阶段荷载效应累计结果　　　　　表 4-42(g)

单元	轴向(kN)	剪力(kN)	弯矩(kN·m)	单元	轴向(kN)	剪力(kN)	弯矩(kN·m)
1	0.6	−0.0	0	41	−33431.1	388.0	−4674.5
5	−32132.9	−1234.3	−7946.4	44	−38591.5	1159.6	−5064.7
8	−32931.0	−674.3	−3597.8	47	−48835.7	−331.8	−266.6
10	−33515.7	−642.0	−1460.5	51	−54529.4	−1010.9	−3617.7
12	−33922.3	−158.3	−232.3	57	−53689.4	−4295.0	1744.6
15	−34019.5	1252.0	−3543.2	63	−36951.7	603.3	5007.6
18	−49344.9	325.4	1772.8	67	−33018.8	248.0	−3351.0
22	−54340.5	2590.5	−2024.2	70	−33447.9	378.1	−4551.2
28	−53451.2	−4234.8	2206.0	73	−38614.9	1149.4	−4904.0
32	−46092.4	−847.2	11742.6	76	−48865.6	−343.8	−52.9
38	−33012.2	257.6	−3440.7	80	−54559.2	−1023.3	−3321.4

(2) 使用阶段荷载效应

① 徐变收缩对预加力及结构重力影响效应

混凝土的徐变、收缩与混凝土的组成材料及其配合比、周围环境的温度、湿度、构件的截面形式与混凝土的养生条件以及混凝土的加载龄期有关。本桥按每个单元混凝土加载龄期为 14d，混凝土收缩徐变总天数为 1000d 计算混凝土收缩徐变次内力。收缩徐变次内力计算结果见表 4-43。

收缩徐变次内力表　　　　　表 4-43

单元	剪力(kN)	弯矩(kN·m)	单元	剪力(kN)	弯矩(kN·m)
1	0	0	12	−31.4	564.7
5	−31.4	149.9	15	−31.4	742.5
8	−31.4	327.7	18	−31.4	920.3
10	−31.4	446.2	22	−31.4	1157.4

续表

单元	剪力(kN)	弯矩(kN·m)	单元	剪力(kN)	弯矩(kN·m)
28	−4.93	1257.1	57	−0.7	1440.1
32	−4.93	1274.7	63	−0.7	1445.5
38	−4.93	1322.4	67	−0.7	1450.5
41	−4.93	1346.3	70	−0.7	1454.3
44	−4.93	1370.1	73	−0.7	1458.1
47	−4.93	1394.0	76	−0.7	1461.9
51	−4.9	1425.8	80	−0.7	1467.0

值得注意的是，在分析混凝土收缩引起的结构次内力时，因收缩变形并不受到强大约束，可只计算结构的收缩变形，而忽略结构次内力的计算。而实际计算结果也表明混凝土收缩引起的次内力非常小，完全可忽略不计。

② 预加力次内力

在使用阶段，由于预应力钢筋的应力松弛、混凝土的收缩徐变，都将使得钢筋预应力值减小，因而使用阶段预加力引起的次内力和施工阶段的有显著的区别，应该重新计算。计算结果见表4-44。

使用阶段预加力次内力   表4-44

单元	剪力(kN)	弯矩(kN·m)	单元	剪力(kN)	弯矩(kN·m)
1	0	0	41	225.5	23367.0
5	−714.4	3411.4	44	225.5	22275.7
8	−714.4	7456.8	47	225.5	21184.4
10	−714.4	10153.8	51	225.1	19729.3
12	−714.4	12850.8	57	−81.4	19473.2
15	−714.4	16896.3	63	−81.4	20028.9
18	−714.4	20941.7	67	−81.4	20554.1
22	−714.4	26335.4	70	−81.4	20947.9
28	225.5	27446.5	73	−81.4	21341.8
32	225.5	26640.9	76	−81.4	21735.7
38	225.5	24458.3	80	−81.2	22260.8

③ 其他荷载效应

其他荷载主要是指汽车、温度、支座沉降等，由于这些荷载效应与是否考虑预应力钢束作用相差甚微(主要是主梁截面刚度发生变化)，因而其效应值取钢束估算时的内力值。

(3) 内力组合

计算得到各种荷载效应内力值后，即可按照承载能力极限状态和正常使用极限状态进行内力组合。在进行承载能力极限状态内力组合时，不计预加力作用，但计入预加力产生的次内力。而在进行截面应力计算时，不同荷载作用对应不同的截面面积，内力组合非常繁琐，限于篇幅，内力组合结果从略。

4.4.3.7 强度计算与验算

(1) 施工阶段法向压应力验算

按照根据《公预规》7.2.8条，对预应力混凝土受弯构件，在预应力和构件自重等施工荷载作用下截面边缘混凝土的法向应力进行验算。要求：

① 压应力 $\qquad\sigma'_{cc} \leq 0.70 f'_{ck}$

② 拉应力 $\qquad\sigma'_{ct} \leq 0.70 f'_{tk}$

f'_{ck}、f'_{tk} 分别是与制作、运输、安装各施工阶段混凝土立方体抗压强度 f'_{cu} 相应的抗压强度和抗拉强度标准值，分别取 18.144MPa 和 −1.484MPa。计算结果见表 4-45。

施工阶段法向压应力验算表 表 4-45

单元	位置	施工阶段	Sig_MAX (kN/m²)	单元	位置	施工阶段	Sig_MAX (kN/m²)	单元	位置	施工阶段	Sig_MAX (kN/m²)
1	I	STEP7	−0.055	22	I	STEP2	8889.1	47	J	STEP3	7254.1
1	I	STEP1	−1.004	22	I	STEP1	4423.8	47	J	STEP2	4557.6
1	J	STEP1	5396.5	22	J	STEP7	9022.4	51	I	STEP3	8211.4
1	J	STEP7	536.1	22	J	STEP1	5069.9	51	I	STEP2	4742.6
5	I	STEP1	7536.7	28	I	STEP4	8517	51	J	STEP3	6155
5	I	STEP3	2362.8	28	I	STEP1	4421.9	51	J	STEP2	2873.2
5	J	STEP3	7410	28	J	STEP4	8816.9	57	I	STEP5	8114.1
5	J	STEP3	2466.5	28	J	STEP4	4051.1	57	I	STEP2	4442.8
8	I	STEP3	7251.3	32	I	STEP3	8376.7	57	J	STEP5	8403.3
8	I	STEP3	2633.9	32	I	step6	2344.9	57	J	STEP2	4066.6
8	J	STEP3	7151.8	32	J	STEP3	8323.9	63	I	STEP7	5464.9
8	J	STEP3	2746.6	32	J	step6	2526.2	63	I	STEP7	3485.2
10	I	STEP3	6971.1	38	I	STEP2	6860.8	63	J	STEP3	5711.8
10	I	STEP3	2898.6	38	I	STEP2	3167.6	63	J	STEP7	3829.8
10	J	STEP3	6820.9	38	J	STEP2	6867.6	67	I	STEP3	6882.8
10	J	STEP3	3033.5	38	J	STEP4	3203	67	I	STEP5	3113.9
12	I	STEP3	6684.3	41	I	STEP4	6758.3	67	J	STEP3	6886.7
12	I	STEP3	3149.3	41	I	STEP4	3061.7	67	J	STEP5	3027.8
12	J	STEP3	6666.2	41	J	STEP4	6986.6	70	I	STEP5	6959.8
12	J	STEP3	3181.8	41	J	STEP4	2932.2	70	I	STEP5	2929
15	I	STEP3	7099.5	44	I	STEP4	7387.5	70	J	STEP5	7156.5
15	I	STEP3	2955.2	44	I	STEP2	3422.3	70	J	STEP5	2820.6
15	J	STEP3	7171.8	44	J	STEP4	7696.6	73	I	STEP5	7493.9
15	J	STEP1	3973.7	44	J	STEP2	3441.2	73	I	STEP3	3420.2
16	I	STEP3	7171.7	45	I	STEP4	7696.5	73	J	STEP3	7771.3
16	I	STEP1	3973.6	45	I	STEP2	3441.1	73	J	STEP3	3441.3
18	I	STEP2	7147.8	45	J	STEP4	7807.6	76	I	STEP5	6975.1
18	I	STEP1	4109.5	45	J	STEP2	3600.2	76	I	STEP3	3990.3
18	J	STEP2	7514.1	47	I	STEP4	6965.1	76	J	STEP4	7321.3
18	J	STEP1	4551.9	47	I	STEP2	3985.7	76	J	STEP3	4564.4

注：sig_MAX 是指 σ'_{cc}、σ'_{ct}。

(2) 使用阶段正截面抗裂验算

按照《公预规》第 6.3.1 条规定对构件正截面混凝土的拉应力进行验算。对于全预应力混凝土构件，在作用的短期效应组合下，分段浇筑的混凝土构件，应满足 $\sigma_{st}-0.80\sigma_{pc}\leqslant 0$，进一步可写作 $0.80\sigma_{pc}-\sigma_{st}\geqslant 0$。其中，$\sigma_{st}$ 是在作用短期效应组合下构件抗裂验算边缘混凝土的法向拉应力；σ_{pc} 是扣除全部预应力损失后的预加力在构件抗裂验算边缘产生的混凝土预压应力。验算结果见表 4-46。

使用阶段正截面抗裂验算表　　　　　　　　　　　　表 4-46

单元	Sig_MAX(kN/m²)	单元	Sig_MAX(kN/m²)	单元	Sig_MAX(kN/m²)
1	−1177	28	3102.053	63	994.0527
5	1670.4	32	911.3484	67	1625.148
8	1379.9	38	1690.787	70	1636.568
10	778.83	41	1674.007	73	1783.963
12	655.72	44	1733.962	76	3237.142
15	1534	47	3237.971	80	928.9919
18	2878.5	51	997.4554		
22	1408.656	57	3351.252		

注：sig_MAX 是指 $0.80\sigma_{pc}-\sigma_{st}$。

(3) 使用阶段斜截面抗裂验算

按照《公预规》第 6.3.1 条规定对构件斜截面截面混凝土的主拉应力进行验算。对于全预应力混凝土构件，在作用的短期效应组合下，分段浇筑的混凝土构件，应满足 $\sigma_{tp}\leqslant 0.4f_{tk}$，其中，$\sigma_{tp}$ 是在作用短期效应组合和预加力产生的混凝土主拉应力，$0.4f_{tk}=-1.06$MPa。验算结果见表 4-47。

使用阶段斜截面抗裂验算表　　　　　　　　　　　　表 4-47

单元	位置	Sig_MAX (MPa)	单元	位置	Sig_MAX (MPa)	单元	位置	Sig_MAX (MPa)
5	I	−0.176	28	I	−0.662	57	I	−0.677
5	J	−0.106	28	J	−0.375	57	J	−0.39
8	I	−0.072	32	I	−0.089	63	I	−0.03
8	J	−0.066	32	J	−0.025	63	J	−0.041
10	I	−0.061	38	I	−0.015	67	I	−0.014
10	J	−0.03	38	J	−0.012	67	J	−0.012
12	I	−0.018	41	I	−0.026	70	I	−0.026
12	J	−0.03	41	J	−0.08	70	J	−0.081
15	I	−0.123	44	I	−0.099	73	I	−0.1
15	J	−0.143	44	J	−0.088	73	J	−0.088
18	I	−0.021	47	I	−0.015	76	I	−0.016
18	J	−0.015	47	J	−0.049	76	J	−0.05
22	I	−0.302	51	I	−0.043	80	I	−0.044
22	J	−0.763	51	J	−0.036	80	J	−0.036

注：sig_MAX 是指 σ_{tp}。

(4) 使用阶段正截面压应力验算

使用阶段预应力混凝土受弯构件正截面混凝土最大压应力应满足《公预规》第 7.1.5

条规定：$\sigma_{kc}+\sigma_{pt} \leqslant 0.5 f_{ck}$，其中 σ_{kc} 是指由作用标准值产生的混凝土的法向压应力；σ_{pt} 指由预加力产生的混凝土的法向拉应力，计算结果见 4-48。

使用阶段正截面压应力验算表　　　　　　　　　　　表 4-48

单元	位置	Sig_MAX (MPa)	单元	位置	Sig_MAX (MPa)	单元	位置	Sig_MAX (MPa)
5	I	6.471	28	I	11.131	57	I	11.031
5	J	6.788	28	J	11.588	57	J	11.467
8	I	7.563	32	I	11.598	63	I	9.58
8	J	7.882	32	J	11.823	63	J	9.507
10	I	8.181	38	I	8.112	67	I	8.066
10	J	8.402	38	J	8.093	67	J	8.055
12	I	8.549	41	I	8.002	70	I	7.983
12	J	8.558	41	J	7.838	70	J	7.829
15	I	8.127	44	I	8.518	73	I	8.523
15	J	8.977	44	J	8.225	73	J	8.24
18	I	10.73	47	I	10.317	76	I	10.354
18	J	10.68	47	J	10.402	76	J	10.455
22	I	10.624	51	I	10.526	80	I	10.625
22	J	11.447	51	J	8.373	80	J	8.464

注：sig_MAX 是指 $\sigma_{kc}+\sigma_{pt}$，$0.5 f_{ck}=16.2 \text{MPa}$。

（5）使用阶段斜截面主压应力验算

使用阶段预应力混凝土受弯构件斜截面混凝土主压应力应满足《公预规》第 7.1.6 条规定：$\sigma_{cp} \leqslant 0.6 f_{ck}$，其中 σ_{cp} 是指由作用标准值和预加力产生的混凝土的主压应力。计算结果见 4-49。

使用阶段斜截面主压应力验算表　　　　　　　　　　表 4-49

单元	位置	Sig_MAX (MPa)	单元	位置	Sig_MAX (MPa)	单元	位置	Sig_MAX (MPa)
5	I	6.471	28	I	11.131	57	I	11.031
5	J	6.789	28	J	11.588	57	J	11.468
8	I	7.563	32	I	11.598	63	I	9.58
8	J	7.883	32	J	11.823	63	J	9.508
10	I	8.181	38	I	8.112	67	I	8.066
10	J	8.403	38	J	8.093	67	J	8.056
12	I	8.549	41	I	8.002	70	I	7.983
12	J	8.559	41	J	7.839	70	J	7.83
15	I	8.127	44	I	8.518	73	I	8.523
15	J	8.978	44	J	8.226	73	J	8.241
18	I	10.730	47	I	10.317	76	I	10.354
18	J	10.681	47	J	10.402	76	J	10.455
22	I	10.624	51	I	10.514	80	I	10.613
22	J	11.447	51	J	8.36	80	J	8.451

注：sig_MAX 是指 σ_{cp}，$0.6 f_{ck}=19.44 \text{MPa}$。

(6) 持久状况正截面抗弯强度验算

按照《公预规》第5.2.2条对正截面抗弯强度进行验算，验算结果见表4-50。

持久状况正截面抗弯强度验算表 表4-50

单元	rMu (kN·m)	Mn (kN·m)	单元	rMu (kN·m)	Mn (kN·m)	单元	rMu (kN·m)	Mn (kN·m)
5	38797.9	85030	28	18957.2	50681	57	18216.4	53772
8	58555.7	96223	32	38641.8	68034	63	49353.1	82133
10	65095.4	98440	38	61223.7	97658	67	60916.8	97658
12	66390.7	98540	41	61265.3	98540	70	61115.1	98540
15	62459.4	98532	44	54325.5	97783	73	54393.2	97783
18	46979.1	91781	47	39001.5	86765	76	39295.8	86765
22	1617.65	50030	51	−20921	80017	80	−21057	80016

注：rMu 为按照承载能力极限状态下作用效应基本组合状态下的计算截面弯矩设计值，Mn 为计算截面抗弯承载力。

4.4.3.8 施工要点

本桥采用墩顶移动模架逐跨现浇的施工方法。

(1) 施工流程

① 在桥墩伸出的临时钢牛腿上拼装模架；移动模架至本联第一段待浇箱梁位置并预压，预压荷载不小于箱梁自重的110%；立模板，绑扎钢筋，浇筑第一段47m箱梁混凝土，张拉相应预应力。

② 利用千斤顶和预先设置的滑道前移模架，拆下钢牛腿至下一跨安装。

③ 模架就位后，调整其高程，浇筑第二段40m箱梁混凝土。

④ 重复步骤二、步骤三，浇筑标准40m箱梁混凝土，直到本联最后一段33m箱梁混凝土浇筑完毕，最后进行桥面工程施工。

(2) 施工注意事项

① 直径大于等于25mm的HRB335钢筋均采用镦粗直螺纹等机械连接方式接长，其技术标准应符合JGJ 107—96中的A级接头性能要求。环氧涂层钢筋在加工过程中的切断头及焊接烧伤和热影响区，均在切断或损伤后2h内及时修补。

② 钢绞线张拉锚下控制应力 $\sigma_{con} = 0.715 f_{pk}$。张拉采取双控，以张拉吨位为主，预应力筋伸长量进行校核，实际伸长量与理论伸长量的差值应控制在 ±6% 以内，对引伸量不足的应查明原因以便采取相应处理措施。预应力钢束必须待混凝土强度达设计强度90%且养护时间不少于4d方可张拉。张拉程序为：0→初应力($0.1\sigma_{con}$)→σ_{con}(持荷2min锚固)。预应力钢束均采用塑料波纹管，真空吸浆工艺，压浆强度为40MPa。

③ 所有新、老混凝土接合面均应严格凿毛处理。

④ 在桥梁的建设中，必须考虑结构使用环境的侵蚀特性，制定严格的海工混凝土耐久性施工组织设计，强化与耐久性有关的技术条款，确保混凝土结构使用寿命100年。为避免混凝土受海水的冲刷和污染，应尽量推迟新浇混凝土与海水接触的龄期，一般不小于6周。

⑤ 混凝土外保护防腐涂层要求见表4-51。

海上桥梁混凝土外保护涂层　　　　表 4-51

涂层名称	配套涂料名称	施工方式	涂层干膜平均厚度(μm)
底层	湿固化环氧树脂封闭漆	采用辊涂、刷涂或喷涂方式涂装1-2道，直至底材完全封闭	渗透性底漆100
找平腻子	环氧腻子	采用刮涂方式满刮两道，直至表面平整顺滑	
中间层	湿固化环氧树脂漆	采用辊涂、刷涂或无空气喷涂方式涂装2道	150
面层	聚氨酯面漆	采用辊涂、刷涂或喷涂方式涂装2道	100

4.4.4 预应力混凝土T形刚构设计实例

4.4.4.1 设计基本资料

1. 设计任务和资料

(1) 跨径：50m+80m+50m（悬臂长度均为30m，悬臂根部梁高为5m，梁端梁高为1.8m，挂梁长20m，长各30m，挂梁20m）；

(2) 桥宽：净10m；

(3) 设计荷载：公路二级；

(4) 桥面纵坡：1%，桥面横坡：2%；

(5) 桥断面：两幅组成(单箱双室)；

(6) 桥墩形式：箱形空心桥墩；

(7) 基础形式：扩大基础或桩基础。

2. 材料规格

(1) 混凝土：C50。

(2) 预应力筋：ϕ15双绞线。

(3) 非预应力钢筋：直径≥12mm用HRB335级螺纹钢筋，直径<12mm用HPB235级光圆钢筋。

(4) 锚具 XM锚或OVM锚。

3. 施工方法

(1) 采用悬臂现浇施工；

(2) 挂梁采用预制吊装；

(3) 基础采用现浇。

4.4.4.2 悬臂箱梁截面及各细部尺寸拟定

1. 桥梁结构图式(见图4-41)

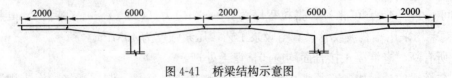

图 4-41　桥梁结构示意图

2. 截面尺寸拟定

(1) 悬臂部分尺寸拟定

① 支点梁高拟定

当 T 形刚构跨径 $L>100$m 时，支点梁高 $H=\left(\frac{1}{17}\sim\frac{1}{21}\right)L$；

当 T 形刚构跨径 $L<100$m 时，支点梁高 $H=\left(\frac{1}{14}\sim\frac{1}{22}\right)L$。

在本设计中 $L=80$m<100m 时，$H=3.64\sim5.71$m，故取支点梁高 H 为 5.0m。

② 跨中梁高拟定

跨中梁高 $h=(0.2\sim0.4)H$，且不小于 1.5m。故在本设计取跨中梁高 $h=1.8$m。

(2) 挂梁长度拟定

预应力混凝土 T 形刚构桥的挂梁长度 L_g 一般在主跨跨径 L 的 0.25~0.50 范围内，且不应超过 35~40m，即 $L_g=(0.25\sim0.50)L$。则在本设计中挂梁长度 $L_g=20\sim40$m，故本设计取挂梁长度为 20m。

(3) 桥墩宽度拟定

T 形刚构桥墩宽度 B 一般取 $(0.7\sim1.0)H$，故本设计取 5m。

(4) 悬臂长度

悬臂长度为从悬臂根部算起，包括伸缩缝宽度在内，但不包括牛腿悬出部分的长度，则在本设计中悬臂长度为：

$$\frac{L-L_g}{2}-\frac{B}{2}=\frac{80-20}{2}-\frac{5.0}{2}=27.5\text{m}$$

(5) 箱梁尺寸拟定

① 箱梁腹板

A. 腹板内无预应力束管道布置时可采用 200mm；

B. 腹板内有预应力束管道布置时可采用 250~300mm；

C. 腹板内有预应力束筋锚头时采用 350mm。

故本设计箱梁腹板取为 350mm。

② 顶板底板厚度

A. 箱梁根部底板厚度一般为墩顶梁高 H 的 $\frac{1}{10}\sim\frac{1}{12}$，即 42~50cm，本设计取为 50cm。

B. 箱梁跨中底板厚度 15~18cm，故取为 16cm。

C. 箱梁顶板厚度见表 4-52。

故本设计取箱梁顶板厚度为 18cm。

箱梁顶板厚度计算表 表 4-52

腹板间距(m)	3.5	5.0	7.0
顶板厚度(cm)	18	20	28

3. 牛腿、防撞栏、挂梁尺寸拟定

(1) 牛腿尺寸拟定，如图 4-42 所示。

(2) 防撞栏尺寸见图 4-43。

(3) 挂梁尺寸拟定

挂梁长为 20m，采用钢筋混凝土预制 T 梁拼装，T 梁高 1.8m，翼缘宽 2.18m，共五

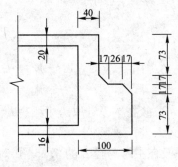
图 4-42 牛腿示意图

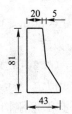
图 4-43 防撞栏示意图

片,并且设置五道横隔梁。

4. 箱梁分段长度确定

(1) 梁底纵向变化曲线

本设计梁底纵向变化曲线采用抛物线,其梁高计算方程为:

$$z = h_0 + A\xi + B\xi^2 \tag{4-41a}$$

式中 $\xi = \dfrac{X}{L}$,坐标系坐标原点为悬臂梁的悬臂端点,X 为截面距离悬臂根部的距离,L 为悬臂长度;

h_0——悬臂端部梁高;

A,B——待定常数。

由前面尺寸拟定可知点(0, 1.80),(1, 5.0)。则,$X_0 = 1.80$m,$A = 0$,$B = 3.2$。

故梁底纵向变化曲线方程(即梁高)为:

$$Z = 1.80 + 3.2\xi^2 \tag{4-41b}$$

(2) 箱梁底板上缘变化曲线

设箱梁底板的方程为:

$$Z = h_0' + A'\xi + B'\xi^2 \tag{4-42a}$$

坐标原点同上,已知点(0, 1.64),(1, 4.5),则 $h_0 = 1.64$,$A' = 0$,$B' = 2.86$。

故得梁底板的方程为:

$$Z' = 1.64 + 2.86\xi^2 \tag{4-42b}$$

(3) 悬臂各部分的重量

牛腿部分:

$$V_1 = [0.4 \times 1.8 + 0.6 \times (0.73 + 0.17)] \times 7.3 = 8.76 \text{m}^3$$
$$G_1 = 8.76 \times 26 = 227.76 \text{kN}$$

中间横隔梁部分:

中间横隔梁设置于距离悬臂根部 14m 处,厚度取 20cm,中间横隔梁的构造见图 4-44。
中间横隔梁的体积 V_2 为:

$$V_2 = s \times t = 2 \times (3.09 \times 3.125 - 2 \times 0.2 \times 0.6 - 1.2 \times 1.6 + 2 \times 0.2 \times 0.2) \times 0.2 = 3.03 \text{m}^3$$

中间横隔梁的重量 G_2 为:

$$G_2 = \gamma \times V_2 = 26 \times 3.03 = 78.78 \text{kN}$$

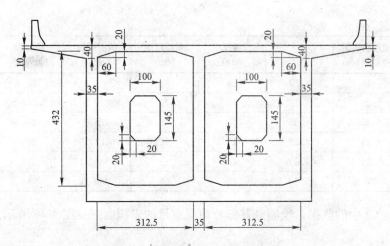

图 4-44 悬臂段箱梁跨中横断面图

空心桥墩处横隔梁厚度取 50cm，横隔梁的构造见图 4-44。

空心桥墩处横隔梁的体积 V_3 为：
$$V_3 = s \times t = 2 \times (4.32 \times 3.125 - 2 \times 0.2 \times 0.6 - 1.0 \times 1.45 + 2 \times 0.2 \times 0.2) \times 0.5 = 11.9 \text{m}^3$$

空心桥墩处横隔梁的体积 G_3 为
$$G_3 = \gamma \times V_3 = 26 \times 11.9 = 309.4 \text{kN}$$

箱梁悬臂部分划分 30 个单元，见图 4-45 所示。

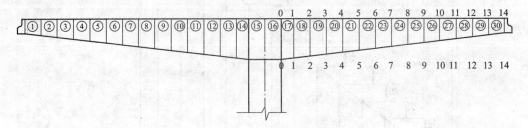

图 4-45 T 构悬臂部分单元划分示意图

梁的重量见表 4-53 所示。

梁的重量计算表　　　　表 4-53

截面编号	截面距离端点距离(m)	梁高(m)	顶板厚度(cm)	底板厚度(cm)	截面面积(cm^2)	线荷载(kN/m)	梁到此截面的重量(kN)
0	0	1.80	18	16	53950	140	0
1	2	2.03	18	18	57939.091	151	291
2	4	2.27	18	21	61928.182	161	603
3	6	2.50	18	23	65917.273	171	935
4	8	2.73	18	26	69906.364	182	1288
5	10	2.96	18	28	73895.455	192	1662
6	12	3.20	18	31	77884.545	202	2057
7	14	3.43	18	33	81873.636	213	2472
8	16	3.66	18	36	85862.727	223	2908

续表

截面编号	截面距离端点距离(m)	梁高(m)	顶板厚度(cm)	底板厚度(cm)	截面面积(cm^2)	线荷载(kN/m)	梁到此截面的重量(kN)
9	18	3.89	18	38	89851.818	234	3365
10	20	4.13	18	41	93840.909	244	3843
11	22	4.36	18	43	97830	254	4341
12	24	4.59	18	46	101819.09	265	4860
13	26	4.83	18	48	105808.18	275	5400
14	27.5	5.00	18	50	108800	283	5958

根据表 4-53 中的数据，绘制悬臂部分箱梁重量的累积曲线见图 4-46 所示。

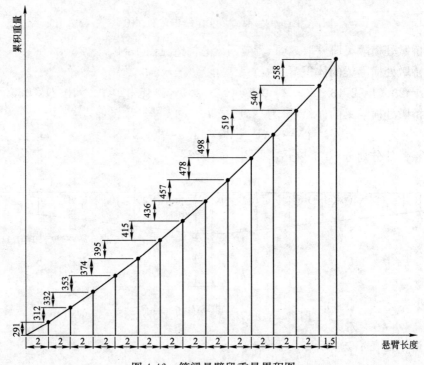

图 4-46 箱梁悬臂段重量累积图

4.4.4.3 荷载内力计算

1. 恒载内力计算

（1）箱梁自重对各截面的弯矩 M_1 及剪力 Q_1 见表 4-54。

箱梁自重内力计算表　　　　表 4-54

截面	0—0	1—1	2—2	3—3	4—4	5—5	6—6	7—7
Q_1(kN)	6265	5840	5291	4761	4253	3765	3297	2851
M_1(kN·m)	−80380	−71301	−60169	−50118	−41105	−33088	−26027	−19880
截面	8—8	9—9	10—10	11—11	12—12	13—13	14—14	
Q_1(kN)	2346	1942	1558	1194	852	530	228	
M_1(kN·m)	−14723	−10436	−6936	−4185	−2139	−758	55	

(2) 箱梁上的部分恒载对各截面产生的剪力 Q_2 及弯矩 M_2

桥面铺装为 2cm 沥青混凝土面层以及 6~12cm 的水泥混凝土垫层。

① 桥面铺装荷载集度 g_1

$$g_1 = \gamma \times \sum A = 0.02 \times 10 \times 21 + 0.5 \times (0.06 + 0.12) \times 10 \times 23 = 24.9 \text{kN/m}$$

② 防撞墩荷载集度 g_2

防撞墩面积 A 为：

$$A = \frac{0.075 \times 0.43 + 0.255 \times (0.25 + 0.43)}{2} + \frac{0.48 \times (0.2 + 0.25)}{2} = 0.227 \text{m}^2$$

防撞墩荷载集度 g_2：

$$g_2 = \gamma \times A = 25 \times 2 \times 0.227 = 11.35 \text{kN/m}$$

上部恒载的集度合计为：

$$g = \sum_{i=1}^{2} g_i = 24.9 + 11.35 = 36.25 \text{kN/m}$$

恒载对各计算截面产生的剪力及弯矩为 $Q = g \times d_i$，$M = -\dfrac{g \times d_i^2}{2}$。其中，$d_i$ 从悬臂端点桥面接缝处至计算截面的距离。计算结果见表 4-55。

箱梁以上部分恒载内力计算表 表 4-55

截面	0—0	1—1	2—2	3—3	4—4	5—5	6—6	7—7
Q_2(kN)	997	943	870	798	725	652	580	508
M_2(kN·m)	−13707	−12253	−10440	−8773	−7250	−5873	−4640	−3553
截面	8—8	9—9	10—10	11—11	12—12	13—13	14—14	
Q_2(kN)	435	363	290	218	145	73	36	
M_2(kN·m)	−2610	−1813	−1160	−653	−290	−73	18	

(3) 挂梁自重及挂梁以上部分恒载对各截面产生的剪力 Q_3 及弯矩 M_3

挂梁自重及其以上部分恒载是通过挂梁支座以集中力形式作用在悬臂箱梁上，当这部分恒载的集中反力为 P_3 时，在箱梁各计算截面上产生的剪力及弯矩为 $Q_3 = P_3$，$M_3 = -P_3 \times d_1'$。其中，d_1' 为挂梁支座中心支计算截面的距离，根据挂梁设计这部分恒载反力为：

挂梁自重反力：$G_4 = \dfrac{\gamma \sum V}{2} = \dfrac{26 \times 5.395 \times 20 + 26 \times 6.39}{2} = 1485.8 \text{kN}$

挂梁以上恒载（桥面铺装以及防撞栏）反力为：

$$G_5 = \frac{g \times l}{2} = \frac{36.25 \times 20}{2} = 362.5 \text{kN}$$

因此作用于悬臂端部挂梁的恒载集中力为：

$$P_3 = G_4 + G_5 = 1485.8 + 362.5 = 1848.3 \text{kN}$$

挂梁在恒载作用下的内力计算见表 4-56。

挂梁恒载内力计算表   表4-56

截面	0—0	1—1	2—2	3—3	4—4	5—5	6—6	7—7
Q_3(kN)	1848	1848	1848	1848	1848	1848	1848	1848
M_3(kN·m)	−52048	−49276	−45579	−41882	−38186	−34489	−30793	−27096
截面	8—8	9—9	10—10	11—11	12—12	13—13	14—14	
Q_3(kN)	1848	1848	1848	1848	1848	1848	1848	
M_3(kN·m)	−23399	−19703	−16006	−12310	−8613	−4916	−1220	

(4) 箱梁各截面恒载内力汇总见表4-57。

恒载内力汇总表   表4-57

截面	0—0	1—1	2—2	3—3	4—4	5—5	6—6	7—7
弯矩 M_G(kN·m)	−146135	−132829	−116188	−100773	−86541	−73450	−61460	−50529
剪力 Q_G(kN)	9110	8631	8009	7406	6826	6265	5725	5206
截面	8—8	9—9	10—10	11—11	12—12	13—13	14—14	
弯矩 M_G(kN·m)	−40733	−31951	−24102	−17147	−11042	−5747	−1293	
剪力 Q_G(kN)	4629	4152	3696	3259	2845	2450	2112	

2. 活载内力计算

由现行《公路桥涵设计通用规范》，当计算跨径大于50m时，集中荷载 $P_k = 360 \times 0.75 = 270$kN，均布荷载标准值 $q_k = 10.5 \times 0.75 = 7.875$kN/m。

各截面弯矩影响线及最不利布载示意见图4-47。

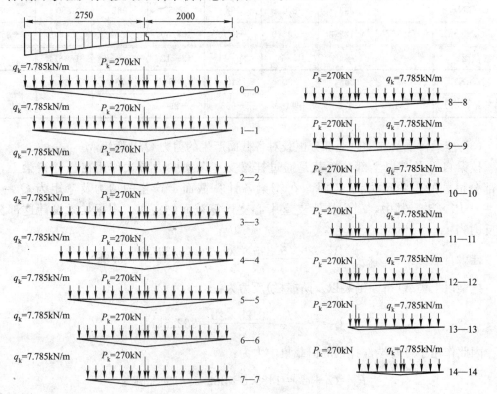

图4-47 汽车荷载不利弯矩布载示意图

各截面剪力影响线及最不利布载示意见图 4-48。

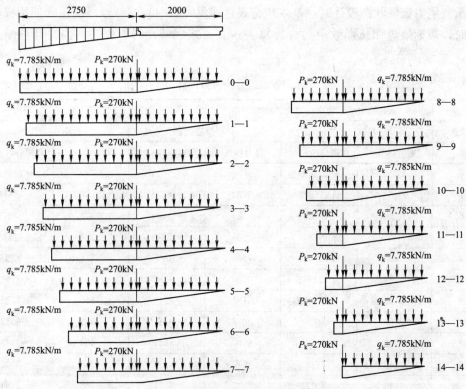

图 4-48 汽车荷载不利剪力布载示意图

各截面汽车荷载最大弯矩及剪力计算

$$M=(1+\mu)\times 1.15\times \xi \times (q_k\times \omega+P_k\times y_{max}) \quad (4-43)$$
$$Q=(1+\mu)\times 1.15\times \xi \times (q_k\times \omega'+P_k\times y'_{max}) \quad (4-44)$$

式中 ξ——横向折减系数，两车道时取 1.0；

P_k——车道荷载中的集中荷载，取 270kN；

q_k——车道荷载中的均布荷载，取 7.875kN/m；

μ——冲击系数，取 0.3；

ω——弯矩影响线面积；

y_{max}——弯矩影响线最大竖标值；

ω'——剪力影响线面积；

y'_{max}——剪力影响线最大竖标值。

各截面弯矩及剪力计算见表 4-58。

各截面弯矩及剪力表　　　　　表 4-58

截面	0—0	1—1	2—2	3—3	4—4	5—5	6—6	7—7
Q_q(kN)	1966	1925	1871	1816	1762	1707	1653	1598
M_q(kN·m)	−43762	−40844	−37049	−33362	−29785	−26316	−22956	−19705
截面	8—8	9—9	10—10	11—11	12—12	13—13	14—14	
Q_q(kN)	1544	1489	1435	1380	1326	1271	1226	
M_q(kN·m)	−16563	−13531	−10607	−7792	−5085	−2488	−426	

3. 作用效应组合

按承载能力极限状态设计时,基本组合表达式见式(4-4)和(4-5);按正常使用极限状态设计时,短期效应和长期效应组合计算表达式见式(4-6)和式(4-7),内力计算结果见表4-59。

作用效应组合的内力计算　　　　表4-59

设计方法	承载能力极限状态		正常使用极限状态			
组合状态	基本组合		长期效应组合		短期效应组合	
截面	剪力(kN)	弯矩(kN·m)	剪力(kN)	弯矩(kN·m)	剪力(kN)	弯矩(kN·m)
0—0	13684	−236629	9715	−179798	10168	−169699
1—1	13052	−216577	9223	−164247	9667	−154822
2—2	12229	−191294	8584	−144687	9016	−136138
3—3	11430	−167635	7965	−126436	8384	−118738
4—4	10657	−145548	7368	−109452	7774	−102579
5—5	9907	−124982	6790	−93693	7184	−87620
6—6	9183	−105890	6233	−79118	6614	−73821
7—7	8485	−88222	5698	−65686	6067	−61139
8—8	7716	−72068	5104	−53473	5460	−49651
9—9	7068	−57284	4610	−42359	4954	−39237
10—10	6444	−43772	4137	−32261	4468	−29814
11—11	5844	−31484	3684	−23140	4002	−21342
12—12	5270	−20370	3253	−14954	3559	−13780
13—13	4720	−10380	2841	−7661	3135	−7087
14—14	4251	−2148	2489	−1620	2772	−1522

根据作用效应组合值绘制悬臂部分弯矩与剪力包络图,见图4-49和图4-50。

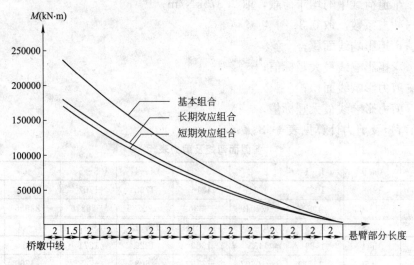

图4-49　悬臂部分弯矩包络图

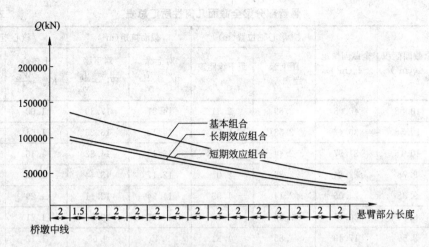

图 4-50 悬臂部分剪力包络图

4.4.4.4 截面几何性质计算及预应力钢筋布置

1. 箱梁全截面及几何性质计算

箱梁各截面梁高可以按照式(4-41b)确定，

$$Z = 1.80 + 3.2 \times \xi^2$$

箱梁底板厚度可按式(4-45)确定，即：

$$Z_h = 0.16 + 0.34 \times \xi^2 \tag{4-45}$$

式中 Z_h——箱梁底板厚度；

ξ——$\dfrac{X}{L}$，坐标系坐标原点为悬臂梁的悬臂端点，X 为截面距离悬臂根部的距离，L 为悬臂长度。

箱梁各截面梁高、底板厚及其截面性质见表4-60。

各截面梁高、底板厚及其截面性质   表4-60

截面 项目	0—0	1—1	2—2	3—3	4—4	5—5	6—6	7—7
X(cm)	27.50	26.00	24.00	22.00	20.00	18.00	16.00	14.00
ξ	1.00	0.95	0.87	0.80	0.73	0.65	0.58	0.51
H(m)	5.00	4.66	4.24	3.85	3.49	3.17	2.88	2.63
Z_h(m)	0.50	0.46	0.42	0.38	0.34	0.31	0.28	0.25
截面 项目	8—8	9—9	10—10	11—11	12—12	13—13	14—14	
X(cm)	12.00	10.00	8.00	6.00	4.00	2.00	0.00	
ξ	0.44	0.36	0.29	0.22	0.15	0.07	0.00	
H(m)	2.41	2.22	2.07	1.95	1.87	1.82	1.80	
Z_h(m)	0.22	0.20	0.19	0.18	0.17	0.16	0.16	

悬臂部分梁全截面几何性质汇总表见表4-61。

悬臂部分梁全截面几何性质汇总表　　　　表 4-61

截面位置	全截面面积 A_h (m²)	全截面惯矩 I_h (m⁴)	形心轴位置(m) 距上缘距离 y_{hs}	形心轴位置(m) 距下缘距离 y_{hx}	截面抗矩(m³) 对上缘 $W_{hs}=\dfrac{I_h}{y_{hs}}$	截面抗矩(m³) 对下缘 $W_{hx}=\dfrac{I_h}{y_{hx}}$	核心矩(m) 上核心 $K_{hs}=\dfrac{W_{hs}}{A_h}$	核心矩(m) 下核心 $K_{hx}=\dfrac{W_{hx}}{A_h}$
0—0	10.88	40.08	2.69	2.31	14.87	17.39	1.60	1.37
1—1	10.58	36.47	2.58	2.24	14.12	16.26	1.54	1.33
2—2	10.18	31.97	2.44	2.16	13.13	14.82	1.46	1.29
3—3	9.78	27.84	2.29	2.07	12.17	13.44	1.37	1.24
4—4	9.38	24.06	2.14	1.99	11.24	12.11	1.29	1.20
5—5	8.99	20.61	2.00	1.90	10.33	10.86	1.21	1.15
6—6	8.59	17.49	1.85	1.81	9.45	9.66	1.12	1.10
7—7	8.19	14.68	1.71	1.72	8.60	8.53	1.04	1.05
8—8	7.79	12.16	1.57	1.63	7.77	7.46	0.96	1.00
9—9	7.39	9.93	1.42	1.54	6.97	6.45	0.87	0.94
10—10	6.99	7.97	1.29	1.45	6.20	5.52	0.79	0.89
11—11	6.59	6.27	1.15	1.35	5.45	4.65	0.70	0.83
12—12	6.19	4.81	1.02	1.25	4.73	3.84	0.62	0.76
13—13	5.79	3.57	0.88	1.15	4.04	3.11	0.54	0.70
14—14	5.40	2.56	0.76	1.04	3.38	2.45	0.45	0.63

2. 纵向预应力钢束的估算

（1）预应力钢筋面积的估算

初步估计各截面预应力钢束重心位置，预应力筋重心到上缘距离 $a=12.5 \text{cm}$。

按构件正截面抗裂性要求估算预应力钢筋数量。对于 A 类部分预应力混凝土构件，根据抗裂性要求，支点截面的有效预应力按式(4-46)确定，即：

$$N_{pe}=\dfrac{\dfrac{M_{sd}}{W}-0.70 f_{tk}}{\dfrac{1}{A}+\dfrac{e_p}{W}} \tag{4-46}$$

所需预应力钢束截面面积按式(4-47)计算，即：

$$A_p=\dfrac{N_{pe}}{\sigma_{con}-\sum \sigma_l} \tag{4-47}$$

本次设计采用 $7\phi^j15.24$ 钢绞线，每束预应力筋面积为：$A_y=140\times 7=980 \text{mm}^2$。通过计算各截面配置预应力钢筋的数量见表 4-62 所示。

预应力钢筋数量　　　　表 4-62

截面号	0—0	1—1	2—2	3—3	4—4	5—5	6—6	7—7
预应力筋面积(mm)	32344	30393	27825	25293	22790	20310	17845	15382
计算配置预应力束数	33.00	31.01	28.39	25.81	23.26	20.72	18.21	15.70
实际配置预应力束数	33	32	29	26	24	21	19	16

续表

截面号	8—8	9—9	10—10	11—11	12—12	13—13	14—14
预应力筋面积(mm)	12949	10506	8013	5432	2706	0	0
计算配置预应力筋束数	13.21	10.72	8.18	5.54	2.76	0	0
实际配置预应力筋束数	14	11	9	6	3	0	0

(2) 非预应力钢筋面积的估算

在确定预应力钢筋的数量后，非预应力钢筋的数量根据正截面承载能力极限状态的要求来确定。

由式(4-26)求解出混凝土的压区高度 x，再由式 $A_s = \dfrac{f_c b'_f x - f_{cd} A_p}{f_{sd}}$ 求解出钢筋的面积，计算结果见表4-63。

非预应力钢筋数量   表4-63

截面号	0—0	1—1	2—2	3—3	4—4	5—5	6—6	7—7
非预应力筋面积(mm)	24640	24341	25278	26301	23642	28494	25851	23147
计算配置非预应力筋束数	64.83	64.04	66.50	69.20	62.20	74.96	68.01	60.90
实际配置非预应力筋束数	65	65	67	70	63	75	69	61
截面号	8—8	9—9	10—10	11—11	12—12	13—13	14—14	
非预应力筋面积(mm)	20463	21382	18269	18463	18016	16634	3895	
计算配置非预应力筋束数	53.83	56.25	48.06	48.57	47.40	43.76	10.25	
实际配置非预应力筋束数	54	57	49	49	48	44	11	

(3) 各截面下弯肋束的几何尺寸

肋束下弯后可大体上锚固在箱梁高度的2/3左右(从顶面向下)，可设定各截面下弯预应力钢束的弯起半径，下弯角度以及弯折位置 C，然后求出肋束的全长及其在截面上的箱梁顶面距离来计算钢束重心位置。钢束全长的计算原理如图4-51所示。通过计算可以得到各号肋束几何尺寸和全长，计算结果见表4-64，进而还可以计算出各截面处的钢束面积，见表4-65。

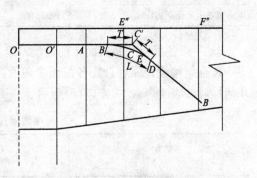

图4-51 钢束全长计算图

各号肋束几何尺寸及其长度表(cm)   表4-64

肋束号	下弯角(°)	曲率半径 R	曲线长 L	切线长 T	L'	L''	K	距梁顶距离 前一截面	距梁顶距离 锚固截面	oc'	全长
1N1	20	800	279.1	141.4	120	420	34	77.7	186.9	200	728.3
2N2	20	800	279.1	141.4	120	420	34	77.7	186.9	330	988.34
1N3	18	900	282.6	142.9	100	400	22	54.5	152.0	330	929.6
2N4	18	900	282.6	142.9	100	400	22	54.5	152.0	530	1383.6

续表

肋束号	下弯角(°)	曲率半径R	曲线长L	切线长T	L'	L''	K	距梁顶距离 前一截面	距梁顶距离 锚固截面	oc'	全长
1N5	10	1000	174.4	87.7	100	400	10	27.6	80.5	530	1575.5
1N6	10	1000	174.4	87.7	100	400	10	27.6	80.5	1750	3967.5
2N7	10	1000	174.4	87.7	100	400	10	27.6	80.5	1950	4365.5
3N8	10	1000	174.4	87.7	100	400	10	27.6	80.5	2150	4761.5
3N9	10	1000	174.4	87.7	100	400	10	27.6	80.5	2350	5161.5
3N10	10	1000	174.4	87.7	100	400	10	27.6	80.5	2350	5161.5

各截面钢束面积计算表 表 4-65

截面		0—0	1—1	2—2	3—3	4—4	5—5	6—6
过截面的钢束	水平束 n_1	32	29	26	21	24	21	19
	下弯束 n_2	1	3	3	5	0	0	0
下弯角 α(°)		20	20, 18	18, 10	10	0	0	0
钢束面积 A_y (mm^2)		31369.21	31193.83	28309.18	20628.26	23520	20580	18620
钢束重心距梁顶距离(cm)		13.68348	12.69225	10.86997	12.35199	10	10	10

截面		7—7	8—8	9—9	10—10	11—11	12—12
过截面的钢束	水平束 n_1	16	13	9	6	3	3
	下弯束 n_2	0	1	2	3	3	0
下弯角 α(°)		0	10	10	10	10	10
钢束面积 A_y (mm^2)		15680	12749.65	8839.302	5908.953	2968.953	2940
钢束重心距梁顶距离(cm)		10	10.76108	12.19553	14.9265	19.80496	10

3. 箱梁各截面的净截面几何性质及换算截面几何性质计算

根据结构设计原理计算各截面净截面几何性质如表 4-66(a)、4-66(b)所示，换算截面几何性质如表 4-67(a)、4-67(b)所示。

净截面几何性质汇总表 表 4-66(a)

项目	截面		0—0	1—1	2—2	3—3	4—4	5—5	6—6	7—7
净截面积 A_j		m^2	10.73	10.43	10.04	9.66	9.27	8.88	8.49	8.10
形心轴	距梁顶 y_{js}	m	2.73	2.62	2.46	2.31	2.17	2.02	1.87	1.72
	距梁底 y_{jx}	m	2.27	2.21	2.13	2.05	1.96	1.88	1.79	1.71
钢束重心	距梁顶 a_y	m	0.14	0.13	0.11	0.12	0.10	0.10	0.10	0.10
	距形心轴 e_j	m	2.59	2.49	2.36	2.19	2.07	1.92	1.77	1.62
净截面惯矩 I_j		m^4	39.07	35.55	31.21	27.23	23.56	20.21	17.18	14.45
截面抗力矩	对上缘 W_{js}	m^3	14.32	13.59	12.66	11.77	10.88	10.02	9.19	8.39
	对下缘 W_{jx}	m^3	17.19	16.09	14.67	13.31	12.01	10.77	9.59	8.47
	上梗肋 W_{jgs}	m^3	20.65	19.43	17.86	16.34	14.89	13.50	12.17	10.90

续表

项目	截面		0—0	1—1	2—2	3—3	4—4	5—5	6—6	7—7
截面抗力矩	下梗肋 W_{jgx}	m³	24.85	23.26	21.22	19.26	17.39	15.61	13.92	12.32
	钢筋重心 W_{je}	m³	15.08	14.29	13.25	12.43	11.41	10.54	9.71	8.91
面积矩	形心轴 S_j	m³	9.44	8.89	8.18	7.51	6.85	6.22	5.62	5.05
	上梗肋 S_{jgs}	m³	7.49	7.13	7.06	5.89	5.82	5.20	4.52	4.01
	下梗肋 S_{jgx}	m³	8.05	7.56	6.95	6.35	5.78	5.23	4.70	4.21

净截面几何性质汇总表　　　　　　　　　　　表 4-66(b)

项目	截面		8—8	9—9	10—10	11—11	12—12	13—13	14—14
净截面积 A_j		m²	7.71	7.33	6.94	6.55	6.16	5.78	5.39
形心轴	距梁顶 y_{js}	m	1.58	1.43	1.29	1.15	1.02	0.89	0.76
	距梁底 y_{jx}	m	1.62	1.53	1.44	1.34	1.25	1.15	1.04
钢束重心	距梁顶 a_y	m	0.11	0.12	0.15	0.20	0.10	0.10	0.10
	距形心轴 e_j	m	1.47	1.31	1.14	0.96	0.92	0.79	0.66
净截面惯矩 I_j		m⁴	12.00	9.82	7.90	6.22	4.78	3.56	2.55
截面抗力矩	对上缘 W_{js}	m³	7.61	6.84	6.11	5.39	4.69	4.02	3.37
	对下缘 W_{jx}	m³	7.42	6.42	5.49	4.63	3.84	3.11	2.45
	上梗肋 W_{jgs}	m³	9.69	8.55	7.47	6.46	5.52	4.65	3.86
	下梗肋 W_{jgx}	m³	10.81	9.40	8.07	6.84	5.71	4.68	3.74
	钢筋重心 W_{je}	m³	8.16	7.48	6.90	6.51	5.20	4.53	3.88
面积矩	形心轴 S_j	m³	4.50	3.97	3.47	2.99	2.54	2.12	1.73
	上梗肋 S_{jgs}	m³	3.32	2.77	2.09	1.64	2.12	1.96	1.51
	下梗肋 S_{jgx}	m³	3.73	3.28	2.85	2.45	2.07	1.71	1.39

换算截面几何性质汇总表　　　　　　　　　　　表 4-67(a)

项目	截面		0—0	1—1	2—2	3—3	4—4	5—5	6—6	7—7
换算截面积 A_0		m²	10.89	10.59	10.19	9.79	9.39	8.98	8.58	8.19
形心轴	距梁顶 y_{0s}	m	2.66	2.55	2.41	2.26	2.12	1.97	1.83	1.69
	距梁底 y_{0x}	m	2.34	2.27	2.19	2.10	2.01	1.93	1.84	1.74
钢束重心	距梁顶 a_y	m	0.14	0.13	0.11	0.12	0.10	0.10	0.10	0.10
	距梁底 e_0	m	2.53	2.43	2.30	2.13	2.02	1.87	1.73	1.59
换算截面惯矩 I_0		m⁴	40.10	36.48	31.98	27.85	24.07	20.62	17.50	14.68
截面抗力矩	对上缘 W_{0s}	m³	15.05	14.29	13.29	12.33	11.38	10.47	9.58	8.71
	对下缘 W_{0x}	m³	17.16	16.05	14.62	13.25	11.96	10.70	9.53	8.42
	上梗肋 W_{0gs}	m³	17.56	16.79	15.79	14.83	13.87	12.98	12.09	11.24

续表

项目 \ 截面			0—0	1—1	2—2	3—3	4—4	5—5	6—6	7—7
截面抗力矩	下梗肋 W_{0gx}	m³	25.14	23.51	21.40	19.36	17.49	15.62	13.92	12.31
	钢筋重心 W_{0e}	m³	15.45	14.66	13.61	12.60	11.61	10.66	9.73	8.83
面积矩	形心轴 S_0	m³	9.81	9.24	8.50	7.79	7.10	6.45	5.81	5.20
	上梗肋 S_{0gs}	m³	5.57	5.50	5.78	4.96	5.17	4.83	4.39	4.09
	下梗肋 S_{0gx}	m³	8.30	7.80	7.16	6.54	5.94	5.38	4.83	4.31

换算截面几何性质汇总表　　　　表 4-67(b)

项目 \ 截面			8—8	9—9	10—10	11—11	12—12	13—13	14—14
换算截面积 A_0		m²	7.79	7.39	6.99	6.59	6.19	5.79	5.39
形心轴	距梁顶 y_{0s}	m	1.55	1.41	1.27	1.14	1.00	0.88	0.76
	距梁底 y_{0x}	m	1.65	1.56	1.46	1.36	1.26	1.16	1.04
钢束重心	距梁顶 a_y	m	0.11	0.12	0.15	0.20	0.10	0.10	0.10
	距梁底 e_0	m	1.44	1.28	1.12	0.94	0.90	0.78	0.66
换算截面惯矩 I_0		m⁴	12.17	9.93	7.97	6.27	4.81	3.57	2.56
截面抗力矩	对上缘 W_{0s}	m³	7.87	7.06	6.27	5.52	4.79	4.08	3.38
	对下缘 W_{0x}	m³	7.38	6.38	5.46	4.60	3.81	3.09	2.45
	上梗肋 W_{0gs}	m³	10.43	9.68	8.95	8.30	7.71	7.22	6.81
	下梗肋 W_{0gx}	m³	10.80	9.35	8.03	6.79	5.66	4.63	3.73
	钢筋重心 W_{0e}	m³	7.97	7.13	6.32	5.55	4.81	4.09	3.39
面积矩	形心轴 S_0	m³	4.62	4.07	3.54	3.05	2.59	2.15	1.73
	上梗肋 S_{0gs}	m³	3.81	3.34	2.90	2.48	2.09	1.73	1.39
	下梗肋 S_{0gx}	m³	3.57	3.18	2.61	2.26	2.79	2.67	2.20

4.4.4.5　根据承载能力状态计算

各截面可简化成带下马蹄的 T 形梁截面来求受压区高度 x，假设混凝土受压区均在箱梁底板区，由于承载能力极限状态时混凝土与钢筋同时达到极限强度，则，

$$f_{pd} \times A_p + f_{sd} \times A_s = f_{cd} \times b_f \times x$$

即受压区高度为

$$x = \frac{f_{pd} \times A_p + f_{sd} \times A_s}{f_{cd} \times b_f}$$

预应力钢筋和非预应力钢筋的合力作用点到截面顶缘的距离 a 为：

$$a = \frac{f_{pd} \times A_p \times a_p + f_{sd} \times A_s \times a_s}{f_{pd} \times A_p + f_{sd} \times A_s}$$

截面抗弯承载能力 M_u 为：

$$M_u = f_{cd} \times b_f \left(h_0 - \frac{x}{2}\right)$$

根据以上计算公式计算各截面的抵抗弯矩值,见表 4-68,弯矩包络图见图 4-52。

结构抵抗弯矩计算表　　　　　　　　　　表 4-68

截面号	梁高 (m)	预应力钢束重心至上缘的距离(cm)	钢筋重心至上缘的距离(cm)	预应力钢束和钢筋合力重心至上缘的距离(cm)	有效梁高 h_0(mm)	压区高度 x(mm)	抵抗弯矩 M_u(kN·m)	基本组合 M_j(kN·m)
14—14	1.80	0.0	4	4.00	1760	8	−2423	−2148
13—13	2.03	0.0	4	4.00	1993	34	10905	−10380
12—12	2.27	10.0	4	6.29	2203	59	−21131	−20370
11—11	2.50	19.8	4	12.64	2372	83	−31588	−31484
10—10	2.73	14.9	4	11.04	2621	106	−44318	−43772
9—9	2.96	12.2	4	9.37	2870	127	−58187	−57284
8—8	3.20	10.8	4	8.86	3108	147	−73005	−72068
7—7	3.43	10.0	4	8.33	3346	168	−89407	−88222
6—6	3.66	10.0	4	8.32	3579	189	−107597	−105890
5—5	3.89	10.0	4	8.34	3811	209	−126415	−124982
4—4	4.13	10.0	4	8.74	4040	230	−147339	−145548
3—3	4.36	12.4	4	10.56	4254	250	−168831	−167635
2—2	4.59	10.9	4	9.56	4497	270	−192853	−191294
1—1	4.83	12.7	4	11.21	4713	292	−217725	−216577
0—0	5.00	13.7	4	12.07	4879	299	−238629	−236629

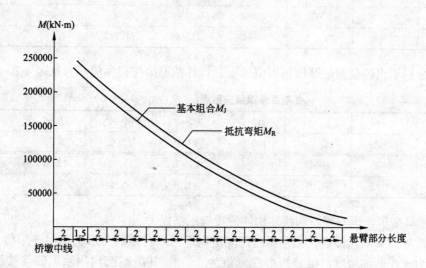

图 4-52　弯矩包络图

4.4.4.6　预应力值计算

1. 张拉控制应力

钢绞线的张拉控制应力值:$\sigma_{con}=0.75 \times f_{pk}$,故

$$\sigma_{con}=0.75 \times 1860=1395 \text{MPa}$$

2. 钢束应力损失值的计算

本设计条间分块悬臂拼装为后张法预应力混凝土梁,故应计算如下损失值:

(1) 预应力筋与管壁间的摩擦所引起的预应力损失 σ_{s1}

$$\sigma_{s1}=\sigma_{con}\times(1-e^{-\mu\theta-Kx})\tag{4-48}$$

式中 σ_{s1}——预应力筋与管壁间的摩擦所引起的预应力损失;

σ_{con}——张拉控制应力值;

μ——钢筋与管道的摩擦系数;

θ——从张拉端至计算截面间管道平面曲线的夹角之和,单位以弧度计;

K——管道每米长度的局部偏差对摩擦的影响系数;

x——从张拉端至计算截面的管道长度在构件纵轴上投影,单位以米计。

根据《结构设计原理》附表可以查得系数 $\mu=0.25$,$K=0.015$,预应力筋与管壁间的摩擦所引起的预应力损失 σ_{s1} 计算结果见表 4-69 所示。

N11 束摩擦损失计算表　　表 4-69

截面	0—0	1—1	2—2	3—3	4—4	5—5	6—6
θ(rad)	0.175	0.175	0.175	0.175	0.175	0.175	0.175
x(m)	26.080	24.080	22.080	20.080	18.080	16.080	14.080
$\mu\theta+Kx$	0.083	0.080	0.077	0.074	0.071	0.068	0.065
σ_{s1}(MPa)	110.793	106.935	103.065	99.183	95.290	91.385	87.468
截面	7—7	8—8	9—9	10—10	11—11	12—12	
θ(rad)	0.175	0.175	0.175	0.175	0.175	0.000	
x(m)	12.080	10.080	8.080	6.080	4.080	2.080	
$\mu\theta+Kx$	0.062	0.059	0.056	0.053	0.050	0.003	
σ_{s1}(MPa)	83.540	79.599	75.647	71.683	67.707	4.346	

然后分别求出各截面的摩擦损失值的汇总,各截面摩擦损失值汇总见表 4-70 所示。

各截面摩擦损失值表（单位：MPa）　　表 4-70

截面	0—0	1—1	2—2	3—3	4—4	5—5	6—6
σ_{s1}	114.17	110.32	106.46	94.84	80.82	80.90	64.83
截面	7—7	8—8	9—9	10—10	11—11	12—12	
σ_{s1}	67.72	64.25	51.87	43.16	25.47	4.35	

(2) 锚具变形,钢丝回缩和拼装构件的接缝压缩损失 σ_{s2}

本设计采用夹片式锚具。无顶压时每端由钢筋回缩及锚具变形引起的变形值为 6mm,截面支座为水泥砂浆接缝,接缝压缩变形值为 1mm,其余截面均用水泥砂浆接缝变形值为 0.05mm,利用结构的对称性每束钢筋的总数变形量为

N1: $\sum\Delta L=(6+1)\times2=14$mm

其余各束: $\sum\Delta L=(6+0.05)\times2=12.1$mm

本设计中不考虑张拉钢筋时摩阻力相反的摩阻作用,故不考虑钢束在平行的平面内反向摩阻。

由公式 $\sigma_{s2}=E_P\sum\dfrac{\Delta L}{L}$ 计算,其中预应力钢束弹性模量 $E_p=195000\text{MPa}$。

从而可得钢束的锚具变形预应力损失,各板束以及肋束锚具变形,钢丝回缩及拼装接缝压缩损失 σ_{s2} 分别见表 4-71、表 4-72、表 4-73。

各板束由于锚具变形产生的预应力损失(应力单位:MPa)　　表 4-71

板束号	2n1	3n2	2n3	3n4	2n5	2n6
L(cm)	1500	1900	2300	2700	3100	3500
ΔL(cm)	1.21	1.21	1.21	1.21	1.21	1.21
σ_{s2}	157.30	124.18	102.59	87.39	76.11	67.41

各肋束由于锚具变形产生的预应力损失(应力单位:MPa)　　表 4-72

肋束号	1N1	2N2	1N3	2N4	1N5	1N6
L(cm)	728.26	988.26	929.57	1383.57	1575.53	3967.53
ΔL(cm)	1.40	1.21	1.21	1.21	1.21	1.21
σ_{s2}	374.87	238.75	253.83	170.54	149.76	59.47
肋束号	1N7	2N7	3N8	3N9	3N10	
L(cm)	3967.53	4365.53	4781.53	5205.53	5229.53	
ΔL(cm)	1.21	1.21	1.21	1.21	1.21	
σ_{s2}	59.47	54.05	49.35	45.33	45.12	

各截面平均锚具变形预应力损失值(应力单位:MPa)　　表 4-73

截面	0—0	1—1	2—2	3—3	4—4	5—5	6—6
钢筋束根数	33	32	29	26	24	21	19
σ_{s2}	127.67	119.94	115.90	119.50	115.25	109.52	98.32
截面	7—7	8—8	9—9	10—10	11—11	12—12	
钢筋束根数	16	14	11	9	6	3	
σ_{s2}	97.19	81.79	77.91	65.22	87.83	139.67	

(3) 混凝土弹性压缩损失 σ_{s4}

后张法预应力混凝土构件当采用分批张拉时,先张拉的钢筋由张拉后批钢筋所引起的混凝土弹性压缩的预应力损失,按下式计算:

$$\sigma_{s4}=\dfrac{n_y(N-1)\sigma_h}{2N} \tag{4-49}$$

式中　σ_{s4}——混凝土弹性压缩损失;

N——张拉筋束的总批数;

n_y——第 m 批张拉预应力筋根数;

σ_h——全部筋束的合力在其作用点处所产生的混凝土正应力。

从而各截面混凝土弹性压缩损失 σ_{s4} 的计算结果见表 4-74。

混凝土弹性压缩损失计算表 表 4-74(a)

截面	0—0	1—1	2—2	3—3	4—4	5—5	6—6
净截面积 A_j (m²)	10.73	10.43	10.04	9.66	9.27	8.88	8.49
净截面惯 I_j (m⁴)	39.07	35.55	31.21	27.23	23.56	20.21	17.18
距形心轴 e_j (m)	2.59	2.49	2.36	2.19	2.07	1.92	1.77
钢束重心 W_{je} (m³)	15.08	14.29	13.25	12.43	11.41	10.54	9.71
钢束面积 A_y (cm²)	313.69	311.94	283.09	206.28	235.20	205.80	186.20
$r^2 = \dfrac{I_j}{A_j}$ (cm²)	3.64	3.41	3.11	2.82	2.54	2.28	2.02
$\rho_A = 1 + \dfrac{e_j^2}{r^2}$	2.84	2.82	2.79	2.70	2.68	2.61	2.55
$\mu = \dfrac{A_y}{A_j}$	0.0029	0.0030	0.0028	0.0021	0.0025	0.0023	0.0022
σ_K (MPa)	1395.00	1395.00	1395.00	1395.00	1395.00	1395.00	1395.00
M_1 (kN·m)	−80379.69	−71300.51	−60169.43	−50118.35	−41105.27	−33088.19	−26027.11
$\dfrac{M_1}{W_{je}}$ (MPa)	5.33	4.99	4.54	4.03	3.60	3.14	2.68
σ_h (MPa)	4.26	4.82	4.67	2.78	4.54	4.16	4.20
张拉批数 N	13.00	12.00	11.00	10.00	9.00	8.00	7.00
σ_{s4} (MPa)	10.49	11.80	11.33	6.68	10.78	9.73	9.62

混凝土弹性压缩损失计算表 表 4-74(b)

截面	7—7	8—8	9—9	10—10	11—11	12—12
净截面积 A_j (m²)	8.1	7.71	7.33	6.94	6.55	6.16
净截面惯 I_j (m⁴)	14.45	12.00	9.82	7.90	6.22	4.78
距形心轴 e_j (m)	1.62	1.47	1.31	1.14	0.96	0.92
钢束重心 W_{je} (m³)	8.91	8.16	7.48	6.90	6.51	5.20
钢束面积 A_y (cm²)	156.80	127.50	88.39	59.09	29.69	29.40
$r^2 = \dfrac{I_j}{A_j}$ (cm²)	1.78	1.56	1.34	1.14	0.95	0.78
$\rho_A = 1 + \dfrac{e_j^2}{r^2}$	2.48	2.39	2.29	2.15	1.96	2.09
$\mu = \dfrac{A_y}{A_j}$	0.0019	0.0017	0.0012	0.0009	0.0005	0.0005
σ_K (MPa)	1395.00	1395.00	1395.00	1395.00	1395.00	1395.00
M_1 (kN·m)	−19880.03	−14723.12	−10435.60	−6936.08	−4184.56	−2139.04
$\dfrac{M_1}{W_{je}}$ (MPa)	2.23	1.80	1.40	1.00	0.64	0.41
σ_h (MPa)	3.66	3.13	2.09	1.35	0.50	0.84
张拉批数 N	6.00	5.00	4.00	3.00	2.00	1.00
σ_{s4} (MPa)	8.15	6.68	4.19	2.41	0.66	0.00

(4) 预应力筋的应力松弛损失 σ_{s5}

$$\sigma_{s5}=0.045\times\sigma_K=0.045\times1395=62.8\text{MPa}$$

(5) 混凝土的收缩和徐变损失 σ_{s6}，见公式(4-31a)即

$$\sigma_{s6}=\frac{0.9[E_p\varepsilon_{cs}(t,\ t_0)+\alpha_{Ep}\sigma_{pc}\phi(t,\ t_0)]}{1+15\rho\rho_{ps}} \tag{4-50}$$

根据上面的公式分别计算出各个截面由于混凝土的收缩和徐变所产生的损失 σ_{s6} 下表 4-75(a)、4-75(b)所示。

混凝土徐变收缩引起的预应力损失　　　　表 4-75(a)

截面	0—0	1—1	2—2	3—3	4—4	5—5	6—6
$\mu=\dfrac{A_y}{A_j}$	0.0029	0.0030	0.0028	0.0021	0.0025	0.0023	0.0022
$\rho_A=1+\dfrac{e_j^2}{r^2}$	2.84	2.82	2.79	2.70	2.68	2.61	2.55
$\dfrac{M_1}{W_{je}}$(MPa)	5.33	4.99	4.54	4.03	3.60	3.14	2.68
σ_K(MPa)	1395	1395	1395	1395	1395	1395	1395
σ_{s1}(MPa)	114.17	110.32	106.46	94.84	80.82	80.90	64.83
σ_{s2}(MPa)	127.67	119.94	115.90	119.50	115.25	109.52	98.32
σ_{s4}(MPa)	10.49	11.80	11.33	6.68	10.78	9.73	9.62
σ_y(MPa)	1142.67	1152.95	1161.32	1173.98	1188.15	1194.85	1222.23
σ_h(MPa)	4.26	4.82	4.67	2.78	4.54	4.16	4.20
E_P(MPa)	195000	195000	195000	195000	195000	195000	195000
ε	0.0002	0.0002	0.0002	0.0002	0.0002	0.0002	0.0002
ϕ	1.74	1.74	1.74	1.74	1.74	1.74	1.74
α_{EP}	5.82	5.82	5.82	5.82	5.82	5.82	5.82
σ_{s6}(MPa)	68.83	73.28	72.59	58.87	72.62	70.17	70.97

混凝土徐变收缩引起的预应力损失　　　　表 4-75(b)

截面	7—7	8—8	9—9	10—10	11—11	12—12
$\mu=\dfrac{A_y}{A_j}$	0.0019	0.0017	0.0012	0.0009	0.0005	0.0005
$\rho_A=1+\dfrac{e_j^2}{r^2}$	2.48	2.39	2.29	2.15	1.96	2.09
$\dfrac{M_1}{W_{je}}$(MPa)	2.23	1.80	1.40	1.00	0.64	0.41
σ_K(MPa)	1395	1395	1395	1395	1395	1395
σ_{s1}(MPa)	67.72	64.25	51.87	43.16	25.47	4.35
σ_{s2}(MPa)	97.19	81.79	77.91	65.22	87.83	139.67
σ_{s4}(MPa)	8.15	6.68	4.19	2.41	0.66	0.00
σ_y(MPa)	1221.95	1242.28	1261.02	1284.21	1281.04	1250.99

续表

截面	7—7	8—8	9—9	10—10	11—11	12—12
σ_h(MPa)	3.66	3.13	2.09	1.35	0.50	0.84
E_P(MPa)	195000	195000	195000	195000	195000	195000
ε	0.0002	0.0002	0.0002	0.0002	0.0002	0.0002
ϕ	1.74	1.74	1.74	1.74	1.74	1.74
α_{EP}	5.82	5.82	5.82	5.82	5.82	5.82
σ_{s6}(MPa)	67.17	63.37	55.41	49.56	42.57	45.55

（6）预应力损失汇总

① 张拉锚固阶段的有效预应力：

$$\sigma_{y2}=\sigma_k-(\sigma_{s1}+\sigma_{s2}+\sigma_{s4}) \tag{4-51}$$

② 在使用阶段，扣除混凝土收缩徐变外的其他各项因素引起的应力损失后的有效预应力（计算混凝土预应力时使用）：

$$\sigma_{y3}=\sigma_k-(\sigma_{s1}+\sigma_{s2}+\sigma_{s4}+\sigma_{s5}) \tag{4-52}$$

③ 在使用阶段，扣除全部损失的有效预应力（永久应力）：

$$\sigma_{y1}=\sigma_k-(\sigma_{s1}+\sigma_{s2}+\sigma_{s4}+\sigma_{s5}+\sigma_{s6}) \tag{4-53}$$

计算各截面在使用阶段的有效预应力如表 4-76 所示。

预应力损失汇总表　　　表 4-76

截面	0—0	1—1	2—2	3—3	4—4	5—5	6—6
σ_{s1}(MPa)	114.17	110.32	106.46	94.84	80.82	80.90	64.83
σ_{s2}(MPa)	127.67	119.94	115.90	119.50	115.25	109.52	98.32
σ_{s4}(MPa)	10.49	11.80	11.33	6.68	10.78	9.73	9.62
σ_{s5}(MPa)	62.80	62.80	62.80	62.80	62.80	62.80	62.80
σ_{s6}(MPa)	68.83	73.28	72.59	58.87	72.62	70.17	70.97
σ_k(MPa)	1395.00	1395.00	1395.00	1395.00	1395.00	1395.00	1395.00
σ_{y3}(MPa)	1142.67	1152.95	1161.32	1173.98	1188.15	1194.85	1222.23
σ_{y2}(MPa)	1079.87	1090.15	1098.52	1111.18	1125.35	1132.05	1159.43
σ_{y1}(MPa)	1011.05	1016.87	1025.92	1052.31	1052.73	1061.88	1088.46
截面	7—7	8—8	9—9	10—10	11—11	12—12	
σ_{s1}(MPa)	67.72	64.25	51.87	43.16	25.47	4.35	
σ_{s2}(MPa)	97.19	81.79	77.91	65.22	87.83	139.67	
σ_{s4}(MPa)	8.15	6.68	4.19	2.41	0.66	0.00	
σ_{s5}(MPa)	62.80	62.80	62.80	62.80	62.80	62.80	
σ_{s6}(MPa)	67.17	63.37	55.41	49.56	42.57	45.55	
σ_k(MPa)	1395.00	1395.00	1395.00	1395.00	1395.00	1395.00	
σ_{y3}(MPa)	1221.95	1242.28	1261.02	1284.22	1281.04	1250.99	
σ_{y2}(MPa)	1159.15	1179.48	1198.22	1221.42	1218.24	1188.19	
σ_{y1}(MPa)	1091.98	1116.10	1142.81	1171.85	1175.66	1142.64	

4.4.4.7 正常使用阶段应力计算

(1) 短暂状况的正应力验算

$$上缘 \quad \sigma_{cc} = \frac{N_{p1}}{A_n} + \frac{N_{p1} \times e}{W_{nb}} - \frac{M_{G1}}{W_{nb}} \quad (4\text{-}54a)$$

$$下缘 \quad \sigma_{ct} = \frac{N_{p1}}{A_n} - \frac{N_{p1} \times e}{W_{nu}} + \frac{M_{G1}}{W_{nu}} \quad (4\text{-}54b)$$

式中　σ_{cc}——截面上缘的正应力；

σ_{ct}——截面下缘的正应力；

N_{p1}——后张法预应力筋的合力；

e——预应力筋的合力对净截面重心的偏心距；

W_{nb}——净截面对上缘的抵抗矩；

W_{nu}——净截面对下缘的抵抗矩；

A_n——净截面的面积。

各截面的短暂状况的正应力根据以上两式进行计算，计算结果如下表4-77所示。

短暂状况正常使用时各截面的正应力表　　表4-77

截面	0—0	1—1	2—2	3—3	4—4	5—5	6—6
σ_{y1}(MPa)	1011	1017	1026	1052	1053	1062	1088
预应力束根数(根)	33	32	29	26	24	21	19
N_{P1}(N)	32697252	31888875	29156755	26812760	24760214	21853493	20267146
A_j(m²)	10.73	10.43	10.04	9.66	9.27	8.88	8.49
e_j(m)	2.59	1.49	2.36	2.19	2.07	1.92	1.77
W_{nb}(m³)	14.32	13.59	12.66	11.77	10.88	10.02	9.19
W_{nu}(m³)	17.19	16.09	14.67	13.31	12.01	10.77	9.59
M_1(kN·m)	−132428	−120577	−105748	−92001	−79291	−67577	−56820
σ_{cc}(MPa)	−0.28	0.02	−0.02	−0.05	0.08	−0.10	0.11
σ_{ct}(MPa)	5.82	5.62	5.43	5.28	5.02	4.85	4.57
截面	7—7	8—8	9—9	10—10	11—11	12—12	
σ_{y1}(MPa)	1092	1116	1143	1172	1176	1143	
预应力束根数(根)	16	14	11	9	6	3	
N_{P1}(N)	17122234	15312942	12319535	10335728	6912902	3359363	
A_j(m²)	8.10	7.71	7.33	6.94	6.55	6.16	
e_j(m)	1.62	1.47	1.31	1.14	0.96	0.92	
W_{nb}(m³)	8.39	7.61	6.84	6.11	5.39	4.69	
W_{nu}(m³)	8.47	7.42	6.42	5.49	4.63	3.84	
M_1(kN·m)	−46976	−38123	−30138	−22942	−16494	−10752	
σ_{cc}(MPa)	−0.17	−0.07	−0.36	−0.33	−0.78	−1.09	
σ_{ct}(MPa)	4.38	4.09	3.86	3.51	3.19	2.54	

由表中可以看出计算所得的应力 σ_{cc}，σ_{ct} 均满足要求。

(2) 长期状况的正应力验算

$$上缘\ \sigma_{cu} = \left(\frac{N_{P2}}{A_n} + \frac{N_{P2} \cdot e}{W_{nb}}\right) + \frac{M_{G1}}{W_{nb}} + \frac{M_{G2}}{W_{ob}} + \frac{M_Q}{W_{ob}} \quad (4\text{-}55a)$$

$$下缘\ \sigma_{ct} = \left(\frac{N_{P2}}{A_n} - \frac{N_{P2} \cdot e}{W_{nu}}\right) - \frac{M_{G1}}{W_{nu}} - \frac{M_{G2}}{W_{ou}} - \frac{M_Q}{W_{ou}} \quad (4\text{-}55b)$$

式中 σ_{cu}——截面上缘的正应力；

σ_{ct}——截面下缘的正应力；

N_{p2}——后张法预应力筋和非预应力钢筋的合力；

e——预应力筋和非预应力筋的合力对净截面重心的偏心距；

W_{nb}——净截面对上缘的抵抗矩；

W_{nu}——净截面对下缘的抵抗矩；

W_{ob}——换算截面对上缘的抵抗矩；

W_{ou}——换算截面对下缘的抵抗矩；

M_{G1}——一期恒载所产生的截面弯矩；

M_{G2}——二期恒载所产生的截面弯矩；

M_Q——汽车荷载所产生的截面弯矩。

各截面的长期状况的正应力根据以上两式进行计算，计算结果见表4-78所示。

长期状况正常使用时各截面的正应力表　　　　表4-78

截面	0—0	1—1	2—2	3—3	4—4	5—5	6—6
σ_{y1}(MPa)	1011	1017	1026	1052	1053	1062	1088
预应力钢束根数(根)	33	32	29	26	24	21	19
预应力钢束面积(mm²)	32340	31360	28420	25480	23520	20580	18620
N_{P2}(N)	30996779	30078334	27308049	25246435	23021213	19853026	18405742
钢筋根数(根)	65	65	67	70	63	75	69
钢筋面积 A_s(mm²)	24707	24707	25467	26607	23946	28508	26227
M_1(kN·m)	−132428	−120577	−105748	−92001	−79291	−67577	−56820
M_2(kN·m)	−13707	−12253	−10440	−8773	−7250	−5873	−4640
M_Q(kN·m)	−43762	−40844	−37049	−33362	−29785	−26316	−22956
A_j(m²)	10.73	10.43	10.04	9.66	9.27	8.88	8.49
e_j(m)	2.59	2.49	2.36	2.19	2.07	1.92	1.77
W_{nb}(m³)	14.32	13.59	12.66	11.77	10.88	10.02	9.19
W_{nu}(m³)	17.19	16.09	14.67	13.31	12.01	10.77	9.59
W_{ob}(m³)	15.05	14.29	13.29	12.33	11.38	10.47	9.58
W_{ou}(m³)	17.16	16.05	14.62	13.25	11.96	10.70	9.53
σ_{cc}(MPa)	−4.12	−3.76	−3.73	−3.56	−3.37	−3.49	−3.10
σ_{ct}(MPa)	9.28	9.05	8.81	8.58	8.25	8.02	7.63

续表

截面	7—7	8—8	9—9	10—10	11—11	12—12
σ_{yl}(MPa)	1091.98	1116.10	1142.81	1171.85	1175.66	1142.64
预应力钢束根数(根)	16.00	14.00	11.00	9.00	6.00	3.00
预应力钢束面积(mm²)	15680.00	13720.00	10780.00	8820.00	5880.00	2940.00
N_{P2}(N)	15564911	14012160	11119081	9412612	6119981	2528365
钢筋根数(根)	61	54	57	49	49	48
钢筋面积 A_s(mm²)	23186	20525	21666	18625	18625	18245
M_1(kN·m)	−46976.11	−38122.60	−30138.48	−22942.36	−16494.24	−10752.12
M_2(kN·m)	−3552.50	−2610.00	−1812.50	−1160.00	−652.50	−290.00
M_Q(kN·m)	−19705.33	−16563.47	−13530.55	−10606.57	−7791.52	−5085.41
A_j(m²)	8.10	7.71	7.33	6.94	6.55	6.16
e_j(m)	1.62	1.47	1.31	1.14	0.96	0.92
W_{nb}(m³)	8.39	7.61	6.84	6.11	5.39	4.69
W_{nu}(m³)	8.47	7.42	6.42	5.49	4.63	3.84
W_{ob}(m³)	8.71	7.87	7.06	6.27	5.52	4.79
W_{ou}(m³)	8.42	7.38	6.38	5.46	4.60	3.81
σ_{cc}(MPa)	−3.13	−2.76	−2.79	−2.41	−2.50	−2.46
σ_{ct}(MPa)	7.28	6.81	6.37	5.75	5.09	4.04

(3) 持久状况下预应力筋的应力验算

$$\sigma_{kt}=\frac{M_{G1}}{W_{np}}+\frac{(M_{G2}+M_Q)}{W_{op}} \qquad (4-56)$$

$$\sigma=\sigma_p+\alpha_{EP}\cdot\sigma_{kt} \qquad (4-57)$$

式中 σ_{kt}——二期恒载及活载作用产生的预应力钢筋重心处的混凝土应力；

σ——预应力钢束受到的拉应力；

W_{np}——净截面对预应力钢束重心的抵抗矩；

W_{op}——换算截面对预应力钢束重心的抵抗矩；

σ_p——预应力钢束的有效预应力；

α_{EP}——预应力钢筋与混凝土的弹性模量比；

M_{G1}——一期恒载所产生的截面弯矩；

M_{G2}——二期恒载所产生的截面弯矩；

M_Q——汽车荷载所产生的截面弯矩。

持久状况下各截面的预应力钢筋应力见表4-79。

持久状况下各截面的预应力钢筋应力验算表　　表4-79

截面	0—0	1—1	2—2	3—3	4—4	5—5	6—6
M_{G1}(kN·m)	−132428	−120577	−105748	−92001	−79291	−67577	−56820
M_{G2}(kN·m)	−13707	−12253	−10440	−8773	−7250	−5873	−4640

续表

截面	0—0	1—1	2—2	3—3	4—4	5—5	6—6
M_Q(kN·m)	−43762	−40844	−37049	−33362	−29785	−26316	−22956
W_{op}(m³)	15.94	15.11	13.98	13.08	11.99	11.08	10.17
W_{nP}(m³)	15.08	14.29	13.25	12.43	11.41	10.54	9.71
σ_{kt}(MPa)	12	12	11	11	10	9	9
σ(MPa)	1081	1084	1090	1112	1109	1115	1137
σ_{yl}(MPa)	1011.05	1016.86	1025.92	1052.31	1052.73	1061.88	1088.46
截面	7—7	8—8	9—9	10—10	11—11	12—12	
M_{G1}(kN·m)	−46976	−38123	−30138	−22942	−16494	−10752	
M_{G2}(kN·m)	−3553	−2610	−1813	−1160	−653	−290	
M_Q(kN·m)	−19705	−16563	−13531	−10607	−7792	−5085	
W_{op}(m³)	9.29	8.48	7.75	7.12	6.69	5.32	
W_{nP}(m³)	8.91	8.16	7.48	6.90	6.51	5.20	
σ_{kt}(MPa)	8	7	6	5	4	3	
σ(MPa)	1136	1155	1177	1200	1197	1160	
σ_{yl}(MPa)	1091.98	1116.10	1142.81	1171.85	1175.66	1142.64	

从表中可以看出，σ 均小于 $0.65 \times 1860 = 1209$MPa，故满足要求。

关于混凝土的其他应力验算以及抗裂性验算和挠度验算可以参照预应力混凝土结构设计原理相关内容进行验算。

4.5 习题

4.5.1 课程设计题目

4.5.1.1 装配式预应力混凝土简支空心板梁桥设计

1. 主要技术指标设计资料

(1) 桥面净宽：2×(0.5+12+1.00)m(高速公路车道)

(2) 主梁跨径及全长

标准跨径：16.00m

计算跨径：15.60m

主梁全长：15.96m

(3) 设计荷载：公路Ⅰ级，结构重要性系数 $\gamma_0 = 1.0$

2. 材料规格

普通钢筋：主筋用 HRB335 级钢筋，其他用 HPB235 级钢筋。

预应力钢绞线：预应力钢绞线采用 ASTM 416—87 标准 270 级钢绞线，$f_{pk} = 1860$MPa，松弛率为 3.5%，松弛系数为 0.3。采用 ϕ12.7 钢绞线。

混凝土：预应力混凝土空心板、铰缝及整体化现浇混凝土均为 C40。

3. 结构尺寸：可以参考标准图尺寸选用。

4. 计算内容与图纸要求

(1) 计算主梁的荷载横向分布系数；

(2) 主梁内力计算；

(3) 主梁截面设计、配筋及验算；

(4) 主梁裂缝宽度验算；

(5) 主梁变形验算；

(6) 要求图幅尺寸按 A3 图纸绘制：主梁一般构造图、配筋图。

4.5.1.2 装配式预应力混凝土简支 T 梁桥计算

1. 主要技术指标设计资料

(1) 桥面净空：净—11+2×1.0m（人行道）

(2) 主梁的跨径和全长

标准跨径：35.00m

计算跨径：34.16m

主梁全长：34.96m

(3) 设计荷载：公路 I 级，人群荷载 3.0kN/m²，安全等级为一级。

2. 材料

混凝土：主梁采用 C45；栏杆采用 C30 混凝土，人行道板、人行道梁、缘石、栏杆、扶手，总重按 12.35kN/m 考虑。

预应力钢筋：采用高强度低松弛 7 丝捻制的预应力钢绞线，公称直径为 15.20mm，公称面积 140mm²，标准强度 $f_{pk}=1860$MPa，设计强度 $f_{pd}=1260$MPa，弹性模量 $E_p=1.95×10^5$MPa。

普通钢筋：采用 HRB335 钢筋。

3. 构造要点

(1) 本主梁按全预应力混凝土构件设计。

(2) 桥面横坡为 2‰ 单向横坡，横坡从支座垫石上进行调整。

(3) 桥面铺装：上层为 0.10m 的 C30 沥青混凝土，下层为 0.12m 的 C40 防水混凝土，两者之间加设 SBS 防水层。

(4) 桥梁横断面与构造尺寸根据标准图自拟。

4. 施工工艺

(1) 采用后张法施工工艺，两端张拉，超张拉；

(2) 预应力钢筋的松弛率为 0.35%，松弛系数为 0.3；

(3) 锚具变形和钢筋回缩按 6mm（一端）计算，金属波纹管摩阻系数为 0.25，偏差系数为 0.0015；

(4) 相对湿度为 60%；

(5) 预制 T 梁预应力钢束必须待混凝土立方体强度达到设计强度的 85% 后，且混凝土龄期不小于 7d，方可张拉，预制梁钢束采用两端同时张拉，锚下控制应力为 $0.75f_{pk}$。

5. 计算内容与图纸要求

(1) 计算主梁的荷载横向分布系数；

(2) 主梁内力计算；

(3) 主梁截面设计、配筋及验算；

(4) 主梁裂缝宽度验算；

(5) 主梁变形验算；

(6) 要求图幅尺寸按 A3 图纸绘制：主梁一般构造图、配筋图。

4.5.1.3 跨内设挂梁的预应力混凝土 T 形刚构桥梁设计

1. 主要技术指标设计资料

(1) 跨径：40m＋65m＋40m(悬臂长各 25m，挂梁 15m)；

(2) 桥宽：净 7.5m＋2×1.5m 人行道；

(3) 设计荷载：公路一级；

(4) 桥面纵坡：1％，桥面横坡：2％；

(5) 桥墩形式：箱形空心桥墩；

(6) 基础形式：扩大基础或桩基础。

2. 材料规格

(1) 混凝土：C40；

(2) 预应力筋：ϕ15 钢绞线；

(3) 非预应力钢筋：直径≥12mm 用 HRB335 螺纹钢筋，直径＜12mm 用 HPB235 光圆钢筋；

(4) 锚具 XM 锚或 OVM 锚。

3. 施工方法

(1) 采用悬臂现浇施工；

(2) 挂梁采用预制吊装；

(3) 基础采用现浇。

4. 计算内容与图纸要求

(1) 主梁、挂梁的荷载内力计算；

(2) 主梁与挂梁的截面设计、配筋及验算；

(3) 结构的预应力张拉控制应力及应力损失计算；

(4) 结构的抗裂与变形验算；

(5) 要求图幅尺寸按 3 号图纸绘制：主梁、挂梁一般构造图、配筋图。

4.5.1.4 跨中设剪力铰的预应力混凝土 T 形刚构桥梁设计

1. 主要技术指标设计资料

(1) 跨径：35m＋90m＋35m；

(2) 桥宽：净 7.5m(两侧设置刚性防撞栏)；

(3) 设计荷载：公路一级；

(4) 桥面纵坡：1％，桥面横坡：2％；

(5) 桥墩形式：箱形空心桥墩；

(6) 基础形式：扩大基础或桩基础。

2. 材料规格

(1) 混凝土：C50；

(2) 预应力筋：ϕ15 钢绞线；

(3) 非预应力钢筋：直径≥12mm 用 HRB335 螺纹钢筋，直径<12mm 用 HPB235 光圆钢筋；

(4) 锚具 XM 锚或 OVM 锚。

3. 施工方法

(1) 采用悬臂现浇施工；

(2) 挂梁采用预制吊装；

(3) 基础采用现浇。

4. 计算内容与图纸要求

(1) 主梁、挂梁的荷载内力计算；

(2) 主梁与挂梁的截面设计、配筋及验算；

(3) 结构的预应力张拉控制应力及应力损失计算；

(4) 结构的抗裂与变形验算；

(5) 要求图幅尺寸按 3 号图纸绘制：主梁、挂梁一般构造图、配筋图。

4.5.2 思考题与习题

1. 简支梁桥荷载的冲击系数如何计算？
2. 车辆荷载和车道荷载有什么区别？二者分别在什么情况下使用？
3. 计算主梁荷载横向分布系数有哪些方法，其各自的适用范围是什么？
4. 作用效应的组合有哪几种？
5. 混凝土简支梁桥上部结构的设计内容有哪些？
6. 部分预应力与全预应力混凝土有什么区别？
7. 预应力简支梁桥正常使用极限状态的计算包括哪些内容？
8. 跨中设剪力铰的 T 形刚构桥梁和跨内设挂梁的 T 形刚构桥梁的区别有哪些？
9. 设剪力铰的 T 形刚构桥梁中剪力铰的作用是什么？
10. T 形刚构桥梁所采用桥墩的特点是什么？

附：参考资料

1. 中华人民共和国交通部标准. 公路桥涵设计通用规范(JTG D60—2004). 北京：人民交通出版社，2004.
2. 中华人民共和国交通部标准. 公路钢筋混凝土及预应力钢筋混凝土桥涵设计规范(JTG D62—2004). 北京：人民交通出版社，2004.
3. 中华人民共和国交通部标准. 公路工程技术标准(JTG B01—2003). 北京：人民交通出版社，2003.
4. 中华人民共和国交通部标准. 公路桥涵施工技术规范(JTJ 041—2000). 北京：人民交通出版社，2000.
5. 中华人民共和国交通部标准. 公路桥涵地基与基础设计规范(JTJ 024—85). 北京：人民交通出版社，1985.
6. 中华人民共和国交通部标准. 公路砖石及混凝土桥涵设计规范(JTJ 022—85). 北京：人民交通出版社，1985.

7. 中华人民共和国行业标准. 城市桥梁设计荷载标准(CJJ 77—98). 北京：中国建筑工业出版社，1998.

8. 中华人民共和国行业标准. 城市桥梁设计准则(CJJ 11—93). 北京：中国建筑工业出版社，1993.

9. 中华人民共和国推荐性行业标准. 公路桥梁抗风设计规范(JTG/T D60—01—2004). 武汉理工大学出版社，2004.

10. 徐光辉、胡明义. 公路桥涵设计手册-梁桥(上册). 北京：人民交通出版社，1996.

11. 陈忠延. 土木工程专业毕业设计指南(桥梁工程分册). 北京：中国水利水电出版社，2000.

12. 黄平明、梅葵花、王蒂. 结构设计原理. 北京：人民交通出版社，2006.

13. 范立础、徐光辉. 桥梁工程. 北京：人民交通出版社，2008.

第5章 隧道工程课程设计

5.1 基本知识

5.1.1 隧道的分类及其作用

从不同角度区分，可得出不同的隧道分类方法，下面简要介绍按用途、长度、断面等几种分类方法。

(1) 按照用途分类：包括交通隧道、水工隧道、城市隧道和矿山隧道等。

① 交通隧道

交通隧道是应用最广泛的一种隧道，其作用是提供交通运输和人行的通道，以满足交通线路畅通的要求，一般包括有以下几种：公路隧道、铁路隧道、地下铁道和人行隧道等。

② 水工隧道

水工隧道是水利工程和水力发电枢纽的一个重要组成部分。水工隧道包括以下几种：引水隧道、尾水隧道、导流隧道或泄洪隧道和排沙隧道等。

③ 市政隧道

在城市的建设和规划中，充分利用地下空间，将各种不同市政设施安置在地下，而修建的地下孔道，称为市政隧道。市政隧道包括以下几种：给水隧道、污水隧道、管路隧道和线路隧道等。

④ 矿山隧道

在矿山开采中，从山体以外通向矿床和将开采到的矿石运输出来，是通过修建隧道来实现的。其作用主要是为采矿服务的，有下列几种：运输巷道、给水隧道和通风隧道等。

(2) 公路隧道按照长度分类，包括：特长隧道，长隧道，中隧道，短隧道等。

(3) 按照隧道断面积分类，包括：特大断面隧道($100m^2$ 以上)，大断面隧道($50\sim100m^2$)，中等断面隧道($10\sim50m^2$)，小断面隧道($3\sim10m^2$)，极小断面隧道($3m^2$ 以下)等。

5.1.2 隧道勘察

隧道勘察阶段的划分应与公路设计阶段相适应，一般分为可行性研究勘察、初步勘察、详细勘察。

5.1.2.1 可行性研究勘察

公路可行性研究按其工作深度，分为预可行性研究和工程可行性研究。预可行性研究中的勘察主要侧重于收集与研究已有的文献资料；而在工程可行性研究中，需在分析已有资料的基础上，通过踏勘，对各个可能方案作实地调查，并对不良地质地段等重要工点进行必要的勘探，大致查明地质情况。

5.1.2.2 初步勘察

初勘是在批准的工程可行性研究报告推荐建设方案的基础上，在初步选定的路线内进行勘察，其任务是满足初步设计对资料要求。根据工程地质条件，优选路线方案，在路线基本走向范围内，对可能作为隧道线位的区间进行初勘，重点勘察不良地质地段，以明确隧道能否通过或如何通过。提供编制初步设计所需全部工程地质资料。

初勘工作步骤：可按收集资料、工程地质选定隧道线位、工程地质调绘、勘探、试验、资料整理等顺序进行。

(1) 收集资料：初勘也应收集已有资料，包括可行性研究报告，取得隧道所在位置的初步总平面布置地形图及有关工程性质、规模的文件。

(2) 工程地质选定隧道线位：初勘工作的任务是选择经济合理、技术可行的最优隧道位置方案。当测区内的工程地质条件比较复杂，如区域地质的稳定条件差，有不良地质现象时，尤其应注意工程地质选线工作。首先应从工程地质观点来选定隧道线位的概略位置，然后充分研究并掌握沿线的工程地质条件，尽可能提出有比较价值的方案进行比较，将隧道选定在地质情况比较好的区间内，以避免在详测时因工程地质问题发生大的方案变动。

(3) 初勘资料整理：整理工程地质勘察的原始资料，包括调查、测绘、勘探、试验等资料，并按有关规定填写，并进行复核与检查。提交的资料包括图件、文字等资料，要求清晰正确，并符合有关规定和设计文件编制办法的规定。

5.1.2.3 详细勘察

(1) 详勘的任务：是在初勘的基础上，进行补充校对，进一步查明沿线的工程地质条件，以及重点工程与不良地质区段的工程地质特征，并取得必需的工程地质的数据，为确定隧道位置的施工图设计提供详细的工程地质资料。

(2) 详勘工作步骤：可按准备工作、沿线工程地质调绘勘探、试验、资料整理的顺序进行。

5.1.3 隧道总体设计

隧道设计应满足公路交通规划的要求，其建筑限界、断面净空、隧道主体结构以及营运通风、照明等设施，应按《公路工程技术标准》(JTG B01—2003)规定的预测交通量设计。

5.1.3.1 隧道位置选择

公路隧道位置的选择是极其复杂的，它不仅与当地的工程地质与水文地质条件、地形地貌条件、气象条件、工程难易程度、经济、工期的要求以及现有施工技术水平和今后营运的条件等因素直接相关，还与公路路线总体设计、相邻建筑物有关，甚至还与政治、经济、军事及地区发展等有关。隧道位置应选择在稳定的地层中，尽量避免穿越工程地质和水文地质极为复杂以及严重不良地质地段；当必须通过时，应缩短其穿越的长度，采取可靠的工程处理措施，以确保隧道施工及营运的安全。隧道选址的方法见本章后续内容。

5.1.3.2 隧道平面设计

应根据地质、地形、路线走向、通风等因素确定隧道的平面线线形。隧道平面线形一般设计成直线，这主要考虑到两个方面：其一，取直线对通风有利，如果设为曲线尤其是小半径曲线，通风阻力增大，对自然通风不利，同时会增大机械通风量；其二，如果隧道取小半径曲线，通常须设置超高和加宽，这将使施工变得复杂，断面不统一以及它们相互过渡增加施工难度。但当隧道洞口正朝东西方向时，可将洞口段设计成曲线，以避开阳光直射驾驶员视野，或者设置必要长度的遮阳棚。当设为曲线时，不宜采用设超高的平曲线，并不应采用设加宽的平曲线。隧道不设超高的圆曲线最小半径应符合表5-1的规定。当由于特殊条件限制隧道平面线形设计为需设超高的曲线时，其值不宜大于4.0%，技术指标应符合现行《公路路线设计规范》的有关规定。隧道的停车视距与会车视距应符合表5-2的规定。

不设超高的圆曲线最小半径(m)　　　　　　　　　　　　　　表5-1

路拱 \ 设计车速(km/h)	120	100	80	60	40	30	20
≤2.0%	5500	4000	2500	1500	600	350	150
>2.0%	7500	5250	3350	1900	800	450	200

公路停车视距和会车视距　　　　　　　　　　　　　　表5-2

公路等级	高速公路、一级公路				二、三、四级公路				
设计车速(km/h)	120	100	80	60	80	60	40	30	20
停车视距(m)	210	160	110	75	110	75	40	30	20
会车视距(m)	—	—	—	—	220	150	80	60	40

高速公路、一级公路的隧道应设计为上、下行分离的独立双洞。分离式独立双洞的最小净距，按对两洞结构彼此不产生有害影响的原则，结合隧道平面线形、围岩地质条件、断面形状和尺寸、施工方法、工期要求等因素确定，一般情况可按表5-3取值。

分离式独立双洞间的最小净距　　　　　　　　　　　　　　表5-3

围岩级别	Ⅰ	Ⅱ	Ⅲ	Ⅳ	Ⅴ	Ⅵ
最小净距(m)	1.0×B	1.5×B	2.0×B	2.5×B	3.5×B	4.0×B

5.1.3.3　隧道横断面设计

公路隧道的建筑限界，在设计中应充分研究各种车道与公路设施之间所处的空间关系，任何部件(包括通风、照明、安全、监控和内装等附属设施)均不得侵入隧道建筑限界之内。隧道建筑限界由车道宽度、侧向宽度、余宽、检修道或人行道组成。为了消除或减少隧道边墙给驾驶员带来恐之冲撞的心理影响("侧墙效应")，保证一定车速的安全通行，应在行车道两侧设置一定宽度的侧向宽度或余宽。各级公路隧道建筑限界基本宽度应按表5-4执行，并符合以下规定：

公路隧道建筑限界横断面组成最小宽度(m)　　　　　　　　　　　　　　表5-4

公路等级	设计车速(km/h)	车道宽度 W	侧向宽度 L		余宽 C	人行道 R	检修道 J		隧道建筑限界净宽		
			左侧 L_L	右侧 L_R			左侧	右侧	设检修道	设人行道	不设检修道及人行道
高速、一级公路	120	3.75×2	0.75	1.25			0.75	0.75	11.00		
	100	3.75×2	0.50	1.00			0.75	0.75	10.50		
	80	3.75×2	0.50	0.75			0.75	0.75	10.25		
	60	3.50×2	0.50	0.75			0.75	0.75	9.75		

续表

公路等级	设计车速(km/h)	车道宽度 W	侧向宽度 L		余宽 C	人行道 R	检修道 J		隧道建筑限界净宽		
			左侧 L_L	右侧 L_R			左侧	右侧	设检修道	设人行道	不设检修道及人行道
二级、三级、四级公路	80	3.75×2	0.75	0.75		1.00				11.00	
	60	3.50×2	0.50	0.50		1.00				10.00	
	40	3.50×2	0.25	0.25		0.75				9.00	
	30	3.25×2	0.25	0.25	0.25						7.50
	20	3.00×2	0.25	0.25	0.25						7.00

（1）建筑限界高度，高速公路、一级公路、二级公路取 5.0m；三级公路、四级公路取 4.5m；

（2）当设置检修道或人行道时，不设余宽；当不设置检修道或人行道时，应设不小于 25cm 的余宽；

（3）高速公路和一级公路隧道内应设置检修道，其他等级公路隧道，应根据隧道所在地区的行人密度、隧道长度、交通量及交通安全等因素确定人行道的设置。

（4）长、特长隧道应在行车方向的右侧设置紧急停车带。

公路隧道横断面设计，除满足隧道建筑限界的要求外，还应考虑洞内路面、排水、检修道、通风、照明、消防、内装、监控等设施所需要的空间，还要考虑仰拱曲率的影响，并根据施工方法确定出安全、经济、合理的断面形式和尺寸。经过多年的工程实践和内力分析，目前公路隧道设计规范实行内轮廓标准化，即拱部为单心半圆，侧墙为大半径圆弧，仰拱与侧墙间用小半径圆弧连接。根据各设计速度相应的建筑限界，可分别计算出内轮廓断面几何尺寸。

5.1.3.4 隧道纵断面设计

隧道内纵面线形应考虑行车安全性、营运通风规模、施工作业效率和排水要求，隧道纵坡不应小于 0.3%，一般情况不应大于 3%；当受地形等条件限制时，高速公路、一级公路的中、短隧道可适当加大，但不宜大于 4%；短于 100m 的隧道纵坡可与公路隧道路线的指标相同。隧道内的纵坡形式，一般宜采用单向坡；地下水发育的长隧道、特长隧道可采用双向坡。纵坡变更的凸形竖曲线和凹形竖曲线的最小半径和最小长度应符合表 5-5 的规定。

竖曲线最小半径和最小长度(m) 表 5-5

设计车速(km/h)		120	100	80	60	40	30	20
凸形竖线曲半径	一般值	17000	10000	4500	2000	700	400	200
	极限值	11000	6500	3000	1400	450	250	100
凹形竖曲线半径	一般值	6000	4500	3000	1500	700	400	200
	极限值	4000	3000	2000	1000	450	250	100
竖曲线长度		100	85	70	50	35	25	20

隧道洞外的连接线应与隧道线形相配合，并符合以下规定：

(1) 隧道洞口内外各 3s 设计车速行程长度范围的平面线形应一致。

(2) 隧道洞口内外各 3s 设计车速行程长度范围的纵面线形应一致，有条件时宜取 5s 设计速度行程。

(3) 当隧道隧道建筑限界宽度大于所在公路的建筑限界宽度时，两端连接线应有不短于 50m 的、同隧道等宽的路基加宽段；当隧道隧道建筑限界宽度小于所在公路的建筑限界宽度时，两端连接线的路基宽度仍按公路标准设计，其建筑限界宽度应设有 4s 设计速度行程的过渡段与隧道洞口衔接，以保持隧道洞口内外横断面平顺过渡。

5.1.4 隧道荷载

《公路隧道设计规范》（JTJ D70—2004）中在对隧道结构进行计算时，列出了荷载类型，如表 5-6 所示。

隧道荷载分类　　　　　　　　　表 5-6

编　号	荷载分类		荷载名称
1	永久荷载		围岩压力
2			土压力
3			结构自重
4			结构附加恒载
5			混凝土收缩和徐变的影响力
6			水压力
7	可变荷载	基本可变荷载	公路汽车荷载，人群荷载
8			立交公路车辆荷载及其产生的冲击力、土压力
9			立交铁路列车活载及其产生的冲击力、土压力
10		其他可变荷载	立交渡槽流水压力
11			温度变化的影响力
12			冻胀力
13			施工荷载
14	偶然荷载		落石冲击力
15			地震力

在进行隧道结构受力分析时，应按承载能力和正常使用两个方面进行组合，并按最不利组合进行设计。按承载能力要求组合时，主要考虑基本组合和偶然组合；按正常使用组合时，主要考虑长期效应组合和短期效应组合。

(1) 永久荷载

隧道结构自重可按结构设计尺寸及材料标准重度计算，结构附加恒载一般应按实际情况计算，Ⅰ~Ⅳ级围岩中的深埋隧道，围岩压力为形变压力时，其值可按释放荷载计算。浅埋隧道围岩压力可按《公路隧道设计规范》（JTJ D70—2004）中附录 E 确定。Ⅳ~Ⅵ级围岩深埋隧道的围岩压力为松散压力时，其垂直均布压力及水平均布压力可按下列公式计算：

① 垂直均布压力

$$q=\gamma h \tag{5-1}$$
$$h=0.45\times 2^{s-1}\omega \tag{5-2}$$

式中　q——垂直均布压力(kN/m^2)；
　　　γ——围岩重度(kN/m^3)；
　　　ω——宽度影响系数，$\omega=1+i(B-5)$；
　　　B——隧道宽度(m)；
　　　i——B每增减1m时的围岩压力增减率，以$B=5$m的围岩垂直均布压力为准，当$B<5$m时，取$i=0.2$；当$B>5$m时，取$i=0.1$。

② 水平均布压力按表5-7的规定确定。

围岩水平均布压力　　　　表5-7

围岩级别	Ⅰ、Ⅱ	Ⅲ	Ⅳ	Ⅴ	Ⅵ
水平均布压力 e	0	$<0.15q$	$(0.15\sim 0.3)q$	$(0.3\sim 0.5)q$	$(0.5\sim 1.0)q$

(2) 可变荷载

当隧道结构承受汽车荷载时(如上方有道路通过的明洞等)，车辆荷载及其产生的冲击力、土压力应按现行《公路桥涵设计通用规范》(JTJ 021)或《城市道路桥涵设计规范》的有关规定计算。当隧道结构承受铁路列车荷载时，列车荷载及其产生的冲击力、土压力应按照现行《铁路桥涵设计基本规范》(TB 10002.1)的有关规定计算。

(3) 偶然荷载

由落石产生的冲击力的计算，目前实测资料较少，研究也不够深入，故具体设计时可通过现场量测确定，也可采用简化计算方法进行验证。地震荷载应按照现行《公路工程抗震设计规范》的规定计算。

5.1.5　洞口及洞门

合理地选择洞口位置，是保证顺利施工、安全营运及节省工程造价的重要条件。隧道洞口形式有坡面正交型、坡面斜交型、坡面平行型、山脊突出部进入型和沟谷部进入型。洞口轴线应尽量与坡面正交，采取斜交时，洞口覆盖层厚度不应小于2～3m，其边坡、仰坡应采取锚喷支护加固。

洞门是隧道两端的外露部分，为了保护岩体的稳定和使车辆不受崩塌、落石等威胁，确保行车安全，应该根据实际情况，选择合理的洞门形式。洞门宜与隧道轴线正交。目前，我国公路隧道的洞门形式有端墙式、翼墙式、台阶式、柱式、削竹式、喇叭口式等。洞口仰坡地脚至洞门墙背应有不小于1.5m的水平距离，洞门端墙与仰坡之间水沟的沟底与衬砌拱顶外缘的高度不应小于1.0m，洞门墙顶应高出仰坡脚0.5m以上。洞门墙应根据情况设置伸缩缝、沉降缝和泄水孔，以防止洞门变形。洞门墙的厚度可按计算或结合其他工程类比确定，但墙身厚度最小不得小于0.5m。洞门墙基础必须置于稳固地基上，为了保证建筑物稳固，应视地形及地质条件，洞门墙基础埋置足够的深度。

5.1.6　衬砌结构设计

公路隧道应做衬砌，根据隧道围岩地质条件、施工条件和使用要求可分别采用喷锚衬砌、整体式衬砌、复合式衬砌。高速公路、一级公路、二级公路的隧道采用复合式衬砌；

三级及三级以下公路隧道，在Ⅰ、Ⅱ、Ⅲ级围岩条件下，隧道洞口段采用复合式衬砌或整体式衬砌，其他段可采用喷锚衬砌。

隧道衬砌设计应综合考虑地质条件、断面形状、支护结构、施工条件等，并应充分利用围岩的自承能力。衬砌结构类型和尺寸，应根据使用要求、围岩级别、工程地质和水文地质条件、隧道埋置深度、结构受力特点，并结合工程施工条件、环境条件，通过工程类比和结构计算综合分析确定。

公路隧道衬砌断面宜采用曲边墙拱形断面，隧道围岩较差地段应设仰拱，隧道洞口段应设加强衬砌。

（1）喷锚支护

喷锚支护是喷混凝土支护、喷混凝土＋锚杆支护、喷混凝土＋锚杆＋钢筋网支护、喷混凝土＋锚杆＋钢筋网＋钢架支护的统称。由于喷锚衬砌刚度较小，在围岩自稳能力较差的Ⅳ～Ⅵ级围岩中，稳定性和防止水侵蚀方面的经验不多，加之材料及施工工艺上的欠缺，因此，在Ⅳ～Ⅵ级围岩中不宜单独采用喷锚支护作永久支护。喷锚衬砌中喷锚混凝土厚度不应小于50mm，不宜大于300mm。

锚杆支护是喷锚支护的主要组成部分，锚杆的种类、长度、间距是锚杆支护设计的重要参数，应根据隧道围岩地质条件、隧道断面尺寸、施工条件等合理选择锚杆设计参数。在Ⅲ、Ⅳ、Ⅴ、Ⅵ级围岩条件下，锚杆应按系统锚杆设计，锚杆一般应沿隧道周边径向布置，当结构面或岩层层面明显时，锚杆应与岩体结构面或岩层层面呈大角度布置；锚杆布置可采用矩形排列或梅花排列；锚杆间距不得大于1.5m，间距较小时，可采用长短锚杆交错布置；两车道隧道系统锚杆长度一般不小于2.0m，三车道隧道系统锚杆长度一般不小于2.5m。喷锚衬砌可采用工程类比或数值计算，并结合现场监控量测进行设计。

（2）整体式衬砌

整体式衬砌不考虑围岩的承载作用，主要通过衬砌的结构刚度抵御地层的变形，承受围岩的压力。整体式衬砌截面，一般情况下宜采用等截面，当衬砌承受偏压荷载或承受垂直荷载较大时，可采用变截面形式。对设仰拱的地段，为了避免围岩和衬砌的应力集中，造成围岩压力增加和衬砌的局部破坏，仰拱与边墙用小半径曲线连接，仰拱厚度宜与边墙厚度取相同值。

（3）复合式衬砌

复合式衬砌的初期支护采用喷锚支护，即喷射混凝土、锚杆、钢筋网和钢架等支护形式单独或组合使用。二次衬砌多采用刚度较大、整体性好、外观平顺的模筑混凝土或模筑钢筋混凝土结构，为了防止应力集中，宜采用连接圆顺、等厚的衬砌截面，且应符合整体式衬砌的相关规定。

在确定开挖断面时，除了应满足隧道净空和结构尺寸外，还应考虑围岩及初期支护的变形，并预留适当的变形量，其大小可根据围岩级别、断面大小、埋置深度、施工方法和支护情况等，采用工程类比法预测。当无预测值时可参照表5-8选用，并根据现场监控结果进行调整。复合式衬砌的设计可采用工程类比法进行，并通过理论分析进行计算。复合式衬砌的初期支护及二次衬砌的支护参数可按照表5-9、表5-10选用，并根据现场围岩监控量测信息对设计支护参数进行必要的调整。

预留变形值(mm)　　　　　　　　　　　　　　　　　　表 5-8

围岩级别	两车道隧道	三车道隧道	围岩级别	两车道隧道	三车道隧道
Ⅰ	—	—	Ⅳ	50～80	80～120
Ⅱ	—	10～50	Ⅴ	80～120	100～150
Ⅲ	20～50	50～80	Ⅵ	现场量测确定	

两车道隧道复合式衬砌设计参数　　　　　　　　　　表 5-9

| 围岩级别 | 初期支护 | | | | | | | 二次衬砌厚度(cm) | |
| | 喷射混凝土厚度(cm) | | 锚杆(m) | | | 钢筋网 | 钢架 | 拱、墙混凝土 | 仰拱混凝土 |
	拱部、边墙	仰拱	位置	长度	间距				
Ⅰ	5	—	局部	2.0	—	—	—	30	—
Ⅱ	5～8	—	局部	2.0～2.5	—	—	—	30	—
Ⅲ	8～12	—	拱、墙	2.0～3.0	1.0～1.5	局部@25×25	—	35	—
Ⅳ	12～15	—	拱、墙	2.5～3.0	1.0～1.2	拱、墙@25×25	拱、墙	35	35
Ⅴ	15～25	—	拱、墙	3.0～4.0	0.8～1.2	拱、墙@20×20	拱、墙、仰拱	45	45
Ⅵ	通过试验、计算确定								

三车道隧道复合式衬砌设计参数　　　　　　　　　　表 5-10

| 围岩级别 | 初期支护 | | | | | | | 二次衬砌厚度(cm) | |
| | 喷射混凝土厚度(cm) | | 锚杆(m) | | | 钢筋网 | 钢架 | 拱、墙混凝土 | 仰拱混凝土 |
	拱部、边墙	仰拱	位置	长度	间距				
Ⅰ	8	—	局部	2.5	—	—	—	35	—
Ⅱ	8～10	—	局部	2.5～3.5	—	—	—	40	—
Ⅲ	10～15	—	拱、墙	3.0～3.5	1.0～1.5	局部@25×25	拱、墙	45	45
Ⅳ	15～20	—	拱、墙	3.0～4.0	0.8～1.0	拱、墙@20×20	拱、墙、仰拱	50,钢筋混凝土	50
Ⅴ	20～30	—	拱、墙	3.5～5.0	0.5～1.0	拱、墙(双层)@20×20	拱、墙、仰拱	60,钢筋混凝土	60,钢筋混凝土
Ⅵ	通过试验、计算确定								

5.1.7 衬砌结构计算

隧道结构应按破损阶段法验算构件截面的强度，结构抗裂性有要求时，对混凝土构件应进行抗裂性验算，对钢筋混凝土构件应验算其裂缝宽度。

深埋隧道中的整体式衬砌、浅埋隧道中的整体式衬砌或复合式衬砌及明洞衬砌等应采用荷载结构法计算。采用荷载结构法计算隧道衬砌的内力和变形时，应通过设置弹性抗力考虑围岩对衬砌变形的约束作用。弹性抗力的大小及分布，对回填密实的衬砌构件可采用局部变形理论。为了简化计算，弹性抗力的摩擦力对衬砌内力的影响可不考虑，即视为衬砌结构的安全储备。计算仰拱的衬砌，当先做仰拱后建边墙时，应考虑仰拱对隧道衬砌内力的影响，当仰拱在边墙之后修建，一般不需计算仰拱的作用。

按破损阶段验算构件截面的强度时，应根据不同的荷载组合，分别采用不同的安全系数。Ⅰ～Ⅴ级围岩中复合式衬砌的初期支护主要按工程类比法设计，即参照以往工程实例确定支护参数。经验表明，Ⅰ～Ⅲ级围岩具有较强的自承能力，对其施作薄层喷射混凝土和少量锚杆后即可保持稳定，因而不必计算；Ⅳ、Ⅴ级围岩则在根据经验确定支护参数后仍需进行检验计算，计算方法为地层结构法。采用地层结构法计算时，可通过对释放荷载设置释放系数控制初期支护的受力，从而使得初期支护和二次衬砌能按较为合理的比例共同承受释放荷载的作用，初期支护和二次衬砌荷载分担比例可参考表5-11选定。

释放荷载分担比例值　　　　　　　表5-11

围岩级别	分担比例	
	围岩＋初期支护	二次衬砌
Ⅳ	60%～80%	40%～20%
Ⅴ	20%～40%	80%～60%

复合式衬砌的二次衬砌用于Ⅰ～Ⅲ级围岩时，由于初期支护作为永久结构已能使围岩保持稳定，因而二次衬砌可按构造要求选定厚度，不必进行计算。对于Ⅳ、Ⅴ级围岩，二次衬砌应按承载结构进行力学分析，计算原理和方法与同类围岩中的初期支护相同。然而，由于以往有对其采用荷载结构法计算的经验，因而对其也可采用荷载结构法计算。

为了保证衬砌结构强度的安全性，整体式衬砌的混凝土受压构件，其轴向力的偏心距不宜大于截面厚度的0.45倍，对于半路堑式明洞外墙、棚式明洞边墙和砌体偏心受压构件，则不应大于截面厚度的0.3倍。

对混凝土和砌体矩形截面，当偏心矩 $e_0 \leqslant 0.2d$ 时，按抗压强度控制承载能力，并按下式计算：

$$KN \leqslant \varphi \alpha R_a bh \tag{5-3}$$

式中　R_a——混凝土或砌体的抗压极限强度；

K——安全系数；

N——轴向力；

b——截面宽度；

h——截面厚度；

φ——构件纵向弯曲系数；

α——轴向力的偏心影响系数。

从抗裂角度要求，混凝土矩形截面偏心受压构件，当 $e_0 > 0.2d$ 时，按抗拉强度控制承载能力，并用下式计算：

$$KN \leqslant \varphi \frac{1.75 R_1 bh}{\frac{6e_0}{h} - 1} \tag{5-4}$$

式中　R_1——混凝土或砌体的抗拉极限强度。

5.1.8 防水与排水

隧道防排水应遵循"防、排、截、堵结合，因地制宜，综合治理"的原则，保证隧道结构物和营运设备的正常使用和行车安全。

隧道防排水工作要根据围岩的工程地质条件、水文地质条件、施工技术水平及环境保护要求等情况来选择治水方案，做到技术可行，经济合理，效果良好。

高速公路、一级公路、二级公路隧道防排水应满足：拱部、边墙、路面、设备箱洞不渗水；有冻害地段的隧道衬砌背后不积水，排水沟不冻结；车行横通道、人行横通道等服务通道拱部不滴水，边墙不淌水。三级公路、四级公路隧道防排水应做到：拱部、边墙不滴水，路面不积水，设备箱洞不渗水；有冻害地段的隧道衬砌背后不积水，排水沟不冻结。

5.1.8.1 防水

隧道地表沟谷、坑洼积水、渗水对隧道有影响时，宜采用疏导、勾补、铺砌和填平等处置措施；废弃的坑穴、钻孔等应填实密封；当隧道附近的水库、池沼、溪流、井泉水、地下水等有可能渗入隧道时，应采取防止或减少其下渗的处置措施。隧道采用复合式衬砌时，在初期支护与二次衬砌之间应设置防水板及无纺布。隧道二次衬砌应满足抗渗要求，在施工缝、沉降缝、伸缩缝处应采取可靠的防水措施。有侵蚀性地下水时，应针对不同的侵蚀类型采用不同的抗侵蚀混凝土和抗侵蚀性的防水卷材，防止混凝土结构遭侵蚀而影响结构强度，失去防水能力。当隧道位于常水位以下，没有条件排泄或不宜排泄时，隧道衬砌要承受一定的静水压力，应采用抗水压衬砌。

5.1.8.2 排水

隧道洞内宜按地下水和营运清洗污水、消防污水分离排放的原则设置纵向排水系统，应能保证排水畅通，避免洞内积水。隧道内排水应符合下列规定：

（1）路面两侧应设置排水沟，引排营运清洗水、消防水和其他废水。

（2）隧道纵向排水坡宜于隧道纵坡一致。

（3）路侧边沟可设置为开口式明沟或暗沟。

（4）检修道或人行道的道面应考虑排水，可酌情设 0.5%～1.5% 的横坡，亦可在墙脚与检修道交角处设宽 50mm、深 30mm 的纵向凹槽，以利道面清洗排水。

目前国内隧道衬砌外排水通常的做法是在衬砌外缘防水层与喷射混凝土层之间设纵向排水盲管、环向导水管。纵向排水盲管设在边墙底部，沿隧道两侧布置，全隧道贯通，环向导水管沿隧道衬砌外缘环向布设，并下伸到边墙脚与纵向排水盲管连通。在遇到有地下水较大的地段或有集中渗水地段，应加设竖向导水管。衬砌背后的地下水通过环向、竖向导水管，汇集到纵向排水盲管以后，通过横向导水管，将衬砌背后的地下水引入纵向中心水沟（管）排出洞外。

5.2 设计方法及注意事项

5.2.1 公路隧道的选址

5.2.1.1 按地形条件选择隧道位置

公路隧道是克服地形障碍的有效手段，隧道位置的选择在很大程度上受地形的制约。

地形障碍包括高程障碍与平面障碍。克服地形障碍主要有沿河傍山绕行方案、深路堑方案及隧道方案。一般情况下，如果地形紧迫，山坡陡峭，宜采用公路隧道方案。但是，克服地形障碍究竟采用何种方案，必须综合考虑地质条件、气候条件、工程难易程度、经济、工期的要求以及现有的施工技术水平和今后的营运条件等，拟定多种方案进行技术与经济比较，才能最后确定。

5.2.1.2 按地质条件选择隧道位置

在选择隧道位置应考虑的诸多因素中，地质条件往往起决定性作用，应尽量使洞身位于地质结构单一完整的岩层，这样的地质条件下，支护形式简单一致，掘进方法基本不变，有利于施工，从而可以保证工期，节省造价。然而，实际工程中，地质、水文条件是千变万化的，因此隧道选址还应考虑以下因素：

（1）有必须通过的滑坡及错落体时，应使洞身埋置在错落体或滑动面以下一定深度的稳固地层中。

（2）隧道傍山侧有严重断裂或崩塌隐患时，隧道位置宜往里靠置于稳固地层中。如确有困难时，应选择范围最小且相对稳定的地段通过，并提出保证施工及洞身安全的有效措施。当崩塌地段短，情况不严重时，可考虑明洞方案，或与路堑方案作比较。

（3）公路隧道应避免通过地下水较为发育、严重地质不良的低洼垭口处。

（4）通过岩堆地段时，若经查明岩堆紧密稳定，可以修建公路隧道，但应避免洞身置于岩堆与岩基接触面处，如为不稳定的岩堆，公路隧道应内移置于基岩中，并留有足够的安全厚度。

（5）公路隧道穿过泥石流沟床下部时，应使洞身置于基岩中或稳定的地层内，并保证拱顶以上有一定的安全覆盖厚度。

（6）公路隧道通过岩溶地区时，宜选择在难溶岩的地段和地下水不发育的地带，力求避免穿越岩溶严重发育的地下溶蚀大厅、溶洞群、地质构造破碎带及易溶岩与难溶岩的接触带等。不能避开时，宜选择在较狭窄，影响范围最小处，以垂直或大角度穿过。

5.2.1.3 按线路类别选择公路隧道位置

（1）越岭隧道位置的选择

越岭隧道位置的选择主要以选择垭口和确定隧道高程两大因素为依据。实际选择过程中必须进行综合考虑，既要使隧道越短越好，又要使隧道两端具有良好的展线条件。由于公路的选择性大，应发挥公路灵活的长处，比选越岭隧道位置时，对可能穿越的垭口和高程，以不同的纵坡、不同的隧道长度和展线方式，寻求地质条件好、隧道长度短、运营费用低及安全系数高的方案。

在选择这类隧道位置时，必须对地形地质问题进行反复研究，综合考虑。在无显著的不良地质前提下，越岭隧道可以首先从地形角度选择可能穿越的垭口，其次拟定该垭口处越岭标高及两侧相应的展线方案，每一垭口可以选择几个不同的隧道标高及展线方案，它们互相联系，彼此影响。一般隧道埋置越深，展线长度越短，相应技术指标越高，越有利于运营。但由于隧道埋置深，就必须增加隧道长度，影响造价，延长工期。因此，隧道标高的选定，通常宜根据越岭地段的地质条件，并以临界标高作为基础。所谓临界标高就是隧道造价、接线造价及运营费用总和为最小的越岭标高。

（2）傍山公路隧道位置的选择

沿河傍山地段，其地形、地质构造一般较复杂，又受流水冲刷的影响，布线较为困难，技术指标亦低，且路基工程难以保证稳定。在这种情况下，采用公路隧道是一个有效措施，可以提高技术标准，但应作多方案的技术经济对比。采用公路隧道方案应特别注意山体的稳定性，以免整个洞身因山体位移而破坏。同时还应避开严重的滑坡、崩塌、错落、岩堆等不良地质，并要考虑河流冲刷的影响。为了不给施工造成太多困难，避免病害发生，保证公路隧道的稳定和运营安全，公路隧道位置宜向山侧内移，避免公路隧道一侧洞壁过薄、产生偏压。

沿河路线在沟谷交错、支沟发育、下切急剧的地段，可能出现隧道群或桥隧群，也可将路线内移采用截弯取直的长隧道。当然，对上述两种方案应在进行技术和经济比较后才能确定。

濒临水库、河流的公路隧道，洞口路肩设计标高应高出水面设计水位不少于 0.5m。

(3) 城市水底公路隧道位置的选择

城市水底公路隧道多为城市港湾和河川，有航运要求时，为沟通水域两岸而修建，其设置位置及进出口，通常与城市的整体规划、工业布局、交通量、名胜古迹、旅游设施及郊区旅游点分布等直接相关。引道短、洞外展线容易、视距有保障、接近路上无平交路口，用地少、远离大居民区及公共场所等是选择公路隧道位置时应该注意的问题。水底部分的埋深与水深、河床的地质情况、通航要求、引道长度及坡度等因素有关。

此部分的难点和重点对于指导教师来说，主要是资料的搜集，其次是起讫点的指定。对于资料的收集，要求教师在平时就注重多方面地收集教学素材。地形图的收集可以有几个渠道，一方面是从自己从事的课题或者设计中得到，另一方面是从相关设计单位得到，第三是从测绘单位购买。对于起讫点的指定，需要教师熟悉收集到的地形图，选择高差较大、适于做隧道且展线条件好的位置做隧道出入口，其次还要满足一些其他的如国防、经济、施工可行性等方面的要求。

对于学生来说，主要是对选线的基本功的训练，需要掌握道路勘测方面的知识，能够熟练的读懂地形图，选择多条合适的线路，并且能够从经济、施工可行性等方面推荐合适的线路。

此部分内容可参考李宁军、王毅才等编著的教材。

5.2.2 公路隧道衬砌受力计算

5.2.2.1 隧道衬砌受力特点

和地面结构不同，衬砌作为地下结构，它的四周一般均为围岩紧密包裹。隧道衬砌在主动荷载作用下，会产生变形，其变形规律如图 5-1 所示。从图中可以看出，拱顶部分向隧道内变形，没有受到围岩的约束，这部分称为"脱离区"（实际上衬砌与围岩并没有脱离，只是不受围岩的约束而已）。两侧及底部衬砌则压入围岩，引起围岩对衬砌的约束，产生出相应的被动抵抗力，这种来自围岩方面的抗力称为"弹性抗

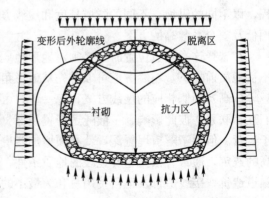

图 5-1 衬砌在外力作用下的变形规律

力"。由于弹性抗力的作用，限制了衬砌变形，改善了衬砌结构的受力条件，提高了结构的承载力。

抗力区的范围和弹性抗力的大小因围岩压力大小和结构变形的不同而不同，从而导致对这个问题存在不同的见解。目前计算弹性抗力的理论主要有两种：一种为"局部变形"理论，认为弹性地基（围岩）某点上施加的外力只引起该点的沉陷，这一理论相当于把地基（围岩）视为一组独立弹簧，如图5-2(a)所示，在荷载作用下，弹簧各自单独发生变形；另一种是"共同变形"理论，认为弹性地基上一点承受外力，不仅引起该点沉陷，而且还引起其附近一定范围内的地基（岩体）发生沉陷，如图5-2(b)所示。"共同变形"理论是一种较好的理论，与实际情况较为相符，但是由于其在计算过程中比较繁杂，故使用较少。而"局部变形"理论虽然有一些缺陷，但公式简明，在实际中使用比较方便，对简化衬砌计算工作十分有利，而且计算结果在一定程度上也反映了实际情况，因此在隧道的衬砌计算中仍被广泛采用。

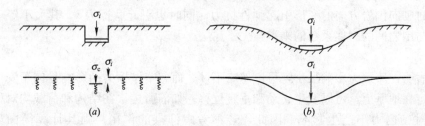

图 5-2 围岩弹性变形

5.2.2.2 隧道曲墙式衬砌结构计算

曲墙式衬砌结构由拱圈、曲边墙和地板组成，有向上的底部压力时设仰拱。当隧道衬砌承受较大的垂直方向和水平方向的围岩压力时，衬砌常常采用曲墙形式，拱圈和曲边墙作为一个整体按无铰拱计算，施工时仰拱是在无铰拱已受力之后修建的，因此一般不考虑仰拱对衬砌内力的影响。

1. 计算图式

在主动荷载作用下，顶部衬砌向隧道内变形而形成脱离区，两侧衬砌向围岩方向变形，引起围岩对衬砌的被动弹性抗力，形成抗力区，如图5-3所示。抗力图形分布规律按结构变形特征做以下假定：

（1）下零点 a 在墙脚。墙脚处摩擦力很大，无水平位移，故弹性抗力为零。

（2）上零点 b（即脱离区与抗力区的分界点）与衬砌垂直对称中线的夹角假定近似为 $45°$。

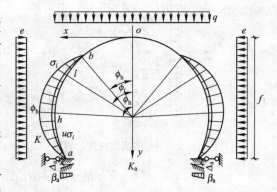

图 5-3 按结构变形特征的抗力图形分布

（3）最大抗力点 h 假定发生在最大跨度处附近，计算时一般取 $ah \approx \dfrac{2}{3}ab$，为简化计算可假定在曲墙衬砌分段的接缝上。

(4) 抗力图形的分布可按以下假定计算：拱部 bh 段抗力按二次抛物线分布，任一点的抗力 σ_i 与最大抗力 σ_h 的关系为

$$\sigma_i = \frac{\cos^2\phi_b - \cos^2\phi_i}{\cos^2\phi_b - \cos^2\phi_h}\sigma_h \tag{5-5}$$

边墙 ha 段的抗力为

$$\sigma_i = \left[1 - \left(\frac{y_i'}{y_h'}\right)\right]\sigma_h \tag{5-6}$$

式中 ϕ_i、ϕ_b、ϕ_h——i、b、h 点所在截面与垂直对称轴的夹角；

y_i'——i 点所在截面与衬砌外轮廓线的交点至最大抗力点 h 的距离；

y_h'——墙底外缘至最大抗力点 h 的垂直距离。

ha 段边墙外缘一般都做成直线形，且比较厚，因刚度较大，故抗力分布也可假定与高度呈直线关系。若 ha 段的一部分外缘为直线形，则可将其分为两部分分别计算，即曲边墙段按式(5-6)计算，直边墙段按直线关系计算。

两侧衬砌向围岩方向的变形引起弹性抗力，同时也引起摩擦力 s，其大小等于弹性抗力和衬砌与围岩间的摩擦系数的乘积：

$$s_i = \mu\sigma_i \tag{5-7}$$

计算表明，摩擦力影响很小，可以忽略不计，而忽略摩擦力的影响是偏于安全的。墙脚弹性固定在地基上，可以发生转动和垂直位移。如前所述，在结构和荷载均对称时，垂直位移对衬砌内力不产生影响。因此，若不考虑仰拱的作用，则其计算简图如图 5-4 所示。

2. 主动荷载作用下的力法方程和衬砌内力

取基本结构如图 5-5 所示，未知力为 X_{1p}、X_{2p}，根据拱顶截面相对变位为零的条件，可以列出力法方程式：

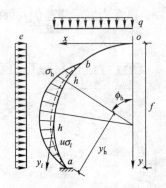 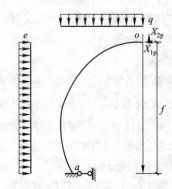

图 5-4 曲墙式衬砌计算简图　　图 5-5 曲墙式衬砌基本结构

$$\left.\begin{array}{l}X_{1p}\delta_{11}+X_{2p}\delta_{12}+\Delta_{1p}+\beta_{ap}=0 \\ X_{1p}\delta_{21}+X_{2p}\delta_{22}+\Delta_{2p}+f\beta_{ap}+u_{ap}=0\end{array}\right\} \tag{5-8}$$

式中　β_{ap}、u_{ap}——墙底位移，可分别计算 X_{1p}、X_{2p} 和外荷载的影响，然后按照叠加原理相加得到，即：

$$\beta_{ap}=X_{1p}\beta_1+X_{2p}(\beta_2+f\beta_1)+\beta_{ap}^0 \tag{5-9}$$

由于墙底无水平位移，故 $u_{ap}=0$，代入式(5-8)整理可得

$$\left.\begin{array}{l}X_{1p}(\delta_{11}+\beta_1)+X_{2p}(\delta_{12}+f\beta_1)+\Delta_{1p}+\beta_{ap}^0=0\\X_{1p}(\delta_{21}+f\beta_1)+X_{2p}(\delta_{22}+f^2\beta_1)+\Delta_{2p}+f\beta_{ap}^0=0\end{array}\right\} \quad (5-10)$$

式中 δ_{ik}、Δ_{ip}——基本结构的单位位移和主动荷载位移，$i,k=1,2$，可按式(5-11)计算。

$$\left.\begin{array}{l}\delta_{ik}\approx\dfrac{\Delta s}{E}\sum\dfrac{M_i M_k}{I}\\ \Delta_{ip}\approx\dfrac{\Delta s}{E}\sum\dfrac{M_i M_p}{I}\end{array}\right\} \quad (5-11)$$

$$\beta_1=\dfrac{y}{\dfrac{d_n}{2}}=\dfrac{12}{k_d b d_n^3}=\dfrac{1}{k_d I_n},\quad u_1=v_1=0 \quad (5-12)$$

$$\left.\begin{array}{l}\beta_{ap}^0=M_p^0\beta_1=\dfrac{M_p^0}{k_d I_n}\\ u_p=M_p^0 u_1+\dfrac{N_p^0\cos\phi_n}{k_d I_n}=\dfrac{N_p^0\cos\phi_n}{k_d I_n}\end{array}\right\} \quad (5-13)$$

式中 M_i——基本结构在 $X_i=1$ 作用下产生的弯矩；
M_k——基本结构在 $X_k=1$ 作用下产生的弯矩；
M_p——基本结构在外荷载作用下产生的弯矩；
EI——结构的抗弯刚度；
β_1——墙底单位转角，可按式(5-12)计算；
d_n——拱脚截面厚度；
b——拱脚截面纵向单位宽度，取 1m；
I_n——拱脚截面惯性矩；
k_d——拱脚围岩基底弹性抗力系数；
β_{ap}^0——基本结构墙底的荷载转角，可参照式(5-13)计算；
f——衬砌的矢高。

求得 X_{1p}、X_{2p} 后，在主动荷载作用下，衬砌内力即可按式(5-14)和(5-15)计算

$$\left.\begin{array}{l}M_i=X_1+X_2 y_1\mp X_3 x_i+M_{ip}^0\\ N_i=X_2\cos\phi_i\pm X_3\sin\phi_i+N_{ip}^0\end{array}\right\} \quad (5-14)$$

$$\left.\begin{array}{l}M_{ip}=X_{1p}+X_{2p}y_1+M_{ip}^0\\ N_{ip}=X_{2p}\cos\phi_i+N_{ip}^0\end{array}\right\} \quad (5-15)$$

式中 M_{ip}^0、N_{ip}^0——外荷载作用下基本结构任意截面 i 处产生的弯矩、轴力；
ϕ_i——基本结构任意截面 i 与竖直线间的夹角。

在实际计算时，还需进一步确定被动抗力 σ_h 的大小，这需利用最大抗力点处的变形协调条件。在主动荷载作用下，M_i 和 N_i [见图 5-6(a)] 可以通过式(5-15)解出内力 M_{ip}，N_{ip}，并求出 h 点的位移 δ_{hp}，如图 5-6(b)所示。在被动抗力作用下的内力和位移，可以通过 $\overline{\sigma_h}=1$ 的单位弹性抗力图形作为外荷载时所求得的任一截面内力 $\overline{M_{i\sigma}}$，$\overline{N_{i\sigma}}$ 和最大抗力点 h 处的位移 $\delta_{h\sigma}$，如图 5-6(c)所示，并利用叠加原理求出 h 点的最终位移：

$$\delta_h=\delta_{hp}+\sigma_h\delta_{h\sigma} \quad (5-16)$$

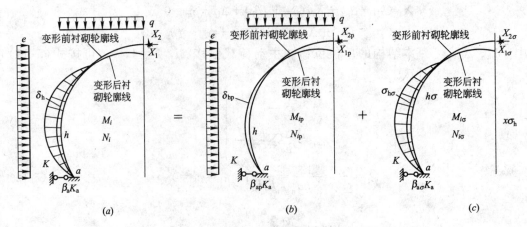

图 5-6 曲墙式衬砌结构内力分析

由温克尔假定可以得到 h 点的弹性抗力与位移的关系 $\sigma_h = k\delta_h$，代入式(5-16)可得：

$$\sigma_h = \frac{k\delta_{hp}}{1-k\delta_{h\sigma}} \tag{5-17}$$

3. 最大抗力值的计算

由式(5-16)、式(5-17)可知，h 点的弹性抗力与位移 δ_h 有关，而位移 δ_h 包含两部分变位 δ_{hp}、$\delta_{h\sigma}$，即结构在荷载作用下的变位与因墙底转动所产生的变位之和。前者按结构力学方法，先画出 M_{ip}，$M_{i\sigma}$ 图，如图 5-7(a)和(b)所示，再在 h 点处的所求变位方向上加一单位力 $p=1$，绘出 M_{ih} 图，如图 5-7(c)所示，墙底变位在 h 点处产生的位移可由几何关系求出，如图 5-7(d)所示。位移可以表示为：

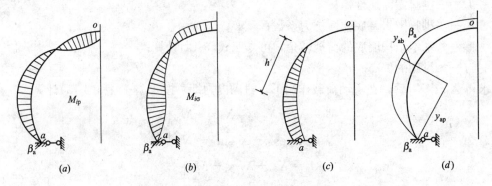

图 5-7 曲墙式衬砌结构内力分析

$$\left.\begin{aligned}\delta_{hp} &= \int \frac{M_p M_h}{EI}\mathrm{d}s + y_{ah}\beta_{ap} \approx \frac{\Delta s}{E}\sum \frac{M_p M_h}{I} + y_{ah}\beta_{ap} \\ \delta_{h\sigma} &= \int \frac{M_\sigma M_h}{EI}\mathrm{d}s + y_{ah}\beta_{a\sigma} \approx \frac{\Delta s}{E}\sum \frac{M_\sigma M_h}{I} + y_{ah}\beta_{a\sigma}\end{aligned}\right\} \tag{5-18}$$

式中 β_{ap}——主动荷载作用而产生的墙底转角；

$\beta_{a\sigma}$——单位抗力作用而产生的墙底转角；

y_{ah}——墙底中心 a 至最大抗力截面的垂直距离。

β_{ap}、$\beta_{a\sigma}$ 可按式(5-13)计算。

如果 h 点所对应的 $\phi_h = 90°$，则该点的径向位移和水平位移相差很小，故可视为水平位移。又由于结构与荷载对称时，拱顶截面的垂直位移对 h 点径向位移的影响可以忽略不计。因此，计算该点水平位移时，可以取如图 5-8 所示的结构，使计算得到简化。按照结构力学方法，在 h 点加一单位力 $P=1$，可以求得 δ_{hp}、$\delta_{h\sigma}$，即

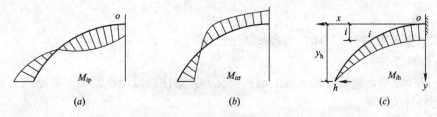

图 5-8 最大抗力值计算的结构

$$\left.\begin{aligned}\delta_{hp} &= \int \frac{M_p(y_h-y)}{EI}ds \approx \frac{\Delta s}{E}\sum\frac{M_p}{I}(y_h-y) \\ \delta_{h\sigma} &= \int \frac{M_\sigma(y_h-y)}{EI}ds \approx \frac{\Delta s}{E}\sum\frac{M_\sigma}{I}(y_h-y)\end{aligned}\right\} \tag{5-19}$$

式中 y_h，y——h 点和任一点 i 的垂直坐标。

4. 在单位抗力作用下的内力

将 $\overline{\sigma}_h = 1$ 抗力图视为外荷载单独作用时，未知力 $X_{1\sigma}$、$X_{2\sigma}$ 可以参照 X_{1p}、X_{2p} 的求法得出，按式(5-10)，可以列出力法方程：

$$\left.\begin{aligned}X_{1\sigma}(\delta_{11}+\beta_1)+X_{2\sigma}(\delta_{12}+f\beta_1)+\Delta_{1\sigma}+\beta^0_{a\sigma} &= 0 \\ X_{1\sigma}(\delta_{21}+f\beta_1)+X_{2\sigma}(\delta_{22}+f^2\beta_1)+\Delta_{2\sigma}+f\beta^0_{a\sigma} &= 0\end{aligned}\right\} \tag{5-20}$$

式中 $\Delta_{1\sigma}$、$\Delta_{2\sigma}$——单位抗力图为荷载所引起的基本结构在 $X_{1\sigma}$ 及 $X_{2\sigma}$ 方向的位移；

$\beta^0_{a\sigma}$——单位抗力图为荷载所引起的基本结构墙底转角，$\beta^0_{a\sigma} = M^0_{a\sigma}\beta_1$。

其余符号意义同前。

解出 $X_{1\sigma}$ 及 $X_{2\sigma}$ 后，即可求出衬砌在单位抗力图为荷载单独作用下任一截面内力为：

$$\left.\begin{aligned}M_{i\sigma} &= X_{1\sigma}+X_{2\sigma}y_1+M^0_{i\sigma} \\ N_{i\sigma} &= X_{2\sigma}\cos\phi_i+N^0_{i\sigma}\end{aligned}\right\} \tag{5-21}$$

5. 衬砌最终内力计算及校核计算结果的正确性

衬砌任一截面最终内力值可利用叠加原理求得。

$$\left.\begin{aligned}M_i &= M_{ip}+\sigma_h M_{i\sigma} \\ N_i &= N_{ip}+\sigma_h N_{i\sigma}\end{aligned}\right\} \tag{5-22}$$

校核计算结果正确性时，可以利用拱顶截面转角和水平位移为零的条件和最大抗力点 a 的位移条件：

$$\left.\begin{aligned}\int \frac{M_i}{EI}ds+\beta_a &\approx \frac{\Delta s}{E}\sum\frac{M_i}{I}+\beta_a = 0 \\ \int \frac{M_i y_i}{EI}ds+f\beta_a &\approx \frac{\Delta s}{E}\sum\frac{M_i y_i}{I}+f\beta_a = 0 \\ \int \frac{M_i y_{ih}}{EI}ds+y_{ah}\beta_a &\approx \frac{\Delta s}{E}\sum\frac{M_i y_{ah}}{I}+y_{ah}\beta_a = \frac{\sigma_k}{k}\end{aligned}\right\} \tag{5-23}$$

式中 β_a——墙底截面最终转角，$\beta_a = \beta_{ap} + \sigma_h \beta_{a\sigma}$。

此部分内容可参考夏永旭、王永东、陈秋南编著的教材。

5.3 计算书及施工图要求

5.3.1 计算书要求

计算书要求用 Word 打印，内容按顺序包括：

(1) 设计任务书

(2) 设计说明，包括隧址区水文地质情况、方案比选以及纵断面、横断面、衬砌设计参数等的设计说明等。

(3) 支护衬砌结构计算书

参照算例，依据给定的道路等级、行车速度、围岩级别、断面形状及二衬厚度等条件，计算衬砌设计的合理性，要求提交电子版。

5.3.2 施工图要求

施工图要求按照《道路工程制图标准》(GB 50162—92)有关要求绘制。

(1) 平面选线图及方案比选要求用手工绘制，直接在教师给定的地形图上绘制即可；

(2) 纵断面要求用 A3 图纸绘制，如果线路较长，可分幅出图；

(3) 横断面设计包括建筑限界及内轮廓线设计图(A3)一张，各个级别的围岩衬砌结构设计图(A3)各一张。

5.4 设计实例

下面以某公路隧道为例，具体讲述公路隧道的课程设计。

5.4.1 设计依据

本设计根据《公路工程技术标准》(JTG B01—2003)，《公路隧道设计规范》(JTG D70—2004)进行设计和计算。

5.4.2 设计原始资料

(1) 公路等级：高速公路；

(2) 设计车速：80km/h；

(3) 使用功能：道路双向四车道，隧道左、右线单向各两车道；

(4) 隧道平纵曲线半径和纵坡。

平纵曲线设计满足规范要求，洞口内外各有不小于 3s 行车速度行程长度范围内的平纵、线形保持一致。

(5) 隧道结构设计标准

① 设计使用期：100 年；

② 设计安全等级：一级；

③ 结构防水等级：二级；

④ 区域地震基本烈度为Ⅷ度区，按Ⅸ度抗震烈度进行设防。

(6) 1∶1000 电子版地形图

5.4.3 设计步骤及过程

5.4.3.1 平面位置的确定

任务所给定的地形图为某两城市间的地图，隧道平、纵设计既要服从路线的总体走向，又要综合考虑隧道位置的地形、地质、地物、水文、气象、地震情况和施工条件等因素，尽可能使隧址位于地质条件较好、不良地质影响最小的地层中。隧道平面线型以直线为主，有利于通风和施工，采用不设超高的平曲线。隧道纵坡设置充分考虑通风、排水、施工方案和两端接线的要求。

教师在地形图上标定起讫点，在图上用小圆圈表示，学生需根据起讫点选择不少于2条的线路进行方案比选。并确定推荐线路。

做出两个线路方案的平面图，见图5-9所示。

由于路线起点走廊带较窄，且路线起点与隧道进口很近，故隧道进口位置受其影响选择的余地不是很大，只能在小范围内微调，经反复比选，将推荐线与比较线的隧道进口位置都选择在柯家岚垭的山脊处，受路线展线限制隧道进口以小净距形式进洞，左右洞间距逐渐拉开，渐变过渡到普通分离式隧道。该方案，隧道成洞条件较好，总体走向与岩层呈大角度相交。

(1) 对于北线隧道方案，其左线起止桩号为ZK0+220～ZK3+197，长2977m，右线起止桩号为YK0+220～YK3+200，长2980m，设计标高306.014～323.165m，纵断面采用双向人字坡，进口段2500m纵坡为1%，出口段460m纵坡为-2%。隧道出口位于曹家沟的坡脚，洞口范围地势平坦，场地宽敞，基底围岩条件较好。

优点：隧道长度较比选方案短300m，施工及运营投资较省；出口成洞条件好，没有偏压。

缺点：出口洞外路基位于曹家沟内，需进行改沟处理。

(2) 南线隧道方案，隧道起止桩号左线为ZK0+220～ZK3+477.72，长3257.72m，右线为YK0+220～YK3+480，长3260m，设计标高(306.014～317.1650)m。隧道出口段取代推荐方案的沿曹家沟展线的路基方案，以隧道形式穿越曹家沟南侧山坡后出洞。

优点：出口洞外路基比北线方案占用土地资源少。

缺点：隧道长度增加300m，施工及运营投资大；浅埋段洞顶覆盖层厚度为6～14m，长达360m左右，且存在偏压情况，施工处治费用较大。

经综合比选，推荐北线方案，做出推荐线路的平面图，见图5-10所示。

5.4.3.2 纵断面设计

作出推荐线路的纵断面图，见图5-11所示。读取隧道的地面高程点时，应每20m读一次，而后用平滑曲线连接，也可采用道路软件制作。

5.4.3.3 横断面设计

隧道内轮廓应以建筑限界为基础，充分考虑衬砌结构受力特性、工程造价、装饰厚度及富余空间、运营设施的安装空间等因素。洞身结构应根据隧道所处的工程地质条件，按新奥法原理进行设计，采用复合式衬砌，其支护衬砌参数按工程类比，结合有限元分析确定。

(1) 根据课程设计原始资料的要求，作出隧道的建筑限界及内轮廓设计图见图5-12。
(2) 作出各级围岩衬砌结构图，见图5-13～5-15所示。

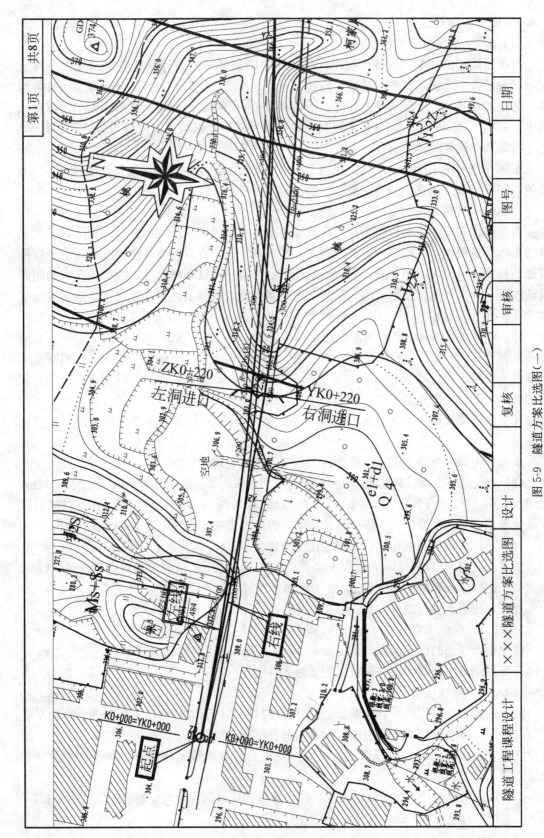

图 5-9 隧道方案比选图（一）

图 5-9 隧道方案比选图（二）

图 5-9 隧道方案比选图(三)

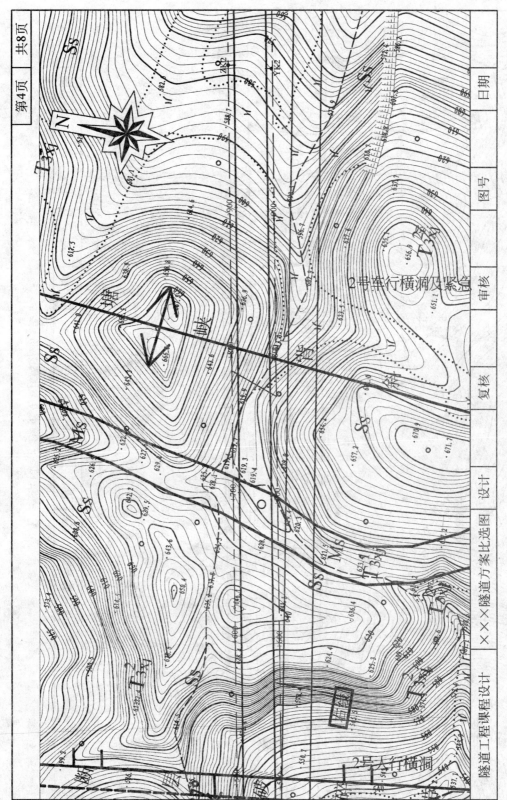

图 5-9 隧道方案比选图(四)

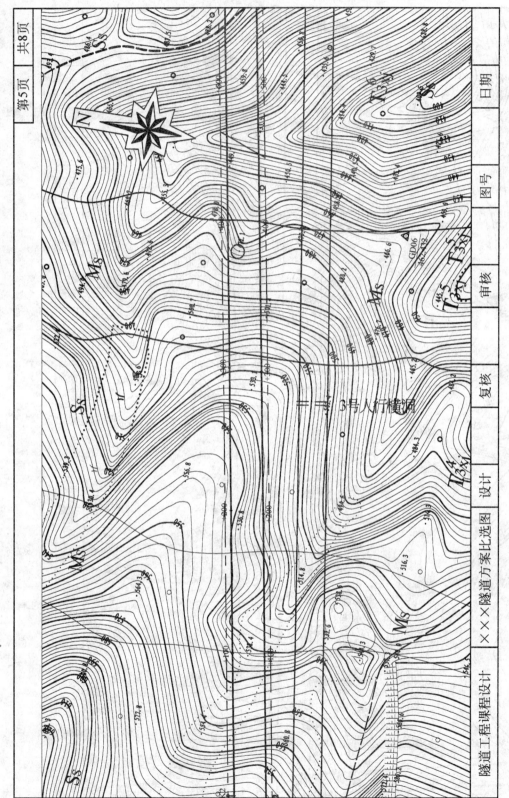

图 5-9 隧道方案比选图(五)

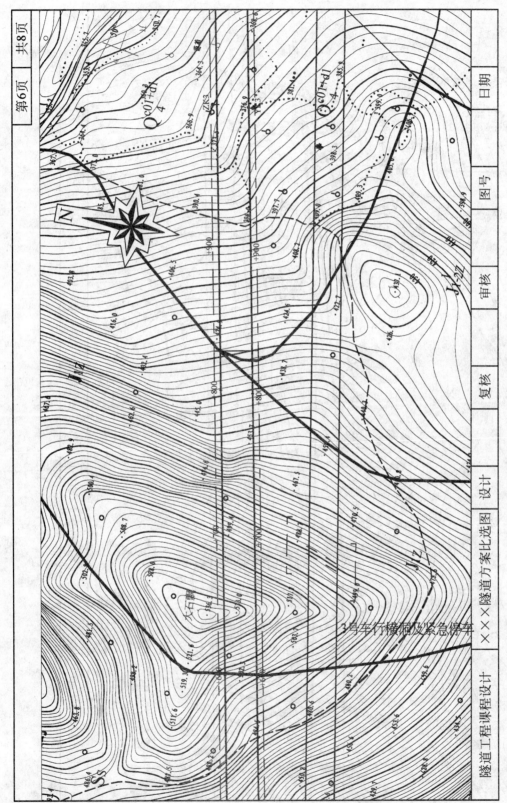

图 5-9 隧道方案比选图(六)

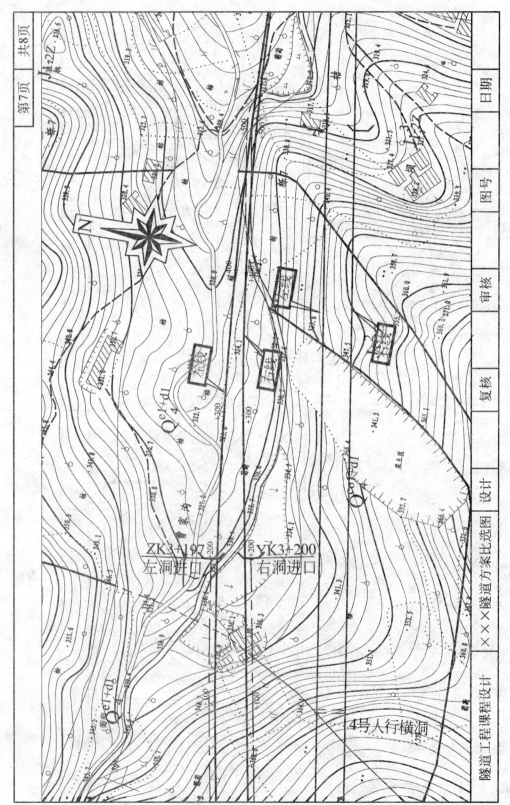

图 5-9 隧道方案比选图（七）

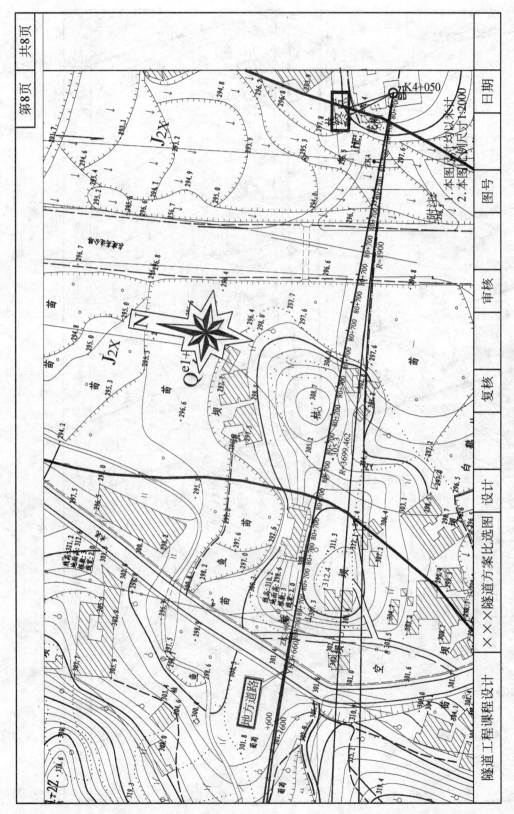

图 5-9 隧道方案比选图（八）

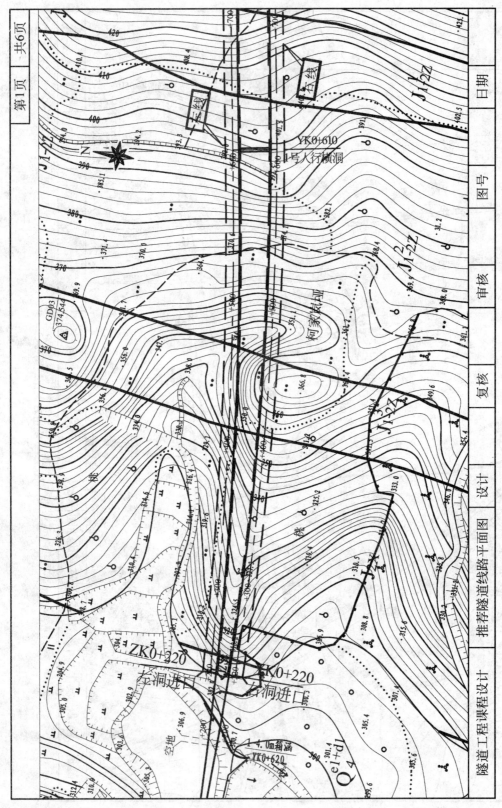

图 5-10 推荐隧道线路平面图（一）

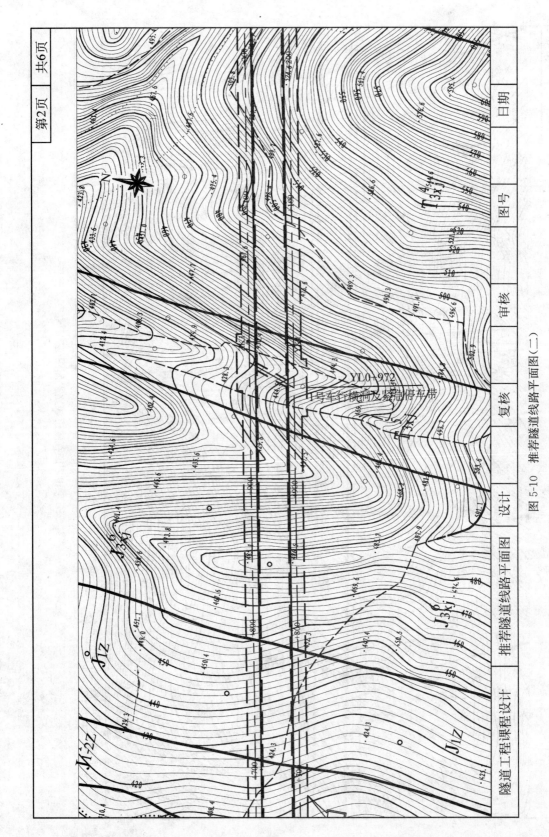

图 5-10 推荐隧道线路平面图(二)

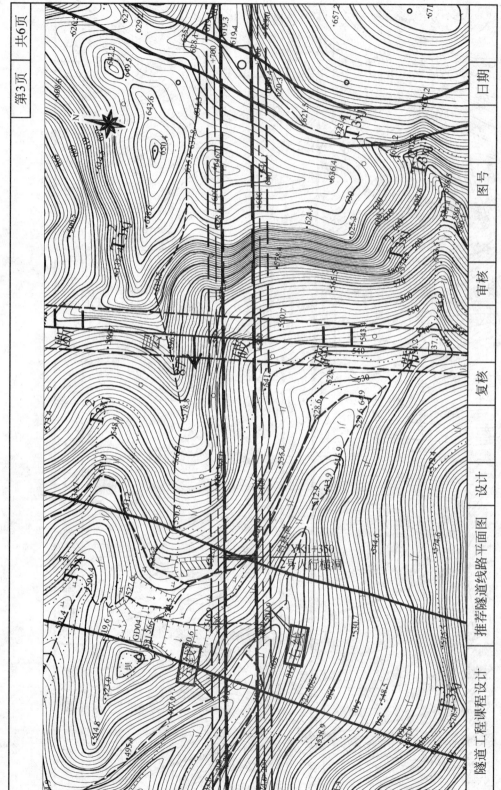

图 5-10 推荐隧道线路平面图(三)

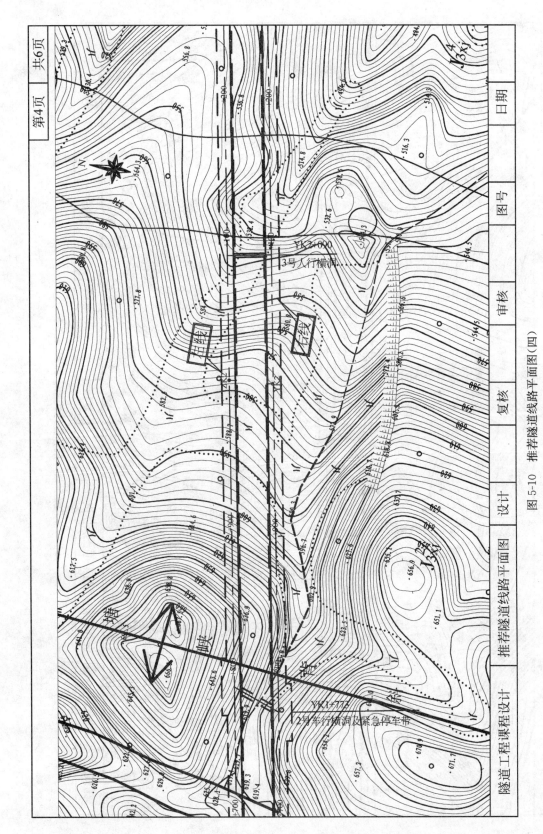

图 5-10 推荐隧道线路平面图(四)

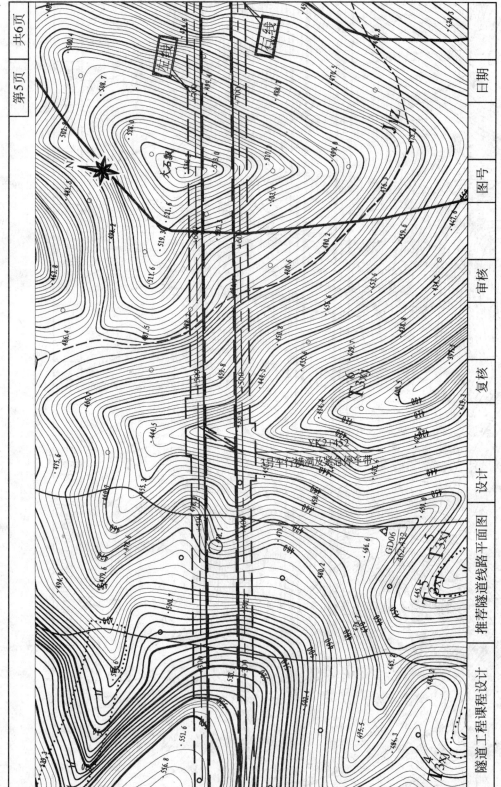

图 5-10　推荐隧道线路平面图（五）

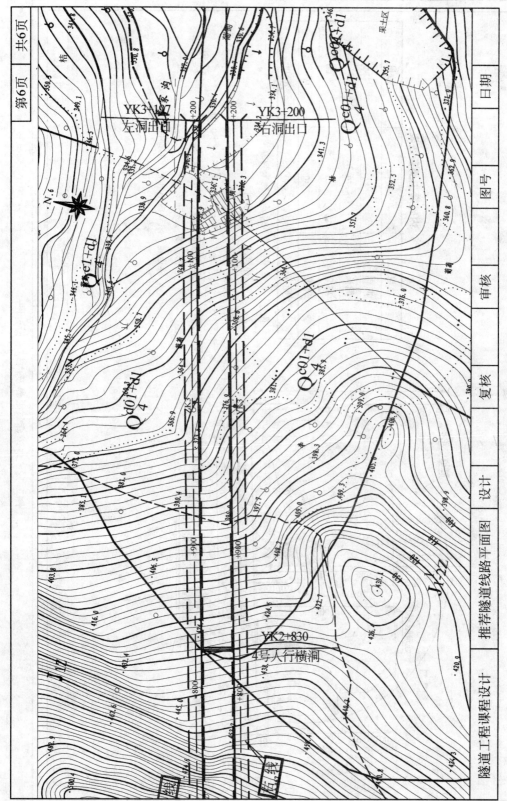

图 5-10 推荐隧道线路平面图(六)

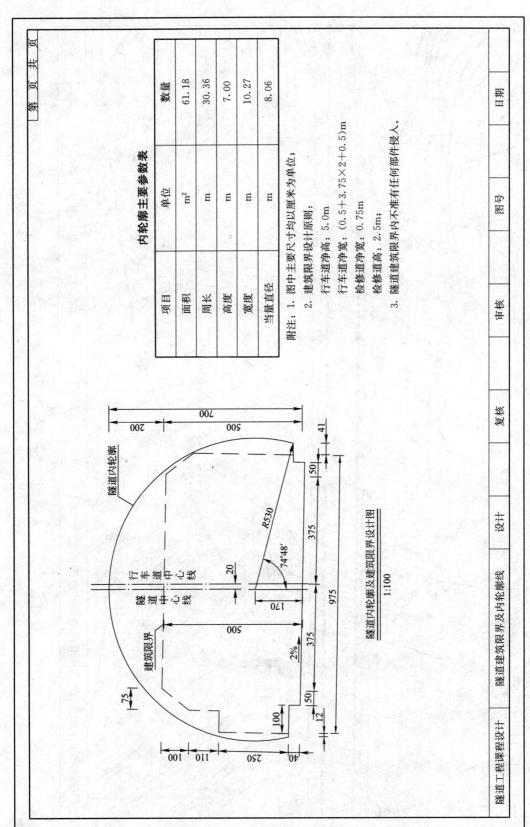

图 5-12 隧道建筑限界及内轮廓设计图

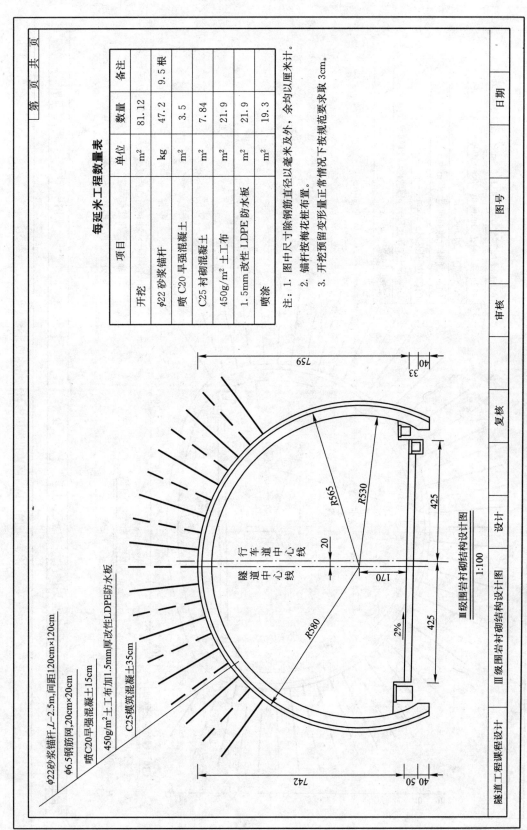

图 5-13 隧道Ⅲ级围岩衬砌结构设计图

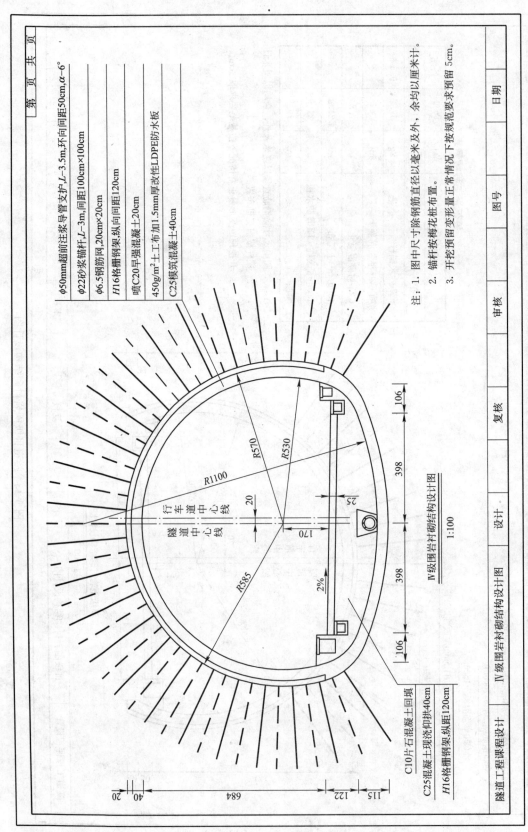

图 5-14 隧道Ⅳ级围岩衬砌结构设计图

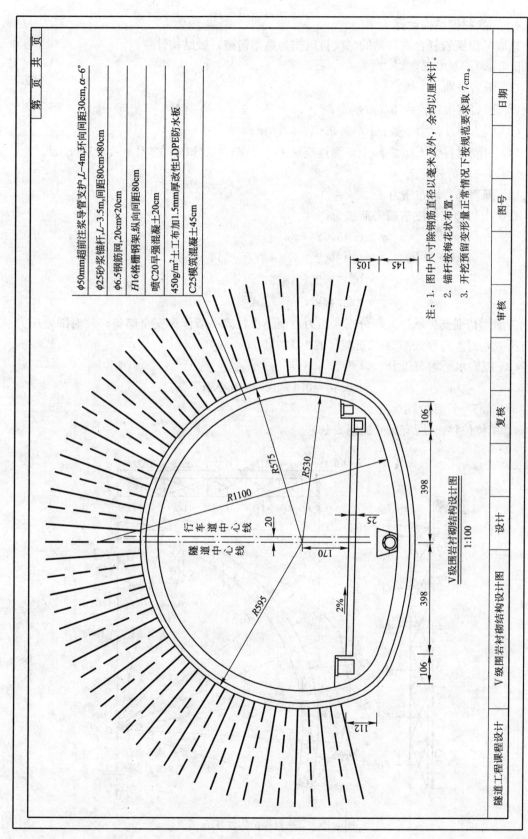

图 5-15 隧道 Ⅴ 级围岩衬砌结构设计图

5.4.4 二次衬砌结构计算

选取Ⅴ级围岩复合式衬砌的二次衬砌作为典型衬砌，做结构计算。

5.4.4.1 基本参数

(1) 围岩级别：Ⅴ级；

(2) 围岩容重：$\gamma_s = 18.5 \text{kN/m}^3$；

(3) 围岩弹性抗力系数：$K = 1.5 \times 10^5 \text{kN/m}^3$；

(4) 衬砌材料为C25混凝土，弹性模量$E_h = 2.85 \times 10^7 \text{kPa}$，容重$\gamma_h = 23 \text{kN/m}^3$。

5.4.4.2 荷载确定

(1) 围岩垂直均布压力

按矿山法施工的隧道围岩荷载为：

$$q_s = 0.45 \times 2^{s-1} \gamma \omega$$
$$= 0.45 \times 2^{s-1} \gamma [1 + i(B-5)]$$
$$= 0.45 \times 2^4 \times 18.5 \times [1 + 0.1 \times (11.7 - 5)]$$
$$= 222.44 \text{kN/m}^2$$

考虑到初期支护承担大部分围岩压力，而二次衬砌一般作为安全储备，故对围岩压力进行折减，对本隧道按照50%折减，取为120kN/m²。

(2) 围岩水平均布压力

$$e = 0.4q = 0.4 \times 120 = 48 \text{kN/m}^2$$

5.4.4.3 计算位移

1. 单位位移：(所有尺寸见图5-16)

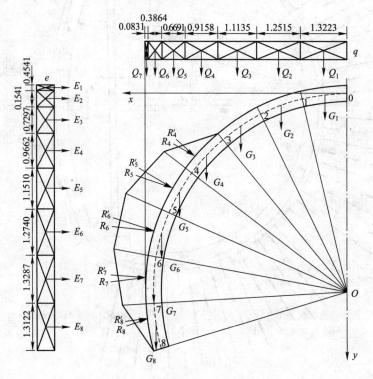

图5-16 二次衬砌结构计算图

半拱轴线长度 $s=10.2566\text{m}$，

将半拱轴长度等分为8段，则 $\Delta s=\dfrac{s}{8}=\dfrac{10.2566}{8}=1.2821\text{m}$

$$\dfrac{\Delta s}{E_h}=\dfrac{1.2821}{2.85\times 10^7}=0.4499\times 10^{-7}\text{m}\cdot\text{kPa}^{-1}$$

计算衬砌的几何要素，拱部各截面与垂直轴之间的夹角和截面中心垂直坐标见表5-12。

单位位移计算表　　　　　　　　　　表 5-12

截面	φ (°)	$\sin\varphi$	$\cos\varphi$	x (m)	y (m)	d (m)	$\dfrac{1}{I}$ (m^4)	$\dfrac{y}{I}$ (m^3)	$\dfrac{y^2}{I}$ (m^2)	$\dfrac{(1+y)^2}{I}$ (m^2)	积分系数 $\dfrac{1}{3}$
0	0	0.0000	1.0000	0.0000	0.0000	0.45	131.6872	0.0000	0.0000	131.6872	1
1	13.2955	0.2300	0.9732	1.2706	0.1481	0.45	131.6872	19.5029	2.8884	173.5814	4
2	26.5911	0.4476	0.8942	2.4731	0.5844	0.45	131.6872	76.9580	44.9743	330.5776	2
3	39.8866	0.6413	0.7673	3.5430	1.2856	0.45	131.6872	169.2971	217.6484	687.9299	4
4	53.1821	0.8005	0.5993	4.4230	2.2140	0.45	131.6872	291.5556	645.5040	1360.3024	2
5	66.4776	0.9169	0.3991	5.0659	3.3199	0.45	131.6872	437.1885	1451.4220	2457.4862	4
6	79.7732	0.9841	0.1775	5.4372	4.5441	0.45	131.6872	598.4000	2719.1894	4047.6767	2
7	93.0687	0.9986	−0.0535	5.5142	5.8206	0.45	131.6872	766.4988	4461.4827	6126.1675	4
8	106.3642	0.9595	−0.2817	5.3012	7.0816	0.45	131.6872	932.5564	6603.9913	8600.7913	1
Σ							1185.185	3369.804	16884.21	24809.0066	—

注：1. I—截面惯性矩，$I=\dfrac{bd^3}{12}$，b取单位长度。2. 不考虑轴力的影响。

单位位移值用新普生法近似计算，计算如下：

$$\delta_{11}=\int_0^s \dfrac{\overline{M}_1}{E_h I}ds\approx\dfrac{\Delta s}{E}\Sigma\dfrac{1}{I}=0.4499\times 10^{-7}\times 1185.185=5.3321\times 10^{-5}$$

$$\delta_{12}=\delta_{21}=\int_0^s \dfrac{\overline{M}_1 \overline{M}_2}{E_h I}ds\approx\dfrac{\Delta s}{E}\Sigma\dfrac{y}{I}=0.4499\times 10^{-7}\times 3369.804=1.4811\times 10^{-4}$$

$$\delta_{22}=\int_0^s \dfrac{\overline{M}_2^2}{E_h I}ds\approx\dfrac{\Delta s}{E}\Sigma\dfrac{y^2}{I}=0.4499\times 10^{-7}\times 16884.21=7.2646\times 10^{-4}$$

计算精度校核为：

$$\delta_{11}+2\delta_{12}+\delta_{22}=(0.53321+2\times 1.4811+7.2646)\times 10^{-4}=1.0760\times 10^{-3}$$

$$\delta_{ss}=\dfrac{\Delta s}{E}\Sigma\dfrac{(1+y)^2}{I}=0.4499\times 10^{-7}\times 24809.0066=1.0760\times 10^{-3}$$

闭合差 $\Delta=0$

2. 载位移—主动荷载在基本结构中引起的位移

(1) 每一楔块上的作用力：

竖向力： $\qquad\qquad\qquad Q_i=qb_i \qquad\qquad\qquad (5-24)$

侧向力： $\qquad\qquad\qquad E_i=eh_i \qquad\qquad\qquad (5-25)$

自重力：
$$G_i = \frac{d_{i-1}+d_i}{2} \times \Delta s \times \gamma_h \tag{5-26}$$

式中　b_i——衬砌外缘相邻两截面之间的水平投影长度，由图 5-16 中量得；

　　　h_i——衬砌外缘相邻两截面之间的竖直投影长度，由图 5-16 中量得；

　　　d_i——接缝 i 的衬砌截面厚度。

作用在各楔块上的力均列入表 5-13 中。

载位移计算表　　　　　　　　表 5-13

截面	集中力			力臂			$Q \cdot a_q$	$G \cdot a_g$
	Q	G	E	a_q	a_g	a_e		
0	0.0000	0.0000	0.0000	0.0000	0.0000	0.0000	0.0000	0.0000
1	158.6760	106.1562	21.7968	0.6094	0.6310	0.2960	96.6972	66.9846
2	150.1800	106.1562	7.3968	0.5250	0.5886	0.4282	78.8445	62.4836
3	133.6200	106.1562	35.0256	0.4125	0.5146	0.5375	55.1183	54.6280
4	109.8960	106.1562	46.3776	0.2778	0.4130	0.6180	30.5291	43.8425
5	80.2920	106.1562	55.2480	0.1282	0.2893	0.6653	10.2934	30.7110
6	46.3680	106.1562	61.1520	0.1831	0.1501	0.6769	8.4900	15.9340
7	9.9720	106.1562	63.7776	0.0000	−0.0029	0.6523	0.0000	−0.3079
8	0.0000	106.1562	62.9856	0.0000	−0.1446	0.5927	0.0000	−15.3502

(2) 外荷载在基本结构中产生的内力

内力按下式计算：

弯矩：
$$M_{i,p}^0 = M_{i-1,p}^0 - \Delta x_i \sum_{i=1}(Q+G) - \Delta y_i \sum_{i=1} E - Q a_q - G a_g - E a_e \tag{5-27}$$

轴力：
$$N_{i,p}^0 = \sin\varphi_i \sum_i (Q+G) - \cos\varphi_i \sum_i E \tag{5-28}$$

$M_{i,p}^0$，$N_{i,p}^0$ 的计算见表 5-14，表 5-15。

载位移计算表 $M_{i,p}^0$　　　　　　　　表 5-14

$E \cdot a_e$	$\sum_{i=1}(Q+G)$	$\sum_{i=1}E$	Δx	Δy	$\Delta x \sum_{i=1}(Q+G)$	$\Delta y \sum_{i=1} E$	M_p^0
0.0000	0.0000	0.0000	0.0000	0.0000	0.0000	0.0000	0.0000
6.4519	0.0000	0.0000	1.2706	0.1481	0.0000	0.0000	−170.1336
3.1673	264.8322	21.7968	1.2025	0.4363	318.4608	9.5099	−642.5997
18.8263	521.1685	29.1936	1.0699	0.7012	557.5981	20.4706	−1349.2408
28.6614	760.9447	64.2192	0.8800	0.9284	669.6313	59.6211	−2181.5263
36.7565	976.9969	110.5968	0.6429	1.1059	628.1113	122.3090	−3009.7075
41.3938	1163.4451	165.8448	0.3713	1.2242	431.9872	203.0272	−3710.5397
41.6021	1315.9694	226.9968	0.0770	1.2765	101.3296	289.7614	−4142.9250
37.3316	1432.0976	290.7744	−0.2130	1.2610	−305.0368	366.6665	−4226.5361

载位移计算表 $N_{i,p}^0$ 表 5-15

截面	$\sin\varphi$	$\cos\varphi$	$\Sigma(Q+G)$	ΣE	$\sin\varphi\Sigma(Q+G)$	$\cos\varphi\Sigma E$	N_p^0
0	0.0000	1.0000	0.0000	0.0000	0.0000	0.0000	0.0000
1	0.2300	0.9732	264.8322	21.7968	60.9043	21.2126	39.6918
2	0.4476	0.8942	521.1685	29.1936	233.2855	26.1056	207.1799
3	0.6413	0.7673	760.9447	64.2192	487.9711	49.2764	438.6948
4	0.8005	0.5993	976.9969	110.5968	782.1292	66.2778	715.8514
5	0.9169	0.3991	1163.4451	165.8448	1066.7676	66.1899	1000.5777
6	0.9841	0.1775	1315.9694	226.9968	1295.0621	40.3022	1254.7600
7	0.9986	−0.0535	1432.0976	290.7744	1430.0441	−15.5661	1445.6102
8	0.9595	−0.2817	1538.2538	353.7600	1475.9395	−99.6690	1575.6085

(3) 主动荷载位移

计算结果见表 5-16。

主动荷载位移计算表 表 5-16

截面	M_p^0	$\dfrac{1}{I}$	$\dfrac{y}{I}$	$\dfrac{M_p^0}{I}$	$\dfrac{M_p^0 y}{I}$	$\dfrac{M_p^0(1+y)}{I}$	积分系数 $\dfrac{1}{3}$
0	0.0000	131.6872	0.0000	0.0000	0.0000	0.0000	1
1	−170.1336	131.6872	19.5029	−22404.4230	−3318.0950	−25722.5180	4
2	−642.5997	131.6872	76.9580	−84622.1762	−49453.1997	−134075.3759	2
3	−1349.2408	131.6872	169.2971	−177677.8058	−228422.5872	−406100.3930	4
4	−2181.5263	131.6872	291.5556	−287279.1773	−636036.0984	−923315.2757	2
5	−3009.7075	131.6872	437.1885	−396340.0814	−1315809.4362	−1712149.5176	4
6	−3710.5397	131.6872	598.4000	−488630.7420	−2220386.9545	−2709017.6965	2
7	−4142.9250	131.6872	766.4988	−545570.3741	−3175546.9197	−3721117.2938	4
8	−4226.5361	131.6872	932.5564	−556580.8901	−3941483.2311	−4498064.1212	1
Σ				−2559105.6698	−11570456.5219	−14129562.1917	—

则:

$$\Delta_{1p} = \int_0^s \frac{\overline{M}_1 \overline{M}_p^0}{E_h I} ds \approx \frac{\Delta s}{E} \Sigma \frac{M_p^0}{I}$$

$$= -0.4499 \times 10^{-7} \times 2559105.6698$$

$$= -0.1151$$

$$\Delta_{2p} = \int_0^s \frac{\overline{M}_2 \overline{M}_p^0}{E_h I} ds \approx \frac{\Delta s}{E} \Sigma \frac{y M_p^0}{I}$$

$$= -0.4499 \times 10^{-7} \times 11570456.5219$$

$$= -0.5206$$

计算精度校核:

$$\Delta_{1p} + \Delta_{2p} = -(0.1151 + 0.5206) = -0.6357$$

$$\Delta_{sp}=\frac{\Delta s}{E}\sum\frac{(1+y)M_P^0}{I}=-0.4499\times10^{-7}\times14129562.1917=-0.6357$$

闭合差 $\Delta=0$

3. 载位移—单位弹性抗力图及相应的摩擦力引起的位移

(1) 各接缝处的弹性抗力强度

抗力上零点假定在接缝 3 处，$\varphi_3=39.8866°=\varphi_b$；

最大抗力值假定在接缝 6 处，$\varphi_6=79.7732°=\varphi_h$；

最大抗力值以上各截面抗力强度按下式计算：

$$\sigma_i=\left(\frac{\cos^2\varphi_b-\cos^2\varphi_i}{\cos^2\varphi_b-\cos^2\varphi_h}\right)\sigma_h$$
$$=\left(\frac{\cos^2 39.8866°-\cos^2\varphi_i}{\cos^2 39.8866°-\cos^2 79.7732°}\right)\sigma_h \quad (5\text{-}29)$$
$$=\left(\frac{0.7673-\cos^2\varphi_i}{0.7673-0.1775}\right)\sigma_h$$
$$=\left(1.301-\frac{\cos^2\varphi_i}{0.5898}\right)\sigma_h$$

算出：$\sigma_3=0$，$\sigma_4=0.3027\sigma_h$，$\sigma_5=0.6921\sigma_h$，$\sigma_6=\sigma_h$；

最大抗力值以下各截面抗力强度按下式计算：

$$\sigma_i=\left(1-\frac{y_i'^2}{y_h'^2}\right)\sigma_h \quad (5\text{-}30)$$

式中　y_i'——所考察截面外缘点到 h 点的垂直距离；

　　　y_h'——墙脚外缘点到 h 点的垂直距离。

由图 5-16 中量得：

$$y_7'=1.3287\text{m}, \quad y_8'=2.6409\text{m}$$
$$\sigma_7=\left(1-\frac{1.3287^2}{2.6409^2}\right)\sigma_h$$
$$=0.7469\sigma_h$$
$$\sigma_8=0$$

按比例将所求得的抗力绘在分块图上。

(2) 各楔块上抗力集中力 R_i'

按下式近似计算：

$$R_i'=\left(\frac{\sigma_{i-1}+\sigma_i}{2}\right)\Delta S_{i\text{外}} \quad (5\text{-}31)$$

式中　$\Delta S_{i\text{外}}$——楔块 i 外缘长度。

(3) 抗力集中力与摩擦力之合力 R_i：

$$R_i=R_i'\sqrt{1+u^2} \quad (5\text{-}32)$$

式中　u——围岩与衬砌间的摩擦系数，本计算中取 0.2。

$R_i=1.0198R_i'$，其作用方向与抗力集中力的夹角 $\beta=\arctan u=11.3099°$。由于摩擦阻力的方向与衬砌位移方向相反，其方向朝上。

将 R_i 的方向线延长，使之交于竖直轴，量取夹角 ψ_K（自竖直轴反时针方向量度），将

R_i 分解为水平与竖向两个分力：

$$R_H = R_i \sin\psi_K$$

$$R_V = R_i \cos\psi_K$$

以上计算结果列入表 5-17 中。

弹性抗力及摩擦力计算表 表 5-17

截面	σ (σ_h)	$\dfrac{\sigma_{i-1}+\sigma_i}{2}$ (σ_h)	$\Delta S_{i\text{外}}$	R (σ_h)	ψ_K	$\sin\psi_K$	$\cos\psi_K$	R_H (σ_h)	R_V (σ_h)
4	0.3027	0.1514	1.3343	0.2059	60.2576	0.8683	0.4961	0.1788	0.1022
5	0.6921	0.4974	1.3343	0.6768	71.1398	0.9463	0.3233	0.6405	0.2188
6	1.0000	0.8461	1.3343	1.1512	84.1297	0.9948	0.1023	1.1452	0.1177
7	0.7469	0.8735	1.3343	1.1885	97.2358	0.9920	−0.1260	1.1791	−0.1497
8	0.0000	0.3735	1.3343	0.5082	108.6319	0.9476	−0.3195	0.4815	−0.1624

(4) 计算单位抗力图及其相应的摩擦力在基本结构中产生的内力。

弯矩：
$$M_{i\bar{\sigma}}^0 = -\sum R_i r_{ki} \tag{5-33}$$

轴力：
$$N_{i\bar{\sigma}}^0 = \sin\varphi_i \sum R_V - \cos\varphi_i \sum R_H \tag{5-34}$$

其中，r_{ki} 为力 R_i 至接缝中心点 K 的力臂，计算结果见表 5-18 和表 5-19。

$M_{i\bar{\sigma}}^0$ 计算表 表 5-18

截面	$R_4=0.2059\sigma_h$		$R_5=0.6768\sigma_h$		$R_6=1.1512\sigma_h$		$R_7=1.1885\sigma_h$		$R_8=0.5082\sigma_h$		M_σ^0 (σ_h)
	r_{4i}	$R_4 r_{4i}$ (σ_h)	r_{5i}	$R_5 r_{5i}$ (σ_h)	r_{6i}	$R_6 r_{6i}$ (σ_h)	r_{7i}	$R_7 r_{7i}$ (σ_h)	r_{8i}	$R_8 r_{8i}$ (σ_h)	
4	0.4471	0.0921	—	—	—	—	—	—	—	—	−0.0921
5	1.7263	1.1684	0.6786	0.4593	—	—	—	—	—	—	−1.2605
6	2.9734	3.4231	1.9570	2.2530	0.7080	0.8151	—	—	—	—	−4.6836
7	4.1215	4.8985	3.1910	3.7926	1.9862	2.3606	0.7262	0.8631	—	—	−9.5820
8	5.1091	2.5962	4.3144	2.1924	3.2183	1.6354	2.0042	1.0185	0.9090	0.4619	−12.1783

$N_{i\bar{\sigma}}^0$ 计算表 表 5-19

截面	φ (°)	$\sin\varphi$	$\cos\varphi$	$\sum R_V$ (σ_h)	$\sin\varphi \sum R_V$ (σ_h)	$\sum R_H$ (σ_h)	$\cos\varphi \sum R_H$ (σ_h)	N_σ^0 (σ_h)
4	53.1821	0.8005	0.5993	0.1022	0.0818	0.1022	0.0612	0.0206
5	66.4776	0.9169	0.3991	0.3210	0.2943	0.3210	0.1281	0.1662
6	79.7732	0.9841	0.1775	0.4387	0.4317	0.4387	0.0779	0.3538
7	93.0687	0.9986	−0.0535	0.2890	0.2886	0.2890	−0.0155	0.3041
8	106.3642	0.9595	−0.2817	0.1267	0.1215	0.1267	−0.0357	0.1572

(5) 单位抗力及相应摩擦力产生的载位移

计算见表 5-20。

单位抗力及相应摩擦力里产生的载位移计算表　　　　表 5-20

截面	M_σ^0 (σ_h)	$\dfrac{1}{I}$	$\dfrac{y}{I}$	$\dfrac{M_\sigma^0}{I}$	$\dfrac{M_\sigma^0 y}{I}$	$\dfrac{M_\sigma^0(1+y)}{I}$	积分系数 $\dfrac{1}{3}$
4	−0.0921	131.6872	291.5556	−12.1255	−26.8458	−38.9713	2
5	−1.2605	131.6872	437.1885	−165.9885	−551.0653	−717.0538	4
6	−4.6836	131.6872	598.4000	−616.7653	−2802.6433	−3419.4086	2
7	−9.5820	131.6872	766.4988	−1261.8334	−7344.6275	−8606.4609	4
8	−12.1783	131.6872	932.5564	−1603.7255	−11356.9425	−12960.6680	1
	Σ			−3660.4382	−22082.1243	−25742.5625	—

$$\Delta_{1\bar\sigma}=\int_0^s \frac{\overline{M}_1 \overline{M}_\sigma^0}{E_h I}\mathrm{d}s$$

$$\approx \frac{\Delta S}{E}\Sigma\frac{M_\sigma^0}{I}$$

$$=-0.499\times10^{-7}\times3660.4382$$

$$=-1.6468\times10^{-4}$$

$$\Delta_{2\bar\sigma}=\int_0^s \frac{\overline{M}_2 \overline{M}_\sigma^0}{E_h I}\mathrm{d}s$$

$$\approx \frac{\Delta S}{E}\Sigma\frac{yM_\sigma^0}{I}$$

$$=-0.4499\times10^{-7}\times22082.1243$$

$$=-9.9347\times10^{-4}$$

校核为:

$$\Delta_{1\bar\sigma}+\Delta_{2\bar\sigma}=-(1.6468+9.9347)\times10^{-4}=-1.1582\times10^{-3}$$

$$\Delta_{\bar{s}\bar\sigma}=\frac{\Delta S}{E}\Sigma\frac{(1+y)M_\sigma^0}{I}=-0.4499\times10^{-7}\times25742.5625=-1.1582\times10^{-3}$$

闭合差 $\Delta=0$

4. 墙底(弹性地基上的刚性梁)位移

单位弯矩作用下的转角:

$$\bar\beta_a=\frac{1}{KI_8}=\frac{1}{1.5\times10^5}\times131.6872=87.7915\times10^{-5}$$

主动荷载作用下的转角:

$$\beta_{ap}^0=M_{8p}^0\bar\beta_a=-4226.5361\times87.7915\times10^{-5}=-3.7105$$

单位抗力及相应摩擦力作用下的转角:

$$\beta_{a\sigma}^0=M_{8\sigma}^0\bar\beta_a=-12.1783\times87.7915\times10^{-5}=-0.0107$$

5.4.4.4 解力法方程

衬砌计算矢高 $f=y_8=7.0816$m

计算力法方程的系数

$$a_{11}=\delta_{11}+\bar\beta_a=(5.3321+87.7915)\times10^{-5}=9.31236\times10^{-4}$$

$$a_{12}=\delta_{12}+\bar{f}\bar\beta_a=(14.811+7.0816\times87.7915)\times10^{-5}=6.36515\times10^{-3}$$

$$a_{22}=\delta_{22}+f^2\bar{\beta}_a=(72.646+7.0816^2\times 87.7915)\times 10^{-5}=4.47531\times 10^{-2}$$

$$a_{10}=\Delta_{1p}+\beta_{ap}^0+(\Delta_{1\bar{\sigma}}+\beta_{a\bar{\sigma}}^0)\times\sigma_h$$
$$=-0.1151-3.7105-(1.6468\times 10^{-4}+0.0107)\sigma_h=-3.8257-0.0109\sigma_h$$

$$a_{20}=\Delta_{2p}+f\beta_{ap}^0+(\Delta_{2\bar{\sigma}}+f\beta_{a\bar{\sigma}}^0)\sigma_h$$
$$=-0.5206-7.0816\times 3.7105-(-9.9347\times 10^{-4}+7.0816\times 0.0107)\sigma_h$$
$$=-26.7971-0.0767\sigma_h$$

以上将单位抗力图及相应摩擦力产生的位移乘以 σ_h 倍,即被动荷载的载位移。

求解方程:

$$X_1=\frac{a_{22}a_{10}-a_{12}a_{20}}{a_{12}^2-a_{11}a_{22}}$$
$$=\frac{0.04475\times(-3.8257-0.0109\sigma_h)-0.006365\times(-26.7971-0.0767\sigma_h)}{0.006365^2-9.9347\times 10^{-4}\times 0.04475}$$
$$=554.0814-2.0680\sigma_h$$

式中 $X_{1p}=554.0814$, $X_{1\bar{\sigma}}=-2.0680$;

$$X_2=\frac{a_{11}a_{20}-a_{12}a_{10}}{a_{12}^2-a_{11}a_{22}}$$
$$=\frac{9.9347\times 10^{-4}\times(-26.7971-0.0767\sigma_h)-0.006365\times(-3.8257-0.0109\sigma_h)}{0.006365^2-9.9347\times 10^{-4}\times 0.04475}$$
$$=519.9711+2.0081\sigma_h$$

式中 $X_{2p}=519.9711$, $X_{2\bar{\sigma}}=2.0081$。

5.4.4.5 计算主动荷载和被动荷载分别产生的衬砌内力

计算公式为:

$$\left.\begin{array}{l}M_p=X_{1p}+yX_{2p}+M_p^0\\ N_p=X_{2p}\cos\alpha+N_p^0\end{array}\right\} \tag{5-35}$$

$$\left.\begin{array}{l}M_{\bar{\sigma}}=X_{1\bar{\sigma}}+yX_{2\bar{\sigma}}+M_{\bar{\sigma}}^0\\ N_{\bar{\sigma}}=X_{2\bar{\sigma}}\cos\alpha+N_{\bar{\sigma}}^0\end{array}\right\} \tag{5-36}$$

计算过程见表 5-21 和表 5-22。

主、被动荷载作用下衬砌弯矩计算表　　　　表 5-21

截面	M_p^0	X_{1p}	$X_{2p}\cdot y$	$[M_p]$	M_σ^0	$X_{1\bar{\sigma}}$	$X_{2\bar{\sigma}}\cdot y$	$[M_\sigma]$
0	0.000	554.081	0.000	554.081	0.000	−2.068	0.000	−2.068
1	−170.134	554.081	77.008	460.956	0.000	−2.068	0.297	−1.771
2	−642.600	554.081	303.871	215.353	0.000	−2.068	1.174	−0.895
3	−1349.241	554.081	668.475	−126.685	0.000	−2.068	2.582	0.514
4	−2181.526	554.081	1151.216	−476.229	−0.092	−2.068	4.446	2.286
5	−3009.708	554.081	1726.252	−729.374	−1.261	−2.068	6.667	3.338
6	−3710.540	554.081	2362.801	−793.658	−4.684	−2.068	9.125	2.374
7	−4142.925	554.081	3026.544	−562.300	−9.582	−2.068	11.689	0.038
8	−4226.536	554.081	3682.227	9.772	−12.178	−2.068	14.221	−0.026

主、被动荷载作用下衬砌轴力计算表 表 5-22

截面	N_p^0	$X_{2p} \cdot \cos\varphi$	$[N_p]$	N_σ^0	$X_{2\sigma} \cdot \cos\varphi$	$[N_\sigma]$
0	0.0000	519.9711	519.9711	0.0000	2.0081	2.0081
1	39.6918	506.0342	545.7260	0.0000	1.9543	1.9543
2	207.1799	464.9705	672.1504	0.0000	1.7957	1.7957
3	438.6948	398.9817	837.6765	0.0000	1.5409	1.5409
4	715.8514	311.6050	1027.4564	0.0206	1.2034	1.2240
5	1000.5777	207.5244	1208.1021	0.1662	0.8015	0.9676
6	1254.7600	92.3183	1347.0783	0.3538	0.3565	0.7104
7	1445.6102	−27.8358	1417.7744	0.3041	−0.1075	0.1966
8	1575.6085	−146.4977	1429.1108	0.1572	−0.5658	−0.4086

5.4.4.6 最大抗力值的推求

首先求出最大抗力方向内的位移。

考虑到接缝 6 处的径向位移与水平方向有一定的偏移，因此将其修正如下：

$$\delta_{hp} = \frac{\Delta S}{E} \sum \frac{M_p}{J}(y_6 - y_i)\sin\varphi_6$$

$$\delta_{h\bar{\sigma}} = \frac{\Delta S}{E} \sum \frac{M_{\bar{\sigma}}}{J}(y_6 - y_i)\sin\varphi_6$$

计算过程见表 5-23。

最大抗力位移修正计算表 表 5-23

截面	$\frac{M_p}{I}$	$\frac{M_{\bar{\sigma}}}{I}$	$(y_6 - y_i)$	$\frac{M_p(y_6 - y_i)}{I}$	$\frac{M_{\bar{\sigma}}(y_6 - y_i)}{I}$	积分系数 $\frac{1}{3}$
0	72965.4564	−272.3300	4.5441	331562.3302	−1237.4950	1
1	60701.9670	−233.1659	4.3960	266845.8469	−1024.9973	4
2	28359.2262	−117.7890	3.9597	112294.0280	−466.4091	2
3	−16682.7461	67.6391	3.2585	−54360.7283	220.4021	4
4	−62713.2684	301.0234	2.3301	−146128.1867	701.4146	2
5	−96049.2672	439.6090	1.2242	−117583.5129	538.1693	4
6	−104514.6008	312.5645	0.0000	0.0000	0.0000	1
$\sum$				392629.7773	−1268.9153	—

位移值为：

$$\delta_{hp} = \delta_{6p} = \frac{\Delta s}{E}\sum\frac{M_p}{I}(y_6 - y_i) = 0.4499\times10^{-7}\times392629.7773 = 0.0174$$

$$\delta_{h\bar{\sigma}} = \delta_{6\bar{\sigma}} = \frac{\Delta s}{E}\sum\frac{M_{\bar{\sigma}}}{I}(y_6 - y_i) = -0.4499\times10^{-7}\times1268.9153 = -5.6182\times10^{-5}$$

最大抗力值为：

$$\sigma_h = \frac{\delta_{hp}}{\frac{1}{K} - \delta_{h\bar{\sigma}}} = \frac{0.0174}{\frac{1}{1.5}+5.6182} = 276.5995$$

5.4.4.7 计算衬砌总内力

按下式计算衬砌总内力：

$$\left.\begin{array}{l}M=M_p+\sigma_h M_\sigma\\N=N_p+\sigma_h N_\sigma\end{array}\right\} \quad (5-37)$$

计算过程见表 5-24。

衬砌总内力计算表　　　　　　　　表 5-24

截面	M_p	$\sigma_h M_\sigma$	$[M]$	N_p	$\sigma_h N_\sigma$	$[N]$	e	$\dfrac{M}{I}$	$\dfrac{My}{I}$	积分系数 $\dfrac{1}{3}$
0	554.08	−572.01	−17.93	519.97	555.45	1075.42	−0.02	−2360.89	0.00	1
1	460.96	−489.75	−28.79	545.73	540.56	1086.28	−0.03	−3791.59	−561.54	4
2	215.35	−247.41	−32.05	672.15	496.69	1168.84	−0.03	−4221.15	−2466.84	2
3	−126.68	142.07	15.39	837.68	426.20	1263.88	0.01	2026.20	2604.88	4
4	−476.23	632.28	156.05	1027.46	338.55	1366.01	0.11	20549.64	45496.91	2
5	−729.37	923.37	193.99	1208.10	267.65	1475.75	0.13	25546.34	84811.28	4
6	−793.66	656.52	−137.14	1347.08	196.49	1543.57	−0.09	−18059.44	−82063.88	2
7	−562.30	10.63	−551.67	1417.77	54.37	1472.14	−0.37	−72648.39	−422857.21	4
8	9.77	−7.08	2.70	1429.11	−113.01	1316.10	0.00	355.00	2513.97	1
∑								−52604.27	−372522.42	—

计算精度的校核：根据拱顶切开点之间相对转角和相对水平位移应为零的条件来检查。

(1) 相对转角的校核按下式计算：

$$\frac{\Delta S}{E}\sum\frac{M}{I}+\beta_a=0 \quad (5-38)$$

由表 5-24 得，$\dfrac{\Delta S}{E}\sum\dfrac{M}{I}=0.4499\times10^{-7}\times52604.2732=-2.3667\times10^{-3}$

$$\beta_a=M_8\overline{\beta}_a=9.7724\times87.7915\times10^{-5}=2.3667\times10^{-3}$$

闭合差：$\Delta=0$

(2) 相对水平位移的校核按下式计算

$$\frac{\Delta S}{E}\sum\frac{My}{I}+f\beta_a=0 \quad (5-39)$$

$$\frac{\Delta S}{E}\sum\frac{My}{I}=-0.4499\times10^{-7}\times372522.4214=-1.6760\times10^{-2}$$

$$f\beta_a=7.0816\times2.3667\times10^{-3}=1.6760\times10^{-2}$$

闭合差：$\Delta=0$

5.4.4.8 衬砌截面强度检算

检算几个控制截面：

(1) 拱顶(截面 0)

$$e=0.0167\text{m}<0.45d=0.2025\text{m}$$

故偏心距符合规范要求。

又有：$0.2d=0.09\text{m}>e=0.0167\text{m}$，亦符合规范要求。

$\dfrac{e}{d}=\dfrac{0.0167}{0.45}=0.0371$，可得：

$$\alpha=1-1.5\dfrac{e}{d}=1-1.5\times 0.0371=0.9443$$

$$k=\dfrac{\alpha R_a bd}{N}=\dfrac{0.9443\times 1.9\times 10^4\times 1\times 0.45}{1075.4164}=7.5>2.4$$

式中 R_a——混凝土极限抗压强度，取 $1.9\times 10^4\text{kPa}$。

符合规范要求。

(2) 墙底(截面8)偏心检查

$$e=0.0020\text{m}<\dfrac{d}{4}=\dfrac{0.45}{4}=0.1125\text{m}$$

符合规范要求。

其他截面偏心距均小于 $0.45d$。

5.4.4.9 内力图

将内力计算结果按比例尺绘制弯矩图 M 及轴力图 N，如图 5-17 所示。

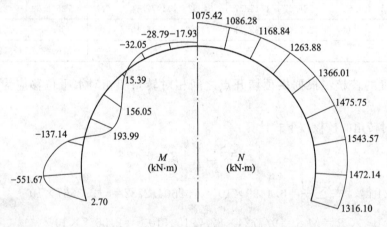

图 5-17 二次衬砌内力图

5.5 习题

5.5.1 课程设计题目

1. 公路隧道结构设计与计算

某隧道通过Ⅳ级围岩(即 $S=4$)，埋深 $H=20\text{m}$，隧道围岩天然重度 $\gamma=25\text{kN/m}^3$，计算摩擦角 $\phi=50$，采用钻爆法施工。要求按高速公路设计速度 100km/h 考虑公路隧道建筑限界的横断面：

(1) 按公路隧道要求对隧道衬砌进行结构设计(拟定结构尺寸)；

(2) 按规范确定该隧道的竖向均布压力和侧向分布压力；

(3) 计算衬砌结构的内力(画出弯矩图和轴力图)；

（4）对衬砌结构进行配筋验算。

2. 高速公路隧道，围岩级别为Ⅲ级，拟采用曲墙式衬砌结构。请根据相关规范设计教材，并选择相应围岩、衬砌材料参数，计算衬砌内力，并画出内力图。

5.5.2 思考题与习题

1. 隧道衬砌结构有哪些，各自的适用条件是什么？
2. 隧道结构计算模型有哪些？
3. 隧道结构上的主要荷载有哪些？附加荷载有哪些？
4. 如何判断隧道为深埋还是浅埋？
5. 深埋隧道围岩压力如何计算？
6. 浅埋隧道围岩压力如何计算？
7. 对隧道曲墙式衬砌计算作了哪些简化假定？
8. 什么是弹性抗力？
9. 曲墙式隧道衬砌最终内力较核常用哪三个条件？
10. 隧道衬砌截面强度验算有哪些内容？

附：参考资料

1. 李宁军，曹文贵，刘生等主编．隧道设计与施工百问．北京：人民交通出版社，2004.
2. 王毅才主编．隧道工程．北京：人民交通出版社，2006.
3. 中华人民共和国交通部行业标准．公路隧道设计规范（JTG D70—2004）．北京：人民交通出版社，2004.
4. 夏永旭、王永东主编．隧道结构力学计算．北京：人民交通出版社，2004.
5. 黄成光主编．公路隧道施工．北京：人民交通出版社，2001.
6. 于书翰，杜谟远主编，隧道施工．北京：人民交通出版社，1999.
7. 徐干成，郑颖人编著，地下工程支护结构．北京：中国水利电力出版社，2002.
8. 李志业，曾艳华编著，地下结构设计原理与方法．成都：西南交通大学出版社，2003.
9. 覃仁辉主编．隧道工程．重庆：重庆大学出版社，2001.
10. 陈秋南主编．隧道工程．北京：机械工业出版社，2008.

尊敬的读者：

感谢您选购我社图书！建工版图书按图书销售分类在卖场上架，共设22个一级分类及43个二级分类，根据图书销售分类选购建筑类图书会节省您的大量时间。现将建工版图书销售分类及与我社联系方式介绍给您，欢迎随时与我们联系。

★建工版图书销售分类表（详见下表）。

★欢迎登陆中国建筑工业出版社网站www.cabp.com.cn，本网站为您提供建工版图书信息查询、网上留言、购书服务，并邀请您加入网上读者俱乐部。

★中国建筑工业出版社总编室　电　话：010—58337016
　　　　　　　　　　　　　　传　真：010—68321361

★中国建筑工业出版社发行部　电　话：010—58337346
　　　　　　　　　　　　　　传　真：010—68325420
　　　　　　　　　　　　　　E-mail：hbw@cabp.com.cn

建工版图书销售分类表

一级分类名称（代码）	二级分类名称（代码）	一级分类名称（代码）	二级分类名称（代码）
建筑学（A）	建筑历史与理论（A10）	园林景观（G）	园林史与园林景观理论（G10）
	建筑设计（A20）		园林景观规划与设计（G20）
	建筑技术（A30）		环境艺术设计（G30）
	建筑表现·建筑制图（A40）		园林景观施工（G40）
	建筑艺术（A50）		园林植物与应用（G50）
建筑设备·建筑材料（F）	暖通空调（F10）	城乡建设·市政工程·环境工程（B）	城镇与乡（村）建设（B10）
	建筑给水排水（F20）		道路桥梁工程（B20）
	建筑电气与建筑智能化技术（F30）		市政给水排水工程（B30）
	建筑节能·建筑防火（F40）		市政供热、供燃气工程（B40）
	建筑材料（F50）		环境工程（B50）
城市规划·城市设计（P）	城市史与城市规划理论（P10）	建筑结构与岩土工程（S）	建筑结构（S10）
	城市规划与城市设计（P20）		岩土工程（S20）
室内设计·装饰装修（D）	室内设计与表现（D10）	建筑施工·设备安装技术（C）	施工技术（C10）
	家具与装饰（D20）		设备安装技术（C20）
	装修材料与施工（D30）		工程质量与安全（C30）
建筑工程经济与管理（M）	施工管理（M10）	房地产开发管理（E）	房地产开发与经营（E10）
	工程管理（M20）		物业管理（E20）
	工程监理（M30）	辞典·连续出版物（Z）	辞典（Z10）
	工程经济与造价（M40）		连续出版物（Z20）
艺术·设计（K）	艺术（K10）	旅游·其他（Q）	旅游（Q10）
	工业设计（K20）		其他（Q20）
	平面设计（K30）	土木建筑计算机应用系列（J）	
执业资格考试用书（R）		法律法规与标准规范单行本（T）	
高校教材（V）		法律法规与标准规范汇编/大全（U）	
高职高专教材（X）		培训教材（Y）	
中职中专教材（W）		电子出版物（H）	

注：建工版图书销售分类已标注于图书封底。